国家科学技术学术著作出版基金资助出版
“十三五”国家重点出版物出版规划项目
重大工程的动力灾变学术著作丛书

高层建筑结构地震损伤分析与控制

李忠献　徐龙河　著

科学出版社
北京

内 容 简 介

本书系统地总结和阐述了高层建筑结构地震损伤演化分析、失效模式识别与优化、基于磁流变阻尼器的非线性地震损伤控制的原理与方法等。主要内容包括高层建筑结构竖向构件地震损伤分析，高层钢框架结构、高层钢框架-混凝土核心筒结构地震损伤分析，高层钢结构基于等抗震性能的地震失效模式优化，高层钢结构基于性能的地震失效模式识别与优化，高层钢结构、高层钢-混凝土结构基于MR阻尼器的非线性地震损伤控制，以及钢-混凝土结构非线性地震损伤控制模型试验等。

本书可供从事土木工程、防灾减灾与防护工程、力学工程等相关领域的科学研究人员、工程技术人员参考，也可作为高等院校的教师、研究生和高年级本科生的参考用书。

图书在版编目(CIP)数据

高层建筑结构地震损伤分析与控制/李忠献，徐龙河著. —北京：科学出版社，2018. 3

(重大工程的动力灾变学术著作丛书)

"十三五"国家重点出版物出版规划项目

ISBN 978-7-03-056829-8

Ⅰ. ①高… Ⅱ. ①李…②徐… Ⅲ. ①高层建筑-建筑结构-地震反应分析②高层建筑-建筑结构-抗震措施 Ⅳ. ①TU973

中国版本图书馆CIP数据核字(2018)第046107号

责任编辑：刘宝莉 乔丽维 / 责任校对：郭瑞芝

责任印制：师艳茹 / 封面设计：陈 敬

科 学 出 版 社 出版

北京东黄城根北街16号

邮政编码：100717

http://www.sciencep.com

北京凌奇印刷有限责任公司 印刷

科学出版社发行 各地新华书店经销

*

2018年3月第 一 版 开本：720×1000 1/16

2018年3月第一次印刷 印张：19 1/2

字数：390 000

POD定价： 128.00元

(如有印装质量问题，我社负责调换)

前　言

近二十年来，我国建筑行业迅猛发展，同时，随着社会需求的提高和科学技术的进步，建筑结构的规模越来越大、造型越来越复杂，高层和高耸建筑正不断刷新最高建筑的记录。高层、超高层建筑的日益复杂化对现代结构科学和技术提出了严峻的挑战，尤其在灾害性地震作用下，对高层、超高层结构安全性提出了更新的、更复杂的要求。我国地处环太平洋地震带和欧亚地震带的交汇处，是世界上地震灾害最为严重的国家之一，地震发生区域广阔而分散，地震强度高，震源浅，发生频繁。而我国许多新建和在建的高层及超高层建筑都建设在强地震区，正面临着潜在的地震破坏威胁。

强烈的地震给世界各国人民造成了巨大的灾难，震害分析表明房屋建筑结构的破坏、倒塌是人员伤亡和经济损失的根本原因。因此，研究强震作用下高层建筑结构的损伤演化规律和破坏倒塌机制，控制结构损伤发展过程和优化失效破坏模式，避免结构发生整体倒塌，对提高高层建筑的抗震安全性、减轻或避免高层建筑的震害具有重要的理论意义和工程价值。本书着重介绍作者及研究团队多年来的相关研究成果，系统地总结和阐述高层建筑结构地震损伤演化分析、失效模式识别与优化、基于磁流变阻尼器的非线性地震损伤控制的原理与方法等。

全书共 9 章，第 1 章概述高层建筑结构地震损伤模型、构件计算模型、地震损伤分析方法、地震失效模式优化理论及基于 MR 阻尼器的地震损伤控制理论的研究与发展；第 2 章介绍高层建筑结构主要竖向承重构件的地震损伤分析方法，对高层建筑结构中钢柱、钢筋混凝土柱和钢筋混凝土墙等竖向承重构件的损伤模型及地震损伤演化分析方法进行详细的阐述；第 3 章介绍高层钢框架结构强震作用下考虑损伤累积效应的倒塌全过程模拟方法；第 4 章介绍高层钢框架-混凝土核心筒结构地震损伤分析的方法，对基于等效刚度的地震损伤模型、钢-混凝土结构地震损伤演化过程振动台试验、基于贝叶斯理论的地震损伤演化分析方法等进行详细的介绍；第 5 章介绍高层钢结构基于等抗震性能的失效模式单目标、多目标优化理论与方法；第 6 章介绍高层钢结构基于性能的地震失效模式识别与多目标优化理论与方法；第 7 章介绍高层钢结构基于 MR 阻尼器的非线性地震损伤控制理论与方法，对基于 MR 阻尼器的非线性半主动控制平台、高层钢框架、高层钢板剪力墙结构非线性地震损伤控制的理论与方法进行详细的介绍；第 8 章介绍高层钢-混凝土结构基于 MR 阻尼器的非线性地震损伤控制理论与方法；第 9 章介绍钢-混凝土结构非线性地震损伤控制模型的振动台试验，包括半主动控制系统的设计、模型设计与试验工况、试验结果与分析及试验模型结构损伤演化数值模拟等。

本书是李忠献教授及研究团队多年来相关研究成果的结晶，丁阳教授参与了第 2、3、4 章的部分研究工作，徐龙河教授参与了第 1～9 章的部分研究工作和全书的撰写工作，吕杨博士参与了第 2、5、7、8、9 章的部分研究工作，伍敏博士参与了第 2、3、4 章的部分研究工作，吴耀伟、李佩芬等参与了第 4、6 章的部分研究工作，他们的辛勤工作和创新成果是本书的基础，作者在此表示衷心感谢。

本书研究工作得到科技部和国家自然科学基金委员会的大力资助，包括国家重点研发计划重点专项（2016YFC0701100）、国家重大科研仪器研制项目（51427901）、重大研究计划集成项目（91315301-03）、重点项目（90715032）、优秀青年科学基金项目（51322806）、面上项目（51178034 和 51578058）、青年基金项目（50808013 和 51508373）和北京市自然科学基金面上项目（8172038），作者在此表示衷心感谢。

由于作者水平有限，书中难免存在不足之处，衷心希望读者批评、指正！

目　　录

第1章 绪 论

1.1 引 言

随着社会发展和科技进步，建筑结构正向大型化、复杂化和多样化发展，高层和超高层建筑层出不穷。例如，位于上海市浦东新区的上海中心大厦，地上118层，塔顶建筑高度632m，结构高度580m；天津高银117大厦结构高度596.5m，117层，结构高度仅次于2009年建成的迪拜哈利法塔（钢筋混凝土剪力墙体系最高处为601m），为世界结构第二高楼、中国结构第一高楼；深圳平安国际金融大厦核心筒混凝土结构高度555.5m，建筑高度近600m。2009年，广州塔建成，主体高度454m；2010年，广州西塔建成，高440m；2014年，广州东塔封顶，高530m。此外，我国还将会建造一批高度超过500m、600m的超高层建筑和高耸结构。建筑结构高度的增加伴随着人员和资产的密集，而我国地处世界两大地震带（即环太平洋地震带和欧亚地震带）的交汇处，地震活动频繁，地震灾害十分严重，由于地震灾害的复杂性和随机性，房屋建筑有可能遭受到比预估罕遇地震更大的地震，这对高层建筑结构的抗震性能提出了更高的要求。

近几十年来，建筑结构所面临的地震及其次生灾害威胁日益严重。1995年1月17日，日本7.2级阪神大地震毁坏建筑物10.8万幢，导致6434人死亡，图1.1所示为日本关西地区一座高层建筑在阪神地震中发生薄弱层破坏。1999年9月21日，中国台湾7.3级集集地震导致2.7万幢房屋全部倒塌，2.4万幢房屋半倒塌，造成2378人死亡，图1.2(a)和(b)所示为中国台湾南投县某座高楼和彰化县一座16层钢筋混凝土住宅大楼在集集地震作用下发生倒塌破坏。进入21世纪后，我国发生了多次7级以上地震。2008年5月12日发生在四川汶川的8.0级地震和2010年4月14日发生在青海玉树的7.1级地震共导致约7万人死亡、约2万人失踪、约40万人受伤，数百万间房屋倒塌，给当地人民的生命财产造成了巨大损失。而我国大部分高层建筑建设在地震多发区，意味着我国的高层建筑结构将长时间面临严重的地震灾害威胁。高层建筑大都是集商场、办公、酒店为一体的多功能建筑，其内部容纳的人数多，人员流动频繁，而且都是所在城市的标志性建筑，往往具有明显的象征意义和巨大的社会影响力。这些特殊性决定了当高层建筑遭遇地震时，一旦发生因丧失功能而导致的结构局部倒塌或整体倒塌，将会造成巨大的经济损失和人员伤亡，给社会带来难以估量的负面影响。

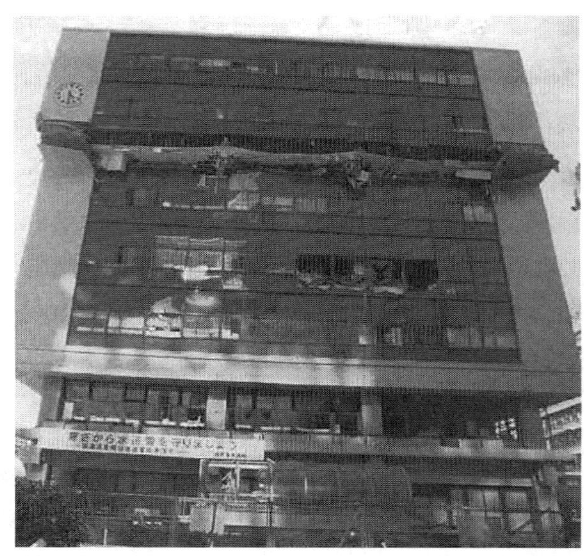

图 1.1　1995 年日本阪神地震中某高层建筑破坏

（a）中国台湾南投县某高层建筑破坏

（b）中国台湾彰化县某高层住宅倒塌

图 1.2　1999 年中国台湾集集地震中多座高层建筑发生倒塌破坏

虽然国内外学者曾致力于地震预报工作的研究，并且依据地震的长期预报做出了地震区划以指导工程设计，但对中短期及临时地震预报收效甚微，对地震灾害根本性的预防措施仍然在于采取合理的结构抗震设计方法，提高房屋的抗震能力，避免结构的倒塌和严重损害[1]。我国高层建筑结构的建设虽然起步较晚，但在近几十年里却建设了数百栋高度超过 200m 的超高层建筑，由于高层建筑结构复杂的体型、庞大的体积以及复杂结构中多种结构体系的协同工作等因素的存在，准确分析计算高层建筑结构的动力响应存在很大的挑战。尤其是对采用多种抗震体系的复杂建筑结构来说，该类结构强震作用下各抗震分体系往往存在不同的抗震性能，并且数值分析和试验难度大，结构体系未经历实际动力与地震作用的考验，这迫切要求国内外学者对其抗震性能进行更深入、系统的理论和试验研究。

在对高层建筑结构地震作用下的动力响应进行精确求解的基础上，提高结构的抗震性能以确保结构在可能发生的地震作用下安全可靠地运行，最大限度地避免人员伤亡，减轻震害带来的经济损失，是国内外学者长期研究的重点课题。在传统的结构体系中，抗震主要是通过增强结构本身的强度来抵御地震作用，显然，单纯地加大结构构件强度不仅会提高结构的造价，结构自重和刚度的增加还可能会增大结构的地震响应。此外，结构局部抗震能力的增加意味着其他部位相对减弱而形成薄弱部位，因此，行之有效的方法是对结构各构件的抗震能力按照其重要性等因素进行精细化设计，避免结构在潜在的地震作用下损伤率先在薄弱部位处产生。另一行之有效的途径是采用结构振动控制的方法，即通过在结构上设置控制机构，由控制机构和结构共同抵御地震动等外部荷载，使结构的动力响应减小，从而提高结构的抗震和抗灾变能力。

1.2 结构损伤模型研究与发展

为分析高层建筑结构地震损伤演化规律，有必要对结构各层次的损伤模型进行深入研究。损伤模型是表征材料、构件和结构损伤程度的力学变量，是损伤力学发展 20 多年来的成果[2]。从微观角度看，在缺陷或界面附近，微应力累积伴随着微应变的不协调，使材料产生损伤，即微裂纹或微孔洞的增长，这一阶段可通过连续介质力学和热动力学中的损伤模型加以研究[3]。损伤模型具有无量纲性、强非线性和存在损伤阈值等特性：①取值范围应为 0～1，当取 0 时表示材料、构件和结构处于无损状态，当取 1 时表示其处于完全破坏状态，在 0 和 1 之间表示不同程度的损伤状态；②单调递增函数，即损伤生成后不可恢复，是不可逆的。根据研究对象不同，将损伤模型分为材料层次损伤模型、构件层次损伤模型和结构层次损伤模型。

1.2.1 材料层次损伤模型

根据材料的属性不同，材料层次损伤模型可分为钢材损伤模型和混凝土损伤模型。

1. 钢材损伤模型

钢材损伤模型种类非常繁多[4]。其中 1958 年，Kachanov[5] 为了研究蠕变断裂问题而提出的连续性损伤力学理论得到了国内外学者最多的重视。之后，连续性损伤力学经过不断发展完善，理论框架逐步形成，应用领域不断扩大，目前已经成为固体力学的一个重要分支。钢材的连续性损伤力学理论一般包括材料屈服准则、强化法则、加卸载准则、塑性流动法则、变形一致性条件和损伤演化法则六部分[6]。对于钢等材质较均匀、无单边效应的材料，常采用 von Mises 材料屈服准则。强化法则主要有随动强化法则、各向同性强化法则和混合强化法则，其中随动强化法则假定材料在整个塑性变形过程中屈服面在应力空间做刚性平移而大小不发生变化，即屈服面的尺寸和形状均保持与初始屈服面相同，因此这种强化法则能很好地解释材料的 Baushinger 效应；各向同性强化法则假定初始屈服面均匀地膨胀或收缩，屈服面不随塑性流动发生畸变，因此可以考虑材料的强化效应；混合强化法则是同时考虑各向同性和随动强化法则的一种更一般的强化法则，该法则假定后继屈服面在所有方向都发生平动和膨胀或收缩，因此对 Baushinger 效应和各向同性强化过程都能在不同程度上进行模拟。塑性流动法则分为关联流动法则和非关联流动法则，其区别在于是否假定材料塑性流动的方向与材料屈服面正交，对于钢材一般采用关联流动法则，即假定塑性应变率张量与钢材屈服面正交。上述四部分结合变形一致性条件即可定义材料的弹塑性本构模型。

基于不同的损伤演化法则，国内外学者定义了大量的钢材损伤模型，这些损伤模型大多将损伤增量定义为损伤势函数和能量释放率的内变量，进而在热力学理论下损伤能自动满足非减的基本准则。Chaboche[7,8] 和 Lemaitre[9~13] 提出了有效应力的概念和应变等效假定，并首次将损伤力学应用于材料延性破坏的模拟上，只是他们提出的损伤模型认为损伤与材料等效塑性应变呈线性关系，这与钢材实际受力状态吻合稍差；Tai 等[14,15] 提出的模型采用指数函数定义损伤发展过程，该模型适合低碳钢损伤的模拟；Wang[16~18] 采用与 Lemaitre[9~13] 相似的损伤演化法则，在模型中额外定义了一个参数，通过参数值的变化可以模拟线性损伤发展过程和指数形式的损伤发展过程；Chow 和 Wang[19] 考虑材料的各向异性，将损伤采用一个向量进行描述；Shen 和 Dong[20] 通过试验数据建立了一个钢材滞回损伤模型，并采用两个参数对损伤发展过程中材料的屈服应力和弹性模量进行折减。此外，Bonora[21] 和 Pirondi 等[22,23] 基于连续性损伤力学提出了一个弹塑性损伤模型，该模型采用非线性损伤演化准则，能较好地模拟多维应力状态对材料性能的影响，并且与试验对比分析表明该模型具有很高的模拟精度。

结合经典弹塑性理论的 Bonora 损伤模型为

$$\dot{D} = -\mathrm{d}\lambda \frac{\partial f_{\mathrm{d}}}{\partial Y} = \frac{(D_{\mathrm{cr}} - D_0)^{1/\alpha}}{\ln(\varepsilon_{\mathrm{u}} - \varepsilon_{\mathrm{th}})} f\left(\frac{\sigma_{\mathrm{m}}}{\sigma_{\mathrm{eq}}}\right)(D_{\mathrm{cr}} - D)^{1-1/\alpha} \frac{\mathrm{d}\kappa}{\kappa} \tag{1.1}$$

式中，$\dot{D}$ 为损伤指数增量；D 为损伤指数；D_0 为初始损伤指数；D_{cr} 为临界损伤指数；ε_u 为与临界损伤指数相对应的临界应变；ε_{th} 为开始发生损伤的阈值应变；$d\kappa$ 为等效塑性应变增量；κ 为等效塑性应变；α 为损伤参数；$d\lambda$ 为塑性乘子；$f\left(\frac{\sigma_m}{\sigma_{eq}}\right)$ 为考虑三轴应力状态时的影响因子。

根据式(1.1)中参数 α 的取值范围不同，该模型可以描述三种基本的损伤发展过程，如图 1.3 所示。其中，类型 1 是指初始材料在等效塑性应变超过开始发生损伤的阈值之前新的孔隙率很少产生，损伤主要表现为已有空隙的扩展，材料损伤发展很慢，几乎为常数，当材料等效塑性应变超过阈值之后，材料空隙进一步合并并伴随大量新的空隙产生，空隙相互贯通产生裂纹，随着等效塑性应变提高至超过材料断裂塑性应变临界值时，损伤产生阶跃并超越破坏阈值发生断裂。类型 3 的损伤在材料等效塑性应变达到开始发生损伤的阈值应变之前，主要表现为新的空隙产生，随着等效塑性应变增加到阈值后，材料损伤主要表现为空隙的扩展，此时材料损伤发展不快，材料表现出很好的塑性流动能力，当等效塑性应变接近材料断裂塑性应变临界值时，空隙贯穿合并发生断裂破坏。类型 2 的损伤发展过程介于类型 1 和类型 3 之间，材料表现为空隙的扩展与新空隙的产生同时进行，但空隙的产生速率和空隙的扩展速度都比较缓慢，材料破坏是空隙的贯通产生裂纹进而发生断裂破坏。

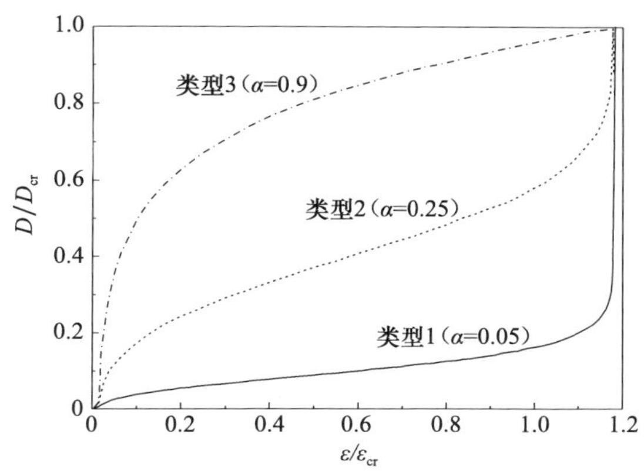

图 1.3　钢材三种损伤发展模式

2. 混凝土损伤模型

近三十年来，损伤力学理论在混凝土材料建模中得到了非常广泛的应用，并且已经提出了很多混凝土损伤模型。按照损伤变量是标量还是高阶张量可以分为各向同性损伤模型与各向异性损伤模型；按照是否包含非局部修正可以分为局部模型与非局部模型；按照是否包含塑性变形可以分为弹性损伤模型和弹塑性损伤模型。

弹性损伤模型也称纯损伤模型。这种损伤模型能够模拟大部分加载条件下混凝土材料的多种典型行为，具有模型相对简单、数值求解稳定和鲁棒性强等特点，因此适合大型工程结构的数值模拟。典型的弹性损伤模型主要有 Mazars 等的模型[24,25]、Faria 等的模型[26,27]、Comi 和 Perego 的模型[28]、李正和李忠献的修正 Faria 模型[29]等。其中，Mazars[24]首先提出了单损伤指数的弹性损伤模型，该模型分别求解拉、压损伤指数的演化方程，再利用加权平均法将拉、压损伤指数组合成一个损伤指数，该模型适用于单轴拉、压与构件受弯等单向受力情况，但对于循环加载的情况不适合。为了克服前述模型的缺点，Mazars 和 Pijaudier-Cabot[25]又提出了考虑单边效应的损伤模型，该模型具有拉、压两个独立的损伤指数，并且可以反映材料从受拉应力状态转变为受压时的刚度恢复现象，因此适用于地震作用和循环加载等多种受力状态下结构的动静力分析。Mazars 此后又开创性地提出了混凝土的双标量损伤模型，之后一些学者提出的模型都采用拉、压两个损伤指数，如 Faria 等[26,27]提出的模型采用了拉、压两个独立的损伤指数，只是在损伤的演化方程和组合方式方面有所不同，与 Mazars 等的模型相比，Faria 等的模型还能体现多向应力状态下混凝土强度的提高效应与单边效应。Comi 和 Perego[28]提出的模型也采用了拉、压两个损伤指数，并采用规则化的拉、压断裂能来消除有限元分析时的网格敏感性，同时该模型也能考虑混凝土的单边效应。

虽然考虑应变软化效应的塑性模型可以较好地描述混凝土大部分力学行为，但在描述混凝土由微裂纹增长与开合引起的刚度退化和单边效应等方面存在不足，而前述的纯损伤模型不适合描述混凝土的塑性变形与非弹性体积膨胀。弹塑性损伤模型结合了纯损伤模型与塑性模型的优点，能更全面地描述混凝土材料的行为特点，图 1.4 所示为混凝土本构模型加卸载示意图。鉴于弹塑性损伤模型优良的性能，近年来，该类模型得到国内外学者更多的研究与关注。在模型塑性和损伤耦合方面，一种方法是基于有效应力空间来描述塑性过程，有效应力定义为作用于微裂缝之间材料上的微观应力的平均值，已经有多位学者采用这种方法进行了各向同性、各向异性的损伤与弹塑性耦合[30～45]；另一种方法是在名义应力空间

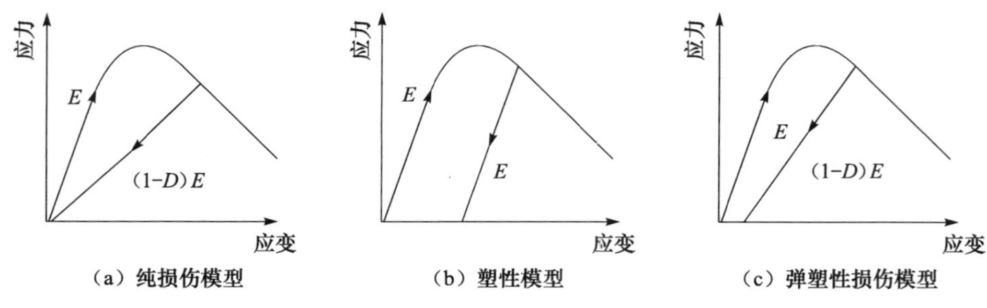

图 1.4 混凝土本构模型加卸载示意图

进行塑性过程的描述，名义应力定义为作用于损伤后材料上的表观应力[26,46~51]。研究表明，有效应力的耦合方法提供了一个简单的方式来分离损伤与塑性应变，数值实现更加容易，并且数值求解稳定性更高，同时，这种耦合方式能扩展应用于非力学原因导致的损伤描述上，因此，比基于名义应力空间的塑性和损伤分离方法得到更多学者的关注和应用。

1.2.2　构件层次损伤模型

目前，国内外学者在构件层次损伤模型的研究上开展了许多工作，通过定义有明确物理意义的损伤参数，并加以试验和实际损伤状态来验证，按其定义的损伤参数可分为单参数损伤模型和双参数损伤模型。早期为研究地震作用下结构构件的强度、变形、延性和刚度等参数超过某一允许值而发生的损伤破坏，学者提出以单参数损伤模型来描述这一过程。Newmark[52]提出用延性损伤模型来度量结构构件超过弹性阶段的损伤程度，然而构件的损伤破坏是一个弹塑性发展过程，仅考虑其弹性阶段是不全面的；Powell 和 Allahabadi[53]提出采用变形参数的损伤模型，其中变形包括应变、位移、不可恢复塑性变形、层间位移角和杆端转角等，虽然该模型简单易用，但是未能反映构件的累积损伤；Krawinkler 和 Zohrei[54]通过对悬臂钢构件进行循环加载试验，提出基于累积塑性变形的损伤模型。Shiata 和 Sezoen[55]提出基于破坏比（即初始切线刚度与最大位移处割线刚度之比）的损伤模型，然而对于构件在地震作用下出现负刚度的情况，破坏比的损伤模型难以给出较准确的结果；Housner[56]提出从能量的角度研究结构构件地震响应的非线性行为，认为构件的损伤破坏是由累积耗能引起的；Gosain 等[57]提出基于累积功的损伤模型。随后，Darwin 和 Nmai[58]提出基于能量耗散的损伤模型。McCabe 和 Hall[59]将基于能量耗散的损伤模型进一步修正，提出基于等效滞回耗能的损伤模型。国内一些学者也相继提出基于累积滞回耗能的损伤模型，这些模型虽然反映了构件强度、刚度和能量的退化，但仅用单一参数描述损伤模型，并未能考虑构件在地震作用下最大响应和累积损伤之间的关系[60,61]。

大量震害表明，构件在地震作用下最大响应和累积损伤的界限是相互影响的，随着累积损伤的增加，其最大响应的控制界限不断降低，随着构件在地震作用下的最大响应的增加，其累积损伤的控制界限不断下降。针对这两者的相关关系，Lai 和 Biggs[62]首次提出基于变形和能量累积双控的概念。Banon[63]更明确提出基于最大变形和累积耗能的双参数损伤模型，Park 等[64,65]提出基于变形和能量线性组合形式的损伤模型：

$$D=\frac{\delta_{\mathrm{m}}}{\delta_{\mathrm{u}}}+\beta\frac{\int\mathrm{d}E}{Q_{\mathrm{y}}\delta_{\mathrm{u}}}\tag{1.2}$$

式中，D 为损伤指数，并以 $D=0$ 表示无损伤状态，以 $D=1$ 表示完全破坏状态；δ_m 为非弹性响应中构件的最大变形；δ_u 为单调加载下构件的极限变形；Q_y 为构件的屈服强度；$\int dE$ 为构件累积滞回耗能；β 为滞回耗能因子。

$$\beta=(-0.447+0.073\lambda+0.24n_0+0.314\rho_t)\,0.7^{100\rho_w} \tag{1.3}$$

式中，λ 为构件的剪跨比，当 $\lambda<1.7$ 时取 1.7；n_0 为轴压比，当 $n_0<0.2$ 时取 0.2；ρ_t 为纵向受力钢筋配筋率，当 $\rho_t<0.75\%$ 时取 0.75%；ρ_w 为体积箍筋率。

Park 损伤模型反映了大位移幅值和循环加载效应联合作用对结构地震破坏的影响，但忽略了结构地震反应幅值对累积损伤效应的影响以及相同耗能水平下，大幅值位移循环造成的破坏比小幅值位移循环更为严重这一事实。通过对柱子的低周疲劳破坏试验得知：Park 损伤模型对柱子在中等循环位移幅值（$1.5<\mu<3.0$）及大循环位移幅值（$\mu\geqslant3.0$）下的破坏模拟效果较好，而对小循环位移幅值的情况，循环次数过多（$\mu=1.0$ 时循环次数可高达 20000 次）导致损伤模型的累积耗能项过大，使计算构件失效，但实际上柱子并未完全破坏[66]。

当构件完全损伤破坏时，采用 Park 损伤模型所得到的损伤指数并不是 1，这不满足损伤模型的特性，Kumar 和 Usami[67] 对此进行了修正，提出带损伤门槛值的基于变形和能量双参数损伤模型。吕杨等[68]引入一个损伤阈值折减系数来考虑构件峰值响应与累积滞回耗能之间的相互影响，并采用振动台试验、拟静力试验和数值模拟结果对模型的有效性进行验证。上述损伤模型充分反映了构件在地震作用下最大变形和加载历程的相互影响，然而并未考虑加载顺序的影响，Mehanny 和 Deierlein[69] 提出考虑加载顺序和塑性转角的双参数损伤模型，然而该模型参数不易确定，并未广泛应用。由于 Park 损伤模型概念清晰，简单易用，国内一些学者在此基础上进行修正，提出相应的损伤模型。双参数损伤模型能很好地反映结构构件的地震响应特性和地震损伤机理，在构件的损伤分析中具有重要意义[70~75]。

Colombo 和 Negro[76] 提出了一种普遍意义上的构件损伤准则，该准则损伤指数定义为结构地震作用过程中最大受力与屈服承载力之比，针对不同受力状态、破坏形式和结构类型等采用不同的参数对结构受力过程中的屈服承载力进行折减，该模型的通用性得到不同受力状态和破坏机理的结构试验验证。上述损伤准则也可以近似应用于钢筋混凝土剪力墙的地震损伤评估中，但由于剪力墙结构强震作用下的破坏机理与钢筋混凝土梁柱构件有很大差异，目前专门针对钢筋混凝土剪力墙损伤准则的研究还很缺乏。

1.2.3 结构层次损伤模型

工程应用中，构件层次的损伤程度固然重要，但整体结构的受损状态也不容忽视。结构层次损伤模型可分为基于构件水平的损伤模型和基于整体结构水平的损伤模型两类。

1. 基于构件水平的损伤模型

基于构件水平的损伤模型，即将构件层次损伤模型通过加权组合得到，其中权系数的选择对正确评估结构的损伤程度至关重要。构件的权系数反映构件对整体结构抗震性能的相对重要程度，对于高层建筑，影响整体结构倒塌破坏的关键构件，尤其是底层构件，其权系数应比其他各层大[77]。Park 等[64,78]认为损伤越严重的构件对结构损伤程度的贡献越大，故定义构件的损伤指数为其权系数，来反映构件在结构中的重要程度，而这未能体现整体结构中的薄弱层或最不利构件的影响。针对此问题，吴波和欧进萍[79]提出一种既能考虑构件损伤严重程度又能考虑楼层所在位置对整体结构损伤模型影响的综合加权法。杨栋等[80]提出一种以楼层屈服系数为权系数的加权法。

整体结构基于构件层次的损伤模型都通过定义权系数组合而成，虽然在一定程度上反映了构件在结构中的重要程度，但权系数的选取严重影响了整体结构损伤模型的准确性，也未能反映整体结构在地震作用下的非线性动力特性。

2. 基于整体结构水平的损伤模型

基于整体结构水平的损伤模型应能反映建筑结构在地震作用下位移、刚度、强度和频率等非线性动力特性的退化过程。美国联邦应急管理局(Federal Emergency Management Agency，FEMA)[81]提出了基于整体结构顶部位移的损伤模型；Ghobarah 等[82]通过对结构在地震作用前后进行两次拟静力推覆分析得到其前后的刚度比，以此来定义整体结构的损伤模型。胡晓斌[83]采用移除构件后的频率变化衡量整体结构的刚度，提出基于结构基本频率的损伤模型。频率变化虽能全面反映整体结构的刚度，但因结构存在多阶频率，所移除的构件可能为对结构基本频率影响不大而对整体结构安全性影响很大的构件，移除构件后整体结构的频率次序可能发生变化，仅以结构基本频率作为损伤参数不太合理。Nafady[84]提出基于结构刚度矩阵行列式的损伤模型，该模型定义拆除构件前后结构的刚度矩阵行列式的比值作为损伤参数，但结构刚度矩阵行列式在工程中没有明确的物理意义，因而未在工程中广泛应用。由于整体结构在地震作用下的非线性动力特性受很多因素制约，目前针对基于整体结构水平的损伤模型的研究还处于初级阶段。

1.3　高层建筑结构构件计算模型

高层建筑结构非线性地震响应的计算模型是分析其在地震作用下损伤演化规律和倒塌机制的基础。地震下高层建筑结构的分析精度由很多因素控制，如结构动力特性、结构构件或材料的滞回关系、非结构构件的影响、地震动特性等[85~87]。数值模型方面，结构主要由梁柱构件、楼板、梁柱节点、剪力墙和剪力墙连梁等构件组成，其中梁柱构件和剪力墙的模拟对整体结构数值计算精度的影响最大。

1.3.1 梁柱构件的模拟

模拟结构梁柱构件非线性性能的力学模型主要分为宏观离散自由度模型[88,89]、微观三维实体有限元模型[90,91]和离散杆件单元模型[92]。

图 1.5 给出了各种模拟方法的分类。宏观离散自由度模型将梁柱构件的质量、刚度和阻尼集中到一些离散的自由度上，利用每个自由度的恢复力与位移间的非线性滞回关系来描述整个构件的非线性动力行为，该模型数学表达式简单，在研究构件的非弹性响应时具有十分明显的优势，但用于实际工程结构的分析和设计时，模型由于过于简单而存在求解精度过低的问题。微观三维实体有限元模型将结构构件离散成混凝土单元、钢筋单元和连接单元，通过给定钢筋和混凝土材料的三维非线性本构关系来描述整个构件的非线性滞回行为。如果单元划分足够精细，微观三维实体有限元模型可以精确地模拟构件的多维应力耦合、几何非线性、混凝土开裂剥落、钢筋屈服、钢筋与混凝土间的黏结滑移等效应，能较准确地重现地震作用下建筑结构的损伤破坏甚至倒塌。钢筋混凝土结构的实体有限元模型通常分为三类：分离式模型、组合式模型和整体式模型[93~96]。

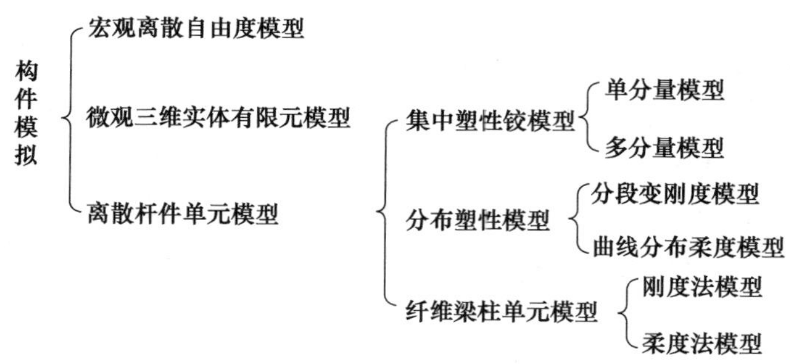

图 1.5 梁柱构件模拟方法分类图

(1) 分离式模型。考虑钢筋与混凝土两种材料物理特性的不同，将两者分别用不同的单元类型模拟。钢筋采用忽略横向剪切强度的梁单元模拟，混凝土采用实体单元模拟，两者之所以能协同工作，是因为两者之间存在黏结滑移效应，当钢筋与混凝土之间的黏结力超过一定限值时，即混凝土开裂，钢筋与混凝土之间黏结失效，滑移产生。该模型较真实地反映了钢筋与混凝土的受力特征，广泛应用于模拟实际建筑结构构件。

(2) 组合式模型。通常认为钢筋与混凝土间的黏结是刚性的，即忽略两者间的黏结滑移效应，同时假设在整个实体单元中，钢筋是按某个确定角度分布的。

(3) 整体式模型。考虑钢筋和混凝土的综合刚度，采用钢筋-混凝土复合的本构关系，视其为连续均匀材料，将钢筋和混凝土组合起来共同求解单元的刚度矩阵，同时假设钢筋弥散于整个单元中。

微观三维实体有限元模型存在计算成本高和数值收敛困难的问题。相比而言，离散杆件单元模型兼具宏观离散自由度模型和微观三维实体有限元模型的优点，因而得到国内外研究者的广泛关注。离散杆件单元模型主要有集中塑性铰模型[97～101]、分布塑性模型[102～106]和纤维梁柱单元模型[107～115]，其中又以纤维梁柱单元模型的应用最为广泛。

纤维模型发展至今已有二十多年，是高层建筑结构非线性动力响应精细化模拟领域广泛应用的分析模型，如图1.6所示，基本原理是依据平截面假定，将钢筋混凝土梁柱构件沿纵向划分成若干区段，通过每一区段内某截面的变形表征该区段的变形，将横截面离散成若干根纤维，依据每根纤维的材料特性分别用钢筋和混凝土的单轴应力-应变关系表征各纤维的力学特征，最后通过纤维的本构关系积分得到截面的力-变形关系，从而反映整个结构构件的非线性滞回性能[92,108～109,114～122]。纤维模型不仅能考虑构件的材料特性和钢筋分布特点，而且能考虑轴力与双向弯矩的耦合作用，实现了高层建筑结构非线性地震响应分析精度和求解效率的结合。

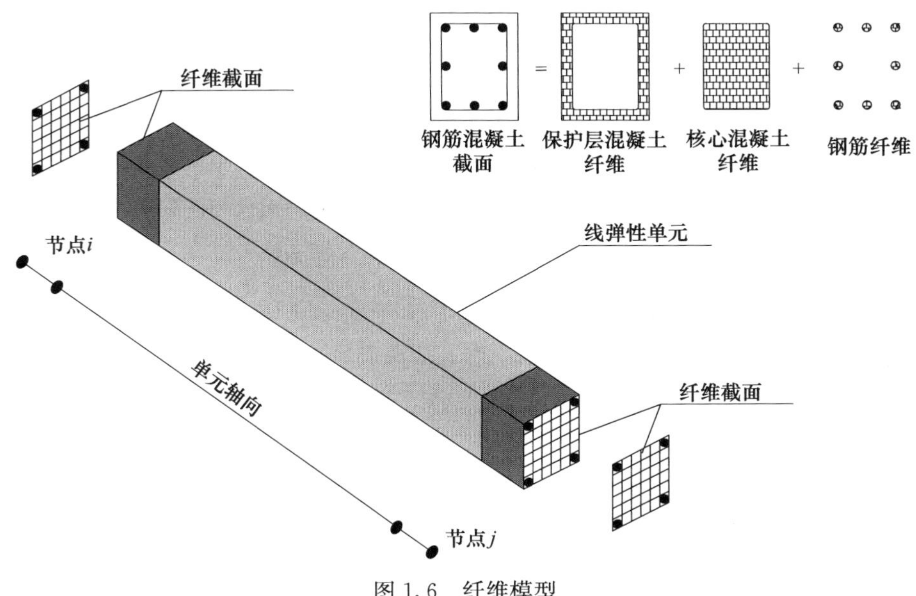

图1.6 纤维模型

纤维模型按单元力和位移的插值方式分为两类，一类是基于刚度法的纤维模型，另一类是基于柔度法的纤维模型。基于刚度法的纤维模型是以单元位移插值函数为出发点，将纤维模型理论与传统有限元理论相结合的空间梁柱模型。薛伟辰等[123]通过将纤维模型和有限元模型相结合，采用三次位移插值函数对一钢筋混凝土框架进行模拟，但仅适用于模拟平面框架；叶列平等[124]开发了钢筋混凝土杆系结构基于刚度法的纤维模型 THUFIBER 程序，虽然该模型能很好地模拟材料非线性、几何非线性和混凝土裂面效应等特性，但对构件受力后进入软化阶段的性能无法描述，因为所采用的三次 Hermitian 多项式的位移插值函数严重偏离了构件的真实位移场；Izzuddin 等[125,126]采用更高次位移插值函数，在原有插值节点的基础上新增一个节点，对构件局部强非线性变形问题稍有改善，但未能从根本上解决这一问题；Mahasuverachai 和 Powell[127]首次将柔度法引入以修正单元位移形函数矩阵，该方法以力的插值函数作为求解问题的出发点，忽略单元分布荷载的任意变化，即构件无论处于何种受力状态，甚至是进入受力软化阶段，总能满足单元控制方程中的平衡条件，因此可很好地模拟构件刚度和强度的退化规律；Zeris 和 Mahin[128,129]进一步提出基于柔度法建立空间梁柱模型的思路；Ciampi 和 Carlesimo[130]提出采用常值柔度法建立构件单元模型；Taucer 等[92]和 Spacone 等[107]将纤维模型与改进的 Ciampi 模型相结合，提出一种基于柔度法的纤维模型并将其植入通用有限元程序中，该模型成功地模拟了构件受力进入软化阶段的性能。陈滔和黄宗明[113,131]利用基于柔度法的纤维模型对某 6 层钢筋混凝土框架进行非弹性地震响应模拟，其模拟效果较好。

1.3.2 剪力墙的模拟

剪力墙的分析方法一直制约着结构精细化数值模拟的发展进度，但经过近几十年的发展也取得了很大的进步。钢筋混凝土剪力墙非线性分析模型主要有微观模型和宏观模型。微观模型采用实体单元模拟混凝土，梁单元模拟钢筋，并且可以在钢筋和混凝土之间设置连接单元模拟黏结滑移效应，因此如果单元划分足够精细，则微观模型具有很高的精度，但往往因为求解成本过高而不能用于结构整体分析。宏观模型将剪力墙简化成一个或几个单元，在保证求解精度的同时往往具有很低的计算成本，因此国内外学者对宏观模型的研究较为重视，提出了大量的非线性动力滞回模型，例如，Paknahad 等[132]提出一种三角形单元模型，该模型能以很粗略的网格划分获得较高的数值求解精度；Kim 和 Lee[133]采用矩阵凝聚开发并验证了超级单元模型，该模型能分析开洞钢筋混凝土剪力墙，并且求解精度和计算成本都适合整体结构分析；Inoue 等[134]将剪力墙用只考虑平面内刚度的壳单元模拟，由于采用显式计算方法，该模型能很好地处理材料下降段负刚度引起的收敛问题；Ghobarah 和 Youssef[135]开发了一种剪力墙的宏观模型，该模型由线性梁单元和非线性弹簧单元组合而成，能同时考虑剪力墙弯曲和剪切变形；Fajfar 和 Fischinger[136]提出一种用梁单元沿墙轴线划分剪力墙的等效梁模型，该模型假设墙横截面中性轴是不移动的，墙围绕其中性轴转动，非线性变形仅局限在梁两端的等效非线性旋转弹簧上，这忽略了剪力墙在地震作用下轴力的变化；Hiraishi 和 Kawashima[137]提出一种满足特定几何力学特性的等效桁架模型来模拟剪力墙，该模型可模拟剪力墙对角开裂造成的应力重分布，但其所具有的特定几何力学特性往往难以满足；Kabeyasawa 等[138,139]在 1984 年提出三垂直杆模型，该模型将上、下楼板用刚性梁连接，外侧两杆分别用轴向弹簧模拟，以表征墙两边柱的轴向刚度，中间杆用垂直、水平和弯曲弹簧模拟。但由于其弯曲弹簧的刚度难以确定，Milev[140]对三垂直杆模型进行了修改，仅保留三垂直杆模型中外侧两杆，用 2D 平面板替代中间杆，其中 2D 平面板的非线性滞回特性可由非线性有限元分析方法得到；Vulcano 和 Bertero[141]将三垂直杆模型中难以确定滞回性能参数的拉压杆弹簧去掉，将其刚度并入弯曲弹簧中，形成简化的二元件模型；Linde 和 Bachmann[142]通过忽略三垂直杆模型中间的弯曲弹簧，以单元两侧两根非线性弹簧表征墙的抗弯能力，中间水平非线性弹簧表征墙的抗剪能力，连同中间竖向线性弹簧，将三垂直杆模型发展成为四弹簧模型；Vulcano 等[143]为解决三垂直杆模型中弯曲弹簧滞回特性参数难以确定和弯曲弹簧与两侧杆元不易协调等问题，提出多垂直杆模型，该模型用多个垂直杆代替弯曲弹簧，同时也表征了墙元的轴向刚度，并用水平弹簧表征墙元的剪切刚度，但由于该模型忽略剪力墙轴向变形和剪切变形的相关性，与实际不符；Colotti[144]提出一种宏微观有限元不易结合的二维板单元模型模拟剪力墙，该模型虽提高了剪力墙模拟精度，但其计算成本过大，不适合高层建筑结构非线性地震响应分析；Saiidi 等[145,146]经过大量剪力墙滞回试验提出考虑剪力墙弯曲失效模式和剪切失效模式的 Sina 滞回模型，并将其植入 LARZ 有限元软件中，可应用于三维壳单元模型中。孙景江和江近仁[147]在二元件模型基础上推导了墙元刚度矩阵，给出了剪切弹簧和弯曲弹簧滞回曲线的实用算法；朱杰江等[148]提出一种基于非线性梁单元的剪力墙模型，该模型由承受轴力及弯矩的垂直杆和承受剪切变形的水平弹簧组成；谢凡和沈蒲生[149]提出了一种新的多垂杆单元模型，该模型能考虑轴向拉压变形与剪切变形、弯曲变形与剪切变形的相互作用；吕西林和卢文生[150]基于纤维模型概念建立了一种纤维墙单元模型，并应用该模型对某 40 层框架剪力墙结构进行非线性时程验证分析；缪志伟等[151]和林旭川等[152]提出了分层壳剪力墙模型，能同时考虑面内弯剪和面外弯曲效应，并将其应用于钢筋混凝土核心筒结构的有限元分析中，能较好地模拟其地震作用下的力学性能。

上述模型大多具有工程上可接受的求解精度，但有些模型由于开发难度大、参数确定复杂等未能得到广泛应用。需要特别指出的是，Hsu 等[153~161]提出的 SMM (softened membrane model)及一系列改进的模型和 Vecchio 等[162~166]提出的 MCFT(modified compression field theory)及系列改进模型中，开裂后的混凝土都以一种新的材料模型进行模拟，其中 Hsu 等[156,158]针对开裂后混凝土受压时其正交方向受拉膨胀量远大于传统泊松比所定义的膨胀量的问题，提出一个 Hsu/Zhu 比的新概念，并且在其后续的一系列剪力墙模型中得到应用，该模型已经开发植入 OpenSees 软件中，并且模型的求解精度得到已有试验数据的验证。Vecchio 等[162~166]的模型首先将剪力墙的受力状态变换到主应力空间中，然后在主应力空间上采用单轴的混凝土平均应力-应变关系，结合平衡方程和相容条件求解剪力墙在主应力空间的应力状态，再将主应力空间变回到剪力墙局部应力空间进而求出剪力墙实际的受力状态，并且 Vecchio 模型已经开发完成多个版本的剪力墙求解软件，最新版本的软件(VecTor6)可以求解拟静力荷载、地震作用和爆炸碰撞等冲击荷载作用下剪力墙的响应[167]。

此外，钢板剪力墙是 20 世纪 70 年代发展起来的一种新型抗侧力构件，其优异的抗震性能已得到过强震和结构试验验证。例如，在 1995 年阪神大地震中，神户市政厅大楼由于 2 层以上采用了加劲钢板剪力墙而未出现任何明显的结构破坏，而其相邻的 8 层钢筋混凝土建筑上部 3 层发生整体倒塌。在钢板剪力墙的抗震设计方面，Thorburn 等[168]首先提出利用薄钢板屈曲后强度的概念，研究表明，与边缘构件可靠连接的薄钢板墙屈曲并不意味着剪力墙承载能力的丧失，与此相反，钢板屈曲后会形成拉力带，构件的强度能提高数十倍。对于钢板墙的数值分析方法，最可靠的是采用壳单元建立的精细化有限元模型，但这种模型一般计算比较耗时并且数值收敛等问题也不易解决。基于杆单元的等代模型具有工程上可以接受的精度，因此得到较多的关注，已经提出的等代计算模型主要有拉杆条模型[168,169]、修正拉杆条模型[170~172]、衬板条模型[173]、多角度拉杆模型[172]、框架-钢板墙相互作用模型[174]和统一等代模型[175]等。

1.4 高层建筑结构地震损伤分析方法的研究与发展

高层建筑结构在地震作用下局部关键构件发生损伤破坏导致相邻构件失效继而引发更多构件发生损伤破坏，随着损伤不断累积最终导致整体结构倒塌。建筑结构地震倒塌模式多样，如大变形倾覆式破坏、局部失稳、坍塌破坏和机构式整体失稳破坏等，建筑结构地震倒塌分析不仅要解决非线性问题，而且要考虑几何非线性、材料非线性等因素的影响。鉴于高层建筑结构的复杂性、倒塌的灾难性以及建造此类结构所需的高额费用，因此建立一种精确可靠的高层建筑结构地震损伤与倒塌分析方法至关重要。

随着计算机技术的发展，数值模拟已成为建筑结构地震损伤分析和倒塌分析的主要研究方法。目前已有的数值计算方法分为三类：①基于连续介质力学的有限元方法；②基于非连续介质力学的离散单元法；③有限元-离散元混合数值计算方法。

1.4.1 有限单元数值计算方法

有限单元数值计算方法多采用隐式的 Newmark、Wilson-θ 等数值积分法，称为传统的有限元法，是现今发展最为成熟的数值计算方法。Lee 和 Foutch[176]通过有限元法模拟研究了层间位移和顶点位移对结构倒塌的影响；Ibarra 和 Krawinkler[177]、Ayoub 等[178]采用考虑刚度退化的有限元法模拟了结构的倒塌；Vamvatsikos 和 Cornel[179~181]模拟了一组不同类型、不同层数的框架结构的倒塌，对不同因素影响下的地震响应曲线进行了研究；张雷明[182]利用奇异函数建立了可描述不连续位移的构件单元模型，通过建立考虑碰撞的动力方程分析了钢筋混凝土框架结构地震倒塌破坏的全过程；刘晶波等[183]通过有限元法模拟了大空间砖-混凝土结构地震倒塌破坏过程。然而，采用传统的有限单元法对结构进行倒塌数值模拟，实际上模拟的并非结构倒塌阶段，而是结构倒塌前的阶段，因为在求解过程中当结构出现负刚度和力-变形关系曲线呈现下降段后，所形成的整体刚度矩阵会出现奇异而无法满足其收敛条件，不能继续对结构进行真正倒塌阶段的模拟[184]。目前虽然有一些方法（如位移控制法、加虚拟弹簧法、强制迭代法和弧长法）在一定条件下可解决负刚度问题，但都缺乏通用性，无法给出满意的结果。基于中心差分格式的显式积分算法在结构进入倒塌阶段避免了对整体刚度求逆，从根本上解决了刚度矩阵奇异的问题，目前该方法在冲击爆炸领域得到了广泛应用，陆新征和江见鲸[185]运用该方法通过对世贸大厦在冲击荷载作用下失去承载力的构件直接移除来模拟整体倒塌；师燕超[186]对钢筋混凝土框架结构在爆炸荷载作用下的连续倒塌进行分析。在模拟因冲击或爆炸荷载作用下建筑结构倒塌分析中，所采用的直接移除受损构件或丧失承载力构件的方法，称为替代传力路径法，然而这种方法并不适用于强震作用下结构的倒塌分析，因为在强震作用下结构的损伤破坏并非集中于局部某一受损构件，整体结构倒塌失效路径和破坏模式事先并未给定，因此采用基于中心差分格式的显式积分算法在强震作用下分析高层建筑的倒塌并不多见[186]。

1.4.2 离散单元数值计算方法

离散单元法诞生于散体动力学，最早用于岩石边坡的破坏模拟，后逐渐应用于地下工程、桥梁工程等领域的破坏分析。由于离散单元法适用于大变形非连续问题的分析，国内外学者开展了将其用于结构倒塌方面的研究，Hakuno 和 Meguro[187,188]运用离散单元法对钢筋混凝土框架结构和双层桥进行了动力荷载作用下的倒塌模拟；秦东和范立础[189]运用扩散散体单元模型，实现了钢筋混凝土结构倒塌全过程模拟；宣纲等[190]采用简化的剪切弹簧模型模拟了钢筋混凝土框架结构地震倒塌过程；金伟良和方韬[191]对矩形离散单元模型进行改进，模拟了钢筋混凝土框架结构的破坏过程;周健等[192]运用颗粒流数值模拟方法对钢筋混凝土框架倒塌过程进行了分析。离散单元法虽然能满足结构倒塌破坏时的位移不连续性,但其分析精度过低、耗时过长,倒塌破坏模式需事先给定,这不适用于高层建筑结构的倒塌全过程分析[193]。

1.4.3 有限元-离散元混合数值计算方法

有限单元法发展成熟,但不能很好地解决碰撞、冲击、变形不连续等问题;而离散单元法虽可处理断裂、接触等强非线性问题,但不能对结构未分离的连续区域进行很好的模拟。针对这种情况,Munjiza 等[194]通过对结构进行分区,根据每一区域的受力变形状态来选择适当的数值计算方法,提出了有限元-离散元混合计算法,并将其成功应用于对钢筋混凝土结构的倒塌破坏分析中。所谓有限元-离散元混合数值计算方法,是针对结构在倒塌前各单元是连续型连接,采用有限元方法对其进行倒塌破坏前的地震响应分析,连接单元失效后成为非连续型连接,再采用离散元法对其进行倒塌破坏后的地震响应分析。然而,该方法必须满足特定条件才能将有限元法与离散元法相结合,从而限制了该方法的发展。

1.5 高层建筑结构地震失效模式优化理论的研究与发展

受计算机求解能力的限制,传统的结构优化设计一般只解决静力荷载下线弹性结构的单目标优化问题,显然这与强震作用下实际结构产生强非线性时的优化问题有很大的区别。为了考虑结构非线性和多目标优化问题,一些学者对非线性状态下的结构优化问题进行了研究[195]。非线性状态下结构优化的主要方法有进化算法和数学规划算法[196]。目前进化算法正逐步得到广大学者的认可,它主要由约束条件和递归算法两部分组成,常用的进化算法[197]包括遗传算法(genetic algorithms,GA)、遗传规划(genetic programming,GP)、进化策略(evolution strategies,ES)和进化规划(evolution programming,EP)四种典型方法。Chan 和 Zou[198]、Ganzerli 等[199]结合当前基于性能的抗震设计方法,将结构失效模式优化应用到结构非线性优化设计中;Esteva 等[200]提出一种基于性能和可靠度的优化方法;Fragiadakis 和 Papadrakakis[201]提出一种基于结构时程分析的非线性优化方法;Liu 等[202,203]提出一种多目标优化设计方法,并采用基于性能的抗震设计方法对一个钢框架结构进行优化设计;Beck 等[204]采用遗传算法,并考虑结构和地震动的随机性进行了结构多目标的优化设计;Zou 等[205]对混凝土框架结构进行了多目标优化设计。近来,Papadopoulos 和 Lagaros[206]又以结构损伤等级为约束准则,提出一种基于随机易损性的结构优化设计方法;Pourzeynali 和 Zarif[207]以隔震结构支座的质量、阻尼比和刚度为优化目标,以结构顶层位移和隔震支座水平侧移最小为目标函数，采用遗传算法对其进行优化，数值算例表明，优化后的结构地震响应明显减小。结构优化设计往往需要很大的计算量，为此，Gholizadeh 和 Salajegheh[208]提出一种新的元建模方法来减少优化过程的计算量；Safari 等[209]通过在传统的遗传算法中引入交叉算子和变异算子来提高优化收敛的速度。分析可见，结构失效模式优化已经从传统的静载下弹性优化问题逐步转变为考虑非线性的优化问题和多优化目标的优化问题，并且逐步向基于结构易损性的优化方法发展，但优化过程中结构模型精细化模拟程度与计算成本之间的矛盾仍然很突出。

此外，在地震作用下建筑结构首先会在结构的薄弱部位产生损伤，如果受损部位的内力和变形等没有及时地被相邻结构构件分担，在后续地震作用下损伤还会在此累积，构件的抗震性能会进一步退化以致失效，若该构件为结构的关键构件，还可能会引发结构连续性的倒塌破坏。试想如果建筑结构所有的构件都具有相同的抗震性能，则可以避免结构损伤在一个部位集中，进而提高结构的整体抗震性能、降低结构总造价。基于这种思想，Mohammadi 等[210]、Kim 和 Seo[211]、Teran-Gilmore 和 Virto-Cambray[212]、Oviedo 等[213]通过优化设计结构的强度和刚度以达到结构各层层间位移角相等的目的，其优化方法的有效性通过数值算例进行了验证，但应指出的是，结构各层具有相同的层间位移角并不能保证结构各层具有相同的抗震性能。因此，Hajirasouliha 等[214]采用 Park-Ang 双参数损伤准则，分别基于质量最轻和损伤最小两种优化方法对钢筋混凝土框架结构进行了优化设计，并提出一种多目标最优的设计方法，结果表明所提出的方法能有效地降低造价、提高结构抗震能力。Lv 等[215]提出一种结构各类构件基于等抗震性能的失效模式优化方法，该方法以结构整体损伤指数作为结构优化的约束方程，以结构构件的抗震性能指标(seismic performance index，SPI)作为目标函数，通过修正结构截面尺寸、结构材料强度、结构配筋率等参数，或安装层间支撑、设置磁流变(magnetorheological，MR)阻尼器等方式，达到优化结构失效模式的目的。

1.6 高层建筑结构基于 MR 阻尼器的地震损伤控制理论研究与发展

控制结构损伤过程和失效模式，延缓结构整体倒塌进而争取逃生时间，对减轻地震人员伤亡和降低经济损失具有重要意义。试验研究和理论分析表明，基于 MR 阻尼器的半主动控制系统可以有效地控制结构的地震响应，并在实际工程中得到应用[216～220]。

经过近二十年来国内外学者的系统研究，在 MR 阻尼器的出力模型方面，提出了 Bingham 黏塑性模型[221,222]、非线性双黏性模型、Bouc-Wen 模型[223]、修正的 Dahl 模型[224]、Logistic 分段模型[225]和 Gompertz 模型[226]等，各种滞回模型都能较好地模拟 MR 阻尼器的动力性能，其中 Bouc-Wen 模型得到了最广泛的应用。在半主动控制系统的设计方面，有线性二次型调节器(linear quadratic regulator，LQR)经典最优控制算法、瞬时最优控制(instantaneous optimal control，IOC)算法、线性二次高斯(linear quadratic Gaussian，LQG)最优控制算法、模态控制算法、半主动预测控制算法[227~229]等，相应的半主动控制律有 Bang-Bang 控制策略[230]、Clipped-optimal 半主动控制策略[231]、限界 Hrovat 最优控制算法[232]、基于信赖域的瞬时最优控制算法[233]等。在阻尼器优化出力和优化布置等方面，徐龙河等[234]对阻尼器在结构中的优化设置进行了研究；贝伟明和李宏男[235]分析了 5 种阻尼器优化布置方法的优劣，并提出一种基于改进遗传算法和等效二次型性能指标的阻尼器位置优化方法；阎石等[236]给出了结构中阻尼器优化布置的一些基本原则；Benavent-Climent[237]基于结构能量平衡的方法优化设计了阻尼器的强度、刚度和耗能能力，并对一个已有的钢筋混凝土框架结构进行加固改造，该方法的有效性得到数值计算结果的验证。为了分析受控结构进入弹塑性状态后的动力响应，第三代的基准模型开始考虑结构的塑性特性，并取得一定的成果[195,238,239]。此后，应用 MR 阻尼器的结构振动控制的研究主要集中在隔震结构振动控制、考虑土-结构相互作用下的结构系统振动控制和子结构试验技术三个方面。在隔震结构振动控制方面，Shook 等[240]采用神经网络控制算法、LQR 限幅最优控制算法和模糊逻辑控制算法，对采用 MR 阻尼器的隔震结构的动力响应进行了试验研究，结果表明各种控制算法均有很好的控制效果；Dounis 等[241]采用进化模糊逻辑控制算法(evloutionary fuzzy logic control，EFLC)对一系列的地震作用下结构的动力响应进行了研究，并且采用遗传算法对 EFLC 中的参数进行优化设计；Wang 和 Dyke[242]采用 LQG 控制算法对隔震结构的基准模型进行了研究；Lin 等[243]应用 MR 阻尼器对采用隔震支座的一个大质量模型的振动控制进行了试验研究，在他们的试验中，阻尼器最大出力为 300kN，质量块重 21772kg，试验对不同强度等级的多种地震波(近场或远场)作用下结构的动力响应进行了对比分析，试验结果表明，MR 阻尼器具有能耗低、稳定、响应速度快、耗能能力强和鲁棒性好的特点。此外，Kim 和 Roschke[244]、Lu 等[245]、Fan 等[246]、Sahasrabudhe 和 Nagarajaiah[247]、Choi 等[248]也对隔震结构进行了试验和数值分析，并得出一些有益的结论。在考虑土-结构相互作用的结构振动控制方面，Lee 等[249]对考虑土-结构相互作用的单自由度结构的振动控制进行了数值分析；Li 和 Wang[250]考虑土-结构相互作用，对采用 MR 阻尼器的分散控制算法应用于非线性系统的可行性和稳定性进行了试验研究，结果表明所采用的控制算法具有很强的鲁棒性；Amini 和 Shadlou[251]采用 LQR 最优控制算法对土-结构系统进行了数值分析；Gu 和 Yazici[252]采用模糊逻辑控制和比例-积分-微分(proportion-integration-differentiation，PID)控制器对土-结构系统进行数值分析。上述考虑土-结构相互作用和隔震结构的控制器均需要考虑控制系统的非线性特性，因此，近来一些学者对能考虑结构非线性的分散控制算法进行了研究，并证明了分散控制算法具有很高的鲁棒性，能应用于非线性系统的振动控制之中[253~258]。在子结构试验技术方面，Carrion 等[259]采用结构模态参数作为反馈的子结构试验技术对结构振动控制进行研究；Christenson 等[260]对采用多个 MR 阻尼器的结构减震效果进行子结构试验研究，并对控制效果的有效性进行了验证；Park 等[261]提出一种定量描述子结构试验中受控结构动力性能的方法；Phillips 和 Spencer[262]为了减小时滞对子结构试验产生不精确和不稳定的问题，提出一种基于模型的伺服液压跟踪控制方法，该方法通过前馈和反馈实时跟踪使作动器产生精确的位移响应，方法的有效性通过一个 9 层的钢框架结构采用一个最大出力为 200kN 的 MR 阻尼器实时控制试验验证；Tu 等[263]还设计并试验测试了一个出力达 500kN 的 MR 阻尼器。此外，Wagg 和 Neild[264]对结构非线性控制理论研究的最新进展进行了详细评述。

结构损伤控制的特点决定了受控结构分析过程必须考虑材料、几何等强非线性及地震动的时间效应，并且建立构件和结构层次上的损伤准则以评估构件损伤失效的顺序和结构失效模式的优劣，进而得到最优的控制方法。由于传统的结构半主动控制方法大多采用 MATLAB 程序进行分析，该程序因其强大的工具包能很好地求解结构半主动控制过程，但其对结构非线性动力方程组的求解能力比通用有限元程序差很多，计算过程采用的材料模型也进行了简化处理，并且很难考虑模型几何非线性等因素对结构动力响应的影响。为了在结构半主动控制方法与结构非线性有限元求解之间取得平衡，Li 等[265]和 Xu 等[266,267]将 MR 阻尼器的 Bouc-Wen 模型和半主动控制律通过 LS-DYNA 程序的二次开发引入主程序中，建立了结构基于 MR 阻尼器的半主动控制平台，实现了应用通用有限元程序精细化数值仿真结构半主动控制的目的，并且提出一种以结构抗震性能指标和能量优化设计结构各层阻尼器出力能力的方法。分析表明，结构不同楼层所需阻尼器出力大小具有很大的差异，并且经过优化设计各层阻尼器出力后的结构损伤分布更广泛，避免了结构薄弱部位和损伤累积的产生，结构整体抗震性能得到很大的提高。

参考文献

[1] 胡聿贤. 地震工程学. 2 版. 北京：地震出版社，2006：407－411.

[2] 余寿文，冯西桥. 损伤力学. 北京：清华大学出版社，1997：1－6.

[3] Lemaitr J. A Course on Damage Mechanics. Berlin：Springer，1992：11－18.

[4] Fatemi A，Yang L. Cumulative fatigue damage and life prediction theories：a survey of the state of the art for homogeneous materials. International Journal of Fatigue，1998，20(1)：9－34.

[5] Kachanov L M. Time of the rupture process under creep conditions. Izvestia Akademii Nauk

SSSR,1958,8:26—31.

[6] Chen W F,Saaleb A F. Constitutive Equations for Engineering Materials Volume 2:Plasticity and Modeling. New York:Wiley,1982:45—56.

[7] Chaboche J L. Continuum damage mechanics:Part Ⅰ—general concepts. Journal of Applied Mechanics,1988,55(1):59—64.

[8] Chaboche J L. Continuum damage mechanics:Part Ⅱ—damage growth,crack initiation,and crack growth. Journal of Applied Mechanics,1988,55(1):65—72.

[9] Lemaitre J. A continuous damage mechanics model for ductile fracture. Journal of Engineering Materials and Technology,1985,107(1):83—89.

[10] Lemaitre J. How to use damage mechanics. Nuclear Engineering and Design,1984,80(2):233—245.

[11] Lemaitre J. Local approach of fracture. Engineering Fracture Mechanics,1986,25(5-6):523—637.

[12] Lemaitre J. Micro-mechanics of crack initiation. International Journal of Fracture,1990,42(1):87—99.

[13] Lemaitre J. One damage law for different mechanisms. Computational Mechanics,1997,20(1-2):84—88.

[14] Tai W H,Yang B X. A new damage mechanics criterion for ductile fracture. Engineering Fracture Mechanics,1987,27(4):371—378.

[15] Tai W H. Plastic damage and ductile fracture in mild steels. Engineering Fracture Mechanics,1990,37(4):853—880.

[16] Wang T J. Unified CDM model and local criterion for ductile fracture—Ⅰ. Unified CDM model for ductile fracture. Engineering Fracture Mechanics,1992,42(1):177—183.

[17] Wang T J. Unified CDM model and local criterion for ductile fracture—Ⅱ. Ductile fracture local criterion based on the CDM model. Engineering Fracture Mechanics,1992,42(1):185—193.

[18] Wang T J. Further investigation of a new continuum damage mechanics criterion for ductile fracture: experimental verification and applications. Engineering Fracture Mechanics,1994,48(2):217—230.

[19] Chow C L,Wang J. An anisotropic theory of continuum damage mechanics for ductile fracture. Engineering Fracture Mechanics,1987,27(5):547—558.

[20] Shen Z Y,Dong B. An experiment-based cumulative damage mechanics model of steel under cyclic loading. Advances in Structural Engineering,1997,1(1):39—46.

[21] Bonora N. A nonlinear CDM model for ductile failure. Engineering Fracture Mechanics,1997,58(1-2):11—28.

[22] Pirondi A,Bonora N. Modeling ductile damage under fully reversed cycling. Computational Materials Science,2003,26(2):129—141.

[23] Pirondi A,Bonora N. Simulation of failure under cyclic plastic loading by damage models. International Journal of Plasticity,2006,22(11):2146—2170.

[24] Mazars J. A description of micro and macro-scale damage of concrete structures. Engineering Fracture Mechanics,1986,25(5-6):729—737.

[25] Mazars J,Pijaudier-Cabot G. Continous damage theory:application to concrete. Journal of Engineering Mechanics,1989,115(2):345—365.

[26] Faria R,Oliver J,Cervera M. Modeling material failure in concrete structures under cyclic actions. Journal of Structural Engineering,2004,130(12):1997—2005.

[27] Cervera M,Oliver J,Faria R. Seismic evaluation of concrete dams via continuum damage models. Earthquake Engineering and Structural Dynamics,2010,24(9):1225—1245.

[28] Comi C,Perego U. Fracture energy based bi-dissipative damage model for concrete. International Journal of Solids and Structures,2001,38(36):6427—6454.

[29] 李正,李忠献.一种修正的混凝土弹性损伤本构模型及其应用.工程力学,2011,28(8):145—150.

[30] Ju J W. On energy-based coupled elastoplastic damage theories:constitutive modeling and computational aspects. International Journal of Solids and Structures,1989,25(7):803—833.

[31] Yazdani S,Schreyer H L. Combined plasticity and damage mechanics model for plain concrete. Journal of Engineering Mechanics,1990,116(7):1435—1450.

[32] Faria R,Oliver J. A Rate Dependent Plastic-Damage Constitutive Model for Large Scale Computations in Concrete Structures. Spain:International Centre for Numerical Methods in Engineering,1993:18—19.

[33] Lee J,Fenves G L. Plastic-damage model for cyclic loading of concrete structures. Journal of Engineering Mechanics,1998,124(8):892—900.

[34] Lee J,Fenves G L. A plastic-damage concrete model for earthquake analysis of dams. Earthquake Engineering and Structural Dynamics,1998,27(9):937—956.

[35] Gatuingt F,Pijaudier G. Coupled damage and plasticity modeling in transient dynamic analysis of concrete. International Journal for Numerical and Analytical Methods in Geomechanics,2002,26(1):1—24.

[36] Jefferson A D. Craft-a plastic-damage-contact model for concrete Ⅰ model theory and thermodynamic consideration. International Journal of Solids and Structures,2003,40(22):5973—5999.

[37] Jefferson A D. Craft-a plastic-damage-contact model for concrete Ⅱ model implementation with implicit return-mapping algorithm and consistent tangent matrix. International Journal of Solids and Structures,2003,40(22):6001—6022.

[38] Jason L,Huerta A,Pijaudier-Cabot G,et al. An elastic plastic damage formulation for concrete:Application to elementary tests and comparison with an isotropic damage model. Computer Methods in Applied Mechanics and Engineering,2006,195(52):7077—7092.

[39] 李杰,吴建营.混凝土弹塑性损伤本构模型研究Ⅰ:基本公式.土木工程学报,2005,38(9):14—20.

[40] 吴建营,李杰. 混凝土弹塑性损伤本构模型研究Ⅱ:数值计算和试验验证. 土木工程学报,2005,38(9):21—27.

[41] Grassl P, Jirasek M. Damage-plastic model for concrete failure. International Journal of Solids and Structures,2006,43(22-23):7166—7196.

[42] Voyiadjis G Z, Taqieddin Z N, Kattan P I. Anisotropic damage-plasticity model for concrete. International Journal of Plasticity,2008,24(10):1946—1965.

[43] Cicekli U, Voyiadjis G Z, Al-Rub R K A. A plasticity and anisotropic damage model for plain concrete. International Journal of Plasticity,2007,23(10-11):1874—1900.

[44] Salari M R, Saeb S, Willam K J, et al. A coupled elastoplastic damage model for geomaterials. Computer Methods in Applied Mechanics and Engineering,2004,193(27-29):2625—2643.

[45] 李正,李忠献. 基于修正弹塑性损伤模型的钢筋混凝土高桥墩地震损伤分析. 土木工程学报,2011,44(7):71—76.

[46] Oritz M A. Constitutive theory for the inelastic behavior of concrete. Mechanics of Materials,1985,4(1):67—93.

[47] Imran I, Pantazopoulu S J. Plasticity model for concrete under triaxial compression. Journal of Engineering Mechanics,2001,127(3):281—290.

[48] Menzel A, Ekh M, Runesson K, et al. A framework for multiplicative elastoplasticity with kinematic hardening coupled to anisotropic damage. International Journal of Plasticity,2005,21(3):397—434.

[49] Kratzig W B, Polling R. An elasto-plastic damage model for reinforced concrete with minimum number of material parameters. Computers and Structures,2004,82(15-16):1201—1215.

[50] Lubliner J, Oliver J, Oller S, et al. A plastic-damage model for concrete. International Journal of Solids and Structures,1989,25(3):299—326.

[51] Anaiev S, Ozbolt J. Plastic-damage model for concrete in principal directions. Fracture Mechanics of Concrete Structures,2007:271—278.

[52] Newmark N M. An engineering approach to blast resistant design. Transaction,1956,121(16):45—65.

[53] Powell G H, Allahabadi R. Seismic damage prediction by deterministic method: concept and procedures. Earthquake Engineering and Structural Dynamics,1998,16(5):719—734.

[54] Krawinkler H, Zohrei M. Cumulative damage in steel structures subjected to earthquake ground motions. Computers and Structures,1983,16(1-4):531—541.

[55] Shiata A, Sezoen M A. The substitute structure method for seismic design RC. Journal of the Structural Division,1976,102(s1):1—18.

[56] Housner G W. Limit design of structures to resist earthquake//Proceedings of the 1st World Conference on Earthquake Engineering, Berkeley,1956:1—13.

[57] Gosain N K, Brown R H, Jirsa J O. Shear requirement for load reversals on RC members. Journal of Structural Engineering,1977,103(7):1461—1476.

[58] Darwin D, Nmai C K. Energy dissipation in RC beams under cyclic load. Journal of Structural Engineering, 1986, 112(8): 1829—1846.

[59] McCabe S L, Hall W J. Damage and reserve capacity of structures subjected to strong earthquake ground motion//Proceedings of the 10th World Conference on Earthquake Engineering, Madrid, 1992: 67—74.

[60] 刁波，李淑春，叶英华. 反复荷载作用下混凝土异形柱结构累积损伤分析及试验研究. 建筑结构学报，2008，29(1)：57—63.

[61] 曲哲，叶列平. 基于有效累积滞回耗能的钢筋混凝土构件承载力退化模型. 工程力学，2011，28(6)：45—51.

[62] Lai S P, Biggs J M. Inelastic response spectra for a seismic building design. Journal of Structural Division, 1980, 106(6): 1295—1310.

[63] Banon H. Seismic damage in RC frames. The American Society of Civil Engineers, 1981, 107(8): 69—106.

[64] Park Y J, Ang A H S. Mechanistic seismic damage model for reinforced concrete. Journal of Structural Engineering, 1985, 111(4): 722—739.

[65] Park Y J, Ang A H S, Wen Y K. Seismic damage analysis of reinforced concrete buildings. Journal of Structural Engineering, 1985, 111(4): 740—757.

[66] 刘伯权. 钢筋混凝土抗震结构的破坏准则及可靠性分析[博士学位论文]. 重庆：重庆建筑大学，1995.

[67] Kumar S, Usami T. A note on evaluation of damage in steel structures under cyclic loading. Journal of Structural Engineering, 1994, 40: 177—188.

[68] 吕杨，徐龙河，李忠献，等. 钢筋混凝土柱基于能量阈值的损伤准则. 工程力学，2011，28(5)：84—89.

[69] Mehanny S S F, Deierlein G G. Seismic damage and collapse assessment of composite moment frames. Journal of Structural Engineering, 2001, 127(9): 1045—1053.

[70] 李军旗，赵世春. 钢筋混凝土构件损伤模型. 兰州铁道学院学报，2000，7(1)：25—27.

[71] 吕大刚，王光远. 基于损伤性能的抗震结构最优设防水准的决策方法. 土木工程学报，2001，7(1)：44—49.

[72] 王东升，冯启民，王国新. 考虑低周疲劳寿命的改进 Park-Ang 地震损伤模型. 土木工程学报，2004，37(11)：41—49.

[73] 陈林之，蒋欢军，吕西林. 修正的钢筋混凝土结构 Park-Ang 损伤模型. 同济大学学报(自然科学版)，2010，38(8)：1103—1107.

[74] 杜修力，欧进萍. 建筑结构地震破坏评估模型. 世界地震工程，1991，7(3)：52—58.

[75] 于海祥，武建华，张国斌. 一种新型的混凝土结构双参数地震损伤模型. 重庆建筑工业大学学报，2004，26(5)：43—49.

[76] Colombo A, Negro P. A damage index of generalized applicability. Engineering Structures, 2005, 27(8): 1164—1174.

[77] 王振宇，刘晶波. 建筑结构地震损伤评估的研究进展. 世界地震工程，2001，17(3)：43—48.

[78] Kunnath S K, Reinhorn A M, Park Y J. Analytical modeling of inelastic seismic response of RC structures. Journal of Structural Engineering, 1990, 116(4): 996—1017.

[79] 吴波，欧进萍. 钢筋混凝土结构在主余震作用下的反应与损伤分析. 建筑结构学报，1993, 14(10): 45—53.

[80] 杨栋，丁大钧，宰金珉. 钢筋混凝土框架结构的地震损伤分析. 南京建筑工程学院学报，1995, 35(4): 8—13.

[81] Federal Emergency Management Agency. NEHRP Commentary on The Guidelines for The Seismic Rehabilitation of Buildings. Washington D. C.: Federal Emergency Management Agency, 1997.

[82] Ghobarah A, Abou-Elfath H, Biddah A. Response based damage assessment of structures. Earthquake Engineering and Structural Dynamics, 1999, 28(1): 79—104.

[83] 胡晓斌. 新型多面体空间刚架结构抗连续倒塌性能研究[博士学位论文]. 北京：清华大学，2007.

[84] Nafady A M. System safety performance metrics for skeletal structures. Journal of Structural Engineering, 2008, 134(3): 499—504.

[85] Yun S Y, Hamburger R O, Cornell C A, et al. Seismic performace evaluation for steel moment frames. Journal of Structural Engineering, 2002, 128(4): 534—545.

[86] Foutch D A, Yun S Y. Modeling of steel moment frames for seismic loads. Journal of Construction Steel Research, 2002, 58(5-8): 529—564.

[87] Ye L P, Ma Q L, Miao Z W, et al. Numerical and comparative study of earthquake intensity indices in seismic analysis. Structural Design of Tall and Special Buildings, 2013, 22(4): 362—381.

[88] Jangid R S. Seismic response of isolated bridges. Journal of Bridge Engineering, 2004, 9(2): 156—166.

[89] Jangid R S. Equivalent linear stochastic seismic response of isolated bridges. Journal of Sound and Vibration, 2008, 309(3-5): 805—822.

[90] Cofer W F. Documentation of strengths and weaknesses of current computer analysis methods for seismic performance of reinforced concrete members. Berkeley: Pacific Earthquake Engineering Research Center, 1999: 1—15.

[91] Cofer W F, Zhang Y, McLean D I. A comparison of current computer analysis methods for seismic performance of reinforced concrete members. Finite Elements in Analysis and Design, 2002, 38(9): 835—861.

[92] Taucer F F, Spacone E, Filippou F C. A Fiber Beam-Column Element for Seismic Response Analysis of Reinforced Concrete Structures. Berkeley: Pacific Earthquake Engineering Research Center, 1991: 1—16.

[93] 王萱，赵星明，王慧，等. 基于 ANSYS 的钢筋混凝土结构三维实体建模技术探讨. 山东农业大学学报，2004, 35(1): 113—117.

[94] 江见鲸. 钢筋混凝土结构非线性有限元分析. 西安：陕西科学技术出版社，1994: 78—85.

[95] 董哲仁. 钢筋混凝土结构非线性有限元原理与应用. 北京:中国水利水电出版社,2002:112—158.

[96] 吕西林. 钢筋混凝土结构非线性有限元理论与应用. 上海:同济大学出版社,1997:5—17.

[97] Giberson M F. Two Nonlinear beams with definition of ductility. Journal of the Structural Division,1969,95(2):137—157.

[98] Takizawa H. Notes on some basic problems in inelastic analysis of planar R/C structures Part Ⅰ and Part Ⅱ. Transaction of the Architectural Institute of Japan,1976,240:51—62.

[99] Ambrisi A D,Filippou F C. Modeling of cyclic shear behavior in R/C members. Journal of Structural Engineering,1999,125(10):1143—1150.

[100] Powell G H,Chen P F. 3D beam-column element with generalized plastic hinges. Journal of Mechanical Engineering,1986,112(7):627—641.

[101] Sfakianakis M,Fardis M N. Bounding surface model for cyclic biaxial bending of R/C sections. Journal of Mechanical Engineering,1991,117(12):2748—2769.

[102] Soleimani D,Popov E P,Bertero V V. Hysteretic behavior of reinforced concrete beam-column subassemblages. ACI Structural Journal,1979,96(3):327—335.

[103] Roufaiel M S L,Meyer C. Analytical modeling of hysteretic behavior of R/C frames. Journal of Structural Engineering,1987,113(3):429—444.

[104] 李康宁. 结构三维弹塑性分析方法及计算机程序 CANNY. 四川建筑科学研究,2001,27(4):1—6.

[105] 汪梦甫. 钢筋混凝土框剪结构非线性地震反应分析. 工程力学,1999,16(4):136—143.

[106] El-Tawil S,Deierlein G G. Stress-resultant plasticity for frame structures. Journal of Mechanical Engineering,1998,124(12):1360—1370.

[107] Spacone E,Ciampi V,Filippou F C. Mixed formulation of nonlinear beam finite element. Computer and Structures,1996,58(1):71—83.

[108] Spacone E,Filippou F C,Taucer F F. Fiber beam-column model for non-linear analysis of R/C frames: Part Ⅰ formulation. Earthquake Engineering and Structural Dynamics,1996,25(1):711—725.

[109] Spacone E,Filippou F C,Taucer F F. Fiber beam-column model for non-linear analysis of R/C frames: Part Ⅱ applications. Earthquake Engineering and Structural Dynamics,1996,25:727—742.

[110] Lai S,Will G,Otani S. Model for inelastic biaxial bending of concrete members. Journal of Structural Engineering,1984,110(11):2563—2584.

[111] Saiidi M,Ghusn G E,Jiang Y. A five-spring element for biaxially bent R/C columns. Journal of Structural Engineering,1989,115(2):398—416.

[112] Jiang Y,Saiidi M. Four-spring element for cyclic response of R/C columns. Journal of Structural Engineering,1990,116(4):1018—1029.

[113] 陈滔. 基于有限单元柔度法的钢筋混凝土框架非弹性地震反应分析[博士学位论文]. 重庆:重庆大学,2003.

[114] Kaba S, Mahin S A. Refined modeling of reinforced concrete columns for seismic analysis. Berkeley: Pacific Earthquake Engineering Research Center, 1984: 6－8.

[115] 禚一. 钢筋混凝土桥梁精细化建模及地震碰撞分析[博士学位论文]. 天津: 天津大学, 2010.

[116] Scordelis A C. Computer models for nonlinear analysis of reinforced and prestressed concrete structures. PCI Journal, 1984, 29(6): 116－132.

[117] Monti G, Spacone E. Reinforced concrete fiber beam element with bond-slip. Journal of Structural Engineering, 2000, 126(6): 654－661.

[118] Marini A, Spacone E. Analysis of reinforced concrete elements including shear effects. ACI Structural Journal, 2006, 103(5): 645－655.

[119] Petrangeli M, Pinto P E, Ciampi V. Fiber element for cyclic bending and shear of RC structures: Part Ⅰ theory. Journal of Engineering Mechanics, 1999, 125(9): 994－1001.

[120] Petrangeli M. Fiber element for cyclic bending and shear of RC structures: Part Ⅱ verification. Journal of Engineering Mechanics, 1999, 125(9): 1002－1009.

[121] Valipour H R, Foster S J. A total secant flexibility-based formulation for frame elements with physical and geometrical nonlinearities. Finite Elements in Analysis and Design, 2010, 46(3): 288－297.

[122] Ceresa P, Petrini L, Pinho R. Flexure-shear fiber beam-column elements for modeling frame structures under seismic loading-state of the art. Journal of Earthquake Engineering, 2007, 11(s1): 46－88.

[123] 薛伟辰, 周氏, 吕志涛. 混凝土杆系结构滞回全过程分析. 工程力学, 1996, 13(3): 8－16.

[124] 叶列平, 陆新征, 马千里, 等. 混凝土结构抗震非线性分析模型、方法及算例. 工程力学, 2006, 23(s2): 131－140.

[125] Izzuddin B A, Karayannis C G, Elnashai A S. Advanced nonlinear formulation for reinforced concrete beam-columns. Journal of Structural Engineering, 1994, 120(10): 2913－2934.

[126] Karayannis C G, Izzuddin B A, Elnashai A S. Application of adaptive analysis to reinforced concrete frames. Journal of Structural Engineering, 1994, 120(10): 2935－2957.

[127] Mahasuverachai M, Powell G H. Inelastic Analysis of Piping and Tubular Structures. Berkeley: Pacific Earthquake Engineering Research Center, 1982.

[128] Zeris C A, Mahin S A. Analysis of reinforced concrete beam-columns under uniaxial excitation. Journal of Structural Engineering, 1988, 114(4): 804－820.

[129] Zeris C A, Mahin S A. Behavior of reinforced concrete structures subjected to biaxial excitation. Journal of Structural Engineering, 1991, 117(9): 2657－2673.

[130] Ciampi V, Carlesimo L. A nonlinear beam element for seismic analysis of structures// Proceedings of the 8th Europe Conference on Earthquake Engineering. Lisbon: Portuguesa, 1986: 459－464.

[131] 陈滔, 黄宗明. 基于有限单元柔度法的钢筋混凝土空间框架非弹性地震反应分析. 建筑

结构学报,2004,25(2):79—84.

[132] Paknahad M,Noorzaei J,Jaafar M S,et al. Analysis of shear wall structure using optimal membrane triangle element. Finite Elements in Analysis and Design,2007,43:861—869.

[133] Kim H S,Lee D G. Analysis of shear wall with openings using super elements. Engineering Structures,2003,25:981—991.

[134] Inoue N,Yang K J,Shibata A. Dynamic non-linear analysis of reinforced concrete shear wall by finite element method with explicit analytical procedure. Earthquake Engineering and Structural Dynamics,1997,26:967—986.

[135] Ghobarah A,Youssef M. Modelling of reinforced concrete structural walls. Engineering Structures,1999,21:912—923.

[136] Fajfar P,Fischinger M. Mathematical modeling of reinforced concrete structural walls for nonlinear seismic analysis. Structural Dynamic,1990,10(2):471—478.

[137] Hiraishi H,Kawashima T. Deformation behavior of shear walls after flexural yielding//Proceedings of the 9th World Conference on Earthquake Engineering,Tokyo,1988:557—558.

[138] Kabeyasawa T,Shiohara H,Otani S. U. S. -Japan cooperative research on R/C full-scale building test:Part 5 discussion of dynamic response system // Proceedings of the 8th World Conference on Earthquake Engineering,San Francisco,1984:573—575.

[139] Kabeyasawa T,Shiohara H,Otani S,et al. Analysis of the full scale seven story reinforced concrete test structure. Earthquake Effects on Reinforced Concrete Structure, 1985, 84(2):203—241.

[140] Milev J I. Two dimensional analytical model of reinforced concrete shear walls//Proceedings of the 11th World Conference on Earthquake Engineering,Tokyo,1996:145—146.

[141] Vulcano A,Bertero V V. Dynamic modeling for predicting the lateral response of RC shear wall:evaluation of their reliability. Berkeley:University of California,1987:4—7.

[142] Linde P,Bachmann H. Dynamic modeling and design of earthquake-resistant walls. Earthquake Engineering and Structural Dynamic,1994,23(12):1331—1350.

[143] Vulcano A,Bertero V V,Colotti V. Analytical modeling R/C structural walls//Proceedings of the 9th World Conference on Earthquake Engineering,Tokyo,1988:6.

[144] Colotti V. Shear behavior of R/C structural walls. Journal of Structural Engineering, 1993,119(3):728—746.

[145] Saiidi M,Sozen M A. Simple and complex models for nonlinear seismic response of reinforced concrete structures. Illinois:University of Illinois,1979:21—25.

[146] Saiidi M. User's manual for the LARZ family. Illinois:University of Illinois,1979:32—41.

[147] 孙景江,江近仁. 框架-剪力墙结构的非线性随机地震反应和可靠性分析. 地震工程与工程振动,1992,12(2):59—68.

[148] 朱杰江,郑琼,田堃. 非线性剪力墙单元模型的改进及其应用. 上海大学学报(自然科学版),2009,15(3):316—319.

[149] 谢凡，沈蒲生. 一种新型剪力墙多垂直杆单元模型：原理和应用. 工程力学，2010，27(9)：154—160.

[150] 吕西林，卢文生. 纤维强单元模型在剪力墙结构非线性分析中的应用. 力学季刊，2005，26(1)：72—80.

[151] 缪志伟，陆新征，叶列平. 分层壳单元在剪力墙结构有限元计算中的应用. 建筑结构学报(增刊)，2006，27(s2)：932—935.

[152] 林旭川，陆新征，缪志伟，等. 基于分层壳单元的 RC 核心筒结构有限元分析和工程应用. 土木工程学报，2009，42(3)：49—54.

[153] Pang X B D, Hsu T T C. Behavior of reinforced concrete membrane elements in shear. ACI Structural Journal, 1995, 92(6): 665—677.

[154] Pang X B D, Hsu T T C. Fixed angle softened truss model for reinforced concrete. ACI Structural Journal, 1996, 93(2): 197—207.

[155] Hsu T T C, Zhu R R H. Softened membrane model for reinforced concrete elements in shear. ACI Structural Journal, 2002, 99(4): 460—469.

[156] Mansour M, Hsu T T C. Behavior of reinforced concrete elements under cyclic shear Ⅰ: experiments. Journal of Structural Engineering, 2005, 131(1): 44—53.

[157] Mansour M, Hsu T T C. Behavior of reinforced concrete elements under cyclic shear Ⅱ: theoretical model. Journal of Structural Engineering, 2005, 131(1): 54—65.

[158] Mansour M, Lee J Y, Hsu T T C. Cyclic stress-strain curves of concrete and steel bars in membrane elements. Journal of Structural Engineering, 2001, 127(12): 1402—1411.

[159] Zhu R H, Hsu T T C. Poisson effect of reinforced concrete membrane elements. ACI Structural Journal, 2002, 95(5): 631—640.

[160] Mo Y L, Zhong J X, Hsu T T C. Seismic simulation of RC wall-type structures. Engineering Structures, 2008, 30(11): 3167—3175.

[161] Jeng C H, Hsu T T C. A softened membrane model for torsion in reinforced concrete members. Engineering Structures, 2009, 31(9): 1944—1954.

[162] Vecchio F J, Collins M P. The modified compression-field theory for reinforced concrete elements subjected to shear. ACI Structural Journal, 1986, 83(2): 219—231.

[163] Palermo D, Vecchio F J. Behavior of three-dimensional reinforced concrete shear wall. ACI Structural Journal, 2002, 99(1): 81—89.

[164] Vecchio F J. Disturbed stress field model for reinforced concrete: formulation. Journal of Structural Engineering, 2000, 126(9): 1070—1077.

[165] Vecchio F J. Disturbed stress field model for reinforced concrete: implementation. Journal of Structural Engineering, 2001, 127(1): 12—20.

[166] Vecchio F J, Lai D, Shim W, et al. Disturbed stress field model for reinforced concrete: validation. Journal of Structural Engineering, 2001, 127(4): 350—358.

[167] Guner S. Performance assessment of shear-critical reinforced concrete plane frames[PhD Dissertation]. Toronto: University of Toronto, 2008.

[168] Thorburn L J,Kulak G L,Montgomery C J. Analysis of steel plate shear walls. Edmonton:University of Alberta,1983:7—16.

[169] Timler P A,Kulak G L. Experimental study of steel plate shear walls. Edmonton:University of Alberta,1983:11—12.

[170] Shishkin J J,Driver R G,Grondon G Y. Analysis of steel plate shear walls using the modified strip model. Edmonton:University of Alberta,2005:22—25.

[171] Elgaaly M,Cacesse V,Du C. Post buckling behavior of steel plate shear walls under cyclic loads. Journal of Structural Engineering,1993,119(2):588—605.

[172] Rezai M. Seismic behaviour of steel plate shear walls by shake table testing[PhD Dissertation]. Vancouver:University of British Columbia,1999.

[173] Elgaaly M,Liu Y. Analysis of thin steel plate shear walls. Journal of Structural Engineering,1997,123(11):1487—1496.

[174] Sabouri-Ghomi S,Ventura C W,Kharrazi M H K. Shear analysis and design of ductile steel plate walls. Journal of Structural Engineering,2005,131(6):878—889.

[175] 周明.非加劲与防屈曲钢板剪力墙结构设计方法研究[博士学位论文].北京:清华大学,2009.

[176] Lee K,Foutch D A. Performance evaluation of new steel frame buildings for seismic loads. Earthquake Engineering and Structural Dynamics,2002,31(3):653—670.

[177] Ibarra L F,Krawinkler H. Global collapse of frame structures under seismic excitations//Pacific Earthquake Engineering Research Center,Berkeley,2005:3—7.

[178] Ayoub A,Mijo C,Chenouda M. Seismic fragility analysis of degrading structural systems//Proceedings of the 13th World Conference on Earthquake Engineering,Vancouver,2004:152—153.

[179] Vamvatsikos D,Cornel C A. Incremental dynamic analysis. Earthquake Engineering and Structural Dynamics,2002,31(3):491—514.

[180] Vamvatsikos D,Cornel C A. Applied incremental dynamic analysis. Earthquake Spectra,2004,20(2):523—553.

[181] Vamvatsikos D,Cornel C A. Direct estimation of seismic demand and capacity of multidegree-of-freedom systems through incremental dynamic analysis of single degree of freedom approximation. Journal of Structural Engineering,2005,131(4):589—599.

[182] 张雷明.灾害荷载下结构倒塌机制研究[博士学位论文].北京:清华大学,2000.

[183] 刘晶波,谷音,牛惠敏,等.大空间砖-混凝土组合结构弹塑性地震反应与计算倒塌研究.建筑结构学报,2006,27(3):78—83.

[184] 沈聚敏,王传志,江见鲸.钢筋混凝土有限元分析与板壳极限分析.北京:清华大学出版社,1993:67—68.

[185] 陆新征,江见鲸.世界贸易中心飞机撞击后倒塌过程的仿真分析.土木工程学报,2001,34(6):8—10.

[186] 师燕超.爆炸荷载作用下钢筋混凝土结构的动态响应行为与损伤破坏机理[博士学位论

文]. 天津:天津大学,2009.

[187] Hakuno M,Meguro K. Simulation of concrete-frame collapse due to dynamic loading. Engineering Mechanic,1993,119(9):1709—1723.

[188] Meguro K,Hakuno M. Application of the extended distinct element method for collapse simulation of a double-deck bridge. Structural Engineering and Earthquake Engineering, 1994,10(4):175—185.

[189] 秦东,范立础. 钢筋混凝土结构倒塌全过程的数值模拟. 同济大学学报,2001,29(1):80—83.

[190] 宣纲,顾祥林,吕西林. 强震作用下混凝土框架结构倒塌过程的数值分析. 地震工程与工程振动,2003,23(6):24—30.

[191] 金伟良,方韬. 钢筋混凝土框架结构破坏性能的离散单元法模拟. 工程力学,2005,22(4):44—48.

[192] 周健,屈俊童,贾敏才. 混凝土框架倒塌全过程的颗粒流数值模拟地震研究. 工程力学,2005,28(3):288—293.

[193] 顾祥林,彭斌,黄庆华. 结构抗震分析中的计算机仿真技术. 自然灾害学报,2007,16(2):92—100.

[194] Munjiza A,Owen D R J,Bicanic N. A combined finite-discrete element method in transient dynamics of fracturing solids. Engineering Computer,1995,12(2):145—174.

[195] Wongprasert N,Symans M D. Application of a genetic algorithm for optimal damper distribution within the nonlinear seismic benchmark building. Journal of Engineering Mechanics,2004,130(4):401—406.

[196] Pezeshk S. Design of framed structures: an integrated non-linear analysis and optimal minimum weight design. International Journal for Numerical Methods in Engineering, 1998,41(3):459—471.

[197] Schmit L A. Structural design by systematic synthesis//Proceedings of the 2nd Conference on Electronic Computation,New York,1960:105—122.

[198] Chan C M,Zou X K. Elastic and inelastic drift performance optimization for reinforced concrete buildings under earthquake loads. Earthquake Engineering and Structural Dynamics,2004,33(8):929—950.

[199] Ganzerli S,Pantelides C P,Reaveley L D. Performance-based design using structural optimization. Earthquake Engineering and Structural Dynamics,2000,29(11):1677—1690.

[200] Esteva L,Diaz-Lopez O,Garcia-Perez J,et al. Life-cycle optimization in the establishment of performance-acceptance parameters for seismic design. Structural Safety,2002,24(2-4):187—204.

[201] Fragiadakis M,Papadrakakis M. Performance-based optimum seismic design of reinforced concrete structures. Earthquake Engineering and Structural Dynamics,2008,37(6):825—844.

[202] Liu M,Burns S A,Wen Y K. Optimal seismic design of steel frame buildings based on

life cycle cost considerations. Earthquake Engineering and Structural Dynamics, 2003, 32(9):1313—1332.

[203] Liu M, Burns S A, Wen Y K. Multi objective optimization for performance-based seismic design of steel moment frame structures. Earthquake Engineering and Structural Dynamics, 2005, 34(3):289—306.

[204] Beck J L, Chan E, Irfanoglu A, et al. Multi-criteria optimal structural design under uncertainty. Earthquake Engineering and Structural Dynamics, 1999, 28(7):741—761.

[205] Zou X K, Chan C M, Li G, et al. Multiobjective optimization for performance-based design of reinforced concrete frames. Journal of Structural Engineering, 2007, 133(10):1462—1474.

[206] Papadopoulos V, Lagaros N D. Vulnerability-based robust design optimization of imperfect shell structures. Structural Safety, 2009, 31(6):475—482.

[207] Pourzeynali S, Zarif M. Multi-objective optimization of seismically isolated high-rise building structures using genetic algorithms. Journal of Sound and Vibration, 2008, 311(3-5):1141—1160.

[208] Gholizadeh S, Salajegheh E. Optimal design of structures subjected to time history loading by swarm intelligence and an advanced metamodel. Computer Methods in Applied Mechanics and Engineering, 2009, 198(37-40):2936—2949.

[209] Safari D, Maheri M R, Maheri A. Optimum design of steel frames using a multiple-deme GA with improved reproduction operators. Journal of Constructional Steel Research, 2011, 67(8):1232—1243.

[210] Mohammadi R K, Naggar M H E, Moghaddam H. Optimum strength distribution for seismic resistant shear buildings. International Journal of Solids and Structures, 2004, 41(22-23):6597—6612.

[211] Kim J, Seo Y. Seismic design of low-rise steel frames with buckling-restrained braces. Engineering Structure, 2004, 26(5):543—551.

[212] Teran-Gilmore A, Virto-Cambray N. Preliminary design of low-rise buildings stiffened with buckling-restrained braces by a displacement-based approach. Earthquake Spectra, 2009, 25(1):185—211.

[213] Oviedo J A, Midorikawa M, Asari T. Earthquake response of ten-story story-drift-controlled reinforced concrete frames with hysteretic dampers. Engineering Structures, 2010, 32(6):1735—1746.

[214] Hajirasouliha I, Asadi P, Pilakoutas K. An efficient performance-based seismic design method for reinforced concrete frames. Earthquake Engineering and Structural Dynamic, 2012, 41(4):663—679.

[215] Lv Y, Li Z X, Xu L H, et al. Equivalent seismic performance optimization of steel structures based on nonlinear damage analysis. Advances in Structural Engineering, 2015, 18(7):941—958.

[216] Soong T T,Spencer B F Jr. Supplemental energy dissipation:state-of-the-art and state-of-practice. Engineering Structures,2002,24(3):243—259.

[217] 杨飏,欧进萍. 导管架式海洋平台磁流变阻尼隔震结构的模型试验. 振动与冲击,2006,25(5):1—5.

[218] 李惠,刘敏,欧进萍,等. 斜拉索磁流变智能阻尼器控制系统分析与设计. 中国公路学报,2005,18(4):37—41.

[219] 何旭辉,陈政清,黄方林. 洞庭湖大桥斜拉索减振试验研究. 振动工程学报,2002,15(4):447—450.

[220] Li H,Liu M,Li J H,et al. Vibration control of stay cables of the Shandong binzhou yellow river highway bridge using magnetorheological fluid dampers. Journal of Bridge Engineering,2007,12(4):401—409.

[221] Stanway R,Sproston J L,Stevens N G. Non-linear identification of an electrorheological vibration damper//Proceedings of the 7th International Federation of Accountants/International Federation of Operational Research Societies Symposium,New York,1985:195—200.

[222] Stanway R,Sposton J L,Stevens N G. Non-linear modeling of an electro- rheological vibration damper. Journal of Electrostatics,1987,20(2):167—184.

[223] Wen Y K. Method of random vibration of hysteretic systems. Journal of Engineering Mechanics Division,1976,102(2):249—263.

[224] 周强,瞿伟廉. 磁流变阻尼器的两种力学模型和试验验证. 地震工程与工程振动,2002,22(4):144—150.

[225] 丁阳,张路,姚宇飞,等. 阻尼力双向调节磁流变阻尼器的性能测试与滞回模型. 工程力学,2010,27(2):228—234.

[226] 丁阳,张路,姚宇飞,等. 全通道有效磁流变阻尼器的性能测试与滞回模型. 振动工程学报,2010,23(1):31—36.

[227] Xu L H,Li Z X. Semi-active multi-step predictive control of structures using MR dampers. Earthquake Engineering and Structural Dynamics,2008,37(12):1435—1448.

[228] 徐龙河,李忠献,钱稼茹. 半主动预测控制系统的时滞与补偿. 工程力学,2011,28(9):79—83.

[229] Xu L H,Li Z X. Model predictive control strategies for protection of structures during earthquakes. Structural Engineering and Mechanics,2011,40(2):233—243.

[230] Tzou H S,Chai W K. Design and testing of a hybrid polymeric electrostrictive/piezoelectric beam with bang-bang control. Mechanical Systems and Signal Processing,2007,21(1):417—429.

[231] Dyke S J,Spencer B F Jr,Sain M K,et al. An experimental study of MR dampers for seismic protection. Smart Materials and Structures,1998,7(5):693—703.

[232] 欧进萍. 结构振动控制——主动、半主动和智能控制. 北京:科学出版社,2003:1—10.

[233] Lin W,Li Z X,Ding Y. Trust-region based instantaneous optimal semi-active control of long-span spatially extended structures with MRF-04K damper. Earthquake Engineering

and Engineering Vibration,2008,7(4):447—464.

[234] 徐龙河,周云,李忠献. 半主动控制装置在受控结构中的优化设置. 地震工程与工程振动,2000,20(3):143—148.

[235] 贝伟明,李宏男. 半主动控制装置在受控结构中的优化布置. 防灾减灾工程学报,2006,26(1):28—33.

[236] 阎石,宁欣,王宁伟. 磁流变阻尼器在受控结构中的优化布置. 地震工程与工程振动,2004,24(3):175—178.

[237] Benavent-Climent A. An energy-based method for seismic retrofit of existing frames using hysteretic dampers. Solid Dynamics and Earthquake Engineering,2011,31(10):1385—1396.

[238] Ohtori Y,Spencer B F Jr,Dyke S J. Benchmark control problems for seismically excited nonlinear buildings. Journal of Engineering Mechanics,2004,130(4):366—385.

[239] Yoshida O,Dyke S J. Seismic control of a nonlinear benchmark building using smart dampers. Journal of Engineering Mechanics,2004,130(4):386—392.

[240] Shook D,Lin P Y,Lin T K,et al. A comparative study in the semi-active control of isolated structures. Smart Materials and Structures,2007,16(4):1433—1446.

[241] Dounis A I,Tiropanis P,Syrcos G P,et al. Evolutionary fuzzy logic control of base-isolated structures in response to earthquake activity. Structural Control and Health Monitoring,2007,14(1):62—82.

[242] Wang Y M,Dyke S. Smart system design for a 3D base-isolated benchmark building. Structural Control and Health Monitoring,2008,15(7):939—957.

[243] Lin P Y,Roschke P N,Loh C H. Hybrid base-isolation with magnetorheological damper and fuzzy control. Structural Control and Health Monitoring,2007,14(3):384—405.

[244] Kim H S,Roschke P N. GA-fuzzy control of smart base isolated benchmark building using supervisory control technique. Advanced in Engineering Software,2007,38(7):453—465.

[245] Lu K C,Loh C H,Yang J N,et al. Decentralized sliding mode control of a building using MR dampers. Smart Materials and Structures,2008,17(5):1—15.

[246] Fan Y C,Loh C H,Yang J N,et al. Experimental performance evaluation of an equipment isolation using MR dampers. Earthquake Engineering and Structural Dynamics,2009,38(3):285—305.

[247] Sahasrabudhe S S,Nagarajaiah S. Semi-active control of sliding isolated bridges using MR dampers:an experimental and numerical study. Earthquake Engineering and Structural Dynamics,2005,35(8):965—983.

[248] Choi K M,Jung H J,Cho S W,et al. Application of smart passive damping system using MR damper to highway bridge structure. Journal of Mechanical Science and Technology,2007,21(6):870—874.

[249] Lee S K,Lee S H,Min K W,et al. Performance evaluation of an MR damper in building structures considering soil-structure interaction effects. Structural Design of Tall and Special Buildings,2009,18(1):105—115.

[250] Li H, Wang J. Experiment investigation of the seismic control of a nonlinear soil-structure system using MR dampers. Smart Materials and Structures, 2011, 20(8): 1—17.

[251] Amini F, Shadlou M. Embedment effects of flexible foundations on control of structures. Soil Dynamics and Earthquake Engineering, 2011, 31(8): 1081—1093.

[252] Gu R, Yazici H. Fuzzy logic control of a non-linear structural system against earthquake induced vibration. Journal of Vibration and Control, 2007, 13(11): 1535—1551.

[253] Rofooei F R, Monajemi-Nezhad S. Decentralized control of tall buildings. Structural Design of Tall and Special Buildings, 2005, 15(2): 153—170.

[254] 李宏男，李瀛，李钢. 地震作用下建筑结构的分散控制研究. 土木工程学报，2008，41(9)：27—33.

[255] Ma T W, Xu N S, Tang Y. Decentralized robust control of building structures under seismic excitations. Earthquake Engineering and Structural Dynamics, 2008, 37(1): 121—140.

[256] Wang Y, Lynch J P, Law K H. Decentralized H-infinity controller design for large-scale civil structures. Earthquake Engineering and Structural Dynamics, 2009, 38(3): 377—401.

[257] Ma T W, Johansen J, Xu N S, et al. Improved decentralized method for control of buildings structures under seismic excitation. Journal of Engineering Mechanics, 2010, 136(5): 662—673.

[258] Li H, Wang J, Song G, et al. An input-to-state stabilizing control approach for non-linear structures under strong ground motions. Structural Control and Health Monitoring, 2011, 18(2): 227—240.

[259] Carrion J E, Spencer B F Jr, Phillips B M. Real-time hybrid simulation for structural control performance assessment. Earthquake Engineering and Engineering Vibration, 2009, 8(4): 481—492.

[260] Christenson R, Lin Y Z, Emmons A, et al. Large-scale experimental verification of semi-active control through real-time hybrid simulation. Journal of Structural Engineering, 2008, 134(4): 522—534.

[261] Park E, Min K W, Lee S K, et al. Real-time hybrid test on a semi-actively controlled building structure equipped with full-scale MR dampers. Journal of Intelligent Material Systems and Structures, 2010, 21(18): 1831—1850.

[262] Phillips N M, Spencer B F Jr. Feedforward-feedback tracking control for real-time hybrid simulation//Proceedings of the 6th International Workshop on Advanced Smart Material and Smart Structures Technology, Dalian, 2011: 25—26.

[263] Tu J W, Liu J, Qu W L, et al. Design and fabrication of 500-kN large-scale MR damper. Journal of Intelligent Material Systems and Structures, 2011, 22(5): 475—487.

[264] Wagg D J, Neild S A. A review of non-linear structural control techniques. Journal of Mechanical Engineering Science, 2011, 225(4): 759—770.

[265] Li Z X, Lv Y, Xu L H, et al. Seismic damage control of a nonlinear benchmark building using MR dampers//Proceedings of the 5th World Conference on Structural Control and Monitoring, Tokyo, 2010:19—21.

[266] Xu L H, Lv Y, Li Z X, et al. Seismic failure control of buildings using MR dampers//Proceedings of the 11th International Symposium on Structural Engineering, Guangzhou, 2010:18—20.

[267] Xu L H, Li Z X, Lv Y. Nonlinear seismic damage control of steel frame-steel plate shear wall structures using MR dampers. Earthquake and Structures, 2014, 7(6):937—953.

第 2 章　高层建筑结构竖向构件地震损伤分析

高层建筑结构在强震作用下发生损伤破坏甚至连续倒塌，往往是竖向承重构件因地震损伤累积无法再继续承受上部荷载而造成的。高层建筑结构的倒塌破坏过程是竖向承重构件承载力逐渐丧失的过程，准确描述地震作用下构件的损伤程度不仅可以了解其地震损伤演化机制和由损伤累积导致结构或构件破坏甚至倒塌的全过程，而且对震后结构的安全性也能做出较好的评估。

本章对高层建筑结构竖向承重构件进行地震损伤分析，以高层建筑结构竖向承重构件中钢柱、钢筋混凝土柱和钢筋混凝土墙为研究对象，分别建立考虑损伤累积效应的修正 K&K 模型、钢筋混凝土柱基于易损性的地震损伤评估方法、钢筋混凝土柱基于能量阈值的地震损伤准则、考虑强度退化和负刚度效应的修正 Sina 模型等，以期能更精确地分析其在地震作用下的损伤演化规律，为震后损伤程度评估和修复加固奠定基础。

2.1　考虑损伤累积效应的钢柱损伤演化分析

2.1.1　损伤模型

1. K&K 模型及失效准则

Krieg & Key 本构模型(K&K 模型)采用 von Mises 屈服面，如图 2.1 所示，同时考虑了钢材的 Bauschinger 效应，可以准确模拟钢材在地震作用下的变形[1]。

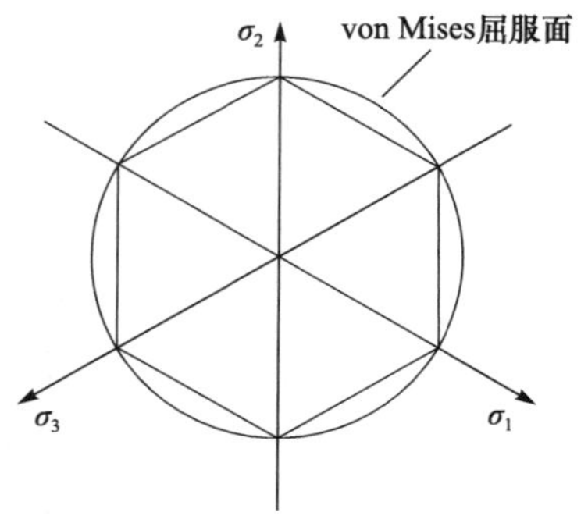

图 2.1　π平面上 von Mises 屈服面

von Mises 屈服条件为

$$\varphi = \frac{3}{2}(S_{ij} - \alpha_{ij})(S_{ij} - \alpha_{ij}) - \sigma_y^2 = 0 \quad (2.1)$$

式中，σ_y 为钢材初始屈服应力；S_{ij} 为应力偏张量；α_{ij} 为移动张量。

K&K 模型：

$$\sigma_y = \sigma_0 + \beta E_p \varepsilon_{eff}^p = \sigma_y(\varepsilon_{eff}^p, \beta) \quad (2.2)$$

$$E_p = \frac{EE_t}{E - E_t} \quad (2.3)$$

$$\varepsilon_{\mathrm{eff}}^{\mathrm{p}}=\int_{0}^{t}\left(\frac{2}{3}\dot{\varepsilon}_{ij}^{\mathrm{p}}\dot{\varepsilon}_{ij}^{\mathrm{p}}\right)^{1/2}\mathrm{d}t \tag{2.4}$$

$$S_{ij}=\sigma_{ij}-\frac{1}{3}\sigma_{kk} \tag{2.5}$$

式中，σ_0 为钢材的屈服应力；$\varepsilon_{\mathrm{eff}}^{\mathrm{p}}$、$\dot{\varepsilon}_{ij}^{\mathrm{p}}$ 分别为钢材的等效塑性应变和塑性应变率；E、E_{p} 和 E_{t} 分别为钢材的弹性模量、塑性模量和切线模量(通常取为 $E/100$)；$\frac{1}{3}\sigma_{kk}$ 为静水压力；β 为考虑不同强化准则的参数。

$\beta=0$ 时为随动强化，即假设加载曲面与屈服曲面的大小和形状都不变，只是中心位置移动，仅适用于当再加载路径与原加载路径偏离不多的情况；$\beta=1$ 时为各向同性强化，即假设加载曲面是在屈服曲面基础上做等向膨胀，与 Bauschinger 效应不符；$0<\beta<1$ 时为混合强化，即同时考虑了曲面大小的变化和中心位置的移动。

当 $0<\beta<1$ 时，$\dot{\varepsilon}_{ij}^{\mathrm{p}}$ 可表示为

$$\dot{\varepsilon}_{ij}^{\mathrm{p}}=\dot{\varepsilon}_{ij}^{\mathrm{p}(i)}+\dot{\varepsilon}_{ij}^{\mathrm{p}(k)} \tag{2.6}$$

$$\dot{\varepsilon}_{ij}^{\mathrm{p}(i)}=\beta\dot{\varepsilon}_{ij}^{\mathrm{p}} \tag{2.7}$$

$$\dot{\varepsilon}_{ij}^{\mathrm{p}(k)}=(1-\beta)\dot{\varepsilon}_{ij}^{\mathrm{p}} \tag{2.8}$$

式中，$\dot{\varepsilon}_{ij}^{\mathrm{p}(i)}$、$\dot{\varepsilon}_{ij}^{\mathrm{p}(k)}$ 分别为各向同性强化阶段和随动强化阶段的塑性应变率。

根据流动法则，移动张量 α_{ij} 可表示为

$$\alpha_{ij}=\int\mathrm{d}\alpha_{ij}=\int\frac{2}{3}E_{\mathrm{p}}(1-\beta)\mathrm{d}\lambda(S_{ij}-\alpha_{ij}) \tag{2.9}$$

式中，$\mathrm{d}\lambda$ 为非负比例系数。

根据增量理论，等效塑性应变增量可表示为

$$\mathrm{d}\varepsilon_{\mathrm{eff}}^{\mathrm{p}}=\left(\frac{2}{3}\mathrm{d}\varepsilon_{ij}^{\mathrm{p}}\mathrm{d}\varepsilon_{ij}^{\mathrm{p}}\right)^{1/2}=\frac{2}{3}\mathrm{d}\lambda\sigma_{\mathrm{y}} \tag{2.10}$$

总应变增量 $\mathrm{d}\varepsilon_{ij}$ 可分解为弹性应变增量 $\mathrm{d}\varepsilon_{ij}^{\mathrm{e}}$ 和塑性应变增量 $\mathrm{d}\varepsilon_{ij}^{\mathrm{p}}$，应力增量可表示为

$$\mathrm{d}\sigma_{ij}=D_{ijkl}^{\mathrm{e}}\mathrm{d}\varepsilon_{kl}^{\mathrm{e}}=D_{ijkl}^{\mathrm{e}}(\mathrm{d}\varepsilon_{kl}-\mathrm{d}\varepsilon_{kl}^{\mathrm{p}})=D_{ijkl}^{\mathrm{ep}}\mathrm{d}\varepsilon_{kl} \tag{2.11}$$

$$D_{ijkl}^{\mathrm{e}}=2G\left(\delta_{ik}\delta_{jl}+\frac{\nu}{1-2\nu}\delta_{ij}\delta_{kl}\right) \tag{2.12}$$

$$D_{ijkl}^{\mathrm{ep}}=D_{ijkl}^{\mathrm{e}}-D_{ijkl}^{\mathrm{p}} \tag{2.13}$$

式中，G 为剪切模量；ν 为泊松比；δ_{ij} 为 Kronecker 符号函数。

由式(2.1)～式(2.13)可得

$$\mathrm{d}\lambda=\frac{(S_{ij}-\alpha_{ij})\mathrm{d}\varepsilon_{ij}}{\dfrac{2\sigma_{\mathrm{y}}(\varepsilon_{\mathrm{eff}}^{\mathrm{p}},\beta)}{9G}(3G+E_{\mathrm{p}})} \tag{2.14}$$

$$D_{ijkl}^{\mathrm{p}}=\frac{(S_{ij}-\alpha_{ij})(S_{kl}-\alpha_{kl})}{\frac{\sigma_{\mathrm{y}}(\varepsilon_{\mathrm{eff}}^{\mathrm{p}},\beta)}{9G^{2}}(3G+E_{\mathrm{p}})} \tag{2.15}$$

与 K&K 模型相对应的失效准则可以表征材料的失效行为。该准则以单元整体积分点的等效塑性应变为材料失效的判断准则，可有效避免大变形引起的单元畸变，其破坏参数 fail 定义如式(2.16)所示，当材料的破坏参数 $\theta_{\mathrm{fail}}>1$ 时，材料发生失效行为。

$$\theta_{\mathrm{fail}}=\frac{\sum\Delta\varepsilon_{\mathrm{eff}}^{\mathrm{p}}}{\varepsilon_{\mathrm{f}}} \tag{2.16}$$

式中，$\Delta\varepsilon_{\mathrm{eff}}^{\mathrm{p}}$为等效塑性应变增量；$\varepsilon_{\mathrm{f}}$ 为材料失效时的应变。

2. 损伤演化方程

构件或材料在地震作用下常伴有不同形式的内部缺陷或微损伤，对于延性金属在微结构尺度上的损伤，其微观机制在于微观缺陷的形成及不可恢复性改变，因此考虑材料的损伤累积效应能精确反映构件或材料在地震作用下的动力响应[2]。损伤演化方程是描述材料损伤累积效应的准则[3]。引入一种基于非线性连续损伤力学原理和微观空隙发展理论的塑性损伤模型，该损伤模型通过大量试验总结得到，其损伤演化方程如下[4~6]：

$$f_{\mathrm{D}}=\frac{1}{2}\left(-\frac{Y}{S_{0}}\right)^{2}\frac{S_{0}}{1-D}\frac{(D_{\mathrm{cr}}-D)^{(\alpha-1)/\alpha}}{(\varepsilon_{\mathrm{eff}}^{\mathrm{p}})^{(2+n)/n}} \tag{2.17}$$

$$\Delta D=\alpha\frac{(D_{\mathrm{cr}}-D_{0})^{1/\alpha}}{\ln\frac{\varepsilon_{\mathrm{cr}}}{\varepsilon_{\mathrm{th}}}}f\left(\frac{\sigma_{\mathrm{m}}}{\sigma_{\mathrm{eq}}}\right)(D_{\mathrm{cr}}-D)^{(\alpha-1)/\alpha}\frac{\Delta\varepsilon_{\mathrm{eff}}^{\mathrm{p}}}{\varepsilon_{\mathrm{eff}}^{\mathrm{p}}} \tag{2.18}$$

式中，f_{D} 为损伤耗散势函数；S_0 为材料常数；Y 为 0.5 倍的损伤塑性应变能增量；ΔD、D_0、D_{cr}和 D 分别为损伤指数增量、初始损伤指数、临界损伤指数和损伤指数；$\varepsilon_{\mathrm{cr}}$为临界损伤指数对应的临界应变；$\varepsilon_{\mathrm{th}}$为开始发生损伤的阈值应变；$\Delta\varepsilon_{\mathrm{eff}}^{\mathrm{p}}$、$\varepsilon_{\mathrm{eff}}^{\mathrm{p}}$分别为等效塑性应变增量和等效塑性应变；$\alpha$ 为损伤参数；$f\left(\frac{\sigma_{\mathrm{m}}}{\sigma_{\mathrm{eq}}}\right)$为考虑三轴应力状态影响因子，其表达式为

$$f\left(\frac{\sigma_{\mathrm{m}}}{\sigma_{\mathrm{eq}}}\right)=\frac{2}{3}(1+\nu)+3(1-2\nu)\left(\frac{\sigma_{\mathrm{m}}}{\sigma_{\mathrm{eq}}}\right)^{2} \tag{2.19}$$

$$\sigma_{\mathrm{eq}}=\sqrt{\frac{3}{2}S_{ij}S_{ij}} \tag{2.20}$$

式中，σ_{eq}为等效 von Mises 应力；ν 为泊松比；$\sigma_{\mathrm{m}}=\frac{1}{3}\sigma_{kk}$。当 $f\left(\frac{\sigma_{\mathrm{m}}}{\sigma_{\mathrm{eq}}}\right)=1.0$ 时，表明材料处于单轴应力状态。

宏观上，材料损伤体现在强度和刚度的下降。通过将损伤演化方程引入钢材K&K 模型和失效准则中以考虑材料强度、刚度的退化，可以用损伤指数 D 表示其折减规律[7]，即

$$\sigma_D = (1 - D)\sigma_y \tag{2.21}$$

$$E_D = (1 - D)E \tag{2.22}$$

式中，σ_D 为钢材损伤屈服强度；E_D 为钢材损伤弹性模量。σ_y 可通过式(2.2)确定，D 可通过式(2.18)和式(2.19)确定。

3. 修正 K&K 模型的验证

Macrae 和 Kawashima[8]开展了大量的空心带肋方钢柱抗震试验，采用上述修正 K&K 模型，对其试验工况进行数值模拟，并与试验结果进行对比分析。试验对象为方钢柱，其几何尺寸和构造见图 2.2 和表 2.1。方钢柱所采用的钢材为低碳

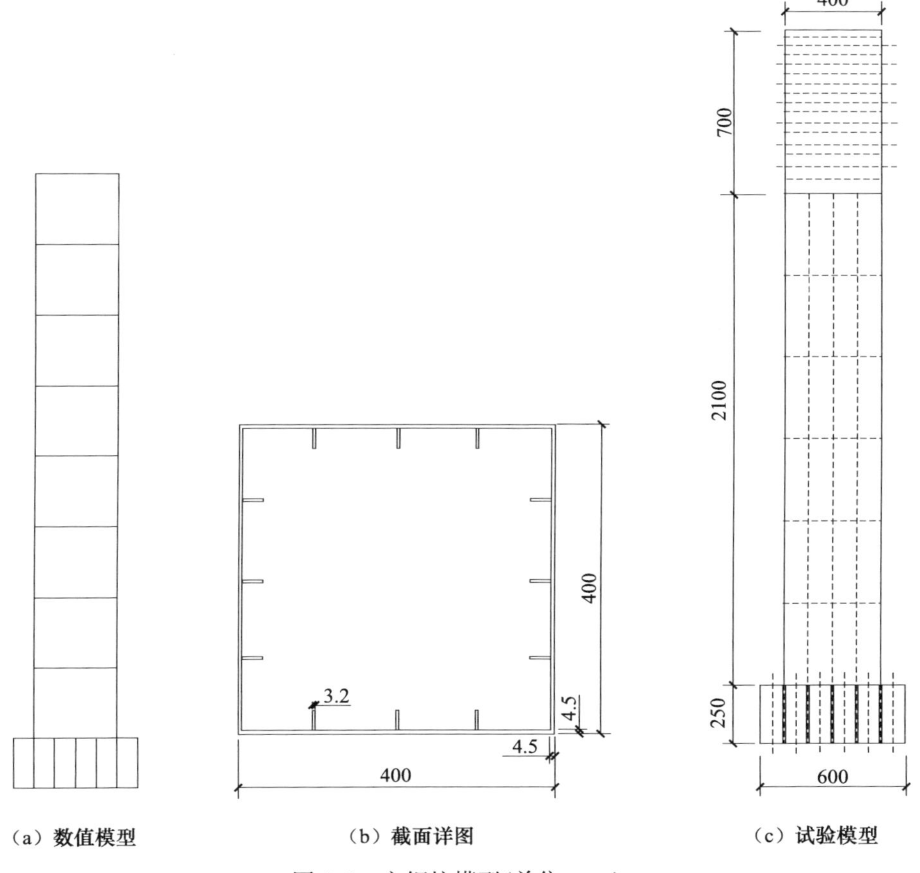

图 2.2　方钢柱模型(单位：mm)

钢，上部配重 196kN，柱脚 y、z 向刚接，x 向输入地面峰值加速度(peak ground acceleration，PGA)分别为 $0.22g$、$0.33g$ 和 $0.44g$ 的 Nihon-kai chubu 波(见图 2.3)。

表 2.1　钢柱几何尺寸　(单位：mm)

截面宽度	截面高度	截面厚度	柱计算高度	纵向加劲肋宽度	横向加劲肋宽度	横向加劲肋间隔	加劲肋厚度
400	400	4.50	2100	35	55	350	3.20

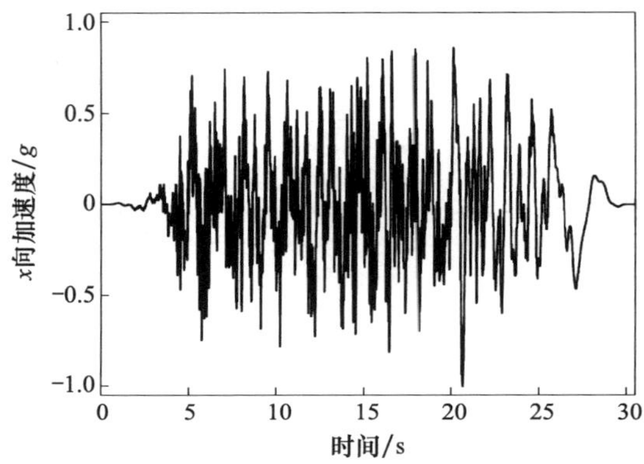

图 2.3　Nihon-kai chubu 波 x 向加速度时程曲线

采用通用有限元软件 ANSYS 前处理模块中的 Shell163 壳单元建立方钢柱的有限元分析模型，对 LS-DYNA 程序进行二次开发，编写材料模型的子程序得到考虑材料损伤累积效应和失效准则的修正 K&K 模型，模型参数可根据低碳钢的试验数据获得，列于表 2.2 中[6,9,10]。

表 2.2　修正 K&K 模型参数取值

σ_0/MPa	ν	E/MPa	ε_f	ε_{th}	ε_{cr}	D_{cr}	D_0	α	β
292	0.30	2.00×10^5	0.75	0.20	1.00	0.10	0.00	0.19	0.20

为验证上述修正 K&K 模型的适用性和有效性，在研究中分别采用修正 K&K 模型(考虑损伤)和 K&K 模型(未考虑损伤)，分别模拟钢柱在地震作用下的动力响应。图 2.4 给出了 PGA＝$0.44g$ 时考虑和未考虑材料损伤累积效应的柱顶 x 向位移时程曲线。可以看出，考虑材料损伤累积效应时钢柱柱顶位移比未考虑时的柱顶位移大，原因是钢柱在地震作用下产生不可逆损伤导致其材料刚度和强度下降，柱顶位移增大。图 2.5 给出了在 PGA＝$0.22g$ 和 PGA＝$0.44g$ 地震作用下钢柱的损伤分布，表明钢柱在地震作用下损伤集中在柱脚区域，损伤程度随着 PGA 的增大而增大。

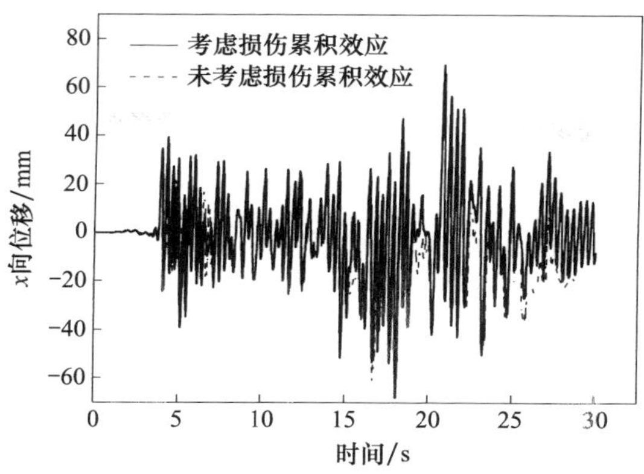

图 2.4　PGA=0.44g 时 x 向位移时程曲线

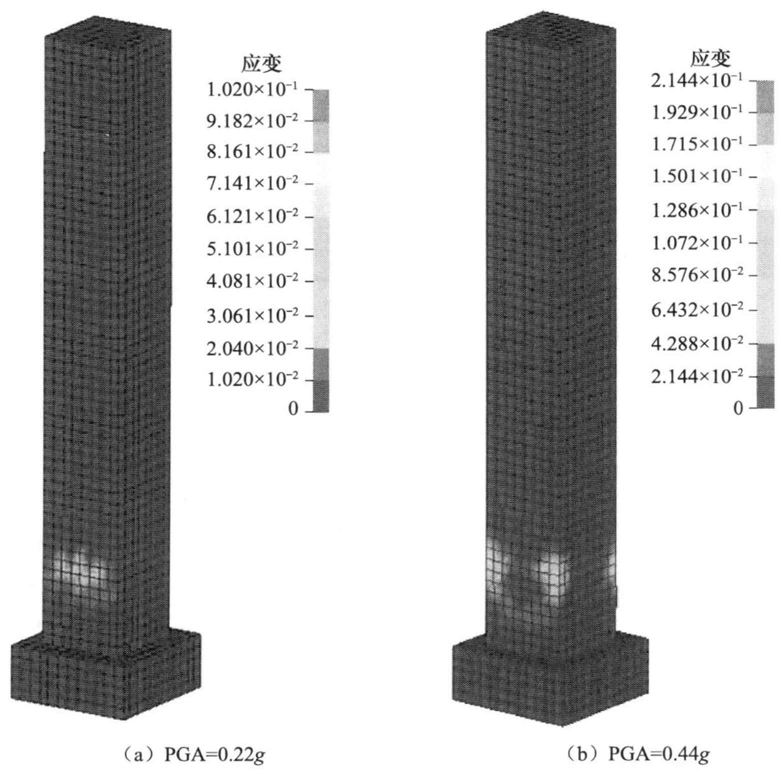

(a) PGA=0.22g　　(b) PGA=0.44g

图 2.5　钢柱损伤分布比较

不同 PGA 地震作用下，采用考虑和未考虑损伤累积效应的 K&K 模型分析得到的柱顶 x 向最大位移值和试验测得的最大位移值均列于表 2.3 中，并给出了两种数值模拟对应的误差。

表 2.3　钢柱地震响应结果比较

柱号	PGA/g	柱顶 x 向最大位移				
		试验值/mm	数值模拟			
			未考虑损伤/mm	误差/%	考虑损伤/mm	误差/%
1	0.22	31.90	28.55	10.50	29.32	8.09
2	0.33	73.10	63.73	12.82	66.84	8.56
3	0.44	76.50	65.69	14.13	69.28	9.44

从表 2.3 可以看出，数值模拟得到的最大位移值比试验值稍小，是由修正 K&K 模型参数的选取以及模型建立时进行简化所致，如假设配重为刚性块体等；考虑材料损伤累积效应时，柱顶 x 向最大位移值更接近试验值，误差不超过 10%。由此可知，修正 K&K 模型是有效可靠的，同时也证明了考虑材料损伤累积效应能有效提高地震响应的模拟精度。

2.1.2　损伤累积效应的影响

基于上述钢柱分析模型和材料模型，钢柱柱脚在 x 向、y 向输入 Tianjin 波(见图 2.6)，z 向约束位移。

为确定钢柱竖向初始承载力，在地震作用前，对柱顶缓慢施加竖向荷载，跟踪其柱顶竖向位移时程曲线，图 2.7 给出了考虑和未考虑材料损伤累积效应时钢柱荷载-竖向位移曲线。考虑和未考虑材料损伤累积效应时钢柱的竖向初始承载力 P_0 分别为 1408kN、1815kN，可见考虑材料损伤累积效应下钢柱竖向初始承载力降低了 22.42%。

图 2.8 给出了不同 PGA 地震作用下，考虑和未考虑材料损伤累积效应对钢柱滞回耗能时程曲线的影响。可以看出，当 PGA=0.55g 时，钢柱的滞回耗能曲线随时间变化趋于无穷大，说明柱子发生倒塌破坏。考虑和未考虑材料的损伤累积效应时，柱发生破坏的时间分别约为 10.0s、14.0s，可见材料的损伤累积效应加速钢柱的破坏。

假设钢柱发生破坏的前一级 PGA 为该柱所能承受的失效极限荷载。图 2.9 给出了在失效极限荷载 PGA=0.50g 作用下的柱顶 x 向和 y 向位移时程曲线。可以看出，当考虑材料损伤累积效应时，柱顶产生较大的峰值位移和残余位移。在该失效极限荷载作用后，对柱顶缓慢施加竖向荷载得到柱子的剩余竖向承载力。表 2.4 给出了钢柱的地震响应，可以看出，当考虑材料损伤累积效应时，钢柱的剩余竖向承载力降低，且产生较大的柱顶位移和较小的滞回耗能。

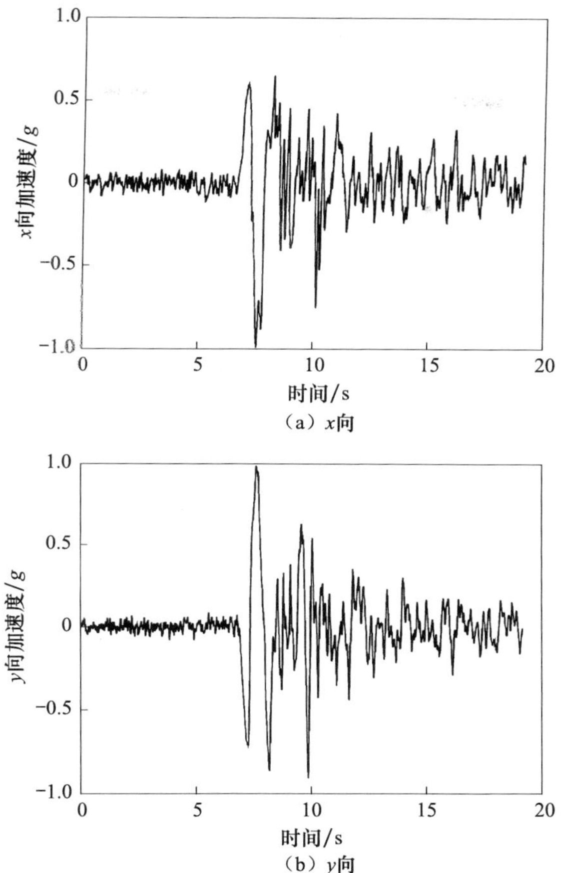

（a）x向

（b）y向

图 2.6　Tianjin 波 x 向、y 向加速度时程曲线

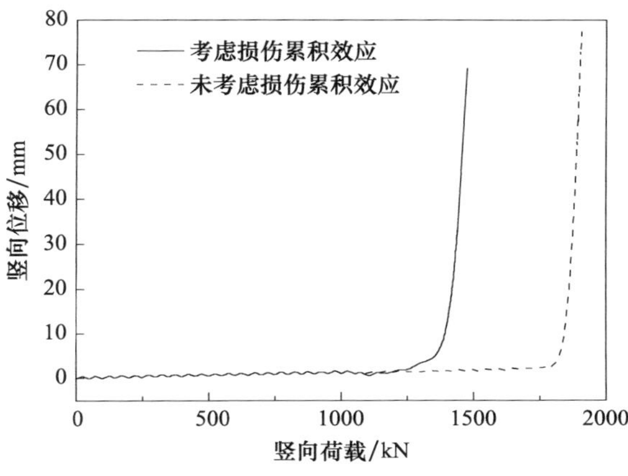

图 2.7　钢柱荷载-竖向位移曲线

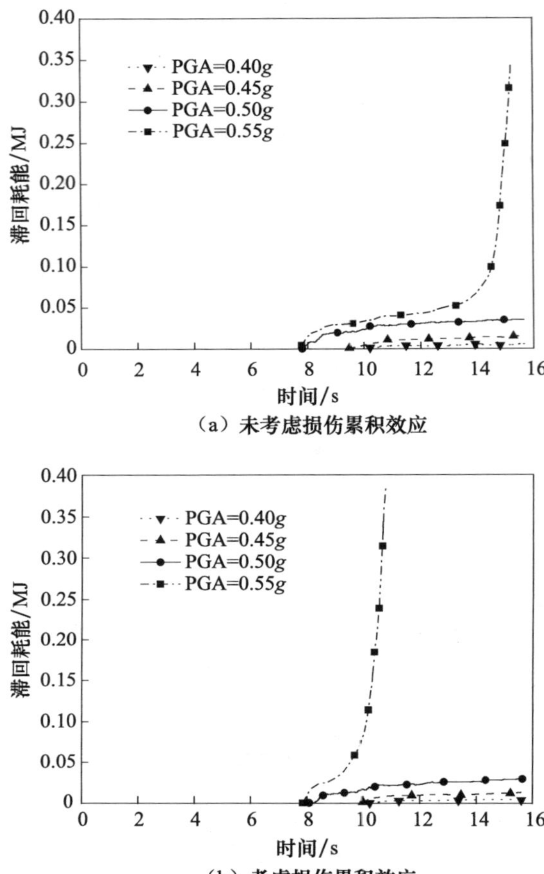

（a）未考虑损伤累积效应

（b）考虑损伤累积效应

图 2.8　钢柱滞回耗能时程曲线

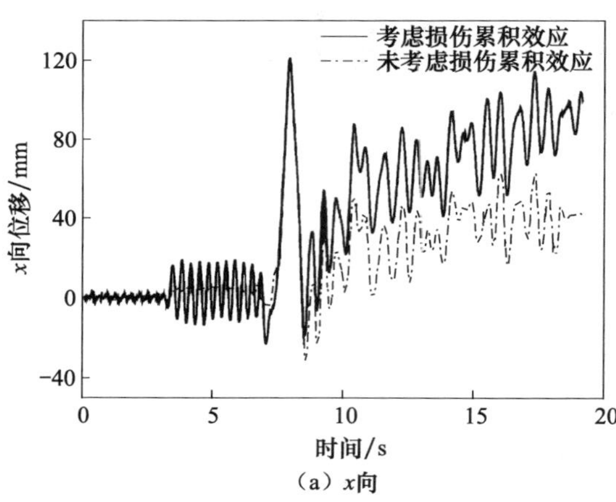

（a）x向

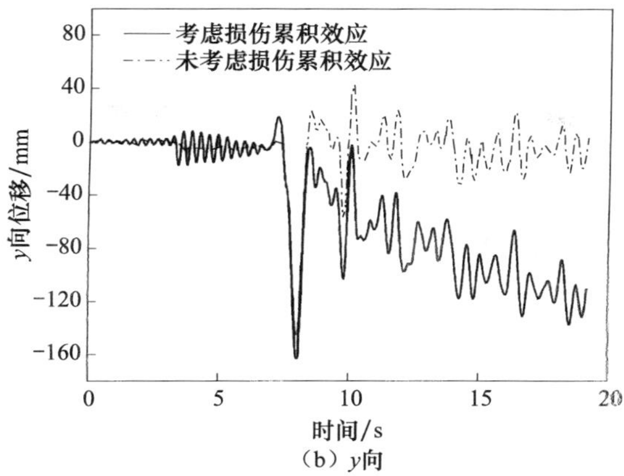

（b）y向

图 2.9　PGA＝0.50g 时的柱顶位移时程曲线

表 2.4　钢柱地震响应

损伤累积效应	失效极限荷载	柱顶最大 x 向位移/mm	柱顶最大 y 向位移/mm	剩余竖向承载力/kN	最大滞回耗能/J
未考虑	0.50g	117.63	149.23	736	40761
考虑	0.50g	121.05	166.48	688	35621

2.1.3　损伤演化规律

钢柱为竖向受力构件，其竖向承载力在强震下的退化程度与柱的损伤情况密切相关，因此可以采用竖向剩余承载力作为评估钢柱损伤程度的损伤模型，该损伤模型不仅与钢柱的整体特性有关，而且能反映钢柱作为竖向受力构件的实际震害。基于竖向剩余承载力的损伤模型曾用以评估钢筋混凝土柱在爆炸荷载作用下的破坏程度[11]。本章稍加修正用以评估钢柱在地震作用下的破坏程度，定义为[12]

$$D_{col}=1-\frac{P_r}{P_0} \tag{2.23}$$

式中，D_{col} 为钢柱的损伤指数；P_r 为钢柱受地震作用后的竖向剩余承载力；P_0 为钢柱受地震作用前的竖向初始承载力。

通过柱的竖向荷载-竖向位移曲线得到竖向剩余承载力和竖向初始承载力。为震后进行安全评估，定义钢柱的损伤程度等级如表 2.5 所示，钢柱的损伤程度等级直接与钢柱的竖向剩余承载力有关，具有明确的物理意义，便于工程技术人员应用。

表 2.5　钢柱损伤程度等级对应的损伤指数

损伤程度等级	基本完好	轻微破坏	中等破坏	严重破坏	完全破坏
钢柱的损伤指数 D_{col}	0～0.2	0.2～0.4	0.4～0.6	0.6～0.8	0.8～1.0

采用修正 K&K 模型对上述钢柱进行双向地震作用下的损伤演化规律分析。图 2.10 给出了在 PGA=0.55g 地震作用下的钢柱损伤时程曲线，可以看出，0～7.4s 时柱子处于基本完好状态，7.4～10.0s 时柱子损伤发展加快，7.4s、7.5s、8.0s、8.5s、9.0s、9.5s 和 10.0s 时柱子损伤指数分别为 0.04、0.34、0.45、0.57、0.80 和 0.99，与 Tianjin 波 x 向、y 向加速度峰值相对应，在 10.0s 时损伤指数接近 1.0，钢柱因丧失竖向承载力而完全破坏。

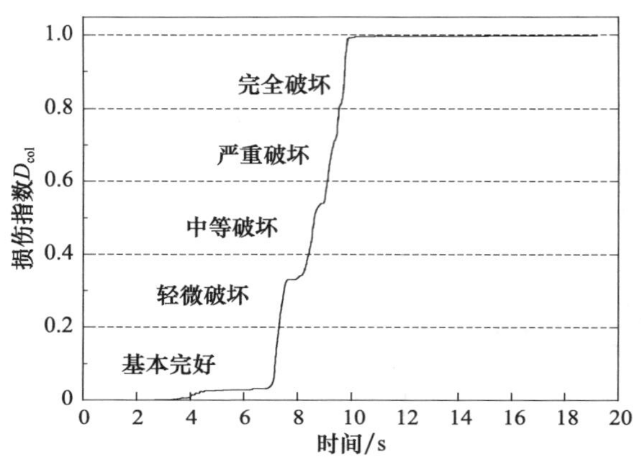

图 2.10 钢柱损伤时程曲线

图 2.11 给出了与图 2.10 对应的钢柱损伤演化过程。可以看出，钢柱在地震作用下柱脚处最先出现损伤，对应的损伤程度等级为基本完好。由于损伤和塑性应变有关，即生成后不可恢复，损伤随塑性应变的增长不断累积，最后在柱脚处发生屈曲破坏。

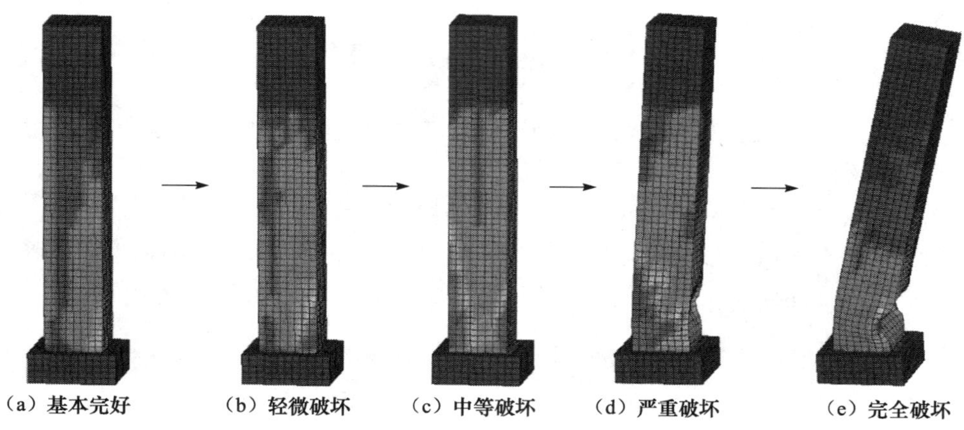

图 2.11 钢柱损伤演化过程

图 2.12 给出了在 PGA＝0.55g 地震作用下的钢柱破坏模式，空心带肋钢柱在强震作用下主要发生整体弯曲变形，破坏模式为弯曲破坏。图 2.13 给出了钢柱损伤随地震强度发展的曲线。可以看出，钢柱的损伤指数 D_{col} 随地震强度的增大而增大，PGA＝0.50g 是损伤指数的转折点，大于 0.50g 后，钢柱的损伤程度迅速加重，直至完全破坏。因此，将 PGA＝0.50g 定义为钢柱的失效极限荷载是合理的。由于钢柱的损伤定义基于竖向剩余承载力，损伤发展的过程其实是其竖向承载力丧失的过程，当其竖向承载力为 0 时，钢柱发生倒塌破坏。

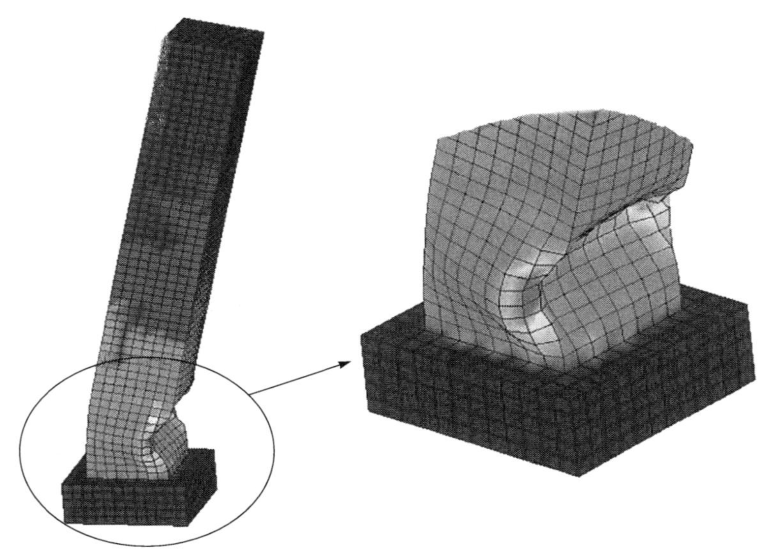

图 2.12　钢柱的破坏模式

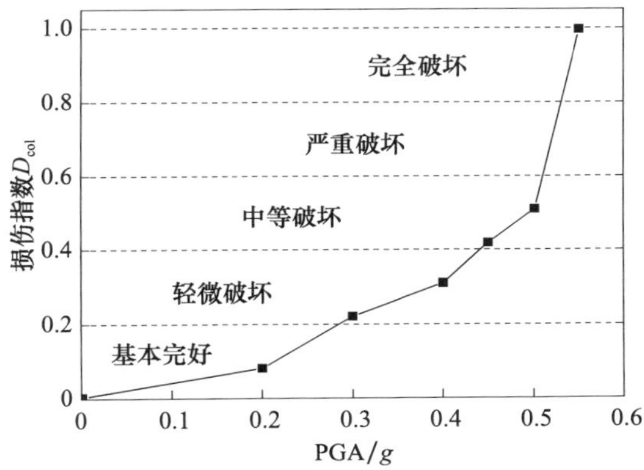

图 2.13　钢柱损伤随地震强度发展曲线

2.2　钢筋混凝土柱基于易损性的地震损伤评估

本节提出一种地震损伤程度评估的方法，即通过建立理论易损性曲线，对钢筋混凝土柱进行损伤程度评估，其基本步骤如下：

(1) 为较精确地模拟钢筋混凝土柱的地震损伤演化规律，需建立钢筋混凝土柱精细化分析模型。

(2) 选择适用工程场地、考虑地震动特性的强震记录，并进行统一调幅处理。

(3) 利用所选择的强震记录作为输入，对钢筋混凝土柱进行增量动力分析(incremental dynamic analysis，IDA)，即不同强度地震作用下的弹塑性时程分析，得到其在不同强度地震作用下的竖向剩余承载力。

(4) 对应于给定的地震动强度指标，计算钢筋混凝土柱基于竖向剩余承载力的损伤指数。

(5) 运用概率纸图法，绘制钢筋混凝土柱的易损性曲线，即不同强度 PGA 地震作用下发生损伤破坏的概率。

(6) 基于易损性曲线，评估钢筋混凝土柱在不同强度地震作用下的破坏状态。

2.2.1　精细化分析模型

为准确模拟钢筋混凝土柱在地震作用下的动力响应和损伤演化规律，采用钢筋和混凝土分离式模型，对混凝土采用正六面体实体单元模拟，纵筋和箍筋均用空间梁单元模拟。该模型中所采用的 K&C 混凝土本构模型能很好地反映混凝土材料在地震作用下的动力响应[13]。纵筋和箍筋均采用钢材考虑混合强化的修正 K&K 模型，反映了钢材的 Bauschinger 效应和损伤累积效应。

研究表明，钢筋和混凝土间的黏结滑移对钢筋混凝土结构动力响应的影响不容忽视[14]。本章采用一维滑动接触模型来考虑纵筋与混凝土之间的黏结滑移，即采用在钢筋单元节点和混凝土节点之间设置一组虚拟弹簧，如图 2.14 所示。当不考虑黏结损伤效应时，钢筋与混凝土间的黏结力假定为理想弹塑性；当考虑黏结损伤效应时，在弹性阶段，黏结剪应力与滑移量呈线性关系，进入塑性阶段后，黏结剪应力随着塑性滑移的增加呈指数降低，当钢筋与混凝土的黏结剪应力超过某个数值时，钢筋与混凝土会分离。因此，黏结剪应力与滑移的关系可表示为[11]

$$\tau=\begin{cases}G_{\mathrm{s}}S, & S\leqslant S_{\max}\\ \tau_{\max}\exp\left(-h_{\mathrm{dmg}}D_{\mathrm{s}}\right), & S>S_{\max}\end{cases} \tag{2.24}$$

式中，G_{s} 为黏结剪切模量；$S_{\max}$为最大弹性滑移值；D_{s}、h_{dmg}分别为黏结损伤指数及其曲线系数。

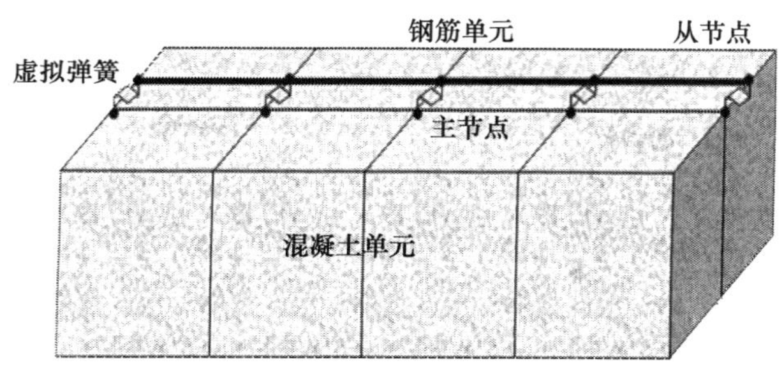

图 2.14　一维滑动接触模型

为验证所建立的精细化分析模型的正确性，采用文献[15]中一钢筋混凝土柱的地震响应进行数值模拟，并将模拟结果与 Nishida 和 Unjoh[15] 的试验及分析结果进行对比。钢筋混凝土柱几何尺寸和构造及材料特性如表 2.6 和表 2.7 所示，柱底采用 Kobe 地震波激励，两水平向加速度峰值分别为 x 向 642cm/s^2、y 向 666cm/s^2。在数值模拟中，柱头采用滑动支座，并约束其转动自由度；柱脚在 x 向、y 向分别输入地震波，z 向约束位移；钢筋和混凝土黏结滑移参数取值为 G_s = 50MPa/mm、S_{max} = 0.36mm、h_{dmg} = 0.20[11,16]。

表 2.6　文献[15]中钢筋混凝土柱几何尺寸和构造

截面宽度/mm	截面高度/mm	计算高度/mm	纵筋	箍筋	保护层厚度/mm
600	600	2500	48Φ10	Φ6@75	40

表 2.7　文献[15]中钢筋混凝土柱材料特性参数

混凝土	纵筋			箍筋		
轴心抗压强度/MPa	屈服强度/MPa	弹性模量/MPa	极限应变/%	屈服强度/MPa	弹性模量/MPa	极限应变/%
34.1	384	1.83×10^5	18	350	1.85×10^5	18

图 2.15 给出了数值模拟以及 Nishida 和 Unjoh[15] 的试验分析得到的该钢筋混凝土柱柱顶位移时程曲线。可以看出：①由于采用更为准确的钢筋混凝土材料模型，且考虑钢筋和混凝土的黏结滑移效应，采用精细化分析模型得到的模拟结果要好于 Nishida 和 Unjoh 的分析结果，与 Nishida 和 Unjoh 的试验结果更为接近；②模拟结果的最大位移值比试验值稍小且存在些许滞后，原因可能是试验中箍筋对混凝土的约束作用未能充分发挥而导致柱的刚度不足，以及模拟中对实体单元采用缩减积分等简化。

因此，所建立的精细化分析模型可较精确地模拟钢筋混凝土柱在强震作用下的动力响应。

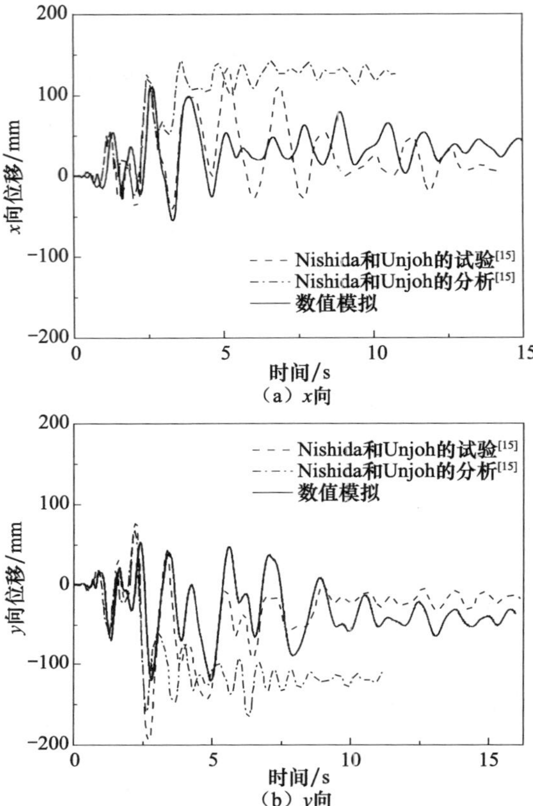

图 2.15 钢筋混凝土柱的柱顶位移时程曲线

2.2.2 地震损伤评估

以一典型的钢筋混凝土柱为例建立分析模型，其设计轴压比为 0.3，柱几何尺寸和构造及材料特性参数如表 2.8 和表 2.9 所示。建立该钢筋混凝土柱的精细化分析模型，如图 2.16 所示，柱头采用滑动支座，并约束其转动自由度；柱脚在 x 向输入地震波，y 向、z 向约束位移。

表 2.8 钢筋混凝土柱几何尺寸和构造

截面宽度/mm	截面高度/mm	计算高度/mm	纵筋	箍筋	保护层厚度/mm
600	600	4000	12⌀20	ϕ10@100	30

表 2.9 钢筋混凝土柱材料特性参数

混凝土	纵筋			箍筋		
轴心抗压强度/MPa	屈服强度/MPa	弹性模量/MPa	极限应变/%	屈服强度/MPa	弹性模量/MPa	极限应变/%
20.1	335	2.06×10^5	18	235	2.06×10^5	18

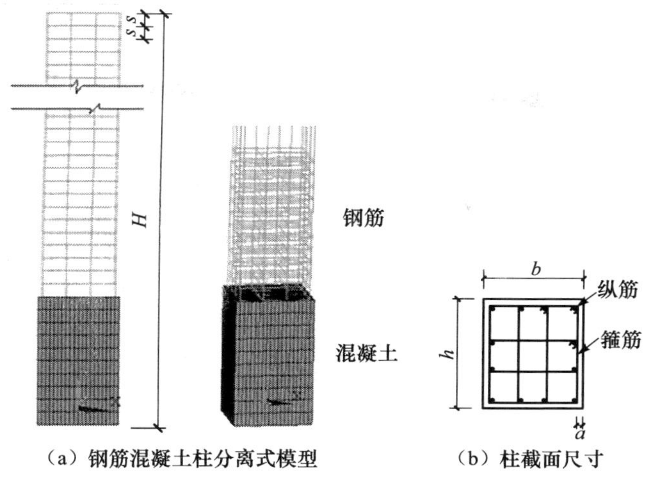

图 2.16　钢筋混凝土柱的精细化模型

钢筋混凝土柱是竖向受力构件，因此采用与前述钢柱相同的基于竖向剩余承载力的损伤模型，并通过对该柱柱顶缓慢施加竖向荷载直至柱丧失承载力，得到该钢筋混凝土柱在未受地震作用前的竖向初始承载力 P_0 为 7470kN，如图 2.17 所示。

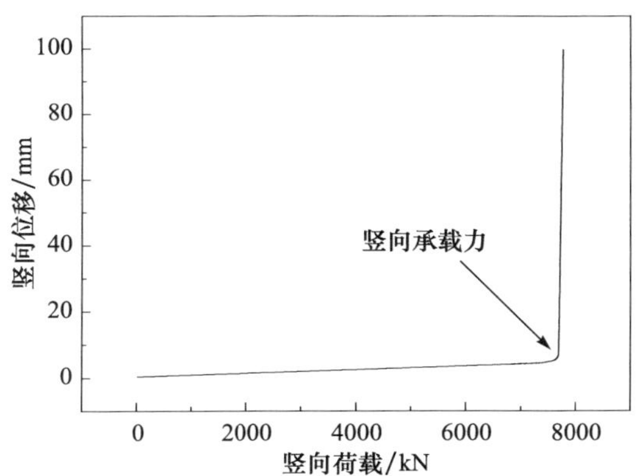

图 2.17　钢筋混凝土柱竖向荷载-位移曲线

国内外学者对震后结构或构件的安全评估提出了不同的损伤模型，给出了不同的震害破坏界限[17~20]。本章同样将钢筋混凝土柱的损伤等级 R 定义为 5 级，各等级所对应的损伤指数采用文献[17]、[19]和[20]所给出的损伤指数求平均值，如表 2.10 所示。

表 2.10　损伤等级对应的损伤指数

损伤模型	损伤指数				
	基本完好 (R=A)	轻微破坏 (R=B)	中等破坏 (R=C)	严重破坏 (R=D)	完全破坏 (R=E)
Park-Ang 模型[18]	—	0～0.10	0.10～0.25	0.25～0.40	0.40～1.00
牛荻涛模型[19]	0～0.20	0.20～0.40	0.40～0.65	0.65～0.90	0.90～1.00
刘伯权模型[20]	0～0.10	0.10～0.30	0.30～0.60	0.60～0.85	0.85～1.00
孙景江模型[17]	0～0.23	0.23～0.25	0.25～0.42	0.42～0.78	0.78～1.00
本章模型	0～0.18	0.18～0.32	0.32～0.56	0.56～0.84	0.84～1.00

钢筋混凝土柱的损伤程度与地震动强度指标密切相关，因此采用 IDA 方法进行钢筋混凝土柱的损伤程度分析需要大量的地震动输入。ATC-63 给出了选择地震动输入规则：①震级 $M_s \geqslant 6.5$；②震源位于走滑断层或逆冲断层；③观测场地为基岩或硬土场地，场地土剪切波速 $V_s \geqslant 180\text{m/s}$；④近场地震断层距 $R \leqslant 10\text{km}$，远场地震断层距 $R > 10\text{km}$；⑤强震记录的 PGA$>0.2g$ 且 PGV$>15\text{cm/s}$；⑥观测对象为自由地表或低层建筑首层地面；⑦强震仪有效频率范围至少达到 4s[21]。

本章从太平洋地震工程研究中心（Pacific Earthquake Engineering Research Center，PEER）强震记录数据库中选取美国联邦地质调查局（United States Geological Survey，USGS）工程场地分类为 C 类（相当于我国Ⅱ类场地）的 10 条地震波作为地震动输入，以 PGA 作为地震动强度指标，对每条地震波均调幅为 12 个等级，即 $0.01g$、$0.02g$、$0.03g$、$0.04g$、$0.05g$、$0.10g$、$0.15g$、$0.20g$、$0.25g$、$0.30g$、$0.35g$ 和 $0.40g$。

通过数值模拟，按式(2.23)计算出钢筋混凝土柱在不同 PGA 地震作用下的损伤指数，可绘制钢筋混凝土柱的损伤指数对应不同 PGA 的对数分布图，如图 2.18 所示。通过回归分析，可得到钢筋混凝土柱的损伤指数为

$$\ln D = 0.529\ln \text{PGA} + 0.467 \tag{2.25}$$

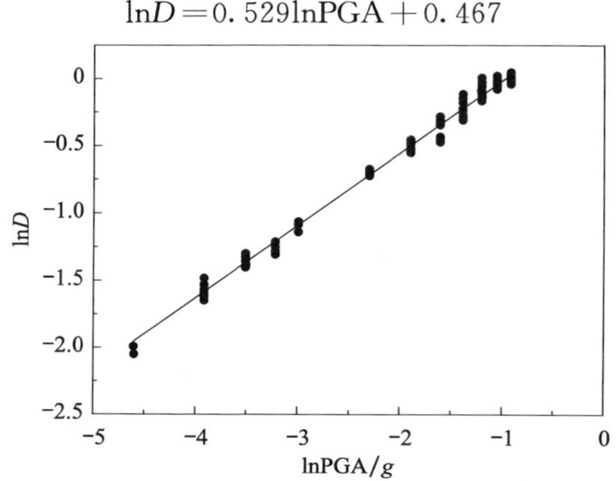

图 2.18　钢筋混凝土柱损伤指数与 PGA 关系曲线(120 个数据点，变异系数为 0.9948)

由此可知，钢筋混凝土柱的损伤指数随着 PGA 的增大而增大，且呈对数线性关系。

已有研究表明，钢筋混凝土构件在地震作用下的易损性曲线呈对数正态分布[22,23]。本章假设通过 IDA 方法建立的钢筋混凝土柱易损性曲线也符合对数正态分布，发生损伤的概率密度函数 P 定义为

$$P(\geqslant R)=\Phi\left(\frac{\ln \mathrm{PGA}-\mu}{\sigma}\right) \tag{2.26}$$

式中，R 为损伤等级；Φ 为标准的对数正态分布函数；μ、σ 分别为 PGA 的对数均值和对数标准差，可通过对数概率纸图法确定。

表 2.11 给出了钢筋混凝土柱在不同损伤等级下的地震易损性曲线参数。将 μ 和 σ 值代入式(2.26)可得到不同损伤等级下的地震易损性曲线，如图 2.19 所示。

表 2.11　钢筋混凝土柱地震易损性曲线参数

地震波	损伤程度等级									
	A		B		C		D		E	
	μ	σ	μ	σ	μ	σ	μ	σ	μ	σ
Kobe 波	1.618	0.34	3.192	0.30	4.241	0.27	5.193	0.21	5.857	0.18

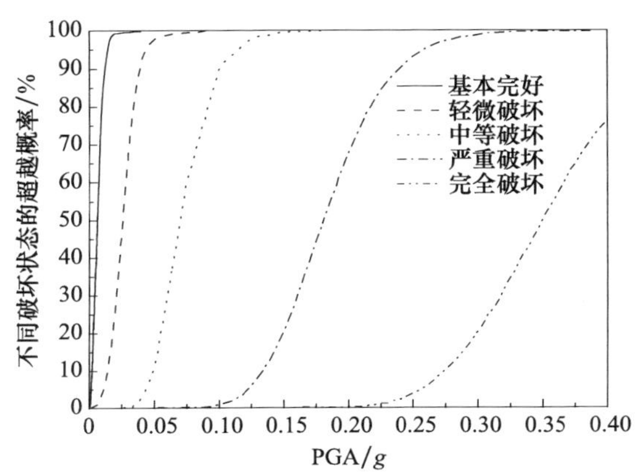

图 2.19　钢筋混凝土柱的地震易损性曲线

在获得地震易损性曲线后，可确定钢筋混凝土柱在给定的地震作用下损伤破坏的概率，由此可对其进行损伤评估。表 2.12 给出了不同 PGA 作用下钢筋混凝土柱不同损伤程度对应的超越概率。可以看出，通过易损性曲线可以判断出当 PGA 达到某一值时钢筋混凝土柱所处的损伤破坏状态。

表 2.12 不同 PGA 作用下不同损伤程度对应的超越概率

PGA/g	损伤程度等级	超越概率/%
0.01	基本完好	97.80
0.03	轻微破坏	75.72
0.13	中等破坏	98.52
0.25	严重破坏	94.11
0.35	完全破坏	50.21

由于在钢筋混凝土柱精细化分析模型中对实体单元采用了缩减积分，可能会影响钢筋混凝土柱损伤评估的精度，有必要分析采用缩减积分对钢筋混凝土柱地震易损性曲线的影响。图 2.20 分别给出了在钢筋混凝土柱建模过程中采用缩减积分或完全积分对不同损伤等级下地震易损性曲线的影响。从中可以发现，采用缩减积分或完全积分，钢筋混凝土柱在不同损伤等级下的地震易损性曲线基本重合，而采用完全积分所需计算时间是采用缩减积分的数倍。即使当 PGA 较大而发生完全破坏时，两者稍有偏差，但仍能满足精度要求。因此，在钢筋混凝土柱精细化分析模型中对实体单元采用缩减积分，对钢筋混凝土柱地震易损性曲线的影响可以忽略不计，但能大幅提高计算效率[24,25]。

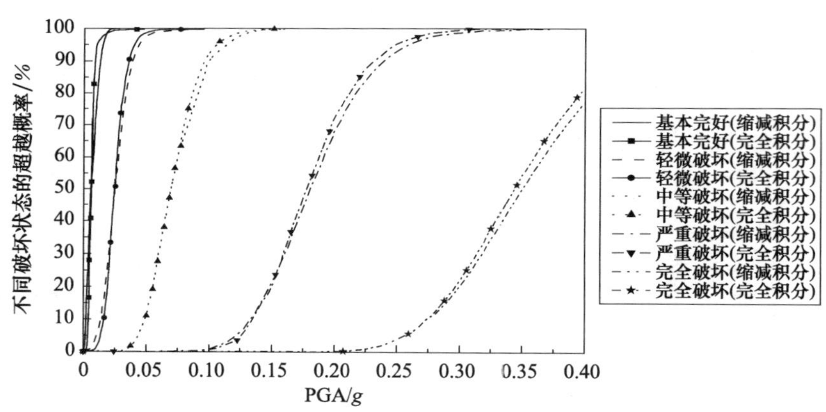

图 2.20 采用缩减积分或完全积分对地震易损性曲线的影响

2.3 钢筋混凝土柱基于能量阈值的地震损伤分析

对建筑结构损伤程度进行定量分析，首先应通过试验或理论分析确定结构损伤产生的机理。对于多高层钢筋混凝土结构的损伤机理，目前国内外已经达成共识，即建筑结构在强震作用下发生破坏甚至连续性倒塌，是竖向承重构件由于损伤累积而逐步丧失继续承载结构自身重力荷载的能力而产生的，即多高层钢筋混凝土结构损伤过程是柱子竖向承载力逐步丧失的过程,分析钢筋混凝土柱竖向剩余承载力能很好地反映结构损伤过程。其次是建立合理的力学参数模型以正确表达损伤产生的机理和过程。目前最常用的物理参数有结构或构件的刚度、能量耗散、位移及结构振动特性(周期、频率等),基于这些参数,国内外学者已经建立了很多损伤准则[26～32]。由于损伤主要由构件塑性应变产生,能量在反映结构构件塑性变形时具有独特的优越性,只需一个参数就能反映各种塑性变形,并且能很好地体现塑性变形程度的增加(塑性变形在原有部位的加深)和塑性变形部位的扩展(塑性变形在新的部位产生)。

此外,大多数损伤准则都是通过试验现象评估损伤程度,如把损伤过程分为混凝土保护层开裂、纵筋屈服、混凝土保护层初始剥落、混凝土保护层完全剥落、箍筋拉断、纵筋屈曲和纵筋拉断等阶段,而对所评估的对象在概念上是模糊的。既然多高层建筑结构破坏过程主要是由竖向承重构件丧失继续承担竖向荷载能力而产生的,那么建立评定结构构件竖向剩余承载力的损伤准则是合适的。另外,损伤具有如下主要特性:①损伤的不可恢复性;②损伤相对于应力、时间或循环次数的非线性特征;③损伤阈值的存在;④不同加载路径下损伤的非线性累积等[33]。因此,损伤准则必须考虑随时间变化的阈值及循环累积作用。另外,循环累积作用和损伤阈值还会相互影响,即随着损伤阈值的增加,循环累积破坏界限将不断降低,反之损伤阈值也降低[34]。

2.3.1　基于能量的损伤模型

目前,结构构件破坏状态的确定方法不尽相同,有的以受拉钢筋拉断为构件破坏点,有的则以混凝土压溃为破坏点。钢筋混凝土柱在结构中主要承担竖向荷载,那么钢筋混凝土柱的破坏状态应该由竖向剩余承载力确定。基于竖向剩余承载力的损伤准则,最早在评估钢筋混凝土柱在爆炸荷载作用下的破坏程度中应用[11]。损伤指数定义为

$$D=1-\frac{P'_{\mathrm{N\_residual}}}{P'_{\mathrm{N}}} \tag{2.27}$$

式中,$P'_{\mathrm{N_residual}}$为强震作用后钢筋混凝土柱竖向剩余承载力,可以通过数值模拟的方法得到;P'_{N}为钢筋混凝土柱在未损伤时的竖向承载力,可以通过钢筋混凝土柱轴心抗压强度公式得到[35],即

$$P'_{\mathrm{N}}=0.85f_{\mathrm{c}}(A-A'_{\mathrm{s}})+f'_{\mathrm{y}}A'_{\mathrm{s}} \tag{2.28}$$

式中,f_{c} 为混凝土轴心抗压强度;f'_{y}为纵筋的屈服强度;A 为柱截面面积;A'_{s}为纵筋总的截面面积。

数值模拟时采用分离式建模,混凝土采用实体单元、K&C 本构模型;钢筋采用空间梁单元、线弹性强化本构模型;混凝土与钢筋之间的黏结滑移采用弹簧单元模

拟，进而能很好地模拟钢筋混凝土柱的性能。

结构在地震动的冲击作用下受力状态复杂，结构构件可能产生多种形式的变形，如扭转变形、轴向压缩、水平侧移等，仅以单一位移（如水平侧移）反映损伤阈值不够完备。由于各个时间步地震动加速度幅值不同，构件变形及内力随时间变化，构件内能相应变化，当某时间步内能超过某一数值时构件开始产生损伤。由连续性损伤力学及热力学第二定律知，损伤过程是不可恢复的，各荷载步损伤能量阈值定义为

$$e_{r,t}=\max\{e_{r,t-1},e_{r,0}\} \tag{2.29}$$

式中，$e_{r,t}$为第i荷载步损伤能量阈值；$e_{r,t-1}$为第$t-1$荷载步损伤能量阈值；$e_{r,0}$为初始损伤能量阈值。损伤能量阈值随着各个时间步内能的变化而变化，当损伤能量阈值达到构件破坏值时，构件完全破坏倒塌。

构件损伤能量阈值反映地震动幅值和频率对结构构件损伤的影响，而总的滞回耗能反映地震动三要素中持时对构件损伤的影响。构件滞回耗能定义为

$$E_t=\sum e_t \tag{2.30}$$

式中，E_t为第t荷载步总滞回耗能；e_t为第t荷载步内能。

由上述能量阈值和滞回耗能，考虑两者对损伤贡献大小及相互影响，损伤准则表达式定义如下[36]：

$$D_i=\begin{cases}\left[(1-\beta)\dfrac{e_{r,t}}{e_u}+\beta\dfrac{E_t}{E_u}\right]\Psi, & e_{r,t}<e_c,E_t<E_c\\ \left\{(1-\beta)\dfrac{e_{r,t}}{e_u}+\beta\dfrac{E_t}{\left[1-\dfrac{e_{r,t}-e_c}{e_u}(1-\beta)\right]E_u}\right\}\Psi, & e_{r,t}\geqslant e_c,E_t<E_c\\ \left[(1-\beta)\dfrac{e_{r,t}}{\left(1-\dfrac{E_t-E_c}{E_u}\beta\right)e_u}+\beta\dfrac{E_t}{E_u}\right]\Psi, & e_{r,t}<e_c,E_t\geqslant E_c\\ \left\{(1-\beta)\dfrac{e_{r,t}}{\left(1-\dfrac{E_t-E_c}{E_u}\beta\right)e_u}+\beta\dfrac{E_t}{\left[1-\dfrac{e_{r,t}-e_c}{e_u}(1-\beta)\right]E_u}\right\}\Psi, & e_{r,t}\geqslant e_c,E_t\geqslant E_c\end{cases} \tag{2.31}$$

或简化为

$$D_t=D_{e,t}+D_{E,t} \tag{2.32}$$

式中，D_t为第t时间步损伤指数；β为考虑损伤能量阈值与滞回耗能对损伤贡献的权重系数；E_u、e_u分别为构件破坏点的滞回耗能和损伤能量阈值；E_c、e_c分别为考虑滞回耗能与损伤能量阈值相互影响的临界值；Ψ为归一化系数；$D_{e,t}$、$D_{E,t}$为分别考虑单步损伤能量阈值和总滞回耗能对构件损伤贡献的损伤指数。上述损伤准则中，有β、E_u、e_u、E_c和e_c五个参数需要标定。

振动台试验和数值计算表明，钢筋塑性变形滞回耗能占钢筋混凝土构件总滞回耗能的绝大部分[37]。Park-Ang 模型[18]中考虑滞回耗能效应的权重系数通过

式(2.33)确定：

$$\beta=\left(-0.447+0.073\frac{l}{h}+0.24n+0.314\rho\right)\times0.7^{\rho_v}\tag{2.33}$$

式中，$1.0<\frac{l}{h}<6.6$ 为剪跨比；$0<n<0.52$ 为柱子轴压比；$0.04<\rho<0.45$ 和 $0.2<\rho_v<2.0$ 分别是柱子配筋率和体积配箍率；$16\text{MPa}<f_c<40\text{MPa}$ 为混凝土轴心抗压强度。统计表明，文献[18]中参数 β 均值大约为 0.05。

此外，在一些改进的 Park-Ang 模型中，参数 β 取值为 0～0.85，均值约为 0.48[38,39]。实际应用中，可以通过试验或者数值模拟的方法得到。对于普通钢筋混凝土构件，β 可取 0.1～0.2。当 E_i（或 $e_{r,i}$）大于 E_c（或 e_c）时，则考虑能量阈值与总滞回耗能耦合效应[40]。钢筋混凝土柱低周疲劳试验结果表明，钢筋混凝土柱不发生疲劳破坏的界限值约为最大值的 25%（$\mu_\Delta=1$ 与 $\mu_\Delta=4$），考虑到强震冲击作用下柱子循环次数和地震动峰值加速度有关，取 $\mu_\Delta=2.5$ 作为疲劳破坏的上限，即 E_c（或 e_c）取 E_u（e_u）的 40%[10]。确定参数 β、E_c 和 e_c 后，通过反解损伤准则表达式(2.31)可得到归一化系数 Ψ。E_c（或 e_c）取 E_u（e_u）的 40%时，归一化系数为

$$\Psi=\frac{-0.9\beta^2+0.9\beta+1}{-3\beta^2+3\beta+1}\tag{2.34}$$

结构中不同参数（如配筋率、配箍率、轴压比和剪跨比等）的钢筋混凝土柱在相同烈度地震作用下损伤程度不同，有些柱子在地震作用过程中已经完全丧失竖向承载力，有些柱子却未完全破坏，即两类柱子破坏点存在于两个不同区域。破坏点确定的具体步骤如下：

(1) 对钢筋混凝土柱进行双向地震作用下的振动台试验。

(2) 绘制钢筋混凝土柱内能-时间曲线。

(3) 根据振动台试验结束时的柱子状态，若：①柱子倒塌，则以能量滞回曲线发散点作为柱子最终破坏点，根据破坏点确定 E_u 和 e_u。②柱子未完全破坏，则：(a)由式(2.30)确定柱子振动台试验结束时总耗能 E_r，再按式(2.29)确定最大阈值 e_r；(b)继续对柱子施加竖向荷载，直到柱子竖向承载力降低到柱子最大反力的 90%时认为柱子完全破坏，停止加载，并将此点作为破坏点；(c)根据上述柱子破坏点确定 e_u 和柱子竖向剩余承载力 $P'_{\text{N\_residual}}$，根据式(2.27)计算损伤指数 D；(d)若 $r=\frac{e_r}{e_u}>0.4$，则考虑耗能与单步能量阈值相互影响，且取 $\frac{E_r}{E_u}=r$ 计算总滞回耗能损伤指数，即

$$D'_E=\frac{D}{\Psi}-(1-\beta)\frac{e_r}{\left(1-\frac{E_r-E_c}{E_u}\beta\right)e_u}\tag{2.35}$$

将 $\frac{E_r}{E_u}=\frac{e_r}{e_u}=r$ 及 $\frac{E_c}{E_u}=0.4$ 代入式(2.35)，化简可得

$$D'_{\mathrm{E}}=\frac{D}{\Psi}-\frac{(1-\beta)r}{1-(r-0.4)\beta} \tag{2.36}$$

$$E_{\mathrm{u}}=\frac{\beta E_{\mathrm{r}}}{\left[1-\frac{e_{\mathrm{r}}-e_{\mathrm{c}}}{e_{\mathrm{E}}}(1-\beta)\right]D_{\mathrm{E}}} \tag{2.37}$$

将$\frac{E_{\mathrm{r}}}{E_{\mathrm{u}}}=r$及$\frac{e_{\mathrm{c}}}{e_{\mathrm{u}}}=0.4$代入式(2.37)，化简可得

$$E_{\mathrm{u}}=\frac{\beta E_{\mathrm{r}}}{[1-(r-0.4)(1-\beta)]D_{\mathrm{E}}} \tag{2.38}$$

若$r=\frac{e_{\mathrm{r}}}{e_{\mathrm{u}}}<0.4$，则不考虑总耗能与能量阈值相互影响，可得

$$E_{\mathrm{u}}=\frac{\Psi\beta E_{\mathrm{r}}}{D-\Psi(1-\beta)r} \tag{2.39}$$

(4) 根据柱子能量曲线，由损伤准则评估各时间步柱子损伤状态，计算流程如图 2.21 所示。

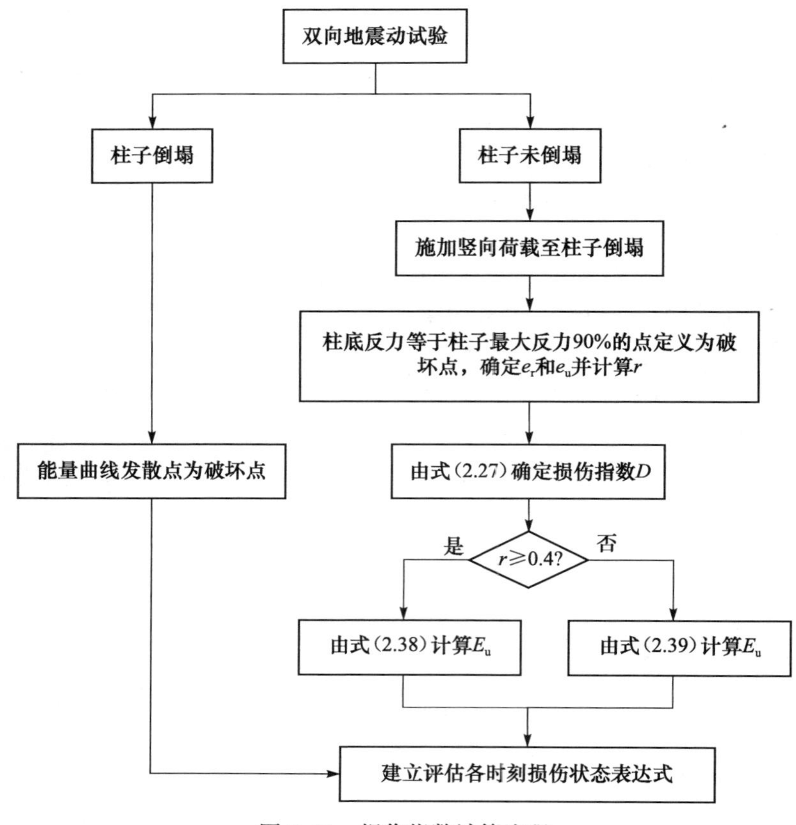

图 2.21　损伤指数计算流程

2.3.2　损伤演化分析

为了验证准则的可行性，本节通过三个算例进行验证分析，第一个为柱子动力试验，第二个为拟静力试验，第三个为数值模拟动力试验。

1. 振动台试验算例

Park 等[37]对三个桥墩的振动台试验进行详尽分析，并提出基于滞回耗能的损伤评定准则，损伤指数定义为

$$D_{\mathrm{E}}=\frac{\sum_{i=1}^{N}\alpha_i E_i}{\sum_{i=1}^{N_{\mathrm{ref}}}\alpha_i E_i} \tag{2.40}$$

式中，E_i 为前 i 个振动工况耗能总和；α_i 为权重系数，定义如下：

$$\alpha_i=\begin{cases}1, & I_i>I_{i-1}\\ \left(\dfrac{E_{i-1}}{E_i}\right)^{\beta}-1, & I_i=I_{i-1}\\ 0, & I_i<I_{i-1}\end{cases} \tag{2.41}$$

式中，I_i 为第 i 个试验工况输入地震动强度；β 为通过试验数据确定的参数。

通过文献[37]提供的数据对本章提出的损伤准则进行对比分析，各试件参数如表 2.13 所示，其中，参数 β 取值通过拟合已知损伤指数(试件 C450)或最大程度与文献损伤指数相符取得(试件 C356 和试件 C533)。主要结果如图 2.22～图 2.24 所示。

表 2.13　损伤准则参数取值(振动台试验)

试件编号	E_{u}/kJ	e_{u}/kJ	E_{c}/kJ	e_{c}/kJ	β
C356	525	24.4	210	9.8	0.30
C450	482	36.0	193	14.4	0.85
C533	665	29.9	266	12	0.55

由图 2.23 和图 2.24 可以看出，试件 C450 和 C533 模拟结果能较好地符合。文献[37]中还给出了试件 C450 振动台试验工况 Kake5-1、Fkake502 和 Fkake508 对应的损伤状态，图 2.23 给出了两种损伤准则对应的损伤指数。工况 Kake5-1 时构件产生大量弯曲型裂缝且钢筋屈服，对应损伤指数约为 0.2，工况 Fkake502 时构件混凝土保护层脱落且钢筋屈曲，对应损伤指数约为 0.6，工况 Fkake508 时构件保护层严重剥落且纵筋受拉断裂，构件已经严重破坏，对应损伤指数约为 0.9。图 2.22 给出了试件 C356 两种准则损伤指数，可见两种准则存在较大差异，分析其主要原因有：

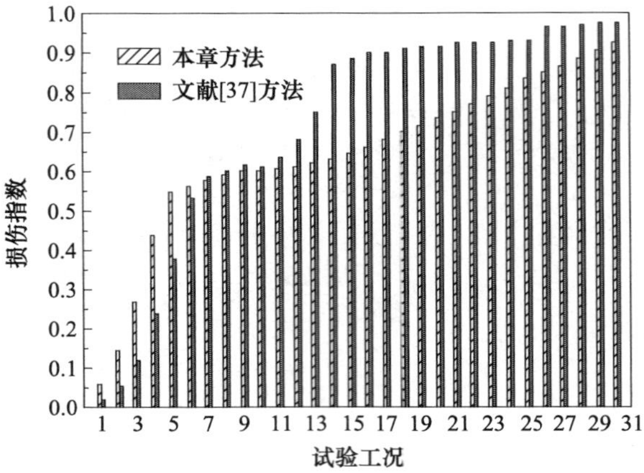

图 2.22 试件 C356 损伤指数

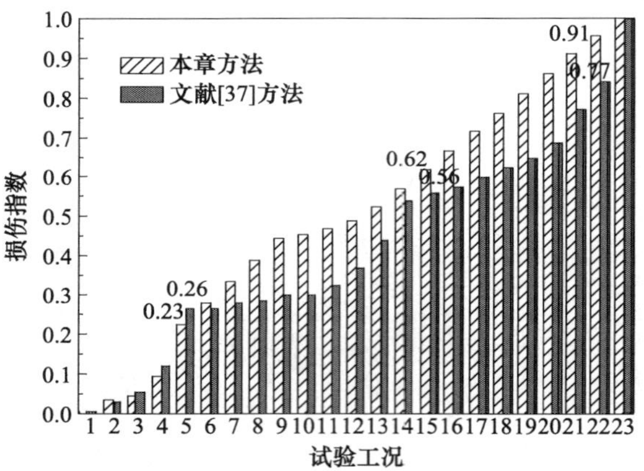

图 2.23 试件 C450 损伤指数

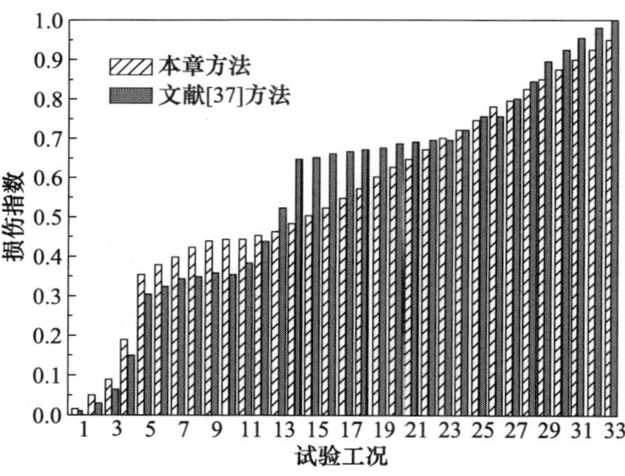

图 2.24 试件 C533 损伤指数

(1) 两种准则采用不同的方式考虑总滞回耗能对损伤的影响，即文献[37]所给准则认为，相同强度的多次地震动输入不加重结构损伤(见图 2.22～图 2.24 中，工况 5～11 及工况 14～25 损伤指数基本相等)；而本节所给准则认为，当损伤发展到一定程度时，由于能量阈值与滞回耗能相互影响，滞回耗能会加快损伤的产生。

(2) 本节比文献准则多考虑单周损伤能量阈值这一参数的影响，由于试验最大单步耗能发生在第 5 个工况，所以本节所给准则中前 5 个工况的损伤指数比文献的大，而工况 13～23 比文献的小。

(3) 由于缺乏各工况能量随时间变化的数据，本节只是粗略地以一个振动台试验工况作为一个荷载步分析，这与实际情况有出入。

2. 拟静力试验算例

Lehman 和 Moehle[41]做了一系列桥墩柱拟静力试验，本节取柱 415 和柱 810 进行损伤分析。由于是拟静力试验，柱底剪力和柱顶位移的乘积近似等于各时间步内能。各参数取值如表 2.14 所示，损伤指数随循环次数发展过程如图 2.25 和图 2.26 所示。图 2.25 中 0.21、0.60、0.97 对应试验加载位移为 $2\Delta y-1$、$5\Delta y-3$ 和 $7\Delta y$ 时的柱子损伤指数，图 2.26 中 0.10、0.80 对应试验加载位移为 $\Delta y-1$ 和 $5\Delta y$ 时的柱子损伤指数。

表 2.14　损伤准则参数取值(拟静力试验)

试件编号	E_u/kJ	e_u/kJ	E_c/kJ	e_c/kJ	β
柱 415	9933	46.7	3973	18.7	0.35
柱 810	20630	66.9	8252	26.8	0.35

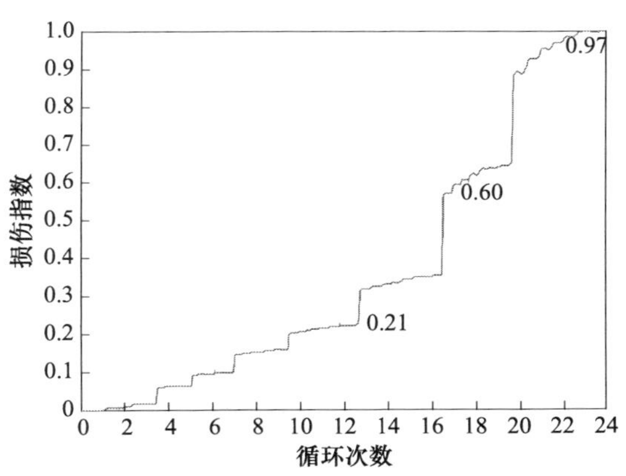

图 2.25　柱 415 损伤指数

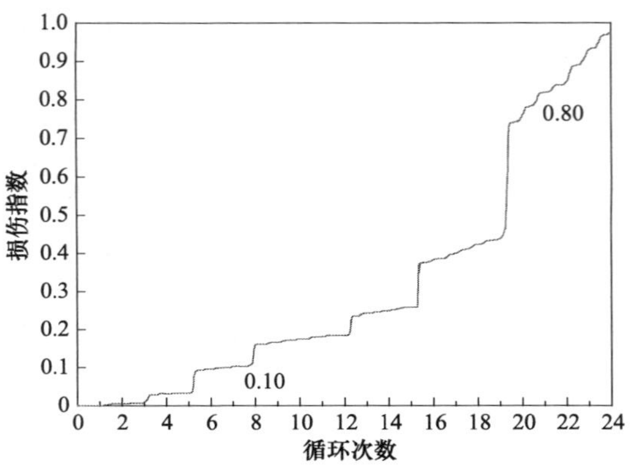

图 2.26　柱 810 损伤指数

从图 2.25 和图 2.26 可以看出，两个试件损伤发展过程相似，损伤随循环次数逐渐增加，且每三个循环会有一次突变，与试验过程中每三个循环加载位移增加一次相对应，可见本节提出的损伤准则能较好地反映拟静力试验损伤发展过程。

3. 数值模拟算例

由于传统试验中损伤主要通过试验现象定义损伤程度，且对损伤指数等于 1 的状态定义模糊。基于此，本节用 LS-DYNA 有限元程序对一典型高层框架结构底层柱的振动台试验进行数值模拟，并在 5s、10s、15s 和 20s 时分别对柱顶逐渐施加竖向荷载直到柱子压溃[42]。通过上述四个时刻柱子竖向剩余承载力，按式(2.27)确定损伤指数，并与基于能量的损伤准则对比，以验证基于能量的损伤准则是否可靠。各参数取值如表 2.15 所示，主要结果如图 2.27 和图 2.28 所示。图中，括号内数值为相应时刻按式(2.27)计算所得损伤指数。

表 2.15　损伤准则参数取值(数值模拟)

试件编号	E_u/kJ	e_u/kJ	E_c/kJ	e_c/kJ	β
M1	35552	55.3	14221	22.1	0.15
M2	30306	68.5	12122	27.4	0.15

上述数值模拟中，构件 M1 在双向地震作用结束时尚有较高的承载力，通过施加竖向荷载将 M1 压溃而破坏。由图 2.27 可以看出，在地震动前期，能量准则所得损伤指数比基于竖向剩余承载力的损伤指数小，原因是在确定构件 M1 的破坏点时，能量变化过于敏感，导致 E_u 和 e_u 的取值与实际有些许误差，而在地震作用后期两种准则损伤指数符合较好。在 13s 时，构件 M2 在双向地震动作

用下已达到破坏状态。从图 2.28 可以看出，两种方法所得损伤指数符合很好。

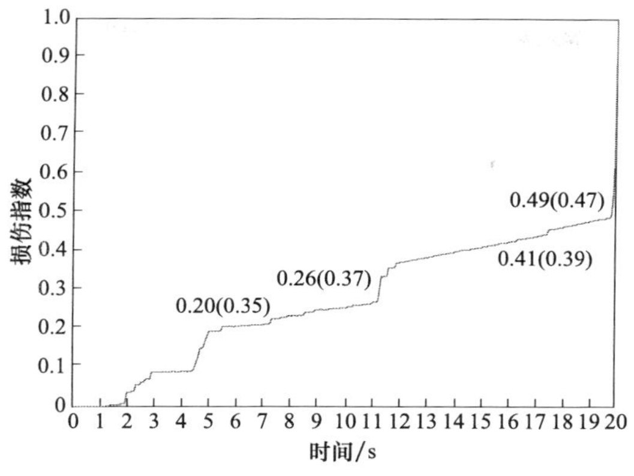

图 2.27　M1 损伤指数

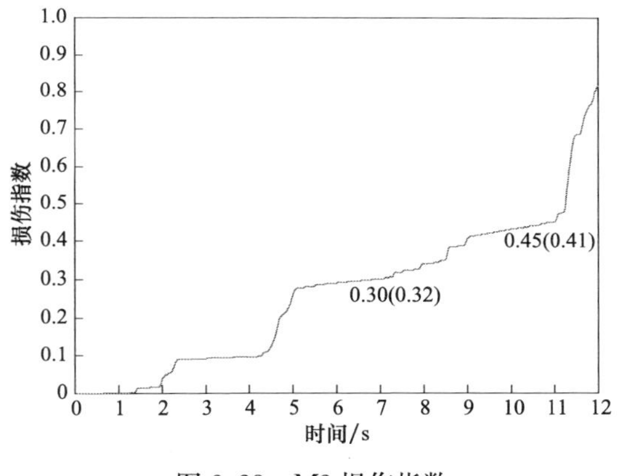

图 2.28　M2 损伤指数

2.4　钢筋混凝土剪力墙损伤演化分析

2.4.1　损伤模型

Saiidi 和 Sozen[43] 经过大量的剪力墙滞回试验研究，提出一种能很好地模拟剪力墙在混凝土开裂、钢筋屈服、强化和加、卸载状态下各种特性的恢复力模型，即 Sina 模型，如图 2.29 所示。

图 2.29 中 V、Δ 分别为剪力墙的剪力和相应的位移。图 2.29 曲线可分为如下阶段：①OC 阶段为弹性加载阶段；②在 C 点混凝土开始开裂，至 Y 点钢筋进入

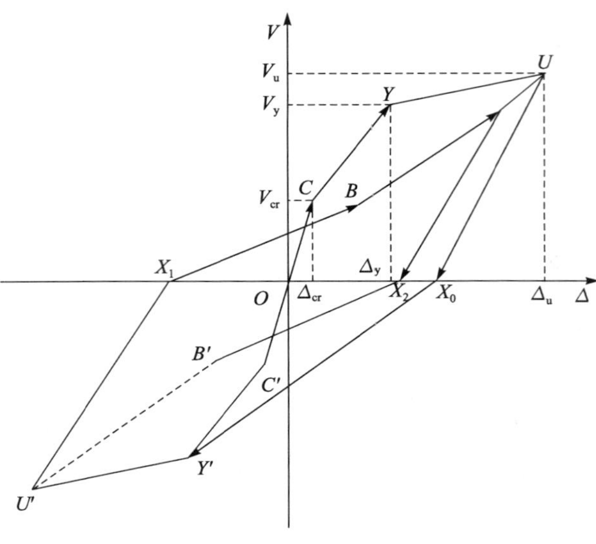

图 2.29　Sina 模型

屈服；③YU 阶段钢筋进入强化阶段，至 U 点达到剪力墙极限强度；④UX_0 阶段为卸载阶段；⑤X_0Y' 阶段为反向加载阶段；⑥在 Y' 点钢筋进入屈服；⑦$Y'U'$ 阶段剪力墙再次进入强化阶段，至 U' 点达到其极限强度。以此反复，再次加载沿 X_1B 进行。

然而，该模型并未考虑剪力墙进入强化后的强度退化和负刚度等问题，本节在 Sina 模型基础上引入 Wataba 等[44]提出考虑剪力墙强度退化和负刚度效应的算法准则，对 Sina 模型进行修正，如图 2.30 所示。

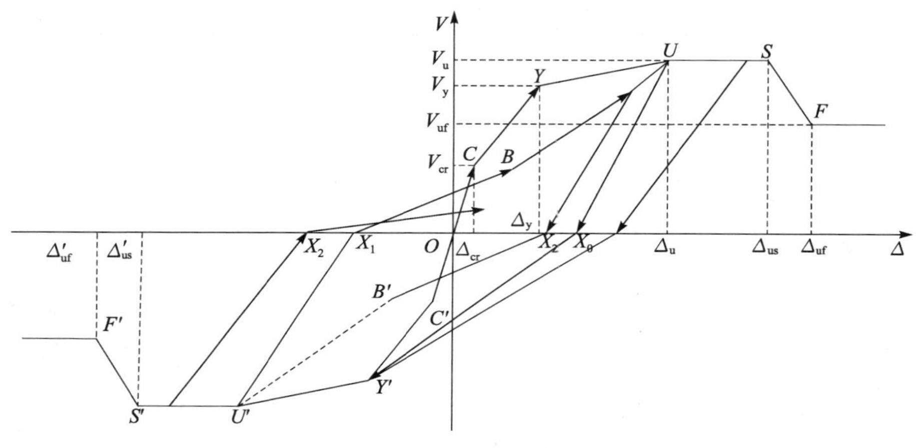

图 2.30　修正的 Sina 模型

图 2.30 中，S 点为剪力墙强度退化的起始点，F 点为剪力墙的失效点。定义与修正 Sina 模型相对应的失效准则来表征剪力墙的失效行为，该失效准则是以剪力墙的失效剪力为失效的判断准则，其破坏参数定义如式(2.42)所示，当超过 1 时，剪力墙发生失效行为[45]。

$$\theta_{\text{fail}} = \frac{V}{V_{\text{uf}}} \tag{2.42}$$

式中，V_{uf}为剪力墙失效时的剪力，定义为 $0.6V_{\max}$；$V_{\max}$为最大剪力，根据美国《统一建筑规范》确定[46]：

$$V_{\max} = A_{\text{cv}}(0.083\alpha\sqrt{f_{\text{c}}} + \rho_0 f_{\text{y}}) \tag{2.43}$$

式中，A_{cv}为剪力墙截面面积；α 为剪力墙高宽比的影响因子(剪力墙高度与剪力墙宽度之比$\frac{h_{\text{w}}}{l_{\text{w}}} \geqslant 2.0$ 时，$\alpha=2.0$；$\frac{h_{\text{w}}}{l_{\text{w}}}=1.5$ 时，$\alpha=3.0$)；f_{c} 为混凝土抗压强度；ρ_0 为剪力墙配筋率；f_{y} 为钢筋屈服强度。

剪力墙混凝土开裂点处的剪力 V_{cr}和钢筋屈服时的剪力 V_{y} 定义为

$$V_{\text{cr}} = 0.3V_{\max} \tag{2.44}$$

$$V_{\text{y}} = 0.8V_{\max} \tag{2.45}$$

剪力墙强度退化点的变形 Δ_{us}根据 Fukuzawa 算法准则[44]确定，即

$$\Delta_{\text{us}} = 2\Delta_{\text{u}} \tag{2.46}$$

剪力墙极限变形由刚屈服时的变形和塑性变形组成，可表示为[47]

$$\Delta_{\text{u}} = \Delta_{\text{y}} + \Delta_{\text{p}} \tag{2.47}$$

式中，Δ_{u}、Δ_{y} 和 Δ_{p} 分别为剪力墙极限变形、刚屈服时的变形和塑性变形，为

$$\Delta_{\text{y}} = \frac{1}{3}\varphi_{\text{yw}} h_{\text{w}}^2 \tag{2.48}$$

$$\Delta_{\text{p}} = (\varphi_{\text{uw}} - \varphi_{\text{yw}}) l_{\text{pw}} \frac{h_{\text{w}} - l_{\text{pw}}}{2} \tag{2.49}$$

式中，φ_{yw}和 φ_{uw}分别为剪力墙屈服曲率和极限曲率；l_{pw}为剪力墙塑性铰长度。

Priestley 和 Kowalsky[48]提出 φ_{yw}可由剪力墙屈服曲率计算得到：

$$\varphi_{\text{yw}} = 2.0\frac{\varepsilon_{\text{yw}}}{l_{\text{w}}} \tag{2.50}$$

式中，ε_{yw}为钢筋的屈服应变，取为 0.0018。

Kowalsky[49]提出 l_{pw}可由剪力墙塑性铰长度计算得到

$$l_{\text{pw}} = \frac{l_{\text{w}}}{2} \tag{2.51}$$

剪力墙端部配箍特征值表示为[47]

$$\lambda_{vw}=20\left(\frac{k_f+n}{2k_f+0.8}l_w\varphi_{uw}-0.004\right) \tag{2.52}$$

$$k_f=\frac{\rho_w f_{yw}}{f_c} \tag{2.53}$$

式中，ρ_w 为分布钢筋配筋率；f_{yw}为分布钢筋屈服强度；n 为轴压比；f_c 为混凝土轴心抗压强度设计值。

令 $r=\frac{h_w}{l_w}$，将式(2.47)～式(2.53)联立求解，可得剪力墙的极限变形为

$$\Delta_u=h_w\left[\frac{(\lambda_{vw}+0.08)(k_f+0.4)\left(1-\frac{0.25}{r}\right)}{20(k_f+n)}-0.0018\left(1-\frac{0.25}{r}\right)+0.0012r\right] \tag{2.54}$$

修正的 Sina 模型采用显式求解算法，避免了隐式求解算法中负刚度等问题，因此可以实现对剪力墙混凝土开裂、钢筋屈服和强度退化等重要性能的模拟。

2.4.2 损伤演化分析

为验证上述修正 Sina 模型的适用性和有效性，分别对文献[50]中两片剪力墙低周反复加载试验进行数值模拟和文献[51]中一剪力墙振动台试验进行数值模拟，并将模拟结果与试验结果进行对比。

1. 低周反复加载试验

对文献[50]中的剪力墙 HCPW-01 和 HCPW-03 进行模拟，加载方式和试件尺寸分别如图 2.31 和图 2.32 所示，模型参数如表 2.16 所示。

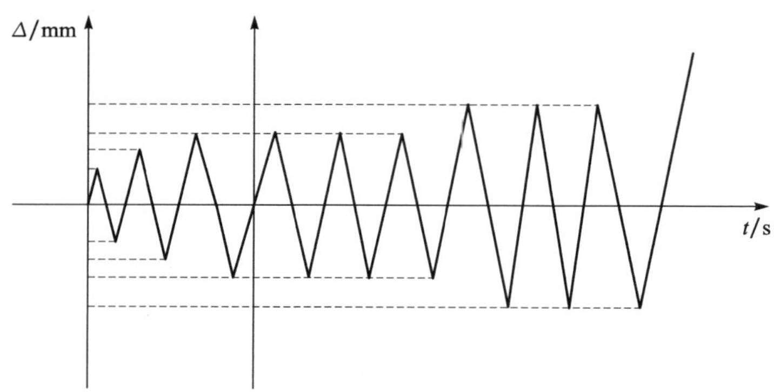

图 2.31 加载方式示意图

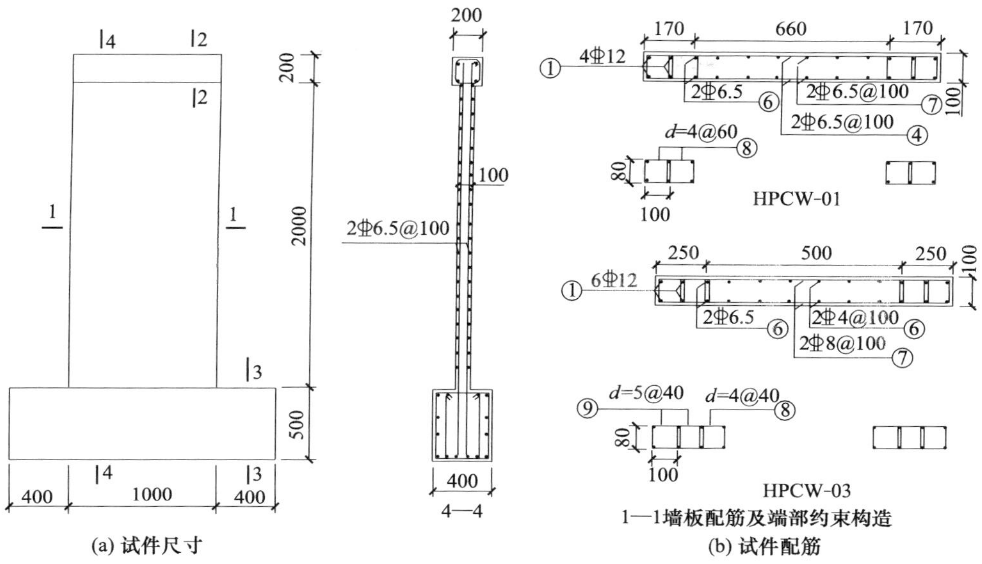

图 2.32　试件尺寸及配筋图(单位:mm)

表 2.16　模型参数(低周反复加载试验)

试件编号	轴压比	配筋率/%	钢筋屈服强度/MPa	剪跨比	混凝土抗压强度/MPa	极限应变	最大应力/MPa
HCPW-01	0.21	1.587	433.3	2	73	0.0216	3.26
HCPW-03	0.28	1.917	433.3	2	73	0.0257	3.79

图 2.33 和图 2.34 分别给出了剪力墙 HCPW-01 和 HCPW-03 的荷载-位移滞

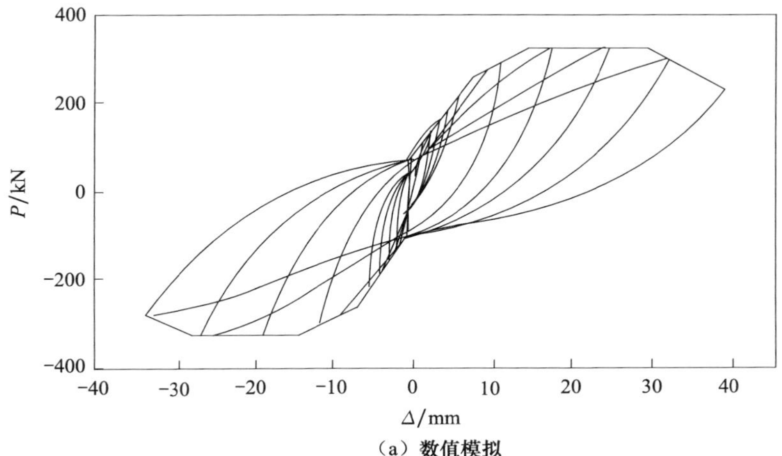

(a) 数值模拟

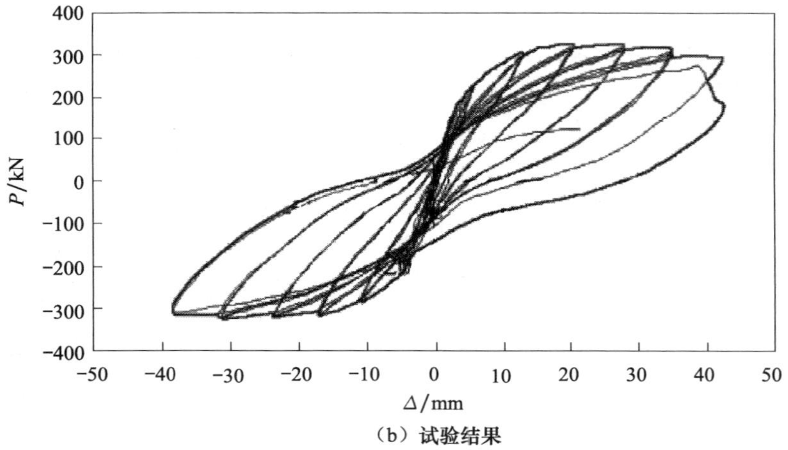

（b）试验结果

图 2.33 HCPW-01 荷载-位移滞回曲线

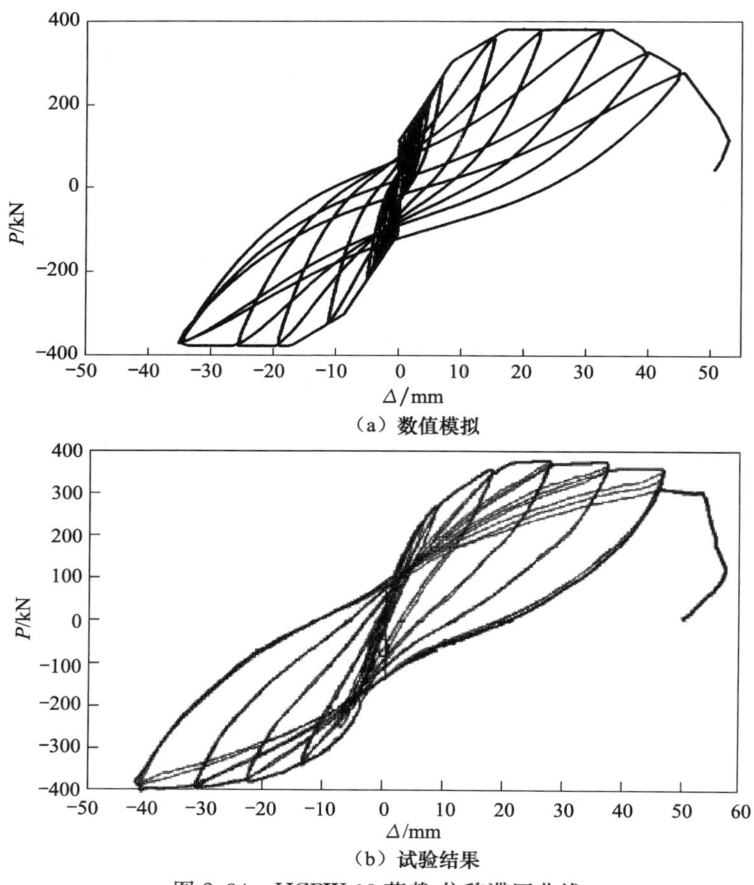

（a）数值模拟

（b）试验结果

图 2.34 HCPW-03 荷载-位移滞回曲线

回曲线。可以看出，采用修正的 Sina 模型所模拟的滞回曲线与试验结果吻合较好，能较好地模拟剪力墙在低周反复荷载作用下的滞回性能，当达到极限荷载以后，该模型能较好地反映剪力墙承载力下降、刚度降低等特性。

2. 振动台试验

对文献[51]中的剪力墙 WDH6 进行数值模拟，用 ANSYS 中 Shell161 壳单元建立有限元模型，试验装置和剪力墙模型分别如图 2.35 和图 2.36 所示，模型参数如表 2.17 所示。

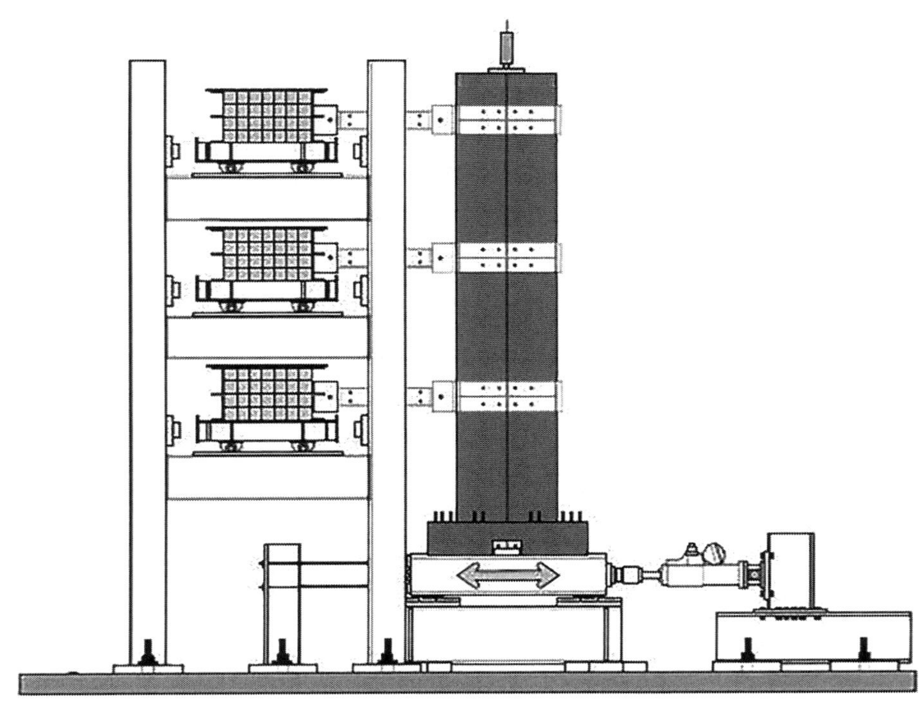

图 2.35　瑞士苏黎世联邦技术学院剪力墙振动台试验装置

该模型墙脚处在 x 向输入试验所采用的地震波如图 2.37 所示，y 向、z 向约束位移。图 2.38 给出了本节数值模拟以及瑞士苏黎世联邦技术学院试验得到的该剪力墙顶点位移时程曲线。从图中可以看出，采用考虑强度退化和负刚度效应的修正 Sina 模型得到的模拟结果与试验结果吻合较好；但本节模拟结果的最大位移值比试验值稍小且存在些许滞后，究其原因是试验中箍筋对混凝土的约束作用未能充分发挥和混凝土浇筑不够密实而导致剪力墙的刚度不足。

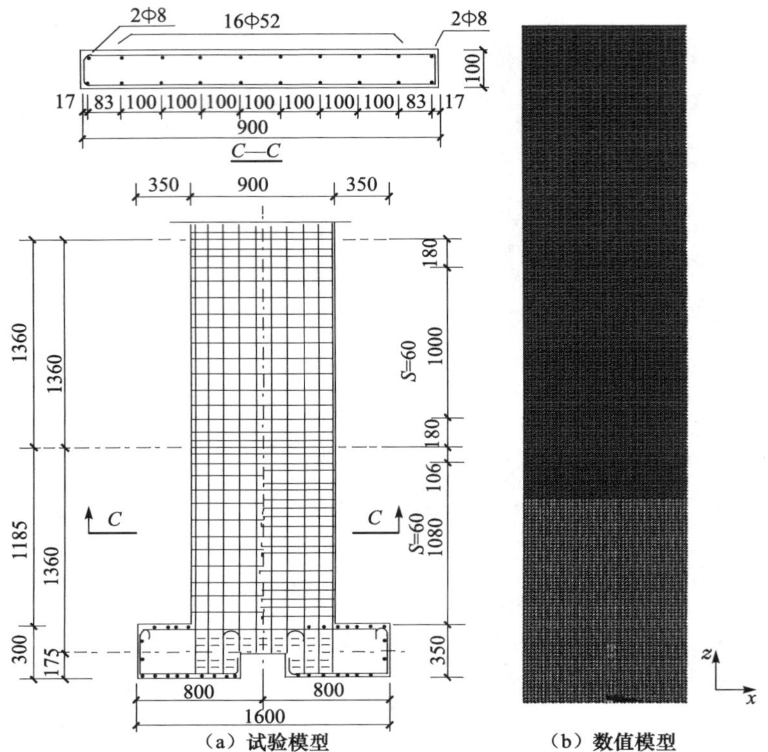

(a) 试验模型　　　　(b) 数值模型

图 2.36　剪力墙 WDH6 模型(单位:mm)

表 2.17　模型参数(振动台试验)

混凝土			钢筋			
弹性模量/MPa	轴心抗压强度/MPa	轴心抗拉强度/MPa	弹性模量/MPa	屈服强度/MPa	切线模量/MPa	极限应变/%
3.57×10^4	39.4	3.5	2.14×10^5	560	1.21×10^5	18

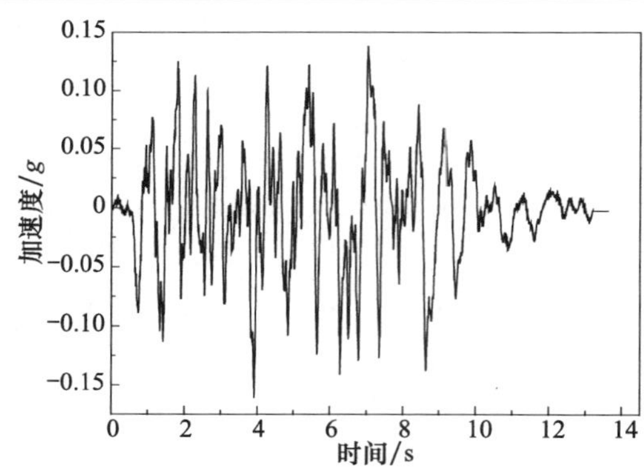

图 2.37　试验所用的地震加速度时程曲线

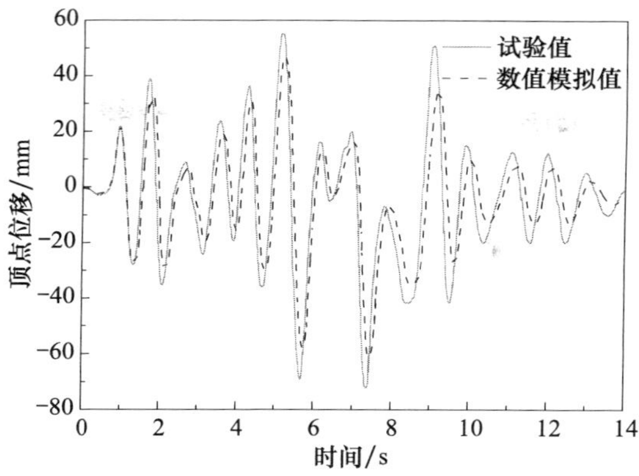

图 2.38 剪力墙顶点位移时程曲线

参考文献

[1] Krieg R D, Key S W. Implementation of a time dependent plasticity theory into structural computer programs//Proceedings of American Society of Mechanical Engineers, New York, 1976: 125－137.

[2] 李永池，谭福利，郭扬，等. 金属损伤演化方程和层裂准则的确定. 宁波大学学报，2003，16(4)：442－446.

[3] 李忠献，刘志侠，丁阳. 爆炸荷载作用下钢结构的动力响应与破坏模式. 建筑结构学报，2008，29(8)：106－111.

[4] Bonora N. A nonlinear CDM model for ductile failure. Engineering Fracture Mechanics, 1997, 58(1-2): 11－28.

[5] Pirondi A, Bonora N. Modeling ductile damage under fully reversed cycling. Computational Materials Science, 2003, 26(2): 129－141.

[6] Bonora N, Gentile D, Pirondi A, et al. Ductile damage evolution under triaxial state of stress: theory and experiments. International Journal of Plasticity, 2005, 21(5): 981－1007.

[7] 丁阳，伍敏，徐龙河，等. 钢柱考虑损伤累积效应的地震损伤演化规律. 建筑结构学报，2011，32(7)：112－117.

[8] Macrae G A, Kawashima K. Seismic behavior of hollow stiffened steel bridge columns. Journal of Bridge Engineering, 2001, 6(2): 110－119.

[9] Pirondi A, Bonora N. Simulation of failure under cyclic plastic loading by damage models. International Journal of Plasticity, 2006, 22(11): 2146－2170.

[10] Bonora N, Ruggiero A, Gentile D, et al. Practical applicability and limitations of the elastic modulus degradation technique for damage measurements in ductile metals. Strain, 2011, 47(3): 241－254.

[11] 师燕超. 爆炸荷载作用下钢筋混凝土结构的动态响应行为与损伤破坏机理[博士学位论文]. 天津:天津大学,2009.

[12] 伍敏. 高层建筑结构地震损伤与倒塌分析[博士学位论文]. 天津:天津大学,2012.

[13] Malvar L, Craford J E, Morrill K. K&C concrete material model release Ⅲ: automated generation of material model input. Glendale: Karagozian & Case Structural Engineers, 2000.

[14] Luccioni B M, Lopez D E, Danesi R F. Bond-slip in reinforced concrete elements. Journal of Structural Engineering, 2005, 131(11): 1690—1698.

[15] Nishida H, Unjoh S. Dynamic response characteristic of reinforced concrete column subjected to bilateral earthquake ground motions//Proceedings of the 13th World Conference on Earthquake Engineering, Vancouver, 2004: 248—251.

[16] Weatherby J H. Investigation of bond slip between concrete and steel reinforcement under dynamic loading conditions Mississippi[PhD Dissertation]. Starkville: Mississippi State University, 2003.

[17] 孙景江,江近仁. 框架-剪力墙结构的非线性随机地震反应和可靠性分析. 地震工程与工程振动,1992,12(2):59—68.

[18] Park Y J, Ang A H S. Mechanistic seismic damage model for reinforced concrete. Journal of Structural Engineering, 1985, 111(4): 722—739.

[19] 牛荻涛,任利杰. 改进的钢筋混凝土结构双参数地震破坏模型. 地震工程与工程振动,1996,16(4):44—54.

[20] 刘伯权. 抗震结构的破坏准则及可靠性分析. 北京:中国建材工业出版社,1996:31—32.

[21] Federal Emergency Management Agency. ATC Quantification of Building Seismic Performance Factors (ATC-63). Redwood City: Federal Emergency Management Agency, 2009.

[22] Karim K R, Yamazaki F. Effect of earthquake ground motions on fragility curves of highway bridge piers based on numerical simulation. Earthquake Engineering and Structural Dynamics, 2001, 30(12): 1839—1856.

[23] Sucuoglu H, Yucemen S, Gezer A, et al. Statistical evaluation of the damage potential of earthquake ground motions. Structural Safety, 1999, 20(4): 357—378.

[24] 丁阳,伍敏,徐龙河,等. 钢筋混凝土柱基于易损性分析的地震损伤评估. 工程力学,2012,29(1):81—86.

[25] Xiao S J, Xu L H, Lu X. Seismic damage prediction of reinforced concrete columns//Proceedings of the 14th International Symposium on Structural Engineering, Beijing, 2016: 1810—1815.

[26] Banon H, Biggs J M, Irvine H M. Seismic damage in reinforced concrete frames. Journal of Structural Engineering, 1981, 107(9): 1713—1729.

[27] Roufaiel M S L, Meyer C. Analytical modeling of hysteretic behavior of R/C frames. Journal of Structural Engineering, 1987, 113(3): 429—444.

[28] Stephens J E, Yao J T P. Damage assessment using response measurement. Journal of Structural Engineering, 1987, 113(4): 787－801.

[29] Wang M L, Shah S P. Reinforced concrete hysteresis model based in the damage concept. Earthquake Engineering and Structural Dynamics, 1987, 2: 1512－1919.

[30] Gosain N K, Brown R H, Jirsa J O. Shear requirements for load reversals on RC members. Journal of Structural Engineering, 1977, 103(7): 1461－1476.

[31] Williams M S, Sexsmith R G. Seisimic damage indices for concrete structures: a state-of-the-art review. Earthquake Spectra, 1995, 11(2): 319－349.

[32] 汪梦甫，周锡元. 混凝土高层建筑结构地震破坏准则研究现状分析. 工程抗震，2002，(3)：1－4.

[33] 李兆霞. 损伤力学及其应用. 北京：科学出版社，2002：1－5.

[34] 刘伯权，白绍良，徐云中，等. 钢筋混凝土柱低周疲劳性能的试验研究. 地震工程与工程振动，1998，18(4)：82－89.

[35] ACI Committee. Building Code Requirements for Structural Concrete (ACI 318－02). American Concrete Institute, 2008: 11－23.

[36] 吕杨，徐龙河，李忠献，等. 钢筋混凝土柱基于能量阈值的损伤准则. 工程力学，2011，28(5)：84－89.

[37] Park S W, Yen W P, Cooper J D, et al. A comparative study of U.S.-Japan seismic design of highway bridges Ⅱ shake-table model tests. Earthquake Spectra, 2003, 19(4): 933－958.

[38] 王东升，冯启民，王国新. 考虑低周疲劳寿命的改进 Park-Ang 地震损伤模型. 土木工程学报，2004，37(11)：41－49.

[39] 王宏业. Park-Ang 双参数地震损伤模型的试验统计分析及改进[硕士学位论文]. 大连：大连海事大学，2008.

[40] 瞿岳前，梁兴文，田野. 基于能量分析的地震损伤性能评估. 世界地震工程，2006，22(1)：109－114.

[41] Lehman D E, Moehle J P. Seismic performance of well-confined concrete bridge columns. Berkeley: University of California, 1998: 31－36.

[42] LS-DYNA. Keyword User's Manual. Livermore: Livermore Software Technology Corporation, 2006: 25－33.

[43] Saiidi M, Sozen M A. Simple and complex models for nonlinear seismic response of reinforced concrete structures. Urbana: University of Illinois, 1979: 1－8.

[44] Wataba M, Fukuzawa R, Chiba O, et al. Study in load-deflection characteristics of heavily reinforced concrete shear walls//Proceedings of the 10th international Conference on Structural Mechanics in Reactor Technology, Anaheim, 1989: 554－561.

[45] 徐龙河，单旭，吕杨，等. 钢框架-剪力墙模型结构振动台试验与损伤分析. 天津大学学报，2013，46(12)：1127－1132.

[46] ANSI A58. 1. Uniform Building Code for Wind and Seismic. U. S.: International Confer-

ence of Building Officials,1991.

[47] 黄志华,吕西林,周颖. 钢筋混凝土剪力墙的变形能力及基于性能的抗震设计. 地震工程与工程振动,2009,29(5):88—93.

[48] Priestley M J N,Kowalsky M J. Aspects of drifts and ductility capacity of rectangular cantilever structural walls. Bulletin of the New Zealand Society for Earthquake Engineering,1998,31(2):73—85.

[49] Kowalsky M J. RC structural walls design according to UBC and displacement-based methods. Journal of Structural Engineering,2001,127(5):506—515.

[50] 梁兴文,邓明科,张兴虎,等. 高性能混凝土剪力墙性能设计理论的试验研究. 建筑结构学报,2007,28(5):80—88.

[51] Lestuzzi P,Wenk T,Baumann H. Dynamic Tests of RC structural Walls on the ETH Earthquake Simulator. Berlin:IBK,1999.

第3章　高层钢框架结构地震损伤分析

我国几乎所有的高层建筑结构都建设在地震区，面临严重的地震灾害威胁。而钢结构在工业及民用建筑中尤其在高层建筑结构中的应用日益广泛，因此研究其在地震作用下的动力响应和倒塌机制具有重要意义。国内外学者对框架结构的倒塌进行了一些研究[1~19]。框架结构在强震作用下的动力响应常常处于非线性塑性阶段，传统的有限元方法所采用的隐式积分难以满足其收敛条件，无法分析结构的倒塌过程；离散元法虽然能满足结构倒塌破坏时的位移不连续性，但是其分析精度过低、耗时过长，倒塌破坏模式需事先给定，而实际结构的倒塌破坏模式往往事先并未得知，这不适于分析复杂高层结构的倒塌破坏[15,18]。而基于中心差分法的显式积分格式因条件稳定能求解高度非线性问题，对于运动方程组的求解是非耦合的，有效节约了存储空间和求解时间。框架结构的倒塌破坏实质是一个损伤发生和不断累积演化的过程，而现有的高层钢框架结构倒塌破坏分析方法并未考虑其在地震作用下的损伤累积效应。地震倒塌破坏的形式主要分为地震响应超过一定限值而发生突然性倒塌破坏和在地震作用下结构出现损伤，随着损伤不断累积，结构的材料性能退化最终导致整体结构发生倒塌破坏[20]。

本章主要介绍一种用于高层钢框架结构强震作用下考虑损伤累积效应倒塌全过程模拟的数值方法，该方法采用基于中心差分法的显式积分格式，通过定义结构的层损伤，将修正的K&K模型应用到结构中，以考虑结构在地震作用下强度和刚度的退化规律，并通过编制有限元程序用于20层Benchmark钢框架结构的失效极限荷载、失效路径和倒塌全过程模拟[21]。

3.1　考虑损伤累积效应的地震倒塌分析

考虑损伤累积效应的地震倒塌分析方法包括以下步骤[22~24]：

(1) 获取地震作用下高层钢框架结构的动力方程

$$\boldsymbol{M}\ddot{\boldsymbol{u}}(t)+\boldsymbol{C}\dot{\boldsymbol{u}}(t)+\boldsymbol{K}\boldsymbol{u}(t)=\boldsymbol{p}(t) \tag{3.1}$$

式中，$\boldsymbol{M}$、$\boldsymbol{C}$和$\boldsymbol{K}$分别为质量、阻尼和刚度矩阵；$\boldsymbol{u}(t)$、$\dot{\boldsymbol{u}}(t)$和$\ddot{\boldsymbol{u}}(t)$分别为结构位移、速度和加速度响应向量；$\boldsymbol{p}(t)$为等效地震力向量。

(2) 根据中心差分法的显式积分格式和所述的动力方程在时间间隔Δt内对高层钢框架结构的位移微分求速度和加速度。基于中心差分法的显式积分格式的求解，即在已知$0,1,\cdots,t$时间步解的情况下，求解$t+\Delta t$时间步的解。

$$\dot{\boldsymbol{u}}(t)=\frac{\boldsymbol{u}(t+\Delta t)-\boldsymbol{u}(t-\Delta t)}{2\Delta t} \tag{3.2}$$

$$\ddot{\boldsymbol{u}}(t)=\frac{\boldsymbol{u}(t+\Delta t)-2\boldsymbol{u}(t)+\boldsymbol{u}(t-\Delta t)}{(\Delta t)^2} \tag{3.3}$$

由式(3.1)～式(3.3)可得 $t+\Delta t$ 时间步的位移为

$$\boldsymbol{u}(t+\Delta t)=\frac{\boldsymbol{p}(t)-\left[\dfrac{\boldsymbol{M}}{(\Delta t)^2}-\dfrac{\boldsymbol{C}}{2\Delta t}\right]\boldsymbol{u}(t-\Delta t)-\left[\boldsymbol{K}-\dfrac{2\boldsymbol{M}}{(\Delta t)^2}\right]\boldsymbol{u}(t)}{\dfrac{\boldsymbol{M}}{(\Delta t)^2+\dfrac{\boldsymbol{C}}{2\Delta t}}} \tag{3.4}$$

式(3.4)称为显式积分格式。

求解 $\boldsymbol{u}(t+\Delta t)$时，需已知 t 时刻的动平衡条件及前一时刻的位移和速度，因此假设已知初始值 $\boldsymbol{u}_0$、$\dot{\boldsymbol{u}}_0$，通过 $\boldsymbol{u}(-\Delta t)$求解 $\boldsymbol{u}(\Delta t)$，即

$$\ddot{\boldsymbol{u}}_0=\frac{\boldsymbol{p}_0-\boldsymbol{C}\dot{\boldsymbol{u}}_0-\boldsymbol{K}\boldsymbol{u}_0}{\boldsymbol{M}} \tag{3.5}$$

$$\boldsymbol{u}(-\Delta t)=\boldsymbol{u}_0-\Delta t\dot{\boldsymbol{u}}_0+\frac{(\Delta t)^2}{2}\ddot{\boldsymbol{u}}_0 \tag{3.6}$$

求得在 $t+\Delta t$ 时刻的位移，更新 t 时刻的系统几何构型，得到 $t+\Delta t$ 时刻系统新的几何构型。由于采用集中质量矩阵 $\boldsymbol{M}$，动力方程的求解是非耦合的，不需要组集总体刚度矩阵，因此大大节省了存储空间和求解时间。

(3) 根据 von Mises 屈服条件和第 2 章得到的修正 K&K 模型获取 t 时刻的单元应力 σ_t。

(4) 采用第 2 章所定义的与 K&K 模型相应的失效准则，根据失效准则判断单元是否发生失效，如果是，则删除该失效单元；如果否，执行步骤(5)。

(5) 根据几何方程(即单元的应变分量与位移分量之间的方程)和高层钢框架结构的位移 $\boldsymbol{u}(t+\Delta t)$获取单元的应变增量：

$$\mathrm{d}\varepsilon_{t+\Delta t}=\boldsymbol{B}\cdot\boldsymbol{u}_{t+\Delta t} \tag{3.7}$$

式中，$\boldsymbol{B}$ 为几何矩阵。

(6) 根据第 2 章的损伤演化方程，获取单元的损伤指数 D。

(7) 根据单元的损伤指数 D 计算高层钢框架结构的层损伤指数。

定义第 j 层第 g 个构件的损伤指数为

$$D_{gj}=\max(D_{gj}^{\mathrm{e}}) \tag{3.8}$$

式中，D_{gj}^{e} 为第 j 层第 g 个构件各单元的损伤指数，可由式(2.18)～式(2.20)确定。

运用加权平均值法从构件水平上建立整体结构的层损伤模型[25]：

$$D_j=\frac{\sum_{g=1}^{n}W_{gj}D_{gj}}{\sum_{g=1}^{n}W_{gj}} \tag{3.9}$$

式中，D_j 为结构第 h 层的损伤指数；W_{gj} 为第 j 层第 g 个构件的损伤加权值，代表该构件在整体结构层中的重要程度。

损伤程度越严重的构件对整体结构的层损伤贡献越大，定义为[26]

$$W_{gj}=\frac{D_{gj}}{\sum_{l=1}^{n}D_{lj}} \tag{3.10}$$

式中，n 为第 j 层构件的总数。

(8) 获取 $t+\Delta t$ 时刻单元的应力 $\sigma_{t+\Delta t}$，由于钢材损伤而导致材料强度和刚度下降，更新 $t+\Delta t$ 时刻单元应力为 $\sigma_{t+\Delta t}=f(\sigma_t,\mathrm{d}\varepsilon,D)$。

(9) 为保证动力方程求解的稳定性，需限制最小时间增量步 Δt，即

$$\Delta t\leqslant\Delta t_{\mathrm{stable}} \tag{3.11}$$

式中，$\Delta t_{\mathrm{stable}}$为稳定时间增量步，其定义如下：

$$\Delta t_{\mathrm{stable}}=\frac{L_{\mathrm{e}}}{C_{\mathrm{d}}} \tag{3.12}$$

式中，L_{e} 为单元长度（即以结构中单元长度最小值作为近似估算）；C_{d} 为材料波速，可表示为

$$C_{\mathrm{d}}=\sqrt{\frac{E}{\rho}} \tag{3.13}$$

式中，E 为弹性模量；ρ 为材料密度，材料的密度越小，刚度越大，波速越高，稳定极限越小。

(10) 更新时间 t 为 $t+\Delta t$，重新执行步骤(1)。

由上述步骤可见，地震倒塌分析方法的关键是如何获取考虑损伤累积效应的 $t+\Delta t$ 时刻单元的应力 $\sigma_{t+\Delta t}$。为实现从 t 时刻更新到 $t+\Delta t$ 时刻的应力更新，基于 LS-DYNA 有限元软件平台进行二次开发，利用其用户子程序接口编制相应的应力更新程序。高层钢框架结构从子程序中读出其在地震作用下每个荷载步更新的应力，并将该更新的应力用于下一荷载步中，程序流程如图 3.1 所示。利用用户子程序 UMAT 对每一个增量步中的应力进行提取和施加。

3.2　Benchmark 钢框架结构倒塌模拟分析

3.2.1　分析模型

以文献[21]中 20 层 Benchmark 钢框架结构为例，通过编制有限元程序将所提方法用于分析框架结构的失效路径和倒塌全过程模拟。框架平面尺寸为 20.48m×36.58m，跨度为 6.1m，首层高 5.49m，2～20 层高 3.96m。框架内柱截

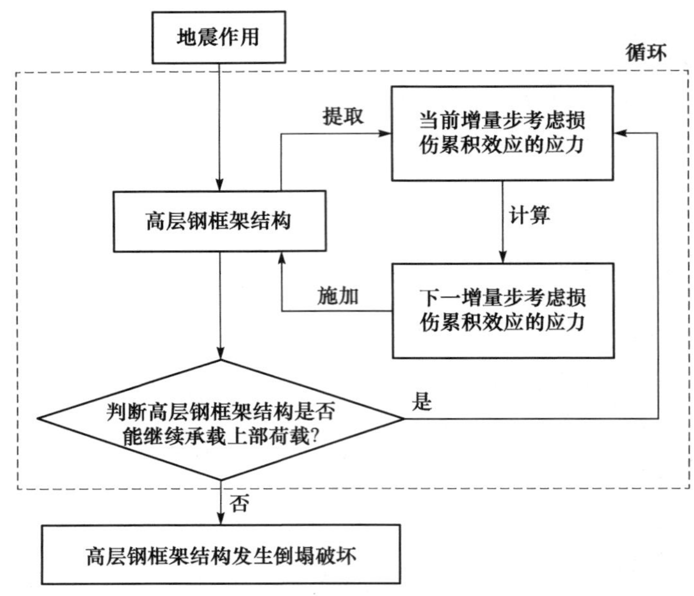

图 3.1　高层钢框架结构地震倒塌分析方法流程

面尺寸:1～5 层为 W24×335,6～11 层为 W24×229,12～14 层为 W24×192,15～17 层为 W24×131,18 层、19 层为 W24×117,20 层为 W24×84;框架角柱截面尺寸:1 层、2 层为 A500×50.8,3～5 层为 A500×31.8,6～14 层为 A500×25.4,15～18 层为 A500×19.1,19 层、20 层为 A500×12.7;框架梁截面尺寸:1～4 层为 W30×99,5～10 层为 W30×108,11～13 层为 W30×99,14～16 层为 W24×131,17～18 层为 W27×84,19 层为 W24×62,20 层为 W21×50。荷载情况详见文献[21],材料参数如表 3.1 所示[27,28]。框架柱和框架梁均采用空间梁单元模拟,楼板采用分层壳单元模拟,如图 3.2 所示。框架柱和框架梁分别采用屈服强度为 345MPa 和 248MPa 的钢材,采用刚性地基假定,柱脚在 x 向(弱轴向)、y 向(强轴向)分别输入 EL-Centro 波,z 向约束位移。

表 3.1　材料模型参数取值

ν	E/MPa	ε_f	ε_{th}	ε_{cr}	D_{cr}	D_0	α	β
0.30	2.00×10^5	0.75	0.20	1.00	0.10	0	0.19	0.20

3.2.2　失效极限荷载

图 3.3 和图 3.4 分别给出了在不同 PGA 地震作用下 Benchmark 钢框架结构顶层位移时程曲线和首层层间位移角时程曲线。可以看出,x 向、y 向的位移峰值和层

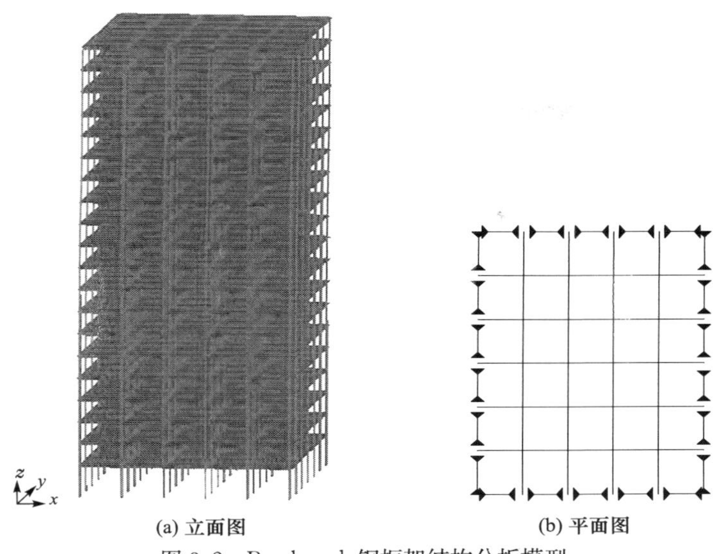

图 3.2　Benchmark 钢框架结构分析模型

间位移角峰值随着 PGA 的增大而增大，当 PGA＝0.171g 时，x 向、y 向的位移峰值(层间位移角峰值)分别为 314mm(1/112)和 122mm(1/606)；当 PGA＝0.342g 时，x 向、y 向的位移峰值(层间位移角峰值)分别为 625mm(1/56)和 243mm(1/311)；当 PGA＝0.513g 时，x 向、y 向的位移峰值(层间位移角峰值)分别为 787mm(1/42)和 364mm(1/210)；当 PGA＝0.684g 时，钢框架 x 向的位移时程曲线和层间位移角时程曲线随时间变化趋于无穷大，而 y 向的位移时程曲线和层间位移角时程曲线并未发散，y 向的位移峰值和层间位移角峰值分别为 474mm、1/152，因此，钢框架发生了 x 向弱轴向的倒塌破坏。

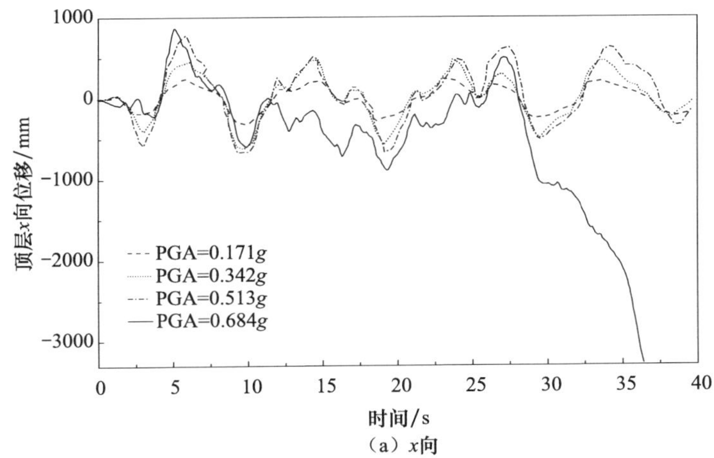

(a) x向

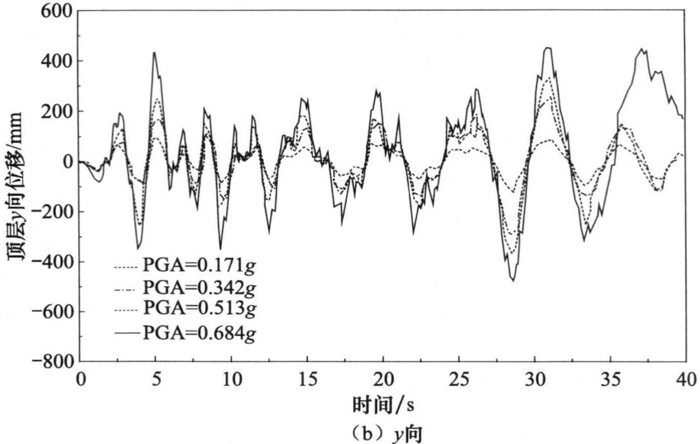

（b）y向

图 3.3　Benchmark 钢框架结构顶层位移时程曲线

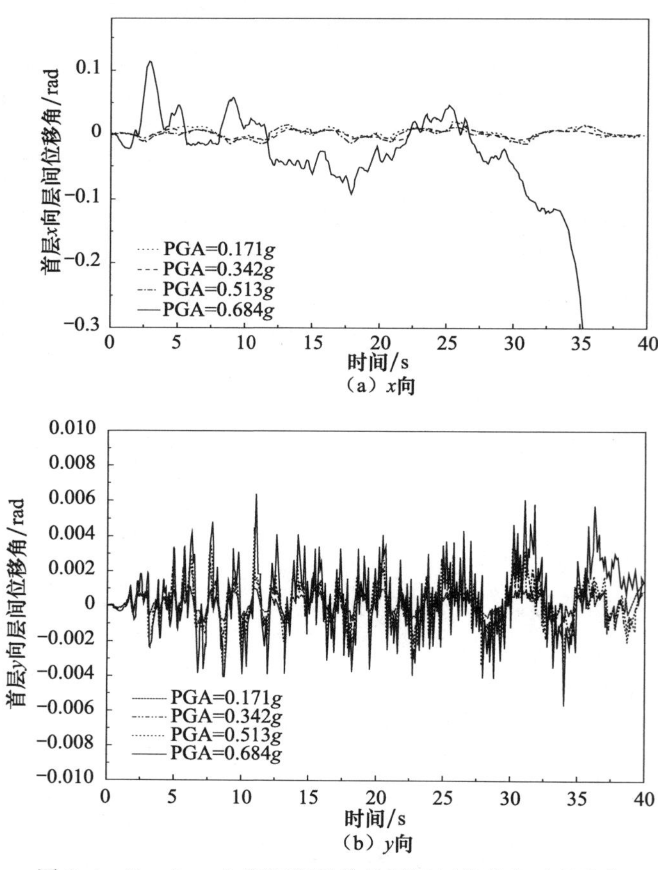

（a）x向

（b）y向

图 3.4　Benchmark 钢框架结构首层层间位移角时程曲线

图3.5给出了在不同PGA地震作用下Benchmark钢框架结构滞回耗能时程曲线。可以看出，其滞回耗能随着PGA的增大而增大，当PGA＝0.171g时，结构的滞回耗能最大值为0.196MJ；当PGA＝0.342g时，结构的滞回耗能最大值为0.527MJ；当PGA＝0.513g时，结构的滞回耗能最大值为0.930MJ；当PGA＝0.684g时，钢框架结构的滞回耗能时程曲线随时间变化趋于无穷大，说明钢框架发生了倒塌破坏。

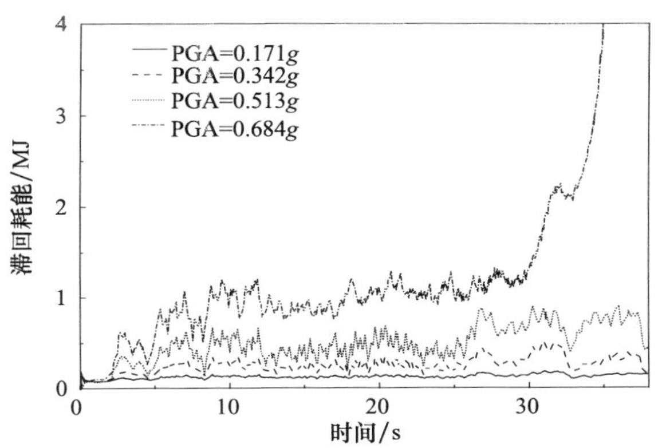

图3.5 Benchmark钢框架结构滞回耗能时程曲线

图3.6给出了在不同PGA地震作用下Benchmark钢框架结构的损伤分布情况。可以看出，随着PGA的增大，损伤从钢框架的梁端部延伸至柱端部，最后发生倒塌破坏。当PGA＝0.171g时，钢框架结构处于无损伤状态；当PGA＝0.342g时，钢框架结构在首层梁端刚出现损伤；当PGA＝0.513g时，钢框架结构的损伤分布于底部3层梁端，柱端部未出现损伤；当PGA＝0.684g时，钢框架结构的损伤分布于柱端和底部3层梁端，最后因损伤累积到一定程度而无法承受上部荷载，发生了倒塌破坏。

图3.7给出了在不同PGA地震作用下Benchmark钢框架结构层间位移角随楼层变化曲线。可以看出，当PGA＝0.171g时，其2～5层层间位移角在1/112和1/256之间变化；当PGA＝0.342g时，其2～5层层间位移角在1/57和1/126之间变化；当PGA＝0.513g时，其2～5层层间位移角在1/42和1/101之间变化。x向层间位移角在2～5层随着PGA的增大而急剧增加，其他各层和y向各层层间位移角虽有增加，但幅度不大。假设框架发生损伤破坏的前一级PGA为该框架结构所能承受的失效极限荷载。当PGA＝0.513g时，x向的2～5层层间位移角比其他各层层间位移角大，表明该钢框架结构第1层是薄弱层，在失效极限荷载作用下极易发生损伤破坏。

图3.8和图3.9分别给出了在PGA＝0.684g地震作用下，考虑和未考虑材料损伤累积效应对Benchmark钢框架结构滞回耗能时程曲线及顶层位移时程曲线

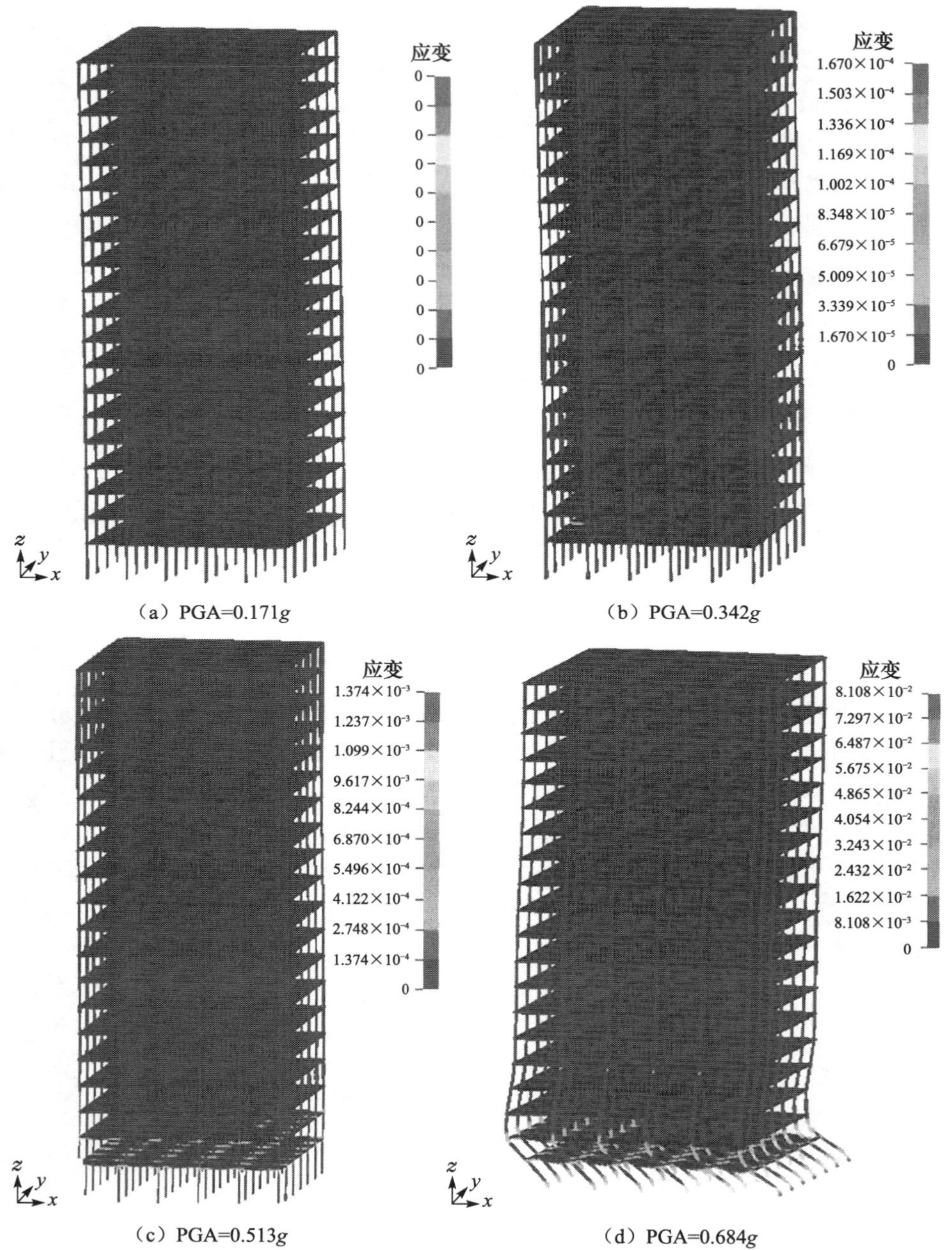

(a) PGA=0.171g　(b) PGA=0.342g

(c) PGA=0.513g　(d) PGA=0.684g

图 3.6　Benchmark 钢框架结构的损伤分布

的影响。可以看出，当 Benchmark 钢框架结构处于弹性状态时，考虑和未考虑材料损伤累积效应的滞回耗能曲线基本重合；当其处于非弹性状态时，考虑材料损伤

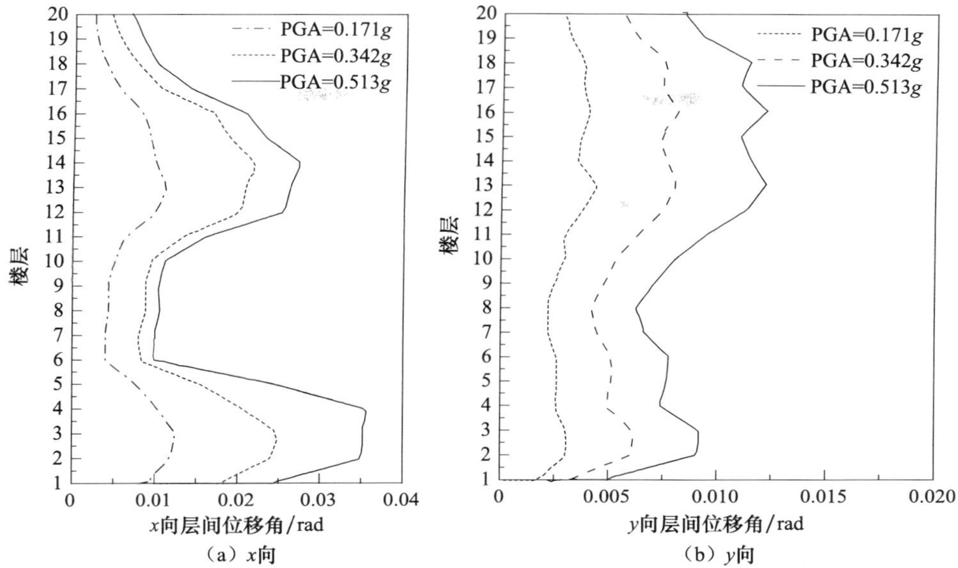

图 3.7　Benchmark 钢框架结构层间位移角随楼层变化曲线

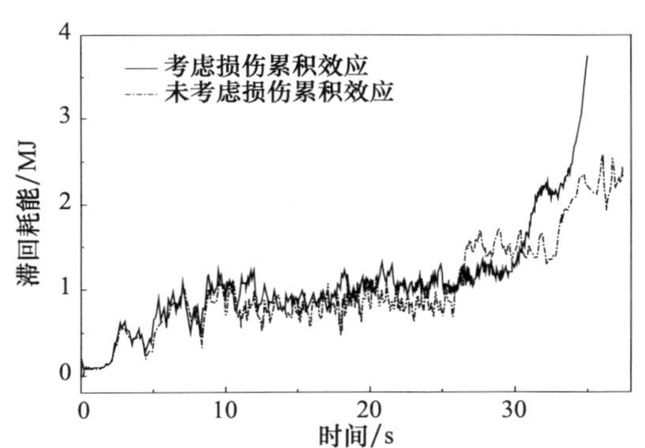

图 3.8　PGA＝0.684g 时 Benchmark 钢框架结构滞回耗能时程曲线

累积效应的滞回耗能曲线和顶层 x 向位移随时间变化趋于无穷大，此时 Benchmark 钢框架结构发生倒塌破坏，而未考虑材料损伤累积效应的 Benchmark 钢框架结构未发生倒塌破坏，可见考虑材料损伤累积效应时 Benchmark 钢框架结构极限承载力降低，其失效极限荷载也降低。该方法考虑材料损伤累积效应能更精确确定 Benchmark 钢框架结构的失效极限荷载。

3.2.3　失效路径与倒塌过程模拟

图 3.10 给出了在 PGA＝0.684g 地震作用下 Benchmark 钢框架结构的倒塌

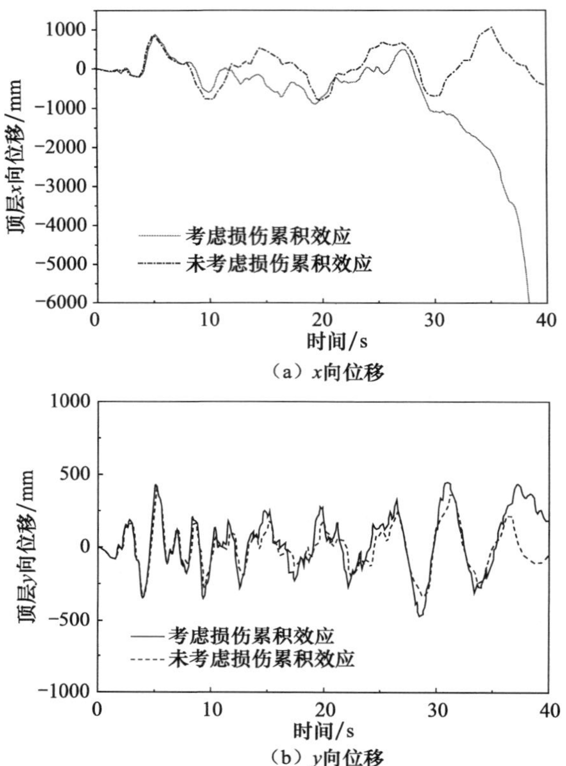

（a）x向位移

（b）y向位移

图 3.9　PGA＝0.684g 时 Benchmark 钢框架结构顶层位移时程曲线

全过程。可以看出，该结构在 5.51s 之前处于弹性状态，以水平摆动为主；在 5.51s 开始进入塑性损伤阶段，损伤破坏最先始于首层的梁端处并向第 2、第 3 层发展；随着损伤不断累积，边柱柱脚处也出现损伤，此时，该结构并未发生大变形，当角柱相继出现损伤后，结构变形逐渐增大，最后以首层框架柱发生严重损伤而导致整体发生 x 向剪切破坏。由此可知，Benchmark 钢框架结构的地震倒塌在于首层框架柱因累积损伤而逐渐丧失其竖向承载力，当角柱柱脚发生严重损伤、首层框架柱完全丧失竖向承载力的时间为 35.12s 时，Benchmark 钢框架结构发生倒塌破坏。其失效路径为：首层梁端→第 2、第 3 层梁端→首层边柱→首层角柱→整体倒塌。而离散元法往往只适用于某种特定结构，如文献[15]中所采用的剪切弹簧模型只适用于强梁弱柱型结构，即事先假定柱端先破坏，这与真实情况不符，本节所采用的方法可在未知失效破坏模式前提下，追踪结构的失效路径，模拟倒塌的全过程，得到结构的最终破坏模式[29,30]。

图 3.11 给出了在 PGA＝0.684g 地震作用下 Benchmark 钢框架结构发生倒塌的破坏模式。可以看出，Benchmark 钢框架结构在强震作用下首层柱脚出现损

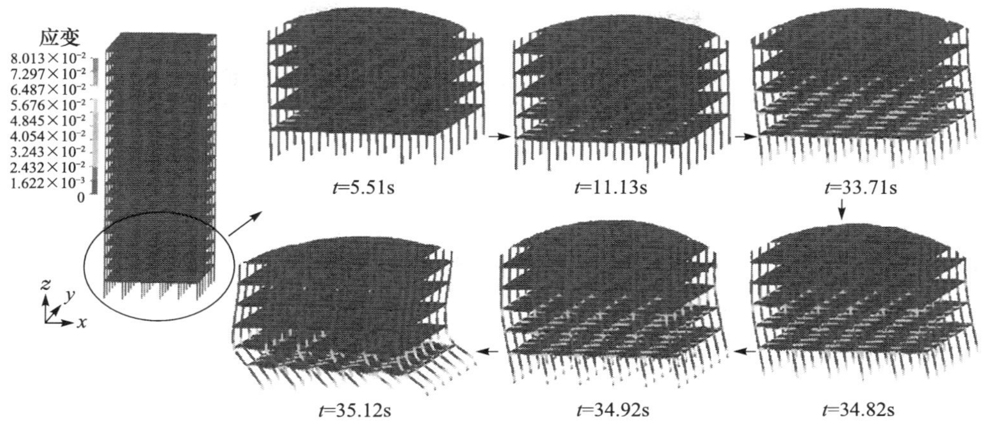

图 3.10　PGA＝0.684g 时 Benchmark 钢框架结构倒塌过程

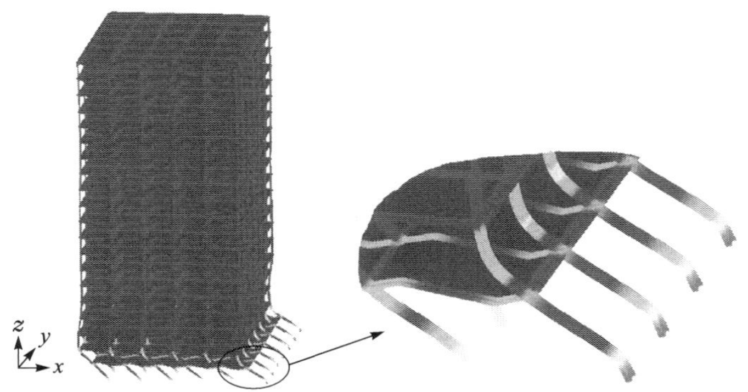

图 3.11　PGA＝0.684g 时 Benchmark 钢框架结构倒塌破坏模式

伤塑性铰，比其他各层柱损伤破坏严重，整体结构以剪切变形为主，其首层钢柱发生弯曲破坏。

在 PGA＝0.684g 地震作用下，Benchmark 钢框架结构发生倒塌破坏的时间为 35.0～35.5s，而地震持续时间为 40.0s，即该结构倒塌发生在地震作用即将结束时。其倒塌机理在于，高层钢框架结构在地震作用中损伤不断累积，产生了永久损伤，使高层钢框架结构丧失承载能力，从而导致整个结构的倒塌。图 3.12 给出了在 PGA＝0.684g 地震作用下 Benchmark 钢框架结构层损伤发展时程曲线。可以看出，该结构层数越低，其整体损伤程度越大。损伤主要集中在框架底部三层，其余各层损伤基本为 0。首层的损伤尤为严重，在地震波峰值加速度出现时段内迅速增加，第 2 层、3 层出现损伤的时间迟于首层，并且其增大的幅度呈逐渐平缓的趋势。这与高层框架结构失效破坏全过程相符。综上所述，采用本章提出的方法可揭示高层钢框架结构在地震中倒塌破坏的机理。

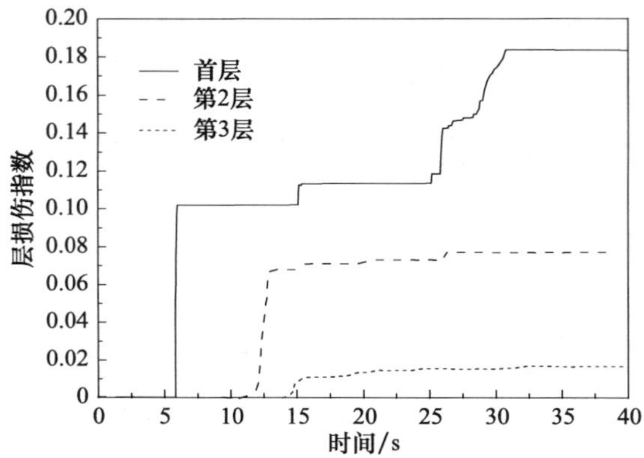

图 3.12　PGA=0.684g 时 Benchmark 钢框架结构层损伤发展过程

参 考 文 献

[1] Lee K, Foutch D A. Performance evaluation of new steel frame buildings for seismic loads. Earthquake Engineering and Structural Dynamics, 2002, 31(3): 653—670.

[2] Ibarra L F, Krawinkler H. Global collapse of frame structures under seismic excitations. Berkley: Pacific Earthquake Engineering Research Center, 2005: 6—7.

[3] Ayoub A, Mijo C, Chenouda M. Seismic fragility analysis of degrading structural system// Proceedings of the 13th World Conference on Earthquake Engineering, Vancouver, 2004: 316—319.

[4] Vamvatsikos D, Cornel C A. Incremental dynamic analysis. Earthquake Engineering and Structural Dynamics, 2002, 31(3): 491—514.

[5] Vamvatsikos D, Cornel C A. Applied incremental dynamic analysis. Earthquake Spectra, 2004, 20(2): 523—553.

[6] Vamvatsikos D, Cornel C A. Direct estimation of seismic demand and capacity of multi degree of freedom systems through incremental dynamic analysis of single degree of freedom approximation. Journal of Structural Engineering, 2005, 131(4): 589—599.

[7] 张雷明. 灾害荷载下结构倒塌机制研究[博士学位论文]. 北京：清华大学，2000.

[8] 刘晶波，谷音，牛惠敏，等. 大空间砖-混凝土组合结构弹塑性地震反应与计算倒塌研究. 建筑结构学报，2006，27(3)：78—83.

[9] 沈聚敏，王传志，江见鲸. 钢筋混凝土有限元分析与板壳极限分析. 北京：清华大学出版社，1993：2—5.

[10] 陆新征，江见鲸. 世界贸易中心飞机撞击后倒塌过程的仿真分析. 土木工程学报，2001，34(6)：8—10.

[11] 师燕超. 爆炸荷载作用下钢筋混凝土结构的动态响应行为与损伤破坏机理[博士学位论

文]. 天津:天津大学,2009.

[12] Hakuno M,Meguro K. Simulation of concrete-frame collapse due to dynamic loading. Journal of Engineering Mechanics,1993,119(9):1709—1723.

[13] Meguro K,Hakuno M. Application of the extended distinct element method for collapse simulation of a double-deck bridge. Structural Engineering and Earthquake Engineering,1994,10(4):175—185.

[14] 秦东,范立础. 钢筋混凝土结构倒塌全过程的数值模拟. 同济大学学报,2001,29(1):80—83.

[15] 宣纲,顾祥林,吕西林. 强震作用下混凝土框架结构倒塌过程的数值分析. 地震工程与工程振动,2003,23(6):24—30.

[16] 金伟良,方韬. 钢筋混凝土框架结构破坏性能的离散单元法模拟. 工程力学,2005,22(4):44—48.

[17] 周健,屈俊童,贾敏才. 混凝土框架倒塌全过程的颗粒流数值模拟地震研究. 工程力学,2005,28(3):288—293.

[18] 顾祥林,彭斌,黄庆华. 结构抗震分析中的计算机仿真技术. 自然灾害学报,2007,16(2):92—100.

[19] Munjiza A,Owen D R J,Bicanic N. A combined finite-discrete element method in transient dynamics of fracturing solids. Engineering Computer,1995,12(2):145—174.

[20] 熊仲明,史庆轩. 钢筋混凝土框架结构倒塌破坏能量分析的研究. 振动与冲击,2003,22(4):8—13.

[21] Ohtori Y,Christenson R E,Spencer B F Jr,et al. Benchmark control problems for seismically excited nonlinear buildings. Journal of Engineering Mechanics,2004,130(4):366—385.

[22] 徐龙河,单旭,杨冬玲,等. 考虑损伤累积效应的钢框架结构抗震分析与设计. 天津大学学报,2012,45(6):493—498.

[23] Xu L H,Shan X,Li Z X. Analysis of dynamic damage process for steel frame structure due to strong earthquakes//Proceedings of the International Workshop on Civil Engineering and Urban Planning,Hangzhou,2011:1432—1435.

[24] Xu L H,Shan X,Li Z X. Vulnerability analysis for steel frame structure due to strong earthquakes. Applied Mechanics and Materials,2011,90-93:1486—1489.

[25] Park Y J,Ang A H S. Mechanistic seismic damage model for reinforced concrete. Journal of Structural Engineering,1985,111(4):722—739.

[26] 瞿岳前,梁兴文,田野. 基于能量分析的地震损伤性能评估. 世界地震工程,2006,22(1):110—112.

[27] Bonora N. A nonlinear CDM model for ductile failure. Engineering Fracture Mechanics,1997,58(1-2):11—28.

[28] Bonora N,Ruggiero A,Gentile D,et al. Practical applicability and limitations of the elastic modulus degradation technique for damage measurements in ductile metals. Strain,2011,

47(3):241－254.

[29] 丁阳,伍敏,徐龙河,等.高层钢框架考虑损伤累积效应的地震倒塌分析方法.土木工程学报,2012,45(9):84－90.

[30] 伍敏.高层建筑结构地震损伤与倒塌分析[博士学位论文].天津:天津大学,2012.

第 4 章　高层钢框架-混凝土核心筒结构地震损伤分析

钢框架-混凝土核心筒结构是我国的高层建筑尤其是超高层建筑结构中广泛采用的结构形式，还未经历大震的考验，其抗震性能备受工程界关注[1]。钢框架-混凝土核心筒结构在地震作用下会产生损伤破坏，为评估钢框架-混凝土核心筒结构在地震作用后的损伤破坏程度，需建立合理的损伤模型。国内外学者对钢框架-混凝土核心筒结构的整体损伤模型研究较少，更多的是对钢筋混凝土构件建立的，如 Banon[2]、Wang 和 Shan[3]、Chung 等[4]提出以变形为参数的损伤模型；Kratzig 和 Meskuris[5]、Gosain 等[6]提出基于能量吸收与耗散的损伤模型；Park 和 Ang[7]提出基于变形与耗能线性组合的损伤模型。Roufaiel 和 Meyer[8]基于结构顶层相对位移建立结构整体的损伤模型，Zhang 等[9]提出结构整体损伤指数由能量和变形组成，且两者对损伤指数的影响相同，Colombo 和 Negro[10]提出基于最大变形和能量耗散的结构整体损伤模型，牛荻涛和任利杰[11]、吴波和欧进萍[12]、翟岳前等[13]在 Park 模型基础上引入楼层加权系数建立框架结构的整体损伤模型。

本章主要介绍基于等效刚度的地震损伤模型、基于贝叶斯理论的地震损伤演化分析方法等，对 15 层钢框架-混凝土核心筒结构进行地震损伤和倒塌分析，并对 3 层钢-混凝土结构模型进行模拟地震振动台试验，分析钢-混凝土结构的动力特性、动力响应、损伤演化规律及失效过程。

4.1　基于等效刚度的地震损伤模型

地震作用下钢框架-混凝土核心筒结构的剩余刚度往往不易确定，本节通过对其滞回特性曲线进行线性拟合，所得斜率即为结构的等效刚度，地震作用下结构等效刚度不断退化，以结构在无损状态下的等效刚度为初始标量，定义基于结构等效刚度的损伤模型[14,15]为

$$D_{\mathrm{k}}=\frac{(k_0-k_i)k_{\mathrm{ref}}}{(k_0-k_{\mathrm{ref}})k_i} \tag{4.1}$$

式中，D_{k} 为基于结构等效刚度的损伤指数；k_0、k_i 和 k_{ref} 分别为结构无损时的初始等效刚度、第 i 个加载工况后的等效刚度和等效刚度参照值，本节取破坏时的等效刚度值为参照值。

钢框架-混凝土核心筒结构由于各层质量和延性的差异，所吸收能量不同。将结构的各层作为子系统，定义第 j 个子系统所吸收的能量为

$$E_j=\sum\left(\int f_1(\Delta_j)\mathrm{d}\Delta_j+\int f_2(-\Delta_j)\mathrm{d}\Delta_j\right) \tag{4.2}$$

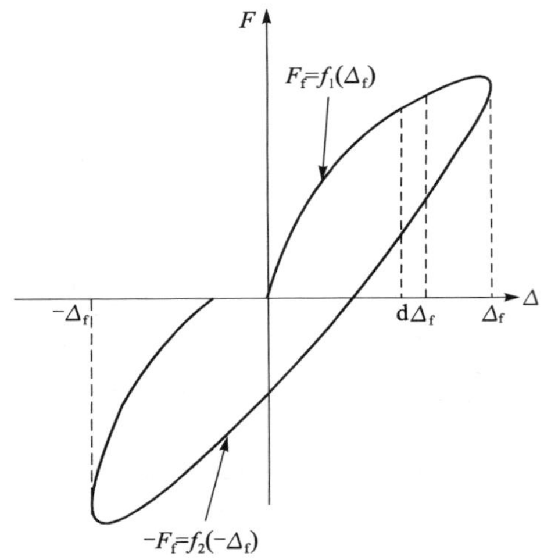

图 4.1 结构层层间剪力-位移滞回曲线

式中，$\int f_1(\Delta_j)\mathrm{d}\Delta_j$、$\int f_2(-\Delta_j)\mathrm{d}\Delta_j$ 分别为正、反向第 j 层层间剪力在层间位移上所做的功；$f_1(\Delta_j)$、$f_2(-\Delta_j)$ 分别为正、反向第 j 层层间剪力-层间位移函数；$\mathrm{d}\Delta_j$ 为第 j 层层间位移增量；E_j 可由图 4.1 所示的该层层间剪力和层间位移滞回曲线得到。

定义第 j 层所吸收能量占结构总能量的比例系数为

$$\lambda_j=\frac{E_j}{E} \tag{4.3}$$

$$E=\sum_{j=1}^{n}E_j \tag{4.4}$$

结构第 j 层能量比例系数 λ_j 越大，表示该层吸收的能量越多，产生的损伤较严重，认为该层为结构的薄弱层，因此可将结构的层损伤分布与能量分布结合，定义结构的层损伤指数为

$$D_j=\frac{\lambda_j}{\sum\limits_{j=1}^{n}\lambda_j}D_\mathrm{k} \tag{4.5}$$

式中，D_j 为第 j 层的层损伤指数；λ_j 为第 j 层能量分配系数；E_j、E 分别为结构第 j 层的能量和结构各层的总能量。

为进行震后安全评估，根据结构地震作用后的受损程度，参考《中国地震烈度表》中定义的震害指数和文献[16]、[17]，将结构在地震作用下的震害划分为 5 个等级，并定义与此对应的损伤指数，如表 4.1 所示。

表 4.1 结构损伤等级对应的损伤指数

损伤程度等级	基本完好	轻微损伤	中等损伤	严重损伤	完全破坏
基于结构等效刚度的损伤指数 D_k	0～0.2	0.2～0.4	0.4～0.6	0.6～0.8	0.8～1.0

4.2 地震损伤演化分析

4.2.1 分析模型

以文献[18]和[19]中 15 层钢框架-混凝土核心筒结构为例，结构平面尺寸为 20.4m×20.4m，每层层高 4m，混凝土核心筒面积占 11.1%。钢框架均采用方钢

管,其平面布置如图 4.2 所示。框架柱和框架梁均采用 Q235 钢材,核心筒采用 C35 混凝土,各楼层楼面活荷载为 2.0kN/m^2,屋面活荷载为 0.5kN/m^2。各构件截面尺寸如表 4.2 所示。钢框架-混凝土核心筒结构采用刚性地基假定,柱脚在 x 向、y 向分别输入 Tianjin 波,z 向约束其位移。

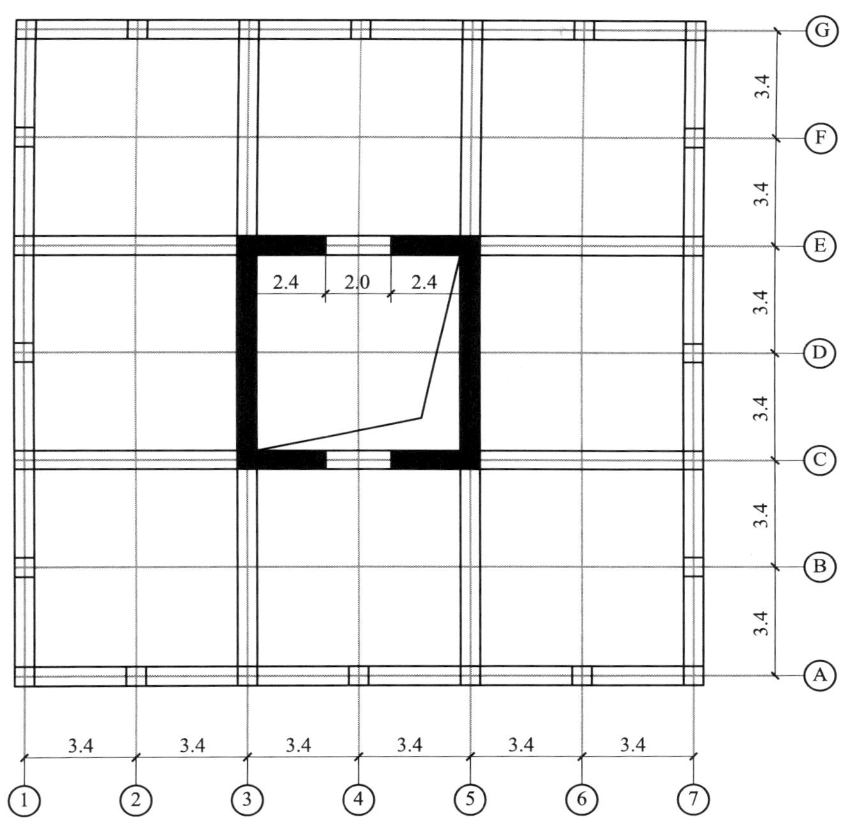

图 4.2　高层钢框架-核心筒平面布置图(单位:m)

表 4.2　各构件截面尺寸

结构构件	尺寸/mm	配筋
钢柱	□600×600×20	—
钢梁	□400×400×20	—
混凝土楼板	板厚 200	双层Φ10@150 钢筋
混凝土剪力墙	墙厚 400	双层Φ15@150 钢筋
剪力墙门洞	2000×2800	—

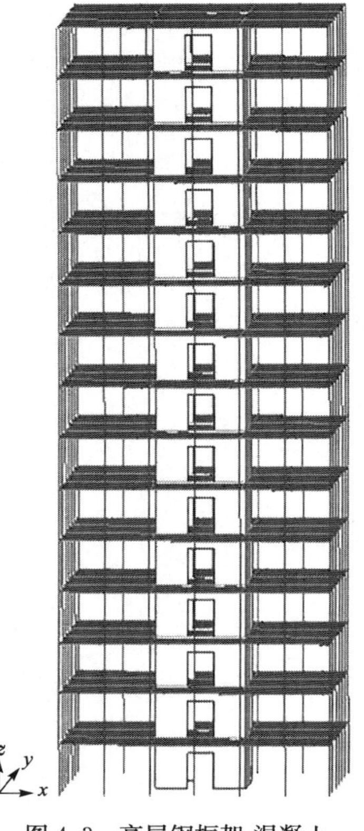

图 4.3　高层钢框架-混凝土核心筒有限元模型

利用有限元分析软件 ANSYS 建立该高层钢框架-混凝土核心筒结构的计算模型，如图 4.3 所示。模型中钢柱和钢梁采用梁单元 Beam161 模拟，混凝土剪力墙和楼板均采用壳单元 Shell163 模拟。楼板与核心筒的连接采用共用节点的方式刚接，钢框架梁与核心筒的连接采用释放转动自由度的方式铰接。采用考虑损伤累积效应的修正 K&K 模型模拟钢框架，采用考虑强度退化和负刚度效应的修正 Sina 模型模拟混凝土核心筒。

4.2.2　响应分析

图 4.4 给出了 Tianjin 波 x 向、y 向加速度时程曲线。地震波采用双向输入，x 向、y 向输入的地震波加速度比值为 1∶0.85。各加载工况如表 4.3 所示。

图 4.5 和表 4.4 分别给出了高层钢框架-混凝土核心筒结构在不同 PGA 地震作用下顶层位移时程曲线及顶层位移峰值。可以看出，x 向和 y 向的顶层位移峰值随着 PGA 的增大而增大。当 PGA＝2.0g 时，钢框架 x 向和 y 向的位移时程曲线随时间变化趋于无穷大，因此，高层钢框架-混凝土核心筒结构发生了沿斜向倒塌破坏。

表 4.3　各加载工况

工况	1	2	3	4	5
PGA/g	0.2	0.5	1.0	1.5	2.0

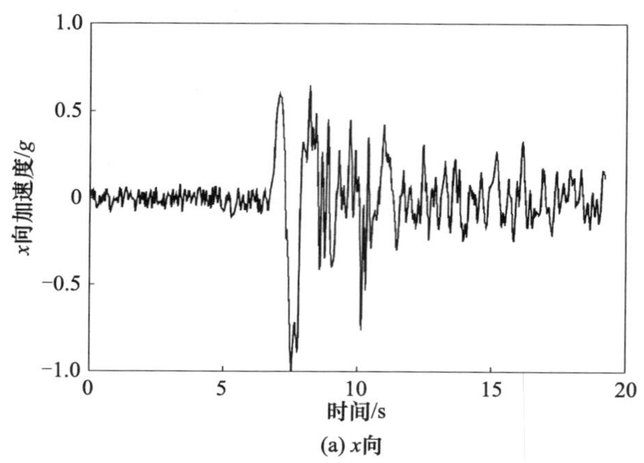

(a) x向

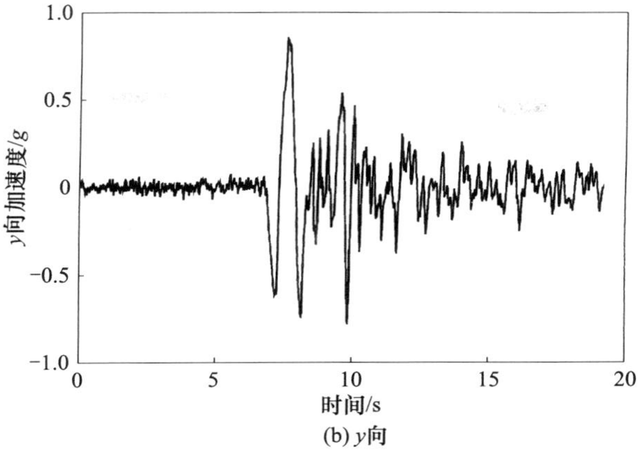

(b) y向

图 4.4　Tianjin 波 x 向、y 向加速度时程曲线

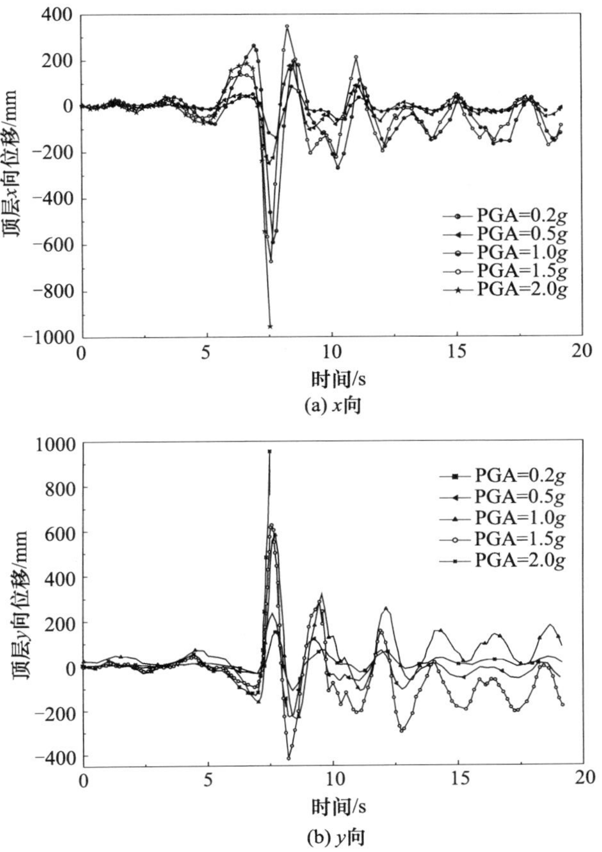

(b) y向

图 4.5　不同 PGA 作用下顶层位移时程曲线

表 4.4 不同 PGA 作用下顶层位移峰值

PGA/g	顶层位移峰值/mm	
	x 向	y 向
0.2	151.57	148.33
0.5	250.47	236.64
1.0	598.07	579.38
1.5	678.72	628.24

图 4.6 给出了高层钢框架-混凝土核心筒结构在不同 PGA 地震作用下层间位移随楼层变化包络线。可以看出，当 PGA=0.2g 时，x 向、y 向的最大层间位移分别为 16.99mm 和 16.19mm；当 PGA=0.5g 时，x 向、y 向的最大层间位移分别为 55.58mm 和 52.17mm；当 PGA=1.0g 时，x 向、y 向的首层层间位移急剧增加，明显超过了我国《高层民用建筑钢结构技术规程》(JGJ 99—2015)规定的钢框架-混凝土核心筒结构弹塑性层间侧移限值(层高/70)[20]。因为此时钢框架承担绝大部分的水平地震力，而混凝土核心筒因损伤破坏加剧只能承担较小部分的水平地震力。随后当 PGA 增加至 1.5g 时，x 向和 y 向的首层层间位移随着 PGA 的增大而增大。假设高层钢框架-混凝土核心筒结构发生倒塌破坏的前一级 PGA 为其所能承受的失效极限荷载。当 PGA=1.5g 时，x 向和 y 向的底层层间位移比其他各层层间位移大，表明该高层钢框架-混凝土核心筒结构首层是薄弱层，高层钢框架-混凝土核心筒结构以弯剪变形为主，在失效极限荷载作用下极易发生倒塌破坏。

图 4.7 和图 4.8 分别给出了高层钢框架和混凝土核心筒在不同 PGA 地震作用下 x 向、y 向的底部剪力时程曲线。可以看出，沿 x 向的底部剪力均比沿 y 向的底部剪力大，其原因是 y 向所输入的地震波 PGA 是 x 向的 0.85 倍。表 4.5 和表 4.6 分别给出了钢框架和混凝土核心筒在不同 PGA 作用下承担 x 向、y 向水平地震力的比例，可以看出，钢框架所承担水平地震力的比例随着 PGA 的增大而增大，核心筒所承担水平地震力的比例随着 PGA 的增大而减小，究其原因是混凝土核心筒在 PGA=0.5g 作用后已经开裂，发生损伤破坏，但并未立即退出工作，而是维持开裂时所承担的水平地震力，导致其无法继续承受绝大部分的水平地震力。而在 PGA=1.0g 作用后，混凝土核心筒内部钢筋大都已经屈服，导致其所承担的水平地震力比例骤降。虽然混凝土核心筒发生损伤破坏，但是整体结构并未发生倒塌破坏，因为随着 PGA 的增大，钢框架所承担的水平地震力比例不断增大，体现了钢框架作为抗震第二道防线，很好地起到保证整体结构稳定性和抗倒塌的作用，这与图 4.6 中首层层间位移在 PGA=1.0g 作用下急剧增加相吻合，在一定程度上也表明高层钢框架-混凝土核心筒结构具有较好的变形能力和延性性能。

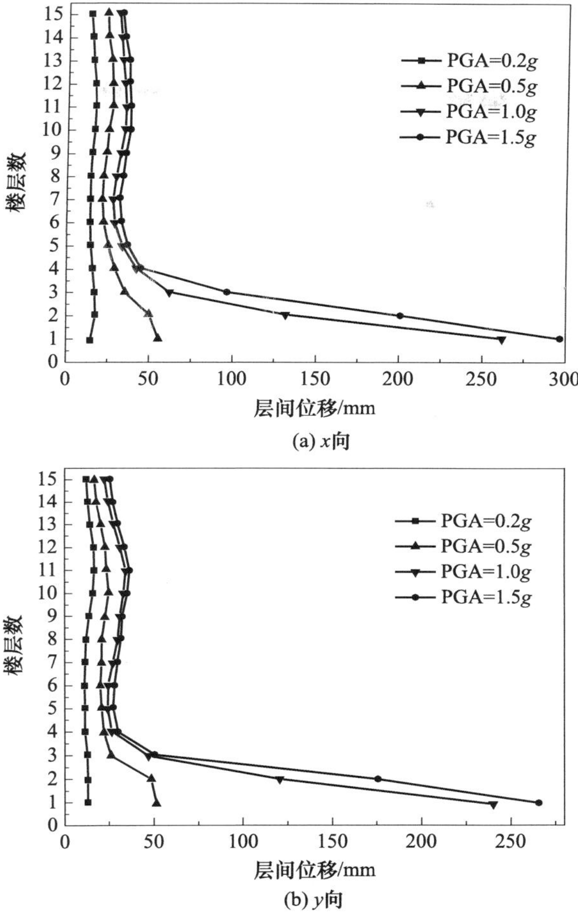

图 4.6　不同 PGA 作用下层间位移随楼层变化包络线

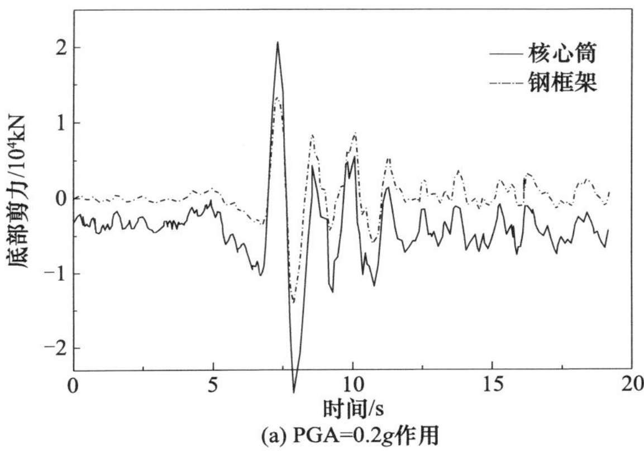

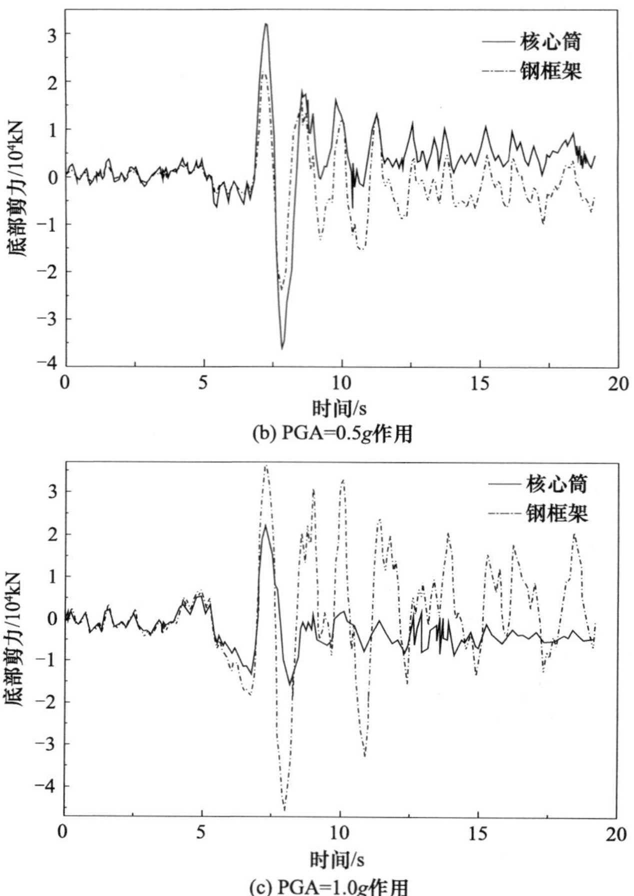

(b) PGA=0.5g作用

(c) PGA=1.0g作用

图 4.7　不同 PGA 作用下 x 向底部剪力时程曲线

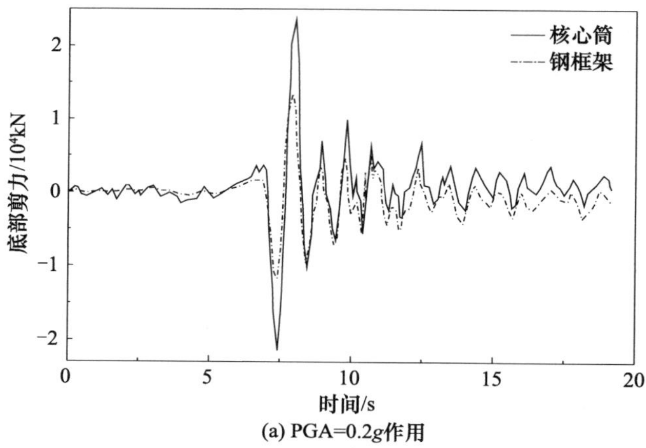

(a) PGA=0.2g作用

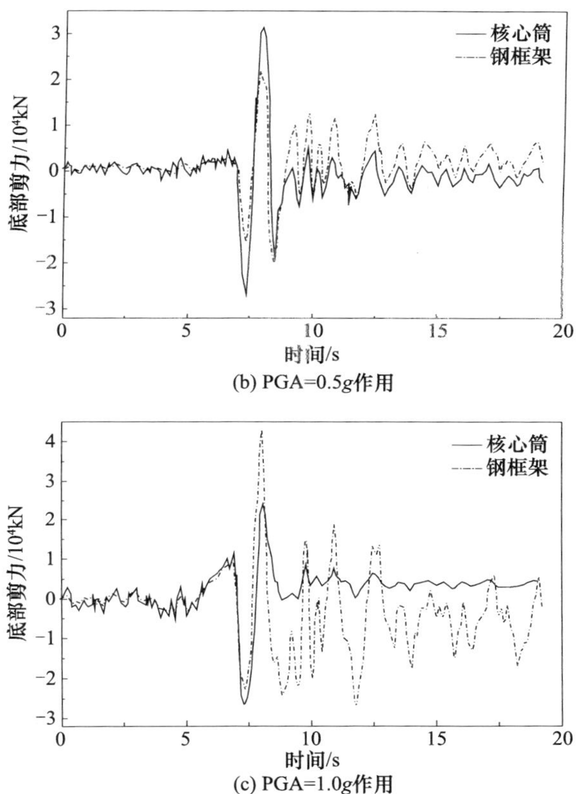

(b) PGA=0.5g作用

(c) PGA=1.0g作用

图 4.8　不同 PGA 作用下 y 向底部剪力时程曲线

表 4.5　不同 PGA 作用下承担 x 向水平地震力比例

PGA/g	承担 x 向水平地震力比例/%	
	钢框架	核心筒
0.2	36.18	63.82
0.5	45.82	54.18
1.0	66.57	33.43

表 4.6　不同 PGA 作用下承担 y 向水平地震力比例

PGA/g	承担 y 向水平地震力比例/%	
	钢框架	核心筒
0.2	37.23	62.77
0.5	46.95	53.05
1.0	61.99	38.01

4.2.3 损伤演化规律与倒塌分析

图 4.9 给出了高层钢框架-混凝土核心筒结构在不同 PGA 作用下的等效刚度柱状图。可以看出，钢框架-混凝土核心筒结构的等效刚度随着 PGA 的增大而减小，其等效刚度沿 x 向比 y 向小，因为 y 向输入的地震波 PGA 是 x 向的 0.85 倍，导致其地震响应沿 x 向比 y 向大。整体结构在 PGA=0.5g 作用下，其等效刚度骤减，在随后几个工况下，其等效刚度衰减幅度趋于平缓，因为混凝土核心筒部分在 PGA=0.5g 作用后已经发生损伤破坏，导致整体结构的等效刚度骤然下降，在随后几个工况下，均由钢框架承担绝大部分的水平地震力，使其等效刚度衰减变缓。

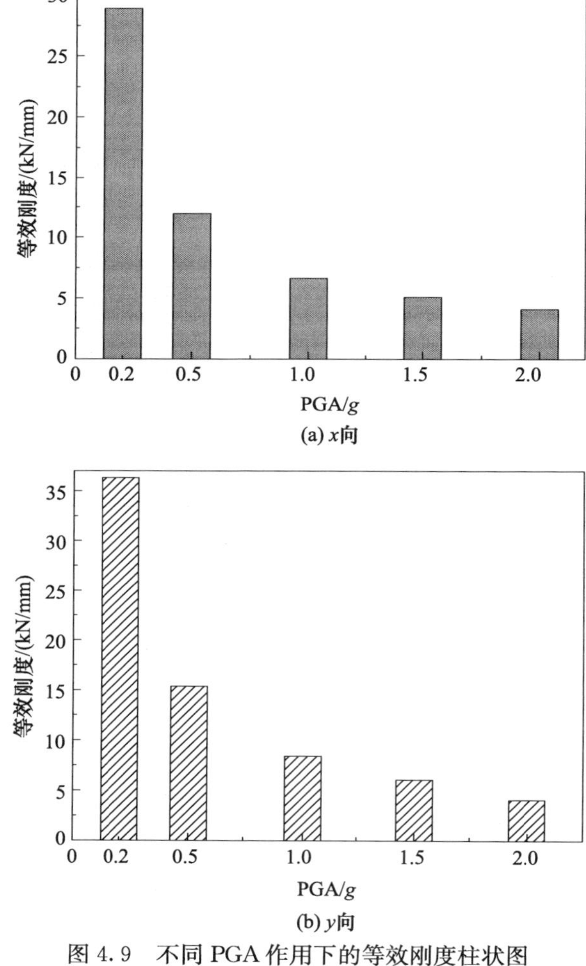

图 4.9 不同 PGA 作用下的等效刚度柱状图

图4.10给出了与图4.9相对应的高层钢框架-混凝土核心筒结构在不同PGA作用下的损伤柱状图。可以看出，结构整体的损伤随着PGA的增大而增大，呈单调递增的趋势，说明损伤的发展是不可逆的。对照表4.1，在PGA=0.2g作用下，整体结构基本处于无损、弹性状态；在PGA=0.5g作用下，结构整体处于轻微损伤状态，沿x向、y向的损伤指数分别为0.23和0.21；在PGA=1.0g作用下，结构整体处于中等损伤状态，沿x向、y向的损伤指数分别为0.53和0.44；在PGA=1.5g作用下，结构整体处于严重损伤状态，沿x向、y向的损伤指数分别为0.79和0.65，此阶段水平地震力基本由钢框架承担，结构整体产生较大位移，这与图4.5和图4.6相吻合。

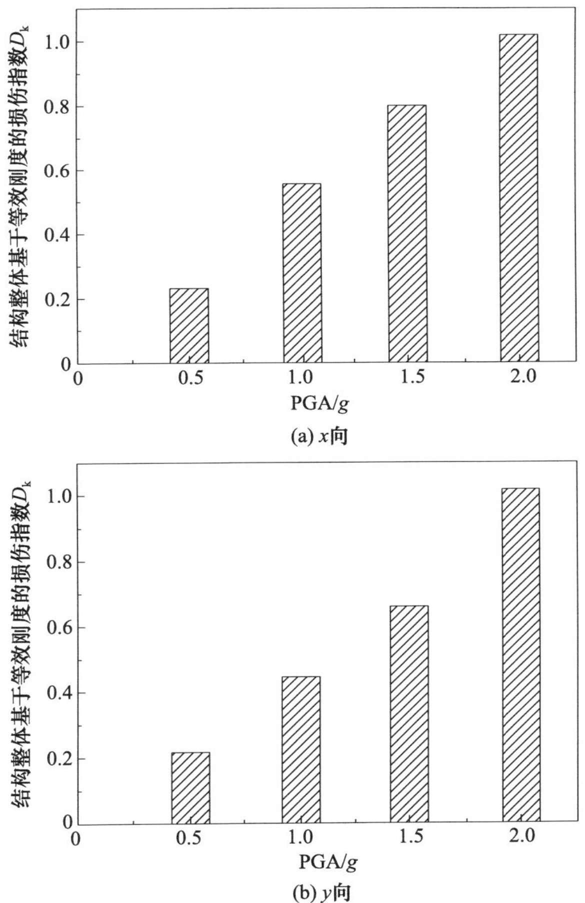

图4.10　不同PGA作用下的结构整体基于等效刚度的损伤指数柱状图

图4.11给出了高层钢框架-混凝土核心筒结构在不同PGA作用下的各层层损伤柱状图。可以看出，首层的损伤明显比其他各层大，第10～13层的损伤有小幅增大，各层损伤随着PGA的增大呈现迅速增长的趋势，在PGA=1.0g作用下

首层的损伤发生骤增，因为此阶段混凝土核心筒已无法继续承担水平地震力，首层是薄弱层，其损伤变化更为明显。与整体损伤的发展规律类似，表明按能量分配的结构层损伤模型能较好地评估各层损伤发展规律，同时也反映了各层能量分布是不均匀的，首层能量耗散比其他各层大。

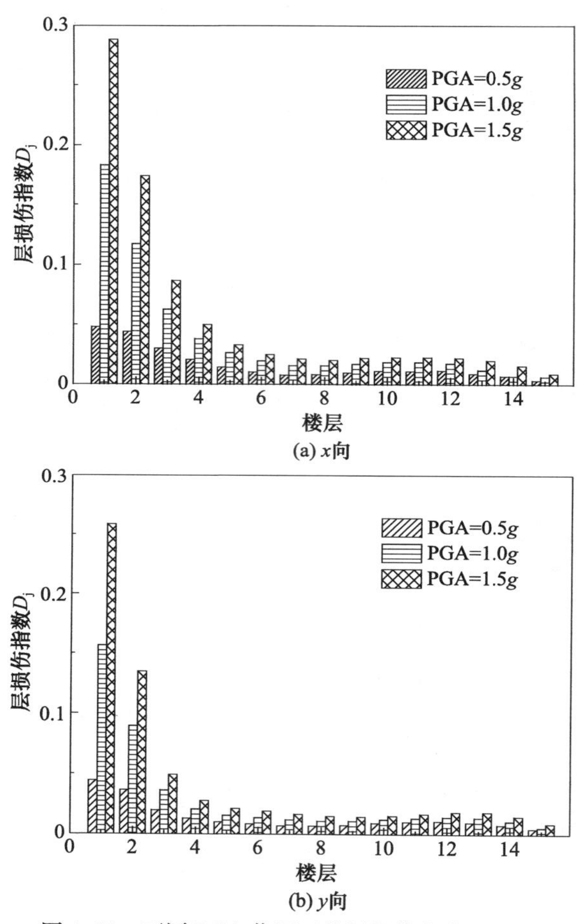

图 4.11 不同 PGA 作用下的层损伤指数柱状图

图 4.12 给出了高层钢框架-混凝土核心筒结构在 PGA＝2.0g 地震作用下的倒塌全过程。可以看出，高层钢框架-混凝土核心筒结构在 2.21s 之前均处于弹性状态，混凝土连梁最先出现损伤，损伤不断累积并向筒体发展，随后混凝土核心筒开裂，钢框架在 2.23s 时第 2 层柱端开始出现损伤；结构在 5.53s 开始进入塑性损伤阶段，连梁处损伤进一步加大，混凝土核心筒裂缝也进一步开展，导致其损伤逐渐增加，随着损伤不断累积，钢框架首层边柱柱脚处也进入塑性屈服，发生损伤破坏，此时，整体结构并未发生大变形；随着地震持续时间的增加，混凝土核心筒底层

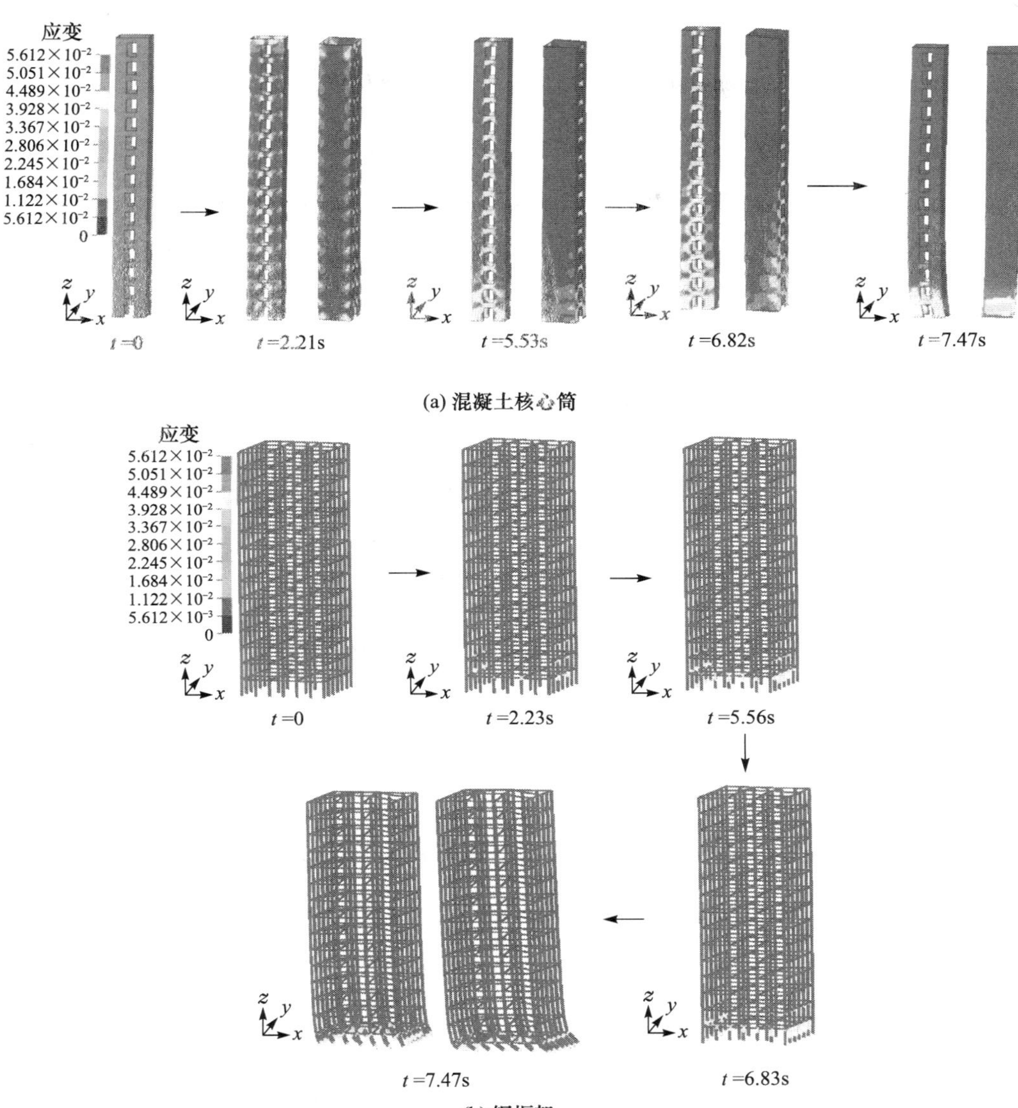

图 4.12　高层钢框架-混凝土核心筒结构倒塌过程

几乎全部开裂，发生严重损伤破坏，逐渐退出工作，当钢框架角柱相继出现损伤后，形成塑性铰，结构变形逐渐增大，最后以首层钢框架柱发生严重损伤而导致整体发生沿斜向弯剪破坏。由此可知，高层钢框架-混凝土核心筒结构的地震倒塌起因于作为第一道抗震防线的混凝土核心筒先于钢框架发生损伤破坏，随后钢框架承担绝大部分水平地震力，导致底层框架柱因损伤而逐渐丧失其竖向承载力，当角柱柱脚发生严重损伤，首层框架柱完全丧失竖向承载力的时间为 7.47s 时，高层钢框架-混凝土核心筒结构发生倒塌破坏。其失效路径为：混凝土连梁→混凝土核心筒体→钢框架首层边柱→钢框架首层角柱→整体倒塌。

4.3　钢-混凝土结构地震损伤演化过程振动台试验

4.3.1　试验模型

试验在北京工业大学城市与工程安全减灾省部共建教育部重点实验室的模拟地震振动台上进行，其振动台主要性能参数如表 4.7 所示。

表 4.7　模拟地震振动台性能参数

台面尺寸/m	最大承载重量/t	最大倾覆力矩/(t·m)	振动方式	频率范围/Hz	最大位移/mm
3×3	10	30	水平单向	0.1～50	±127
最大速度/(mm/s)	最大加速度/g	振动波形	加速度波形失真	台面不均匀度	
±600	满载±1.0 空载±2.5	正弦波、 地震波等随机波	≤25%，并符合国家标准	≤25%，并符合国家标准	

试验模型为 3 层钢-混凝土结构缩尺模型，平面图如图 4.13 所示，平面尺寸为 1200mm×1555mm，首层层高 900mm，其余各层层高 750mm。钢框架采用 Q235 钢材，框架柱采用 H 型钢，规格为 HW100×100×6×8，框架梁和连梁均采用槽钢，规格为[100×48×5.3×8.5。剪力墙采用 C25 混凝土，截面尺寸均为 80mm×310mm，各层开洞，首层洞口大小为 780mm×150mm，第 2 层和第 3 层洞口大小为 630mm×150mm，各墙肢纵向四角配置 4Φ8 钢筋，连梁四角纵向为 4Φ8 钢筋，中

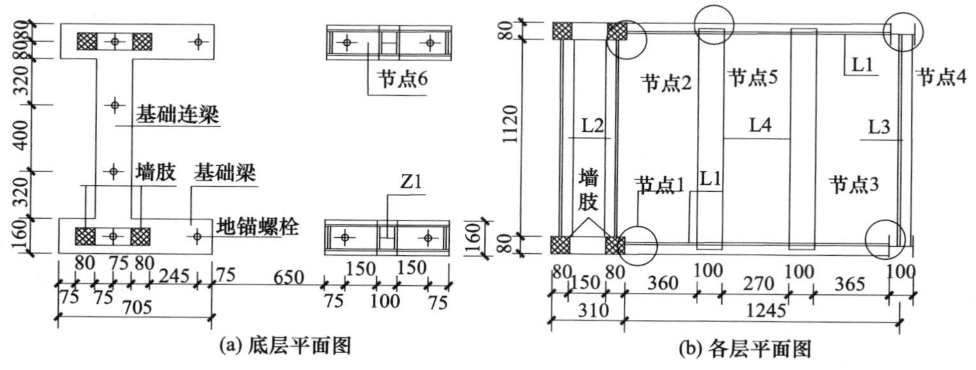

图 4.13　试验模型平面图(单位：mm)

部配置 2Φ4 钢筋，箍筋均为Φ4mm 铁丝，混凝土保护层厚度为 10mm，如图 4.14 所示。框架梁与混凝土剪力墙采用预埋焊钉铰接连接，框架梁与框架柱采用刚性连接，试验模型如图 4.15 所示。

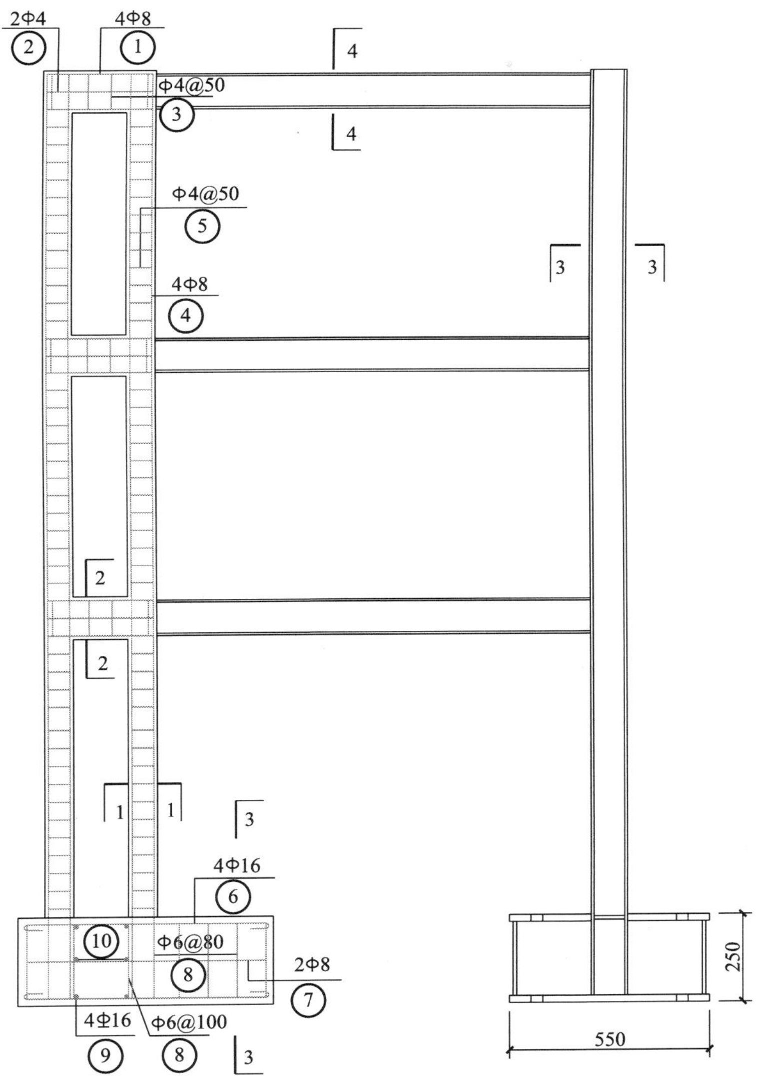

图 4.14　剪力墙配筋图

试验模型每层的附加质量为 1.31t，各层的总质量为 1.48t、1.47t 和 1.47t。试验模型钢框架测得屈服强度平均值为 232.2MPa，极限抗拉强度平均值为 328.6MPa，弹性模量平均值为 1.996×10^5MPa，伸长率平均值为 22.42%；混凝土

图 4.15　试验模型

在试件浇筑环境下制备 6 组 100mm×100mm×100mm 立方体试件，测得混凝土抗压强度平均值为 29.8MPa。根据《混凝土结构设计规范》(GB 50010—2010)，将边长 100mm 的立方体试件换算成边长 150mm 的标准试件的抗压强度为 28.3MPa，同条件养护的棱柱体试块弹性模量平均值为 2.92×10^4MPa[21]。所测得的混凝土剪力墙中纵筋屈服强度为 218.9MPa，极限抗拉强度平均值为 318.5MPa，箍筋的抗拉强度为 255MPa。

由于钢-混凝土结构由钢和钢筋混凝土两种性能差别很大的材料组成，为较精确地模拟其在强震下的损伤演化及失效破坏过程，尽量满足相似关系，根据 Buckingham 理论和量纲分析推导了相似关系：几何相似系数为 1/4，时间相似系数为 1/3，钢的弹性模量相似系数为 0.97，相应的应力相似系数为 0.97，混凝土的弹性模量相似系数为 1.04，相应的应力相似系数为 1.04[22]。

4.3.2　试验工况

试验选定 3 条地震波 N-S 向作为模拟地震振动台台面输入波，即：①Tianjin 波(TJ)；②EL-Centro(1940)波(EL)；③Taft 波(TA)。另外，为测试试验模型在不同阶段的动力特性，还进行了白噪声(W)扫频，由于振动台可施加的加速度峰值及位移峰值的限值影响，对 Tianjin 波调幅至其最大值为 1.1g，对 EL-Centro 波和 Taft 波调幅至其最大值为 1.8g。试验工况及台面 PGA 如表 4.8 所示。

图 4.16 给出了这 3 条地震波调幅至 PGA=0.2g 时台面所采集到的加速度时程曲线。

表 4.8　试验模型振动台试验工况

加载工况	PGA/g	相应原型烈度	加载工况	PGA/g	相应原型烈度
1W	0.1	—	16TA	0.9	8 度
2TJ	0.2	6 度	17W	0.1	—
3EL	0.2	6 度	18TJ	1.1	8 度
4TA	0.2	6 度	19EL	1.1	8 度
5W	0.1	—	20TA	1.1	8 度
6TJ	0.5	7 度	21W	0.1	—
7EL	0.5	7 度	22EL	1.5	9 度
8TA	0.5	7 度	23TA	1.5	9 度
9W	0.1	—	24W	0.1	—
10TJ	0.7	7 度	25EL	1.8	9 度
11EL	0.7	7 度	26TA	1.8	9 度
12TA	0.7	7 度	27W	0.1	—
13W	0.1	—	28EL	1.8	9 度
14TJ	0.9	8 度	29TA	1.8	9 度
15EL	0.9	8 度	30W	0.1	—

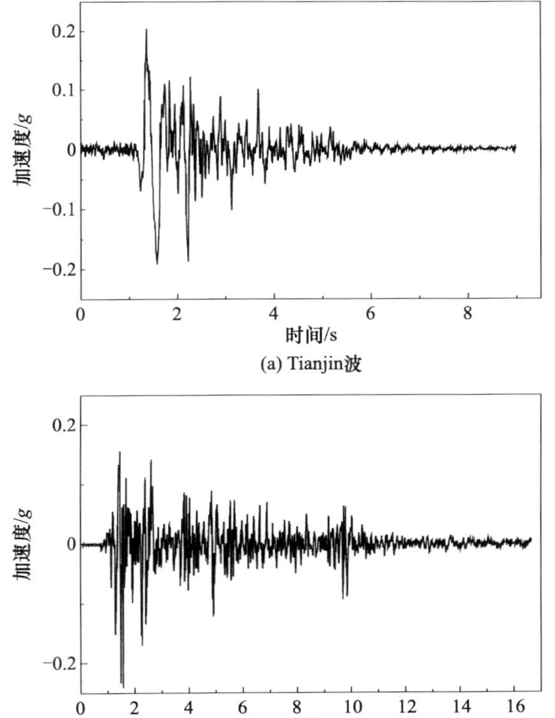

(a) Tianjin波

(b) EL-Centro波

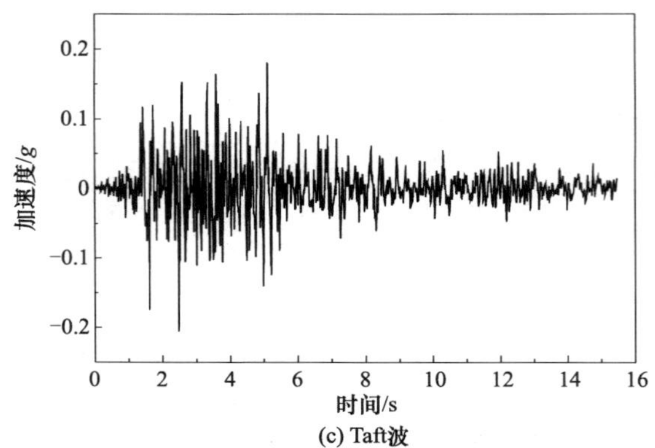

(c) Taft波

图 4.16 PGA＝0.2g 时台面所采集的加速度时程曲线

试验主要测试试验模型的位移、加速度响应、各层混凝土剪力墙的动应变、钢框架梁柱的动应变，以追踪其材料性能的退化过程，并观察混凝土剪力墙裂缝发生、开展的过程，以及钢框架与混凝土剪力墙共同工作性能等。其中，位移、加速度和应变采用 IMC 采集系统进行数据采集。试验模型各层布置拉线式位移计共 6 个，钢框架南北两侧各 3 个，压电式加速度传感器 7 个，混凝土墙肢采用 100mm 应变片，纵筋和钢框架均采用 5mm×3mm 应变片，钢节点域采用 3mm×2mm 的 45°应变花，共 76 个，具体布置如图 4.17 所示。

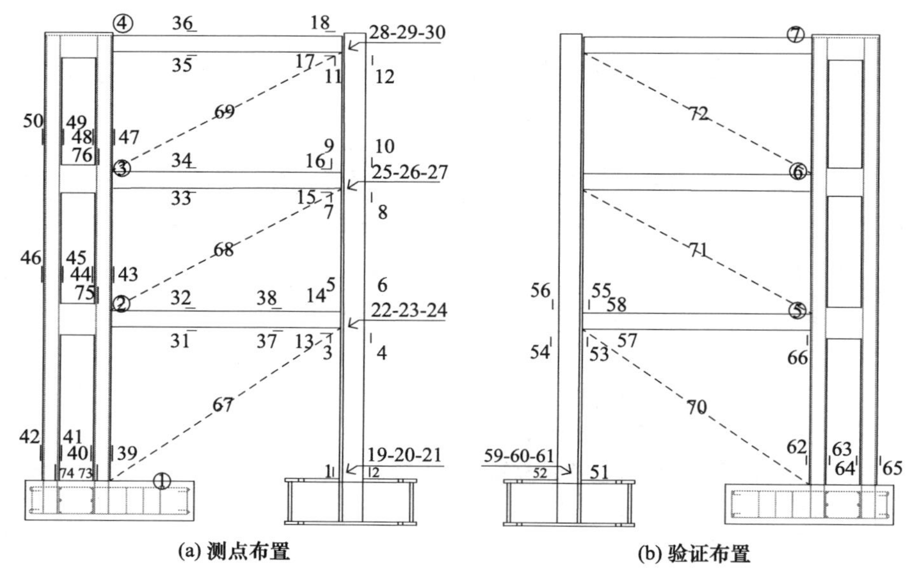

(a) 测点布置　　(b) 验证布置

图 4.17 测试仪器布置图

1～12. 钢柱应变片测点；13～18、31～38. 钢梁应变片测点；19～30. 节点域应变花测点；39～50. 混凝土应变片测点；51～66. 应变片验证测点；67～72. 拉线式位移计；73～76. 纵筋应变片测点；①～⑦. 压电式加速度传感器

4.3.3　试验结果

1. 模型动力特性

对试验模型进行白噪声扫频后，得到其顶层加速度时程曲线和幅频特性曲线，如图 4.18 和图 4.19 所示。可以看出，曲线峰值对应的频率值即为结构的自振频率。采用半功率点法计算结构的阻尼比[23]。表 4.9 给出了不同工况下试验测得的模型结构第 1 阶自振频率和阻尼比。从实测数据可知，随地震强度的增加，试验模型的损伤加剧，自振频率下降，阻尼增大。

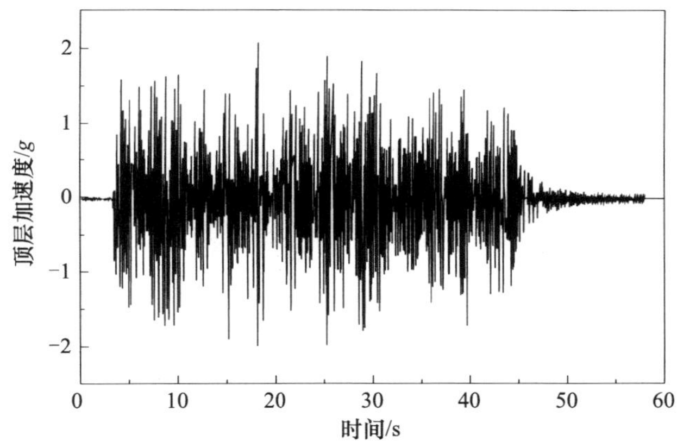

图 4.18　试验模型顶层加速度时程曲线

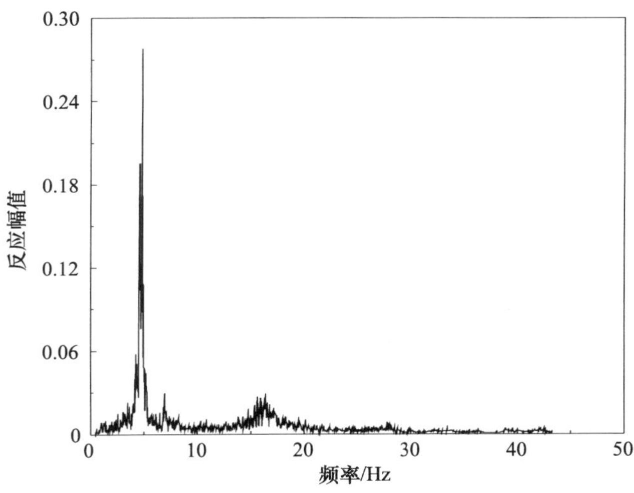

图 4.19　试验模型幅频特性曲线

表 4.9 试验模型不同工况下第 1 阶自振频率和阻尼比

PGA/g	实测自振频率/Hz	阻尼比/%
0.1	4.816	2.728
0.2	4.607	3.616
0.7	4.274	4.525
1.1	4.166	5.482
1.8	3.962	6.278

2. 模型地震响应

图 4.20 给出了在 Tianjin 波不同 PGA 作用下各层的加速度时程曲线。可以看出，试验模型各层加速度峰值响应随着 PGA 的增加而增加，并且其顶层加速度响应比其余各层大。

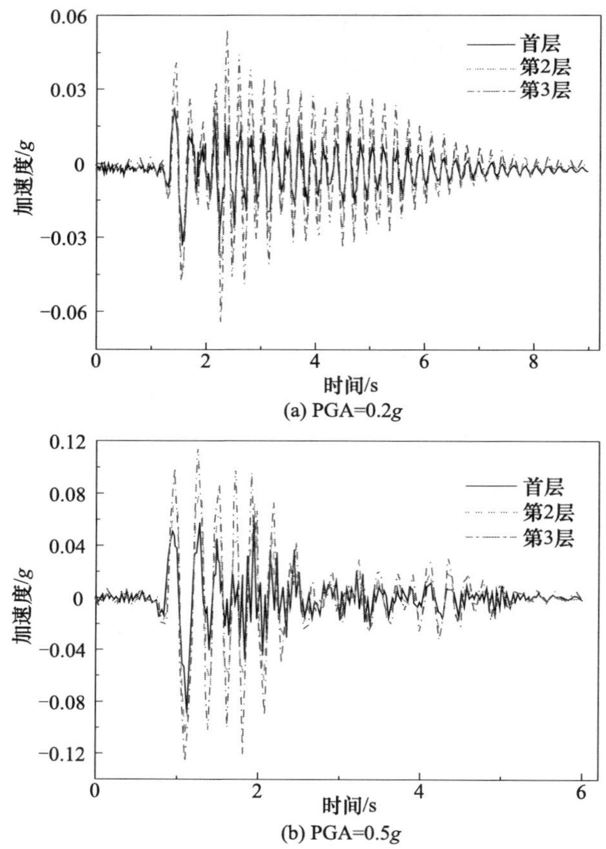

(a) PGA=0.2g

(b) PGA=0.5g

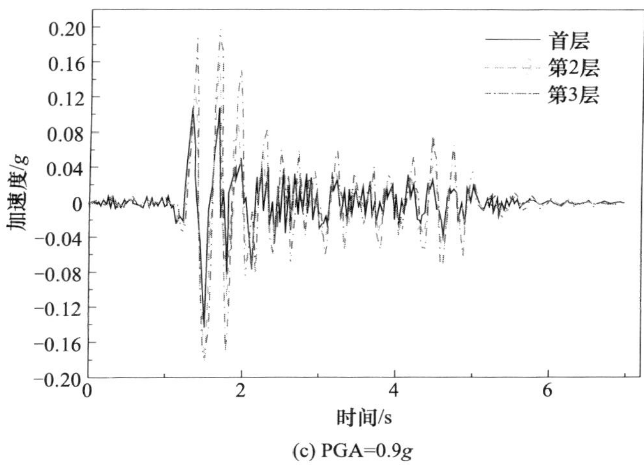

(c) PGA=0.9g

图 4.20　Tianjin 波不同 PGA 作用下各层加速度时程曲线

为更好地观察试验模型的动力放大沿其高度方向的变化规律，以台面加速度计的最大实测加速度值为参照标准，把结构各加速度计在同一工况的实测峰值与台面的实测峰值相比，得到该工况下结构各层加速度放大系数。图 4.21 给出了不同工况下各层加速度放大系数（acceleration amplification factor，AAF），图 4.22 给出了不同工况下试验模型顶层的加速度放大系数。可以看出，试验模型各层动力放大系数随地震强度的增加而减小，其主要原因是试验模型进入塑性的程度随地震强度的增加而增加，其内部所产生的裂缝进一步开展，损伤也随之加剧，刚度随之降低[24~26]。

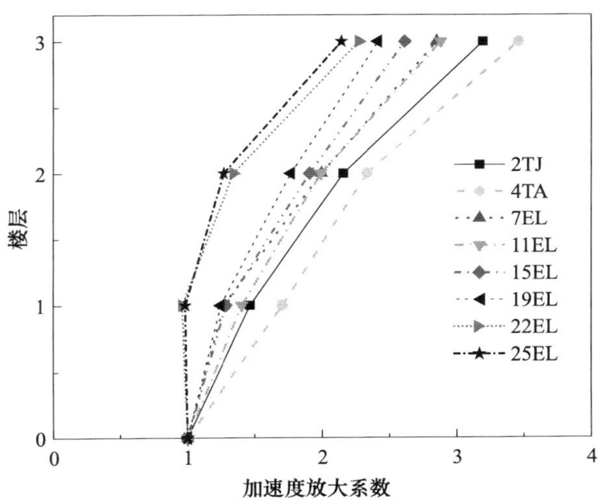

图 4.21　不同工况下各层加速度放大系数

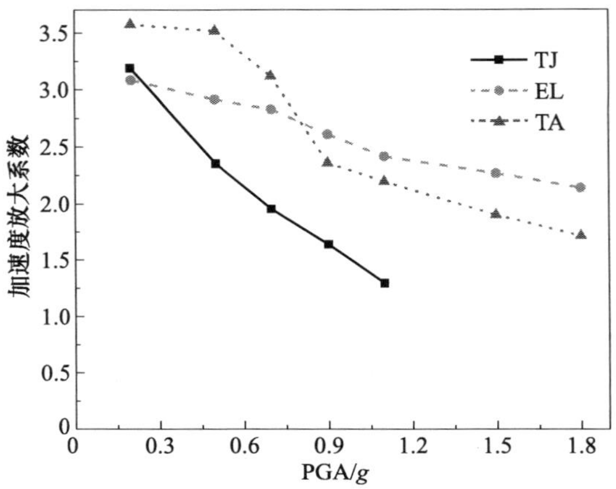

图 4.22　不同工况下试验模型顶层加速度放大系数

图 4.23 给出了在 Tianjin 波不同 PGA 作用下各层的位移时程曲线。可以看出，试验模型各层位移响应随着 PGA 的增大而增大，并且其顶层位移响应比其余各层大。

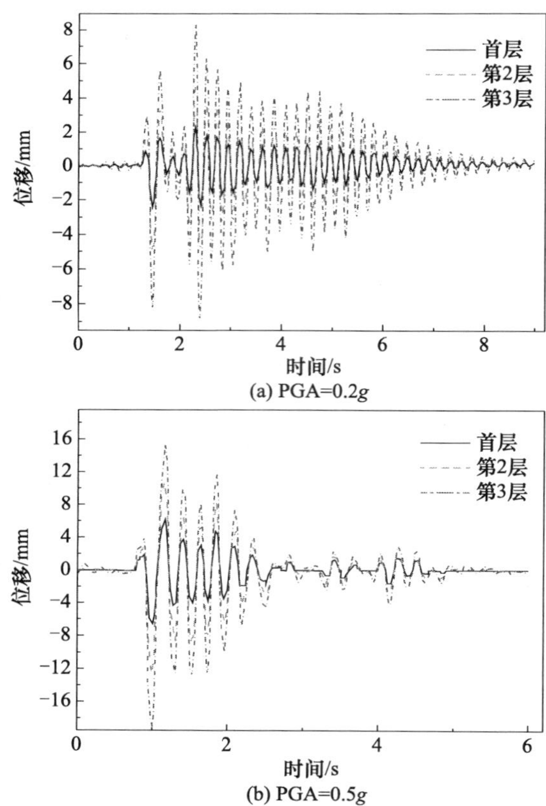

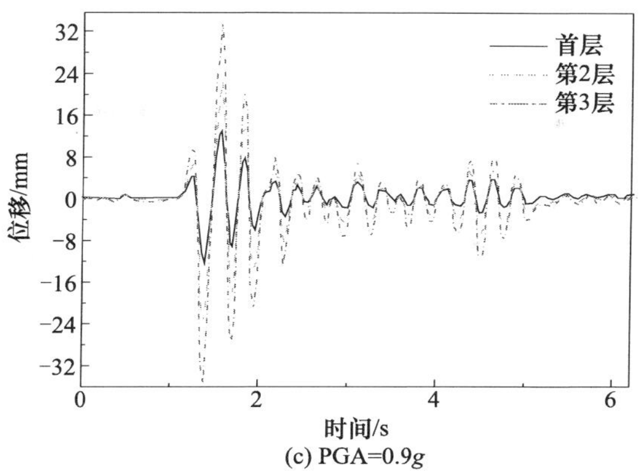

(c) PGA=0.9g

图 4.23　Tianjin 波不同 PGA 作用下各层位移时程曲线

图 4.24 给出了试验模型在不同工况下各层的位移包络图，图中所示的位移均为试验模型各层相对其基础的位移。由各层的最大位移沿结构楼层的分布可以看出，水平地震作用下试验模型的变形均以弯曲变形为主，在 0.2g 地震作用下试验模型顶层位移与结构高度之比为 1/370～1/250；在 1.8g 地震作用下可达 1/46，模型整体性较好，具有较好的延性，由于钢框架的延性较好，能很好地起到第二道防线的作用；试验模型在不同地震波输入下的位移响应不同，在 6 度、7 度地震作用下，Taft 波和 EL-Centro 波的位移响应比 Tianjin 波的位移响应要大，因为 Taft 波和 EL-Centro 波的频率与结构相近，易产生共振，导致位移响应较大。但随着地震加速度峰值增加，试验模型的频率不断下降，在 8 度、9 度地震作用下，Tianjin 波的位移响应比其他波要大，因为试验模型的频率与 Tianjin 波的频率更为接近。

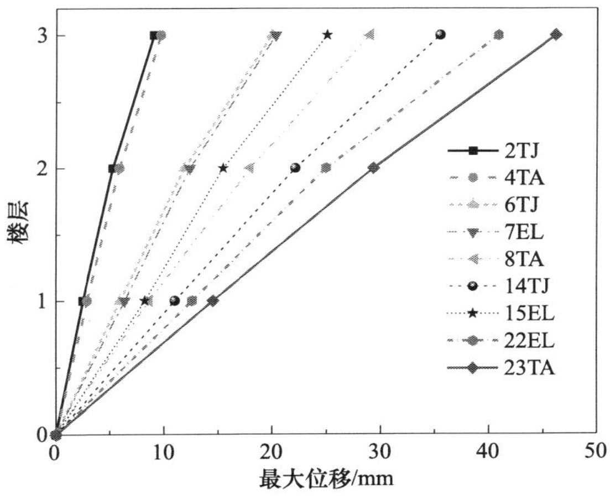

图 4.24　不同工况下各层位移包络图

图 4.25 给出了试验模型在 Tianjin 波 PGA=0.5g 和 PGA=1.1g 作用下第 2 层南北两侧位移时程曲线。可以看出，在 PGA=0.5g 地震作用下，试验模型南北两侧位移基本一致，而在 PGA=1.1g 地震作用下，试验模型南侧位移明显大于北侧位移，在地震中试验模型产生严重损伤，导致其刚度不对称，发生扭转变形，并产生 1.33mm 的残余位移。因为钢框架在混凝土剪力墙已发生严重破坏的情况下能很好地起到第二道防线的作用，抵消部分残余位移，所以导致整个试验模型的残余位移不大。

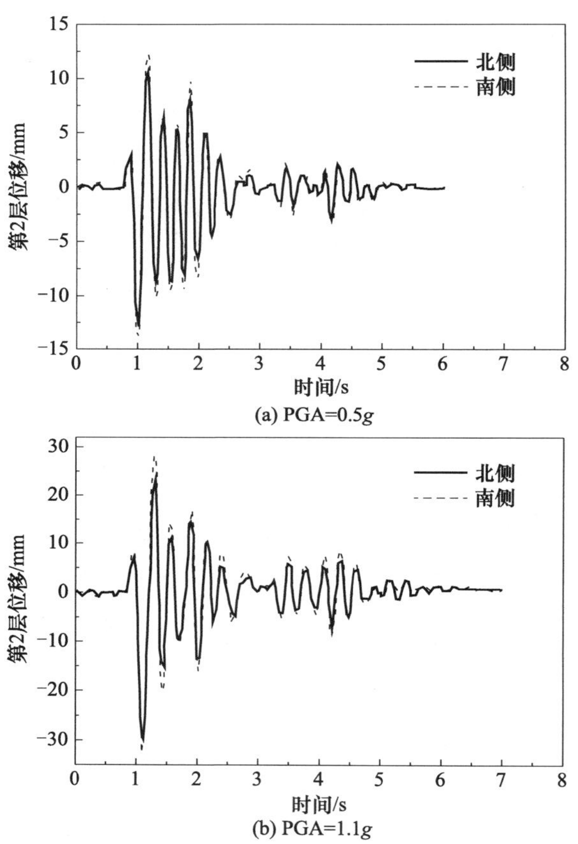

图 4.25　Tianjin 波作用下第 2 层南北两侧位移时程曲线

图 4.26 给出了在 Tianjin 波 PGA=0.2g 作用下剪力墙墙脚处混凝土应变时程曲线。可以看出，剪力墙墙脚处混凝土的拉应变峰值已达到 130×10^{-6}，依据《混凝土结构设计规范》(GB 50010—2010)，当混凝土的拉应变达到 75×10^{-6} ～ 115×10^{-6} 时，混凝土受拉开裂，说明此时剪力墙墙脚处混凝土已开裂[21]。

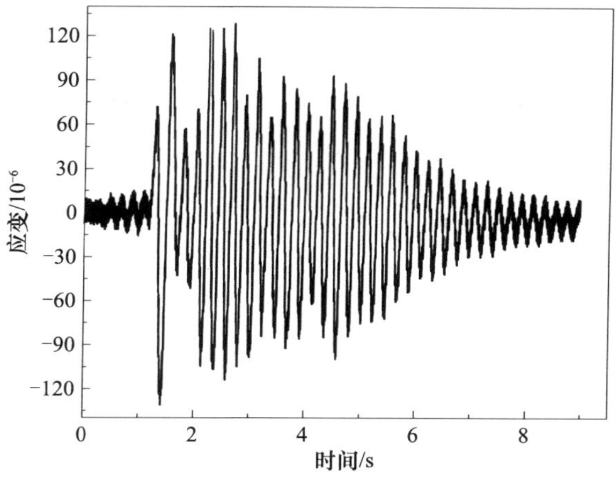

图 4.26　Tianjin 波 PGA=0.2g 作用下剪力墙墙脚处混凝土应变时程曲线

图 4.27 给出了在 Tianjin 波不同 PGA 作用下剪力墙墙脚处纵筋应变时程曲线。可以看出，在 PGA=0.2g 作用下的纵筋应变峰值为 484.8×10^{-6}，依据所测得的纵筋屈服应力和弹性模量可得其屈服应变为 1062.3×10^{-6}，说明纵筋还未发生屈服；在 PGA=0.5g 作用下的应变峰值为 1664.2×10^{-6}，说明纵筋已经进入屈服阶段。

图 4.28 给出了在 Tianjin 波不同 PGA 作用下钢框架柱脚的应变时程曲线。可以看出，在 PGA=0.2g 和 PGA=0.5g 作用下的钢框架柱脚处应变峰值分别为 350.6×10^{-6}、982.5×10^{-6}，依据钢框架所测得的屈服应力和弹性模量可得其屈服应变为 1163.3×10^{-6}，说明此时柱脚还未发生屈服；在 PGA=0.7g 作用下的应变

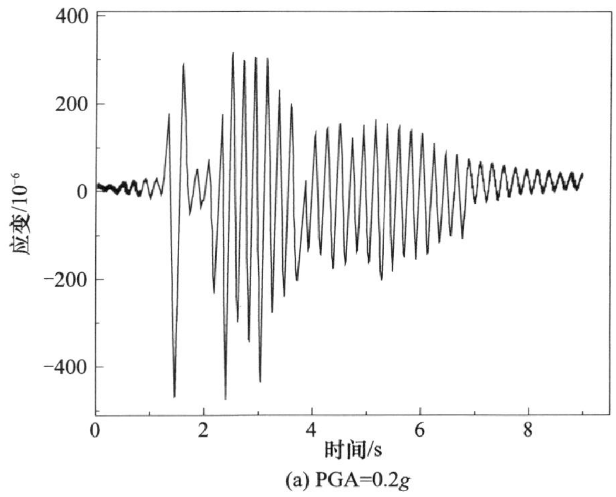

(a) PGA=0.2g

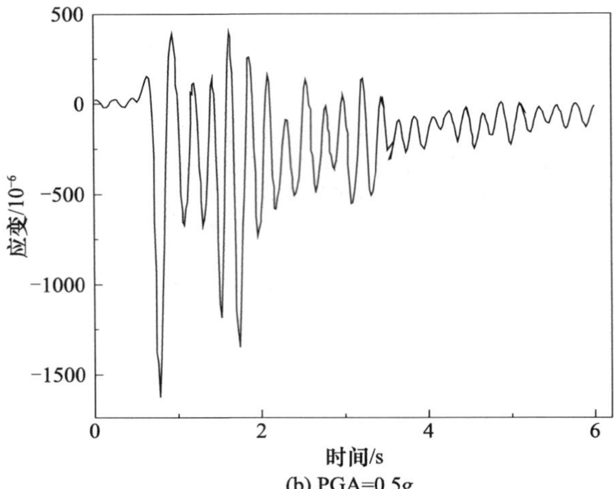

(b) PGA=0.5g

图 4.27　Tianjin 波不同 PGA 作用下剪力墙墙脚处纵筋应变时程曲线

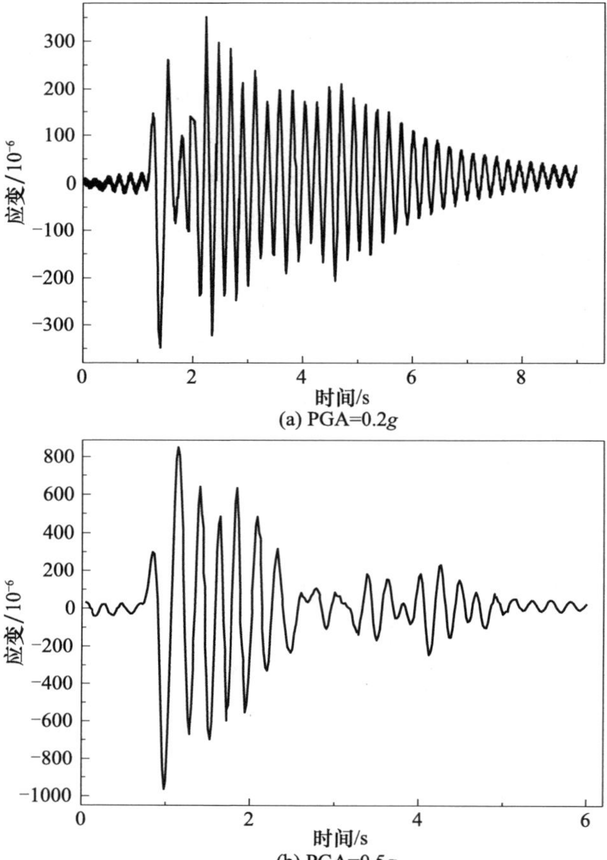

(a) PGA=0.2g

(b) PGA=0.5g

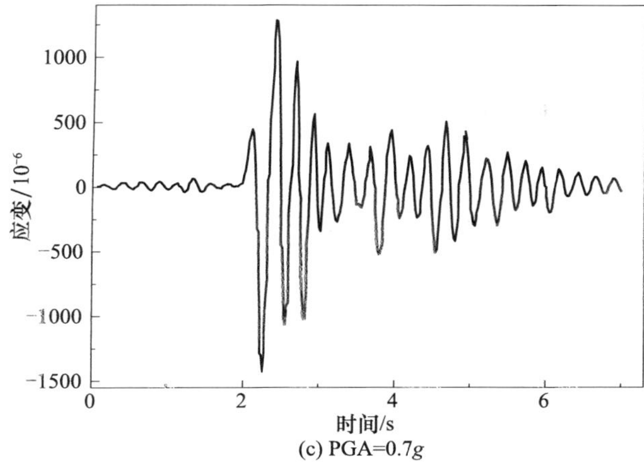

(c) PGA=0.7g

图 4.28 Tianjin 波不同 PGA 作用下钢框架柱脚应变时程曲线

峰值为 1473.5×10^{-6}，说明柱脚已屈服，进入塑性阶段，损伤不断累积，此后随地震强度的增大，试验模型的损伤将进一步加剧。

3. 模型等效刚度

图 4.29 给出了试验模型在 EL-Centro 波不同 PGA 作用下的力-位移滞回曲线，滞回曲线线性拟合的斜率即为等效刚度。可以看出，力-位移滞回曲线所包含的面积随 PGA 的增大而增大，试验模型的等效刚度随着 PGA 的增大而减小，试验模型在 EL-Centro 波和 Taft 波作用下等效刚度柱状图如图 4.30 所示。从图 4.30 可看出，在 EL-Centro 波和 Taft 波作用下，试验模型的等效刚度随着 PGA 的增大而减小，前者衰减幅度比后者小，在最后几个工况，其等效刚度衰减幅度趋于平缓。

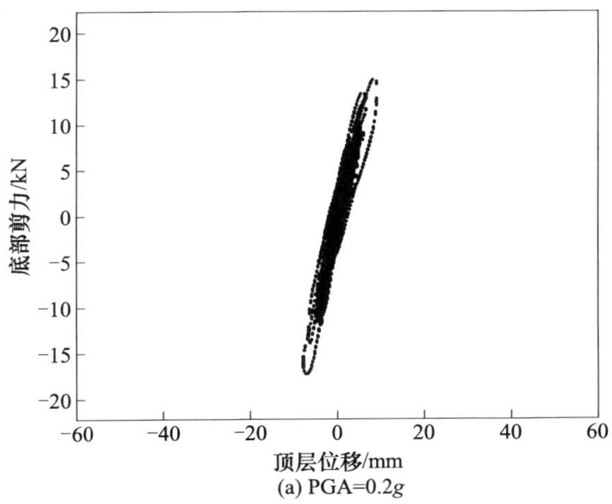

(a) PGA=0.2g

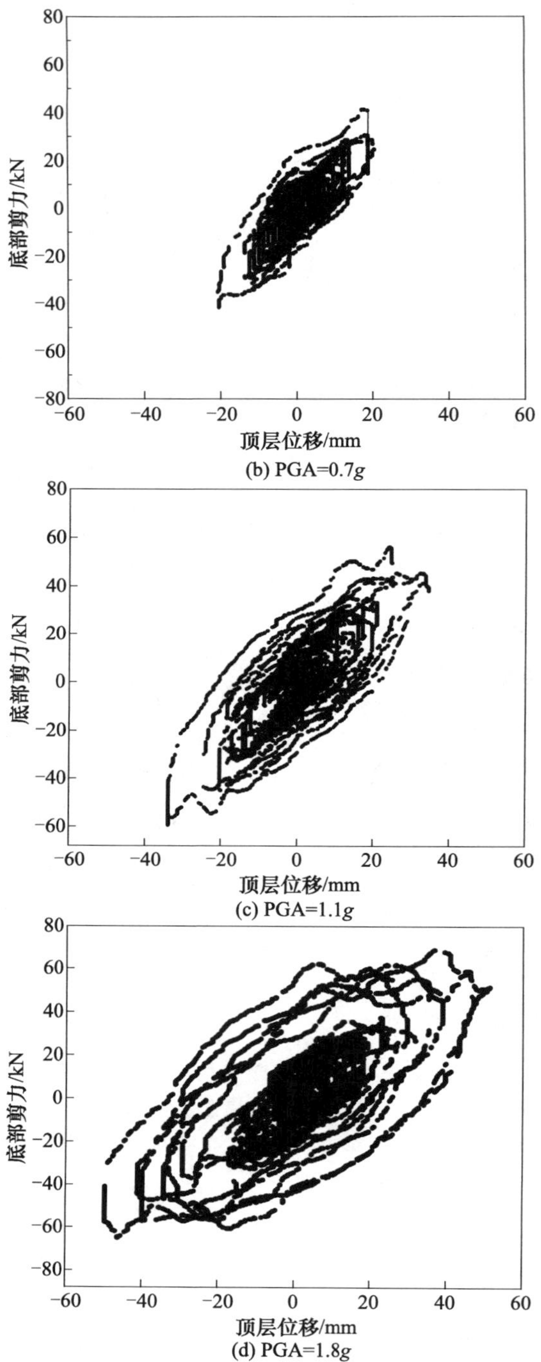

图 4.29　EL-Centro 波不同 PGA 作用下试验模型的力-位移滞回曲线

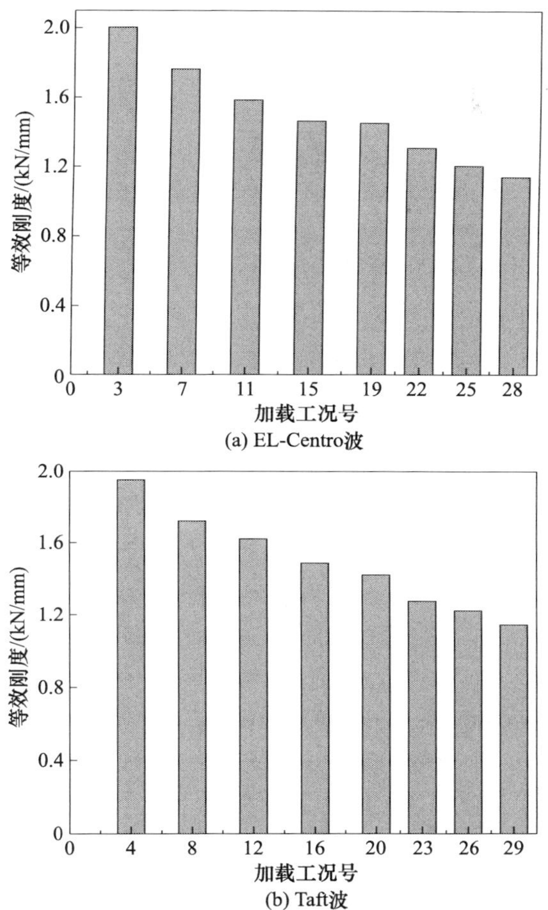

图 4.30　EL-Centro 波和 Taft 波作用下不同工况的等效刚度柱状图

因为在 6 度地震作用下，Taft 波比 EL-Centro 波的频率更接近试验模型的自振频率，易产生共振，导致其等效刚度较小；在 8 度、9 度地震作用下，Taft 波和 EL-Centro 波的频率与试验模型的自振频率相差较大，导致其等效刚度衰减变缓。

4. 模型滞回耗能

图 4.31 和图 4.32 分别给出了试验模型在 EL-Centro 波与 Taft 波作用下不同工况的滞回耗能时程曲线及最大滞回耗能柱状图。可以看出，在 EL-Centro 波和 Taft 波作用下，试验模型的滞回耗能前者比后者小，因为在 6 度、7 度地震作用下，Taft 波比 EL-Centro 波的频率更接近试验模型的自振频率，易产生共振，导致前者滞回耗能比后者大，而在 8 度、9 度地震作用下，试验模型发生较严重的损伤，因而产生较大的滞回耗能。

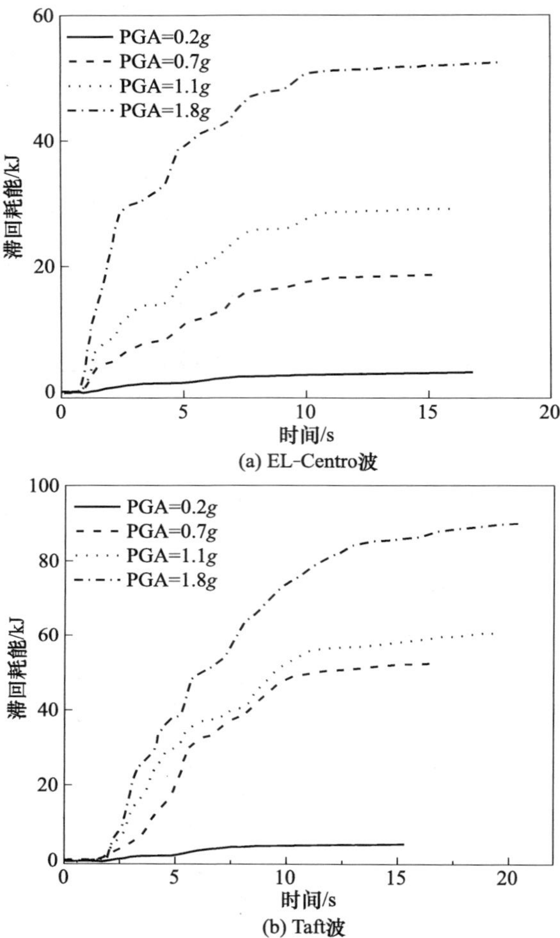

(a) EL-Centro波

(b) Taft波

图 4.31　EL-Centro 波和 Taft 波作用下不同工况的滞回耗能时程曲线

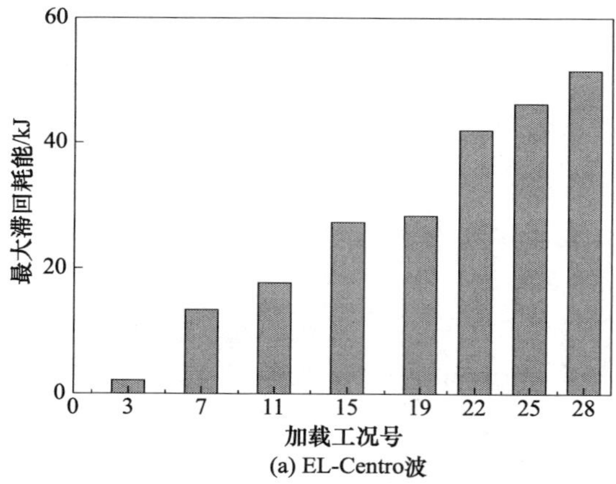

(a) EL-Centro波

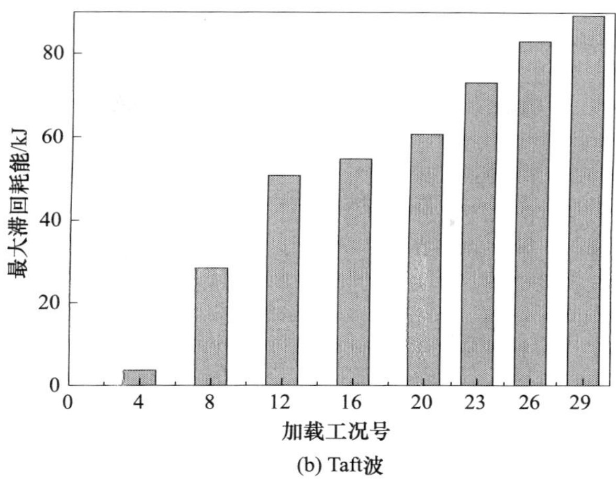

(b) Taft波

图 4.32　EL-Centro 波和 Taft 波作用下不同工况的最大滞回耗能柱状图

4.3.4　基于等效刚度的整体损伤模型应用

采用振动台试验数据，对所提出的损伤模型进行验证，来对比 Park 等[27]提出的基于滞回耗能的损伤模型。

为便于对比，图 4.33 和图 4.34 分别给出试验模型在 EL-Centro 波与 Taft 波作用下不同工况的损伤指数。可以看出，基于等效刚度的损伤模型与 Park 损伤模型均可得到一致的损伤评估效果，两者吻合较好，损伤发展趋势基本一致，损伤随着 PGA 的增大而增大，呈单调递增的趋势，说明损伤的发展是不可逆的，验证了本节所提出基于等效刚度的损伤模型的正确性。而基于等效刚度的损伤指数能直接通过力-位移曲线获得，比 Park 损伤模型能更直观反映结构在地震作用下抗侧能力逐渐丧失的过程，同时能有效评估其在强震作用后的剩余刚度。

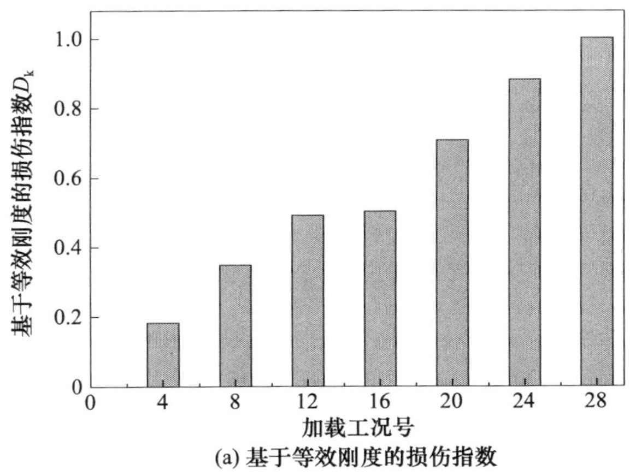

(a) 基于等效刚度的损伤指数

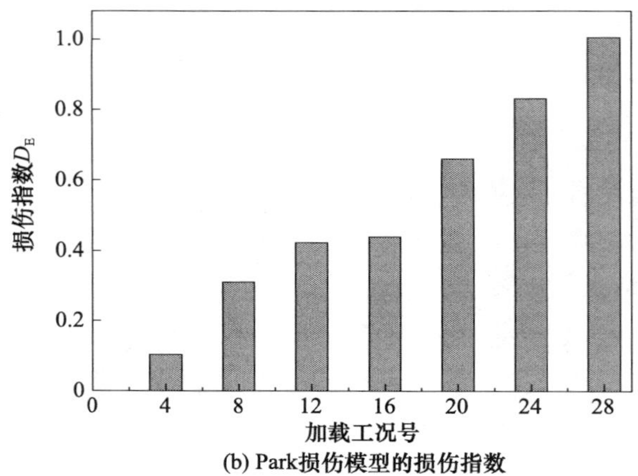

(b) Park损伤模型的损伤指数

图 4.33　EL-Centro 波作用下不同工况的损伤指数

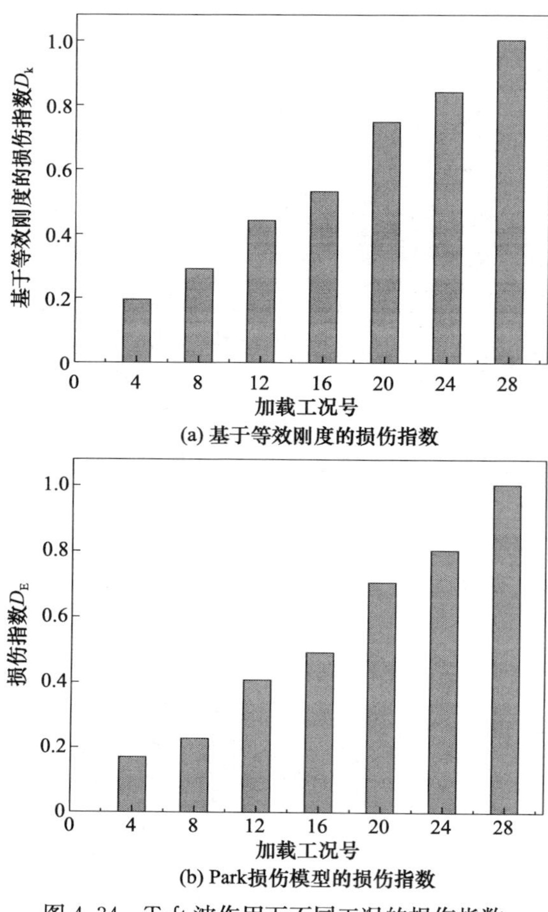

(a) 基于等效刚度的损伤指数

(b) Park损伤模型的损伤指数

图 4.34　Taft 波作用下不同工况的损伤指数

应用所建立的损伤模型对上述试验模型进行损伤程度评估。在 0.2g 地震作用下，试验模型基本处于无损、弹性工作状态；在 0.7g 地震作用下，试验模型处于轻微损伤状态，其损伤指数约为 0.35；在 1.1g 地震作用下，计算的损伤指数约为 0.5，底层混凝土裂缝进一步开展，首层剪力墙连梁下端出现裂缝；在 1.8g 地震作用下，计算的损伤指数接近 1.0，首层混凝土剪力墙连梁下端裂缝贯通，剪力墙角部区域纵筋压屈外鼓，混凝土剥落，发生明显的酥溃、压碎现象，首层钢梁梁端发生严重的局部屈曲现象，说明此阶段试验模型刚度退化严重，如图 4.35 所示，试验模型的破坏主要集中在混凝土剪力墙上，最终的破坏形式为底层剪力墙受压破坏，本质上是一种弯曲型破坏。

(a) 剪力墙墙脚处

(b) 首层钢梁

图 4.35　试验模型的破坏特征图

考虑到现有规范多采用层间位移角进行损伤程度评估，因此本节建立钢-混凝土结构试验模型最大层间位移角 θ_{max} 与基于等效刚度的损伤指数 D_k 之间的关系，如图 4.36 所示。

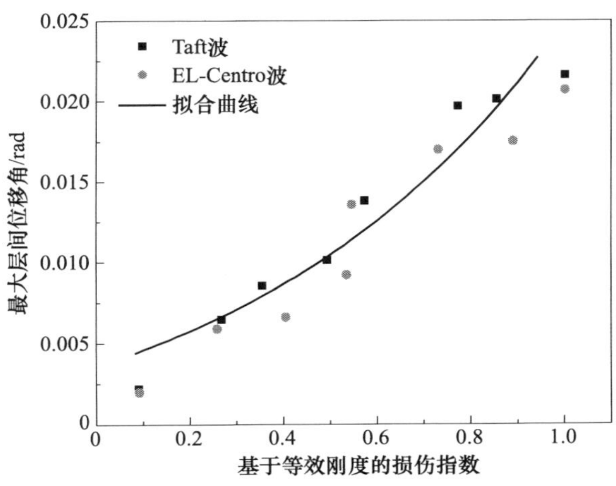

图 4.36　最大层间位移角与损伤指数的关系曲线

对图 4.36 中的数据进行回归分析，可得到最大层间位移角为

$$\theta_{\max}=0.0051\exp(1.62D_{\mathrm{k}}) \tag{4.6}$$

由式(4.6)及表 4.1 可得到不同损伤程度下试验模型的最大层间位移角的范围。表 4.10 给出了不同地震烈度下试验模型的最大层间位移角对应的损伤程度。可以看出，在 9 度地震作用下，试验模型的最大层间位移角明显超过了我国《建筑抗震设计规范》(GB 50011—2010)规定的框架-剪力墙结构弹塑性层间位移角 1/100 的限值，试验模型从严重破坏状态直至发生完全破坏[28]。

表 4.10　不同地震烈度下最大层间位移角对应的损伤程度

地震烈度	最大层间位移角范围/rad	损伤指数范围	损伤程度
6 度	0.00385～0.00390	0	基本完好
7 度	0.00796～0.00981	0.20～0.35	轻微损伤
8 度	0.0113～0.0145	0.44～0.53	中等损伤
9 度	0.0181～0.0220	0.71～1.00	完全破坏

为更精确地评估上述钢-混凝土结构振动台试验模型各层的损伤程度，对其进行层损伤分析，图 4.37 给出了 EL-Centro 波和 Taft 波作用下不同工况下试验模型的各层损伤指数。可以看出，首层的损伤明显比其他各层大，并随着 PGA 的增大呈现迅速增长的趋势，与试验模型整体损伤的发展规律类似，这与试验现象相吻合，表明按能量分配的结构层损伤模型能较好地评估各层损伤发展规律，同时也反映了各层能量分布是不均匀的，首层能量耗散比其他各层大。

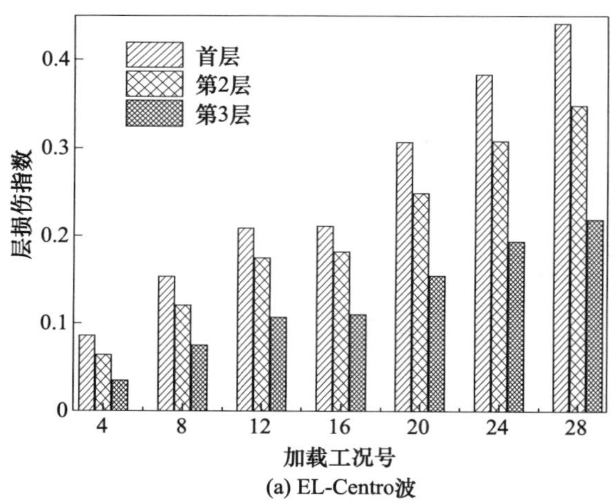

(a) EL-Centro波

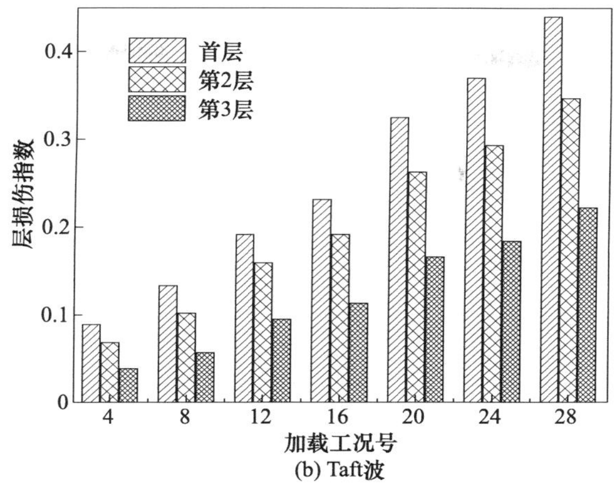

图 4.37　EL-Centro 波和 Taft 波作用下不同工况的各层损伤指数

4.3.5　损伤演化与失效过程分析

为较精确地模拟钢-混凝土结构振动台试验模型的损伤演化与失效过程，数值模拟中采用的输入地震波均为振动台台面所采集到的地震波。

1. 分析模型

选取较高计算效率和计算精度的分析模型，分别建立考虑损伤累积效应的基于实体模型和基于纤维模型的有限元分析模型，并对其进行比较分析。

图 4.38 给出了利用有限元软件 ANSYS 建立的基于实体模型的有限元分析模型，模型中钢框架部分均采用壳单元，混凝土剪力墙部分采用三维实体模型。框架柱节点处的单元网格尺寸加密以较精确分析其应力集中现象，如图 4.39 所示。钢框架主梁与次梁间采用非刚性连接，仅将次梁上翼缘焊接于主梁上，如图 4.40 所示。钢框架的主梁与混凝土剪力墙的连接属于壳单元与体单元的连接，由于壳单元每个节点具有 3 个平动自由度和 3 个转动自由度，而体单元仅有 3 个平动自由度，两者连接会造成自由度不匹配等问题，因此在两者之间通过增加一个大刚度梁单元，以协调两者相连接节点的自由度，如图 4.41 所示。底层墙底和柱底与地面完全固接。钢材和混凝土分别采用第 2 章提出的考虑损伤累积效应的修正 K&K 模型和 K&C 模型，采用虚拟弹簧来考虑钢筋与混凝土之间的滑移效应，如图 4.42 所示。

图 4.43 给出了利用有限元软件 ANSYS 建立的基于纤维模型的有限元分析模型。模型中钢框架、混凝土剪力墙墙肢和钢筋均采用纤维单元，各层钢柱及剪力墙墙肢均划分成 30 个单元，每个钢柱单元离散成 27 根纤维，每个混凝土剪力墙墙

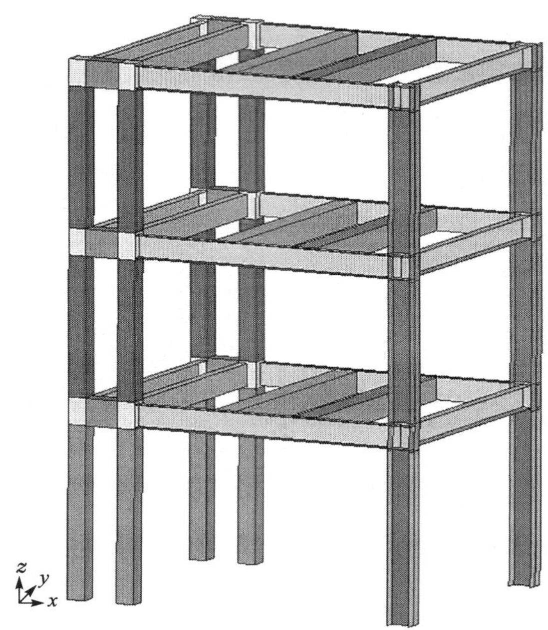

图 4.38　基于实体模型的有限元分析模型

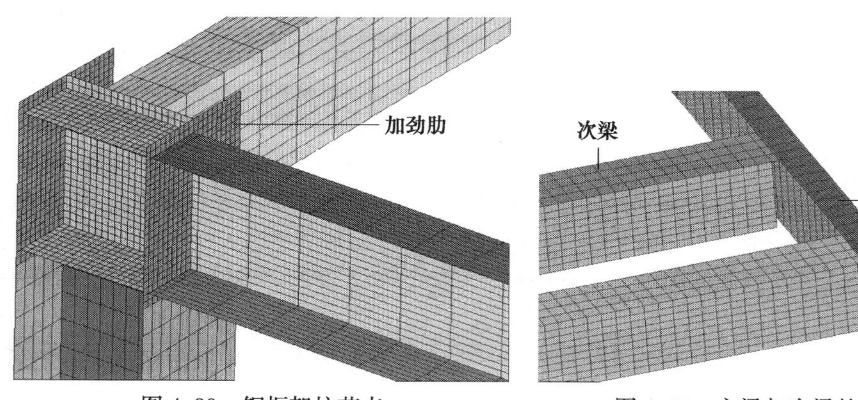

图 4.39　钢框架柱节点　　图 4.40　主梁与次梁的连接

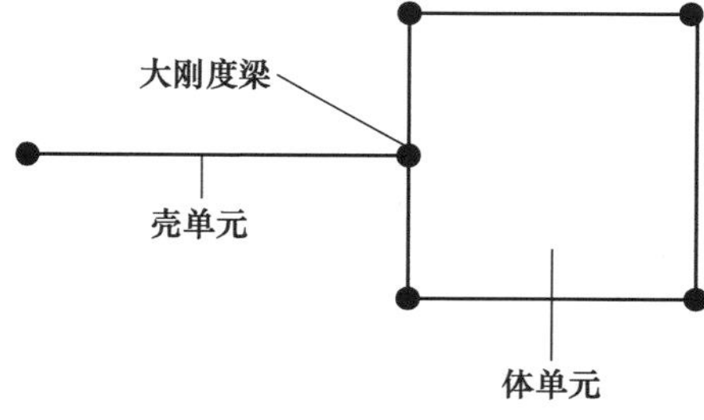

图 4.41　壳单元与体单元连接方式

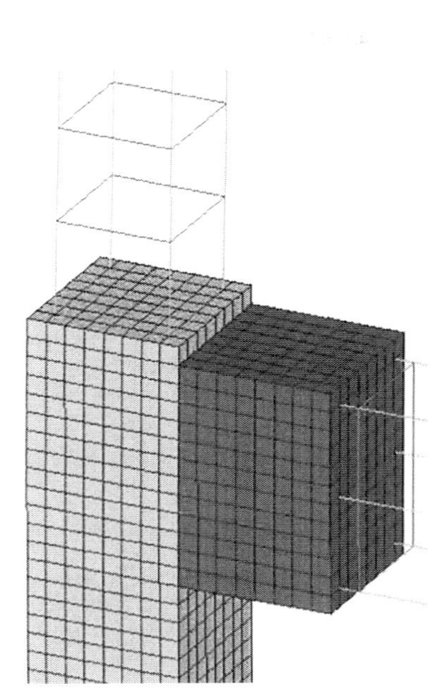
图 4.42　钢筋与混凝土连接

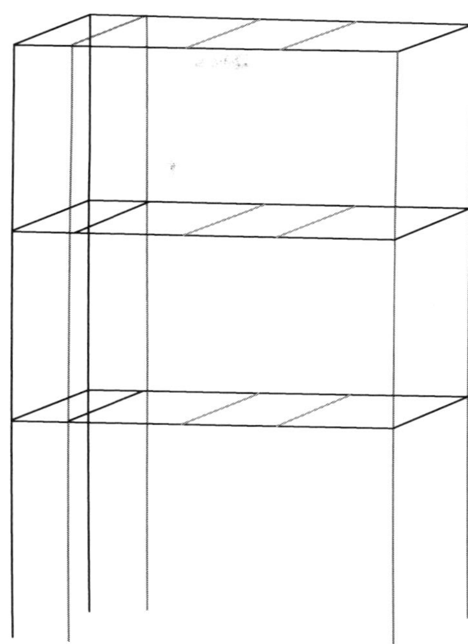
图 4.43　基于纤维模型的有限元分析模型

肢离散成 64 根纤维，墙肢截面如图 4.44 所示。钢框架主梁与次梁间、钢框架与混凝土剪力墙间均采用铰接连接，底层墙底和柱底与地面完全固接。由于纤维模型是基于平截面假定的，钢筋与混凝土之间无黏结滑移效应。钢材仍采用第 2 章提出的考虑损伤累积效应单轴应力状态下的修正 K&K 模型，混凝土则采用李正[29]提出的考虑损伤累积效应单轴应力状态下的修正 Faria-Oliver 模型，其材料参数如表 4.11 所示。

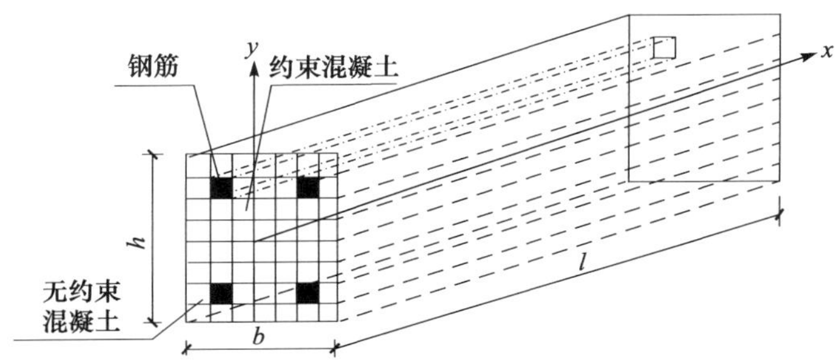

图 4.44　剪力墙墙肢截面纤维

表 4.11　混凝土材料参数

材料参数	f_{t0}/MPa	f_{c0}/MPa	A	B	k	s
取值	2.79	28.3	4.594	0.692	1.16	0.5

由于混凝土的拉、压损伤是各向异性的，分别用 D^+、D^- 表示拉、压损伤指数，其损伤模型为

$$D^+=1-\frac{r_0^+}{\bar{\tau}^+}\exp\left[A^+\left(1-\frac{\bar{\tau}^+}{r_0^+}\right)\right] \tag{4.7}$$

$$D^-=1-\frac{r_0^-}{\bar{\tau}^-}(1-A^-)-A^-\exp\left[B^-\left(1-\frac{\bar{\tau}^-}{r_0^-}\right)\right] \tag{4.8}$$

式中，r_0^+、r_0^- 分别为拉、压损伤阈值初始值；A^+、A^-、B^- 为模型参数；$\bar{\tau}^+$、$\bar{\tau}^-$ 分别为等效的有效拉、压应力。

拉压损伤阈值初始值可表示为

$$r_0^+=\frac{f_{t0}}{\sqrt{E_0}} \tag{4.9}$$

$$r_0^-=\sqrt{\sqrt{\frac{2}{3}}\ \frac{k}{2k-1}f_{c0}} \tag{4.10}$$

式中，f_{t0}、f_{c0} 分别为无约束混凝土抗拉强度和抗压强度；E_0 为混凝土弹性模量；k 为考虑箍筋约束效应的强度提高系数。

等效的有效拉、压应力可表示为

$$\bar{\tau}^+=\sqrt{E_0^{-1}}\bar{\sigma}^+ \tag{4.11}$$

$$\bar{\tau}^-=\sqrt{\frac{\sqrt{3}}{3}(K-\sqrt{2})\bar{\sigma}^-} \tag{4.12}$$

式中，$\bar{\sigma}^+$、$\bar{\sigma}^-$ 分别为单轴有效拉、压应力；K 为材料参数。

混凝土等效的有效拉、压应力需满足

$$\bar{\tau}^+-r^+\leqslant 0 \tag{4.13}$$

$$\bar{\tau}^--r^-\leqslant 0 \tag{4.14}$$

式中，r^+、r^- 分别为拉、压损伤阈值。

单轴有效拉、压应力可表示为

$$\sigma^+=E_0\varepsilon^+ \tag{4.15}$$

$$\sigma^-=E_0(\varepsilon^--\varepsilon^{\mathrm{p}}) \tag{4.16}$$

式中，ε^+、ε^- 和 ε^{p} 分别为单轴拉、压应变和塑性应变。

塑性应变 ε^{p} 可表示为

$$\varepsilon^{\mathrm{p}}=\int\dot{\varepsilon}^{\mathrm{p}}=\int-cH(\dot{D}^-)\langle-\dot{\varepsilon}\rangle \tag{4.17}$$

式中，c 为材料塑性参数；$H(\cdot)$ 为 Heaviside 函数；$\langle\ \rangle$ 为 Macaulay 括号，即 $\langle x\rangle=\dfrac{x+|x|}{2}$。

混凝土在循环荷载作用下存在单边效应，通过引入刚度影响因子 s 来考虑受压损伤对受拉刚度的影响。修正的单轴总应力 σ 表示为

$$\sigma=(1-sD^{-})(1-D^{+})\bar{\sigma}^{+}+(1-D^{-})\bar{\sigma}^{-} \tag{4.18}$$

式中，刚度影响因子 s 定义为

$$s=\begin{cases}0, & \bar{\sigma}=0\\ s_0\dfrac{\langle\bar{\sigma}\rangle}{|\bar{\sigma}|}, & \bar{\sigma}\neq 0\end{cases} \tag{4.19}$$

式中，s_0 为比例系数，由试验标定，其取值范围为[0,1]，取 0 表示不考虑受压损伤对受拉刚度的影响，即原模型；取 1 表示受压损伤对受拉刚度产生的影响程度最高。

箍筋对混凝土的约束作用可显著提高混凝土抗压强度及延性，为考虑其约束作用，本节假定约束混凝土损伤模型仍为式(4.7)和式(4.8)，通过参数 A^{-}、B^{-} 体现箍筋对混凝土的约束效应，采用式(4.20)和式(4.21)计算约束混凝土受压强度与相应的应变[30]：

$$f_{\mathrm{cm}}=kf_{\mathrm{c0}} \tag{4.20}$$

$$\varepsilon_{\mathrm{cm}}=k^{2}\varepsilon_{\mathrm{c0}} \tag{4.21}$$

式中，f_{cm} 为约束混凝土受压强度；f_{c0} 为无约束混凝土受压强度；$\varepsilon_{\mathrm{cm}}$ 为约束混凝土受压应变；$\varepsilon_{\mathrm{c0}}$ 为无约束混凝土受压应变；$k=1+\rho_{\mathrm{v}}f_{\mathrm{yh}}/f_{\mathrm{c0}}$[54]，其中，$f_{\mathrm{yh}}$ 为箍筋的屈服强度，ρ_{v} 为体积配箍率。

2. 模型比较

图 4.45 给出了采用上述两种有限元分析模型模拟试验模型在 Tianjin 波 PGA＝0.2g 作用下各层层间位移时程曲线。可以看出，采用实体模型和纤维模型

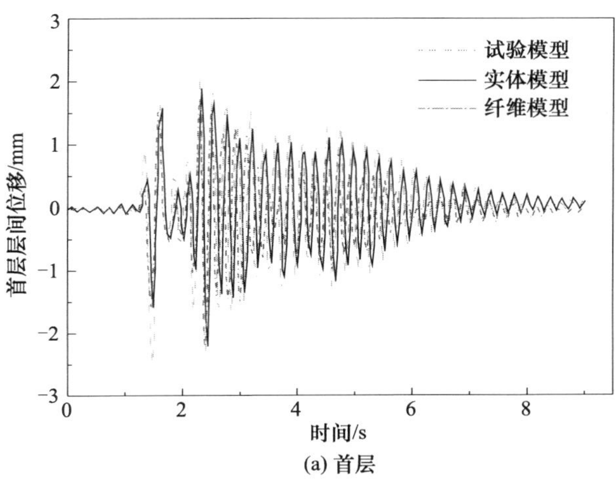

(a) 首层

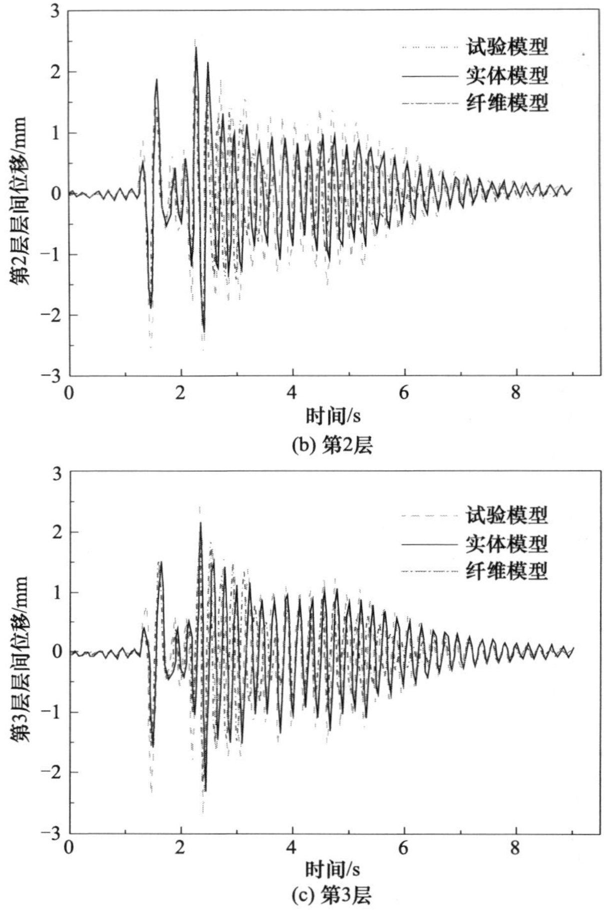

(b) 第2层

(c) 第3层

图 4.45 Tianjin 波 PGA＝0.2g 作用下各层层间位移时程曲线

所得到的各层层间位移相比，前者比后者大，但仍比试验结果稍小且存在些许滞后，并且前者与试验结果更为接近，主要是试验中箍筋对混凝土的约束作用未能充分发挥而导致试验模型的刚度不足，以及所采用的实体模型考虑了钢筋与混凝土的黏结滑移效应而导致其层间位移较大。

为比较两种分析模型的计算精度和计算效率，表 4.12 给出了采用上述两种有限元分析模型模拟试验模型在 Tianjin 波 PGA＝0.2g 作用下各层层间最大位移和所需计算时间对比。可以看出，实体模型和纤维模型的计算精度相比，前者高于后者，但两者相差不超过 5％，但是前者的计算时间却是后者的 36 倍，后者具有较高的计算效率。因此，综合考虑计算精度和计算效率，选取基于纤维模型的有限元分析模型进行后续研究。

表 4.12　两种分析模型模拟对比

层号	层间最大位移					计算时间/h	
	试验模型/mm	数值模拟					
		实体模型/mm	误差/%	纤维模型/mm	误差/%	实体模型	纤维模型
1	2.49	2.24	10.04	2.22	10.83		
2	2.67	2.40	10.11	2.35	11.99	504	14
3	2.72	2.33	14.34	2.29	15.81		

3. 结构动力响应

利用考虑损伤累积效应的纤维模型对试验模型进行自振频率分析，并与试验结果进行比较，如表 4.13 所示。可以看出，采用纤维模型的有限元分析模型所得到的自振频率和试验结果吻合较好，可较好地模拟试验模型的动力特性。

表 4.13　试验模型自振频率

阶数	试验模型/Hz	纤维模型/Hz
1	4.816	4.989
2	16.373	16.421

采用考虑损伤累积效应的纤维模型对试验模型的非线性动力响应进行分析，由前述试验结果可知，在 Tianjin 波 PGA＝0.7g 作用下混凝土剪力墙裂缝发展，纵筋屈服，钢框架柱脚也已经进入屈服阶段，试验模型表现为较强的非线性动力行为，因此仅给出试验模型在 Tianjin 波 PGA＝0.7g 作用下各层层间位移时程曲线，如图 4.46 所示。可以看出，采用考虑损伤累积效应的纤维模型所模拟得到的各层层间位移时程与试验所测得的层间位移时程在 Tianjin 波加速度峰值时段内吻合较好，但仍比试验结果偏小，其主要原因在于，试验模型进入强

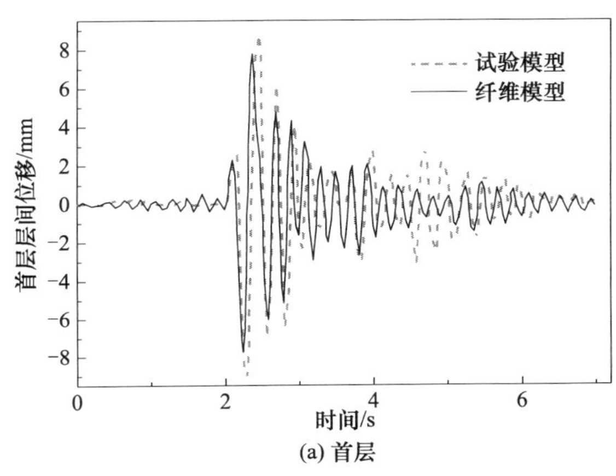

(a) 首层

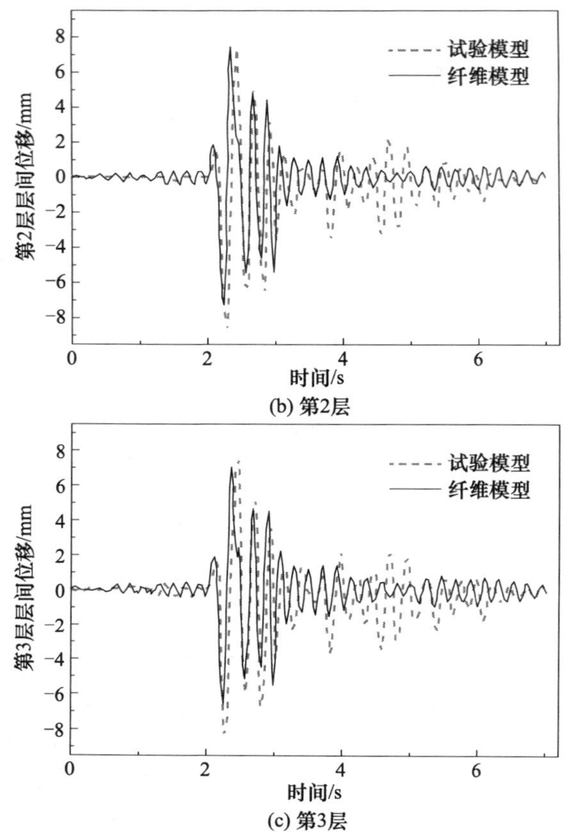

图 4.46　Tianjin 波 PGA=0.7g 作用下各层层间位移时程曲线

非线性阶段后，钢筋与混凝土之间的黏结滑移效应会导致其刚度降低，而本节所采用的纤维模型虽考虑损伤累积效应对试验模型刚度和强度的影响，但由于该模型是基于平截面假定的，未考虑黏结滑移效应的影响。

4. 模型损伤演化与失效过程

采用修正 K&K 模型和修正 Faria-Oliver 模型对试验模型进行地震作用下的损伤演化规律分析。图 4.47 和图 4.48 分别给出了在 Tianjin 波 PGA=1.1g 及 EL-Centro 波 PGA=1.8g 作用下试验模型不同部位的损伤演化时程曲线。可以看出，所采用基于修正 K&K 模型和修正 Faria-Oliver 模型的纤维单元模型能较好地追踪试验模型损伤发展过程。在 Tianjin 波和 EL-Centro 波作用下，试验模型各关键部位的损伤发展情况类似，其损伤指数随着 PGA 的增加而增大。试验模型中关键部位的损伤均在加速度峰值出现时段内迅速增加，发生明显的突变，之后平稳

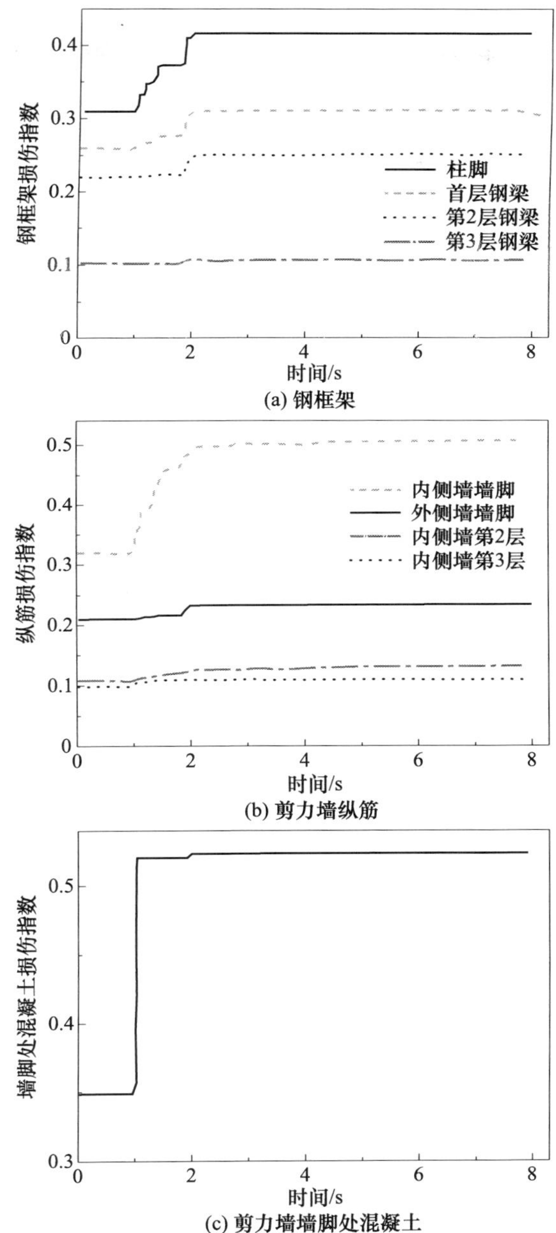

图 4.47　Tianjin 波 PGA=1.1g 作用下不同部位的损伤演化时程曲线

发展。框架柱柱脚的损伤程度比框架梁严重，首层钢框架梁的损伤程度比第 2、第 3 层框架梁严重，剪力墙内侧墙脚处纵筋的损伤程度比其他各层严重，剪力墙墙脚处混凝土的损伤程度最为严重。在 EL-Centro 波 PGA=1.8g 地震作用下，框架柱

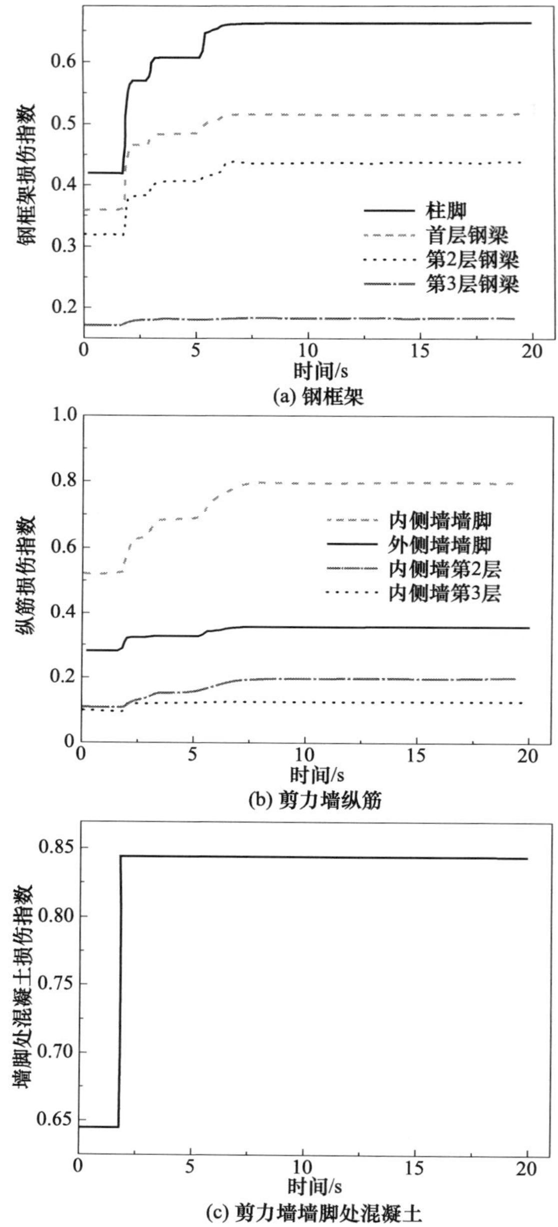

图 4.48　EL-Centro 波 PGA＝1.8g 作用下不同部位的损伤演化时程曲线

柱脚、首层～第 3 层框架梁、剪力墙内侧墙脚处纵筋和剪力墙墙脚处混凝土的损伤指数分别为 0.662、0.515、0.438、0.183、0.795、0.844，其损伤程度分别为严重破坏、中等破坏、中等破坏、基本完好、严重破坏和完全破坏，这是由于在试验前期混凝土剪力墙作为第一道抗震防线，承担了大部分的地震剪力，从而延缓了钢框架和纵筋的损伤发展，导致混凝土初始损伤较大。随着持续时间的不断增大，剪力墙混凝土在原有裂缝的基础上进一步开展，导致其损伤指数比其他部位的损伤指数大；框架柱柱脚由于在地震作用下产生的塑性应变比钢梁大，而损伤随塑性应变的增大而增大，导致其损伤程度比框架梁严重，这也与试验现象相吻合。

图 4.49 给出了试验模型在 EL-Centro 波 PGA＝1.8g 地震作用下的失效过程。可以看出，试验模型的失效路径为：剪力墙墙脚处混凝土→钢框架首层、第 2 层梁端→框架柱柱脚。这与试验现象相吻合。由于受振动台容许 PGA 及位移限值等试验条件的限制，并未对试验模型加载至倒塌，而所采用的分析模型模拟结果也并未发生倒塌，在一定程度上表明该分析模型精确可靠[31,32]。

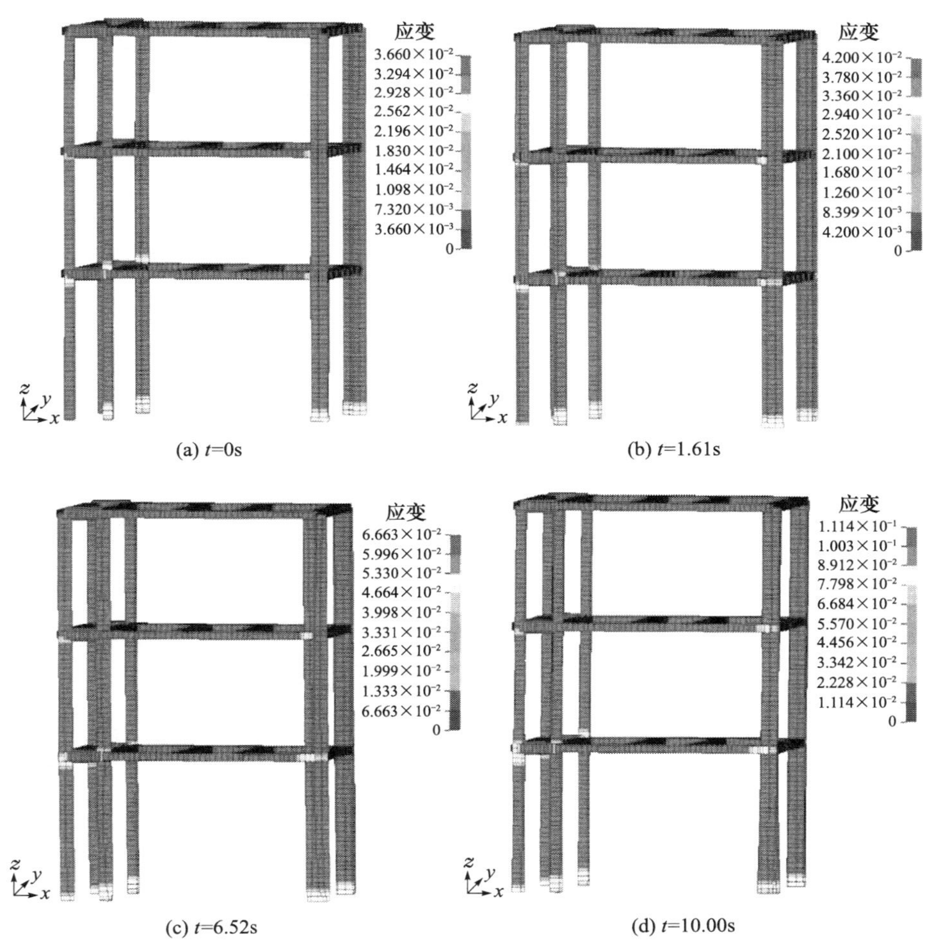

(a) t=0s　(b) t=1.61s

(c) t=6.52s　(d) t=10.00s

图 4.49　EL-Centro 波 PGA＝1.8g 作用下试验模型的失效过程

4.4 基于贝叶斯理论的地震损伤演化分析

贝叶斯理论作为概率统计参数的更新技术，与传统的统计学相比，通过较少的数据样本即可得到较高的精度，在土木工程领域得到广泛的应用。本节将贝叶斯理论应用于结构地震易损性分析中，确定无信息先验分布和正态线性回归模型中的基本参数，包括位置参数、尺度参数以及 Fisher 信息阵的无信息先验，从而在数学模型上将贝叶斯理论应用于结构的易损性分析中，在理论上利用试验数据对结构地震需求进行修正。

4.4.1 贝叶斯理论

统计学中有两个主要学派，一个是经典统计学派，另一个是贝叶斯学派[33~35]。统计推断需要使用三种信息，其中总体信息为总体分布的信息；样本信息为从总体抽取的样本的信息；先验信息为在抽样之前有关统计问题的一些信息，主要来源于经验和历史资料。与经典统计学相比，贝叶斯统计学不仅需要总体信息和样本信息，而且特别强调先验信息。他们重视先验信息，使它形成先验分布，以此提高统计推断的质量。忽视先验信息的利用是一种浪费，有时还可能导致不合理的结果。贝叶斯学派重视已出现的样本值，对尚未发生的样本不予以考虑。

我国统计学家成平教授[36]指出，经典统计的最大缺陷在于其推断过程过于着眼当前数据，忽视历史的经验、人们已有的认识和知识，以及人们的主观能动性。统计推断的精度主要取决于样本大小，小样本往往是很难的，如在土木工程中，试验通常只有少数，难以大量重复试验。贝叶斯方法在实践中有着广泛的应用，包括经济计量方法、商业经济预测法、经济博弈论、精算保险研究、可靠性技术等。其中可靠性技术处理的对象一般能做的试验少，试验所获得的往往不是完全样本，如何利用经验知识来减少试验次数就变得极为关键，而这推动了贝叶斯方法在可靠性领域中的应用。

贝叶斯方法和经典统计方法之间存在本质的差异，主要体现在三个方面。第一，经典统计方法在推断分析过程依靠两类信息：一类是模型信息，即总体服从何种分布；另一类是样本信息，即观测值或试验结果。贝叶斯方法除了利用以上两类信息外，还利用了总体分布中位置参数的分布信息，即先验信息。第二，经典统计方法坚持概率的频率解释，并在这个基础上去理解一切统计推断的结论。与此相反，贝叶斯方法赞成主观概率，它并不依赖事件能否重复。第三，两者的推断理念之间存在根本的差异。统计学奠基人 Fisher[37]将统计学的任务概括为三个问题：选定模型、确定统计量和决定统计量的分布，也就是信息包含在样本中，但样本为数众多，需用少数几个统计量把信息集中起来，而抽样分布决定了统计量的全部性质。与此不同，贝叶斯统计的一般模式是：利用先验信息和样本信息，通过贝叶斯定理的作用得出后验信息。

与经典统计方法相比，贝叶斯方法具有以下优点[38]：

(1) 充分利用了样本信息和模型参数先验信息，贝叶斯估计量具有更小的方差，能得到更精确的预测结果。

(2) 贝叶斯置信区间比不考虑参数先验信息的频率置信区间短。

(3) 能对假设检验或估计问题做出的判断结果进行量化评价，而不是频率统计中的“接受原假设”或者“拒绝原假设”的简单判断。

贝叶斯方法归纳如下[39,40]：

(1) 将未知参数看成随机变量(或随机向量)，记为 θ，当 θ 已知时，样本 x_1，x_2，…，x_n 的联合密度概率 $p(x_1,x_2,\cdots,x_n;\theta)$ 看成 $x_1,x_2,\cdots,x_n$ 对 θ 的条件密度，记为 $p(x_1,x_2,\cdots,x_n|\theta)$ 或 $p(x|\theta)$。

(2) 用 $\pi(\theta)$ 表示 θ 的先验分布，根据对参数 θ 的认识来确定先验分布，如果没有关于 θ 的先验知识，则用无信息先验作为 θ 的先验分布。

(3) 利用条件分布概率 $p(x_1,x_2,\cdots,x_n|\theta)$ 和先验分布 $\pi(\theta)$，可以求出 $x_1,x_2,\cdots,x_n$ 和 θ 的联合分布及样本 $x_1,x_2,\cdots,x_n$ 的分布，利用它求出 θ 对 $x_1,x_2,\cdots,x_n$ 的条件分布概率，即用贝叶斯公式获得后验分布密度

$$p(\theta \mid x_1,x_2,\cdots,x_n)=\frac{\pi(\theta)p(x_1,x_2,\cdots,x_n|\theta)}{p(x_1,x_2,\cdots,x_n)} \tag{4.22}$$

(4) 通过后验分布密度可以做出对 θ 的推断(估计 θ 或对 θ 进行检验)。

后验分布集中了总体、样本和先验三种信息中有关 θ 的一切信息，同时又是排除了一切与 θ 无关的信息之后所得到的结果，所以基于后验分布对 θ 进行统计和推断更为有效合理。

1. 无信息先验分布

参数 θ 的无信息先验分布指除 θ 的取值范围 Θ 和在总体分布中的地位外，不包含 θ 的任何信息的先验分布，即 θ 的任何取值都有可能。先验分布公式为

$$\pi(\theta)=\begin{cases} c, & \theta\in\Theta \\ 0, & \theta\notin\Theta \end{cases} \tag{4.23}$$

式中，Θ 为 θ 的取值范围；c 为常数。

考虑参数 θ 的无信息先验，要知道 θ 在总体分布中的地位，如是位置还是尺寸参数。根据分布的地位选用适当变换的不变性来确定其无信息的先验分布。

1) 位置参数的无信息先验

设总体 X 的密度具有形式 $p(x-\theta)$，其样本空间 χ 和参数空间皆为实数集 R，这类密度组成位置参数族。以下导出 θ 的无信息先验分布。设想让 X 移动一个量

c 得到 $Y=X+c$，同时让参数 θ 也移动一个量 c 得到 $\eta=\theta+c$，Y 有密度 $p(y-\eta)$，它仍是位置参数族的成员，所以 (X,θ) 问题与 (Y,η) 问题的统计结构完全相同。因此，θ 与 η 应是有相同的无信息先验分布，即

$$\pi(\tau)=\pi^*(\tau) \tag{4.24}$$

式中，$\pi^*(\cdot)$ 为 η 的无信息先验分布。

由 $\eta=\theta+c$ 得到 η 的无信息先验分布为

$$\pi^*(\eta)=\left|\frac{\mathrm{d}\theta}{\mathrm{d}\eta}\right|\pi(\eta-c)=\pi(\eta-c) \tag{4.25}$$

式中，$\dfrac{\mathrm{d}\theta}{\mathrm{d}\eta}=1$。

比较式(4.24)和式(4.25)，可得

$$\pi(\eta)=\pi(\eta-c) \tag{4.26}$$

取 $\eta=c$，则

$$\pi(c)=\pi(0)=\text{常数} \tag{4.27}$$

由于 c 的任意性，所以 θ 的无信息先验分布为

$$\pi(\theta)=1 \tag{4.28}$$

这表明，当 θ 为位置参数时，可以用贝叶斯假设作为其先验分布。

2) 尺度参数的无信息先验

设总体 X 的密度函数具有形式 $\dfrac{1}{\sigma}P\left(\dfrac{x}{\sigma}\right)$，其中 σ 称为尺度参数，参数空间为 $R^+=(0,\infty)$，这类密度的全体称为尺度参数族。正态分布 $N(0,\sigma^2)$ 和形状参数已知的伽马分布均属于该分布族。设 $Y=cX(c>0)$，$\eta=c\sigma(c>0)$，可以算出 Y 的密度函数为 $\dfrac{1/\eta}{P(y/\eta)}$，属于尺度参数族。若 X 的样本空间为 R^+，则 Y 的样本空间也为 R^+，此外 σ 的参数空间与 η 的参数空间都为 R^+，所以 (X,σ) 问题与 (Y,η) 问题的统计结构完全相同，故 σ 的无信息先验 $\pi(\sigma)$ 与 η 的无信息先验 $\pi^*(\eta)$ 应相同，即

$$\pi(\sigma)=\pi^*(\eta) \tag{4.29}$$

由 $\eta=c\sigma$ 可得 η 的无信息先验为

$$\pi^*(\eta)=\frac{1}{c}\pi\left[\frac{\eta}{c}\right] \tag{4.30}$$

由式(4.29)和式(4.30)可得

$$\pi(\sigma)=\frac{1}{c}\pi\left[\frac{\eta}{c}\right] \tag{4.31}$$

取 $\eta=c$，则

$$\pi(\sigma)=\frac{1}{c}\pi(1) \tag{4.32}$$

为计算方便，令 $\pi(1)=1$，可得 σ 的无信息先验为

$$\pi(\sigma)=\sigma^{-1},\quad \sigma>0 \tag{4.33}$$

3）用 Fisher 信息阵确定无信息先验

设 $\boldsymbol{x}=(x_1,x_2,\cdots,x_n)$ 是密度函数 $p(x|\boldsymbol{\theta})$ 的一个样本，$\boldsymbol{\theta}=(\theta_1,\theta_2,\cdots,\theta_n)$ 是 p 维参数向量。在对 $\boldsymbol{\theta}$ 无先验信息时，用 Fisher 信息阵的平方根作为 $\boldsymbol{\theta}$ 的无信息分布，这种无信息先验分布称为 Jeffreys 先验。其步骤如下：

（1）写出样本的对数似然函数

$$l(\boldsymbol{\theta}|\boldsymbol{x})=\ln\left[\prod_{i=1}^{n}p(x_i|\boldsymbol{\theta})\right]=\sum_{i=1}^{n}\ln p(x_i|\boldsymbol{\theta}) \tag{4.34}$$

（2）求出样本的信息阵

$$I(\boldsymbol{\theta})=E^{x|\theta}\left(-\frac{\partial^2 l}{\partial\theta_i\partial\theta_j}\right) \tag{4.35}$$

式中，$i,j=1,2\cdots,p$。在单参数（$p=1$ 时）场合，有

$$I(\boldsymbol{\theta})=E^{x|\theta}\left(-\frac{\partial^2 l}{\partial\theta_i^2}\right) \tag{4.36}$$

（3）$\boldsymbol{\theta}$ 的无信息先验密度为

$$\pi(\boldsymbol{\theta})=[\det I(\boldsymbol{\theta})]^{1/2} \tag{4.37}$$

式中，$\det I(\boldsymbol{\theta})$ 表示 $p\times p$ 阶信息阵 $I(\boldsymbol{\theta})$ 的行列式。在单参数场合，有

$$\pi(\boldsymbol{\theta})=[I(\boldsymbol{\theta})]^{1/2} \tag{4.38}$$

2. 回归模型参数

对于线性回归模型，设一组 $n\times 1$ 的向量 $\boldsymbol{y}_1$ 为因变量观测值，满足

$$\boldsymbol{y}_1=\boldsymbol{X\theta}+\boldsymbol{u},\quad \boldsymbol{u}\sim N(0,\sigma^2 I_n) \tag{4.39}$$

式中，$\boldsymbol{X}$ 为 $n\times k$ 的矩阵，有 k 个独立自变量的观测值；$\boldsymbol{\theta}$ 为 $k\times 1$ 回归系数向量；$\boldsymbol{u}$ 为 $n\times 1$ 的误差项；$\boldsymbol{I}_n$ 为 $n\times n$ 单位阵。

在给定 $\boldsymbol{X}$、$\boldsymbol{\theta}$、σ 后，$\boldsymbol{y}_1$ 的联合密度概率为

$$\begin{aligned}p(\boldsymbol{y}_1|\boldsymbol{\theta},\sigma)&\propto\frac{1}{\sigma^n}\exp\left[-\frac{1}{2\sigma^2}(\boldsymbol{y}_1-\boldsymbol{X\theta})'(\boldsymbol{y}_1-\boldsymbol{X\theta})\right]\\&\propto\frac{1}{\sigma^n}\exp\left\{-\frac{1}{2\sigma^2}[\upsilon s^2+(\boldsymbol{\theta}-\hat{\boldsymbol{\theta}})'\boldsymbol{X}'\boldsymbol{X}(\boldsymbol{\theta}-\hat{\boldsymbol{\theta}})]\right\}\end{aligned} \tag{4.40}$$

式中，

$$\begin{cases} \upsilon = n - k \\ \hat{\boldsymbol{\theta}} = (\boldsymbol{X}'\boldsymbol{X})^{-1}\boldsymbol{X}'\boldsymbol{y}_1 \\ s^2 = \dfrac{(\boldsymbol{y}_1 - \boldsymbol{X}\hat{\boldsymbol{\theta}})'(\boldsymbol{y}_1 - \boldsymbol{X}\hat{\boldsymbol{\theta}})}{\upsilon} \end{cases} \tag{4.41}$$

都是充分统计量。

式(4.40)的第二行由以下算数等式得到：

$$\begin{aligned}(\boldsymbol{y}_1 - \boldsymbol{X\theta})'(\boldsymbol{y}_1 - \boldsymbol{X\theta}) &= [\boldsymbol{y}_1 - \boldsymbol{X}\hat{\boldsymbol{\theta}} - \boldsymbol{X}(\boldsymbol{\theta} - \hat{\boldsymbol{\theta}})]'[\boldsymbol{y}_1 - \boldsymbol{X}\hat{\boldsymbol{\theta}} - \boldsymbol{X}(\boldsymbol{\theta} - \hat{\boldsymbol{\theta}})] \\ &= (\boldsymbol{y}_1 - \boldsymbol{X}\hat{\boldsymbol{\theta}})'(\boldsymbol{y}_1 - \boldsymbol{X}\hat{\boldsymbol{\theta}}) + (\boldsymbol{\theta} - \hat{\boldsymbol{\theta}})'\boldsymbol{X}'\boldsymbol{X}(\boldsymbol{\theta} - \hat{\boldsymbol{\theta}})\end{aligned} \tag{4.42}$$

式中，交叉项

$$(\boldsymbol{\theta} - \hat{\boldsymbol{\theta}})'\boldsymbol{X}'(\boldsymbol{y}_1 - \boldsymbol{X}\hat{\boldsymbol{\theta}}) = (\boldsymbol{\theta} - \hat{\boldsymbol{\theta}})(\boldsymbol{X}'\boldsymbol{y}_1 - \boldsymbol{X}'\boldsymbol{X}(\boldsymbol{X}'\boldsymbol{X})^{-1}\boldsymbol{X}'\boldsymbol{y}_1) = 0 \tag{4.43}$$

作为正态回归模型分析的先验分布，假定具有的信息是分散而不清楚的，在函数中 $\boldsymbol{\theta}$ 为位置参数，σ 为尺度参数，$\boldsymbol{\theta}$、σ 具有无信息先验分布

$$p(\boldsymbol{\theta}, \sigma) \propto \frac{1}{\sigma}, \quad -\infty < \theta_i < \infty, i = 1, 2, \cdots, k; 0 < \sigma < \infty \tag{4.44}$$

由贝叶斯定理可得 $\boldsymbol{\theta}$、σ 后验联合密度为

$$\begin{aligned} p(\boldsymbol{\theta}, \sigma | \boldsymbol{y}_1) &\propto p(\boldsymbol{\theta}, \sigma) p(\boldsymbol{y}_1 | \boldsymbol{\theta}, \sigma) \\ &\propto \frac{1}{\sigma^{n+1}} \exp\left\{-\frac{1}{2\sigma^2}[\upsilon s^2 + (\boldsymbol{\theta} - \hat{\boldsymbol{\theta}})'\boldsymbol{X}'\boldsymbol{X}(\boldsymbol{\theta} - \hat{\boldsymbol{\theta}})]\right\} \end{aligned} \tag{4.45}$$

将式(4.45)对 σ 积分，可得参数 $\boldsymbol{\theta}$ 的边缘后验密度为

$$\begin{aligned} p(\boldsymbol{\theta} | \boldsymbol{y}_1) &\propto \int_0^\infty p(\boldsymbol{\theta}, \sigma | \boldsymbol{y}_1) \mathrm{d}\sigma \\ &\propto \{\upsilon s^2 + (\boldsymbol{\theta} - \hat{\boldsymbol{\theta}})'\boldsymbol{X}'\boldsymbol{X}(\boldsymbol{\theta} - \hat{\boldsymbol{\theta}})\}^{-\frac{n}{2}} \end{aligned} \tag{4.46}$$

这是多元 t 分布的密度，另外对 θ 积分，可以得到 σ 的边缘后验密度，即

$$\begin{aligned} p(\sigma | \boldsymbol{y}_1) &\propto \int_{-\infty}^{\infty} \cdots \int_{-\infty}^{\infty} p(\boldsymbol{\theta}, \sigma | \boldsymbol{y}_1) \mathrm{d}\boldsymbol{\theta} \\ &\propto \frac{1}{\sigma^{\upsilon+1}} \exp\left(-\frac{\upsilon s^2}{2\sigma^2}\right) \end{aligned} \tag{4.47}$$

这是逆伽马分布的形式。通过积分可以得到 $\boldsymbol{\theta}$ 的后验期望值为

$$\hat{\boldsymbol{\theta}} = \int p(\boldsymbol{\theta}, \sigma | \boldsymbol{y}_1) \boldsymbol{\theta} \mathrm{d}\boldsymbol{\theta} \mathrm{d}\sigma \tag{4.48}$$

σ 的后验期望值为

$$\hat{\sigma} = \int p(\boldsymbol{\theta}, \sigma | \boldsymbol{y}_1) \sigma \mathrm{d}\boldsymbol{\theta} \mathrm{d}\sigma \tag{4.49}$$

若得到一组新的数据 $\boldsymbol{y}_2$，则有密度 $p(\boldsymbol{y}_2 | \boldsymbol{\theta}, \sigma)$，与 $\boldsymbol{y}_1$ 是独立生成的，用式(4.44)的后验分布作为先验分布来分析新的数据集 $\boldsymbol{y}_2$，依照贝叶斯定理得

$$p(\boldsymbol{\theta},\sigma|\boldsymbol{y}_1,\boldsymbol{y}_2) \propto p(\boldsymbol{\theta},\sigma|\boldsymbol{y}_1)p(\boldsymbol{y}_2|\boldsymbol{\theta},\sigma)$$
$$\propto p(\boldsymbol{\theta},\sigma)p(\boldsymbol{y}_1|\boldsymbol{\theta},\sigma)p(\boldsymbol{y}_2|\boldsymbol{\theta},\sigma) \tag{4.50}$$

若有其他新的数据，可以再次进行数据更新，可见贝叶斯方法是一个不断学习且向真实情况无限逼近的过程。

4.4.2　基于贝叶斯理论的地震易损性分析方法

结构的地震易损性分析有许多不确定性因素，包括结构材料性能、地震动、分析模型的不确定性等。研究表明，材料的不确定性远小于地震动的不确定性[41,42]。因此，本节在合适的有限元模型上，地震动的不确定性通过输入多条不同地震波来确定。图 4.50 为基于贝叶斯理论的易损性分析流程图，其步骤如下[43]：

(1) 建立合理的结构分析模型，进行时程分析，并与振动台试验对照，验证模型的合理性。

(2) 考虑地震动的不确定性，选取多条适合场地的地震波数据，统一进行调幅处理。

(3) 对结构进行弹塑性时程分析，得到结构在不同地震作用下的破坏状态。

(4) 对数据进行回归分析，建立结构地震需求的概率函数。

(5) 定义结构的破坏状态并建立相应破坏状态对应结构承载力的概率函数。

(6) 应用概率图纸法，绘制出基于数值模拟的地震易损性曲线。

(7) 利用贝叶斯理论，以数值模拟得到结构的地震需求概率函数为先验概率，结合振动台试验数据，更新需求信息，修正结构地震需求模型，得到其后验概率。

(8) 应用概率图纸法，绘制出基于贝叶斯理论的地震易损性曲线。

(9) 获得更新后结构的地震易损性曲线，对其在不同地震动强度指标下的破坏状态及抗震性能进行评估。

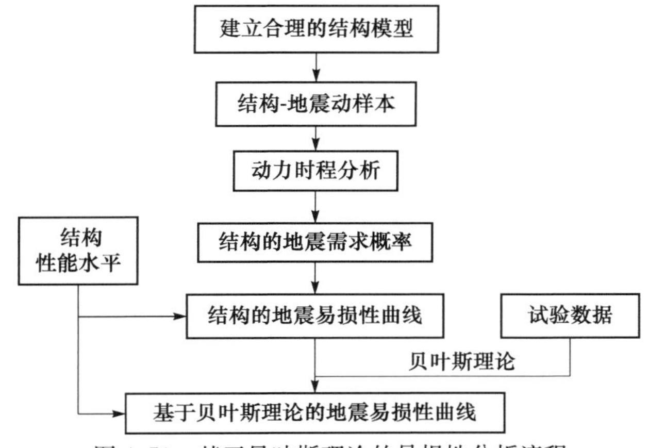

图 4.50　基于贝叶斯理论的易损性分析流程

性能水平的定义在结构的易损性分析中起着重要的作用，直接影响着易损性曲线的形状。结构的抗震性能水平是一种有限的破坏状态，且是与不同强度地震下结构期望的最大破坏程度相对应的。性能水平是指建筑物能承受的最大破坏程度，包括结构构件和非结构构件的破坏，我国规定为“不坏”、“可修”、“不倒”，我国《建筑工程抗震性态设计通则》(CECS 160)有三个地震水准，分别是小震、中震和大震，在50年内的超越概率分别是63.2%、10%、2%～3%。根据美国FEMA提出的要求，基于性能的抗震研究可定为4个性能水准。两者抗震设防水准比较如表4.14所示。

表4.14　抗震设防水准比较

设防水准	CECS 160		FEMA		特征
	超越概率(50年)/%	重现期/a	超越概率(50年)/%	重现期/a	
一	63	50	83	43	频繁发生
二	—	—	50	72	时而发生
三	10	475	10	475	较少发生
四	2～3	641～2475	5	975	极少发生

对应于不同的设防水准，需要有相应的性能水平。性能水平是根据结构的损伤程度定义的，而损伤程度可以通过结构的反应参数来确定，具体可表现为应力、变形(位移)、能量耗散指数等反应参数指定的极限值。目前有多种损伤破坏准则，包括强度破坏准则、变形破坏准则、能量破坏准则、变形和能量双重破坏准则。

国内外对结构的破坏状态有不同的划分方法，但是具体的量化值没有一个统一的标准[44～46]。对于三层钢-混凝土混合结构，根据文献[47]结合我国规范，选用FEMA采用的四水准方法，其分别为基本完好、轻微破坏、生命安全、防止倒塌。结构在不同破坏状态所对应的性能水准和结构层间位移角限值及其损伤描述分别如表4.15和表4.16所示。

表4.15　结构的性能水准和层间位移角限值

性能水准		层间位移角
我国规范	FEMA	
小震不坏	基本完好	<1/900
中震可修	轻微破坏	1/900～1/500
	生命安全	1/500～1/200
大震不倒	防止倒塌	1/200～1/100
濒临倒塌或倒塌		>1/100

表 4.16 不同性能水准下损伤描述

性能水准	损伤描述
基本完好	少量混凝土连梁开裂,钢筋尚未屈服,底层少量剪力墙开裂,钢筋尚未屈服,钢框架保持弹性
轻微破坏	多数混凝土连梁开裂,少量连梁钢筋屈服,更多的剪力墙开裂,少量墙体内的钢筋屈服,钢框架保持弹性
生命安全	几乎所有的混凝土连梁发生不同程度的开裂,大部分连梁钢筋屈服,大部分剪力墙开裂,其中部分墙体内钢筋屈服,钢框架保持弹性
防止倒塌	混凝土连梁内大量钢筋进入屈服,部分连梁发生破坏,几乎所有的剪力墙都发生不同程度的开裂,底层以及部分平面布置发生改变的楼层处剪力墙内钢筋屈服,钢框架边框位置有部分钢梁屈服,底层有个别钢柱屈服
濒临倒塌或倒塌	大量混凝土连梁发生破坏,底部以及部分平面布置发生改变的楼层处剪力墙内大量钢筋屈服,靠近底部的部分剪力墙破坏,外钢框架中大量钢梁屈服,有部分钢柱屈服

4.4.3 试验模型结构基于贝叶斯理论的地震损伤分析

1. 分析模型及验证

采用 LS-DYNA 有限元程序中纤维模型对该试验模型进行弹塑性时程分析[48]。LS-DYNA 是一个功能齐全的非线性显式分析程序,可以求解各种几何非线性、材料非线性和接触非线性问题。它的显式算法特别适合分析各种非线性结构冲击动力学问题,如爆炸、结构碰撞、金属加工成形等高度非线性的问题,同时还可以求解传热、流体及流固耦合问题。其显式时间积分采用中心差分法显式求解有限元方程,不需要进行平衡迭代,不形成总体刚度矩阵,不需要对刚度矩阵求逆,避免了在进行非线性分析时反复更新刚度矩阵的问题,提高了计算效率[49]。而纤维模型的基本原理是将构件纵向分割成若干段,以每一段中间某一截面的变形代表该段的变形,在此截面上又划分成若干混凝土纤维和钢筋纤维,依据每根纤维的单轴应力-应变关系表征各纤维的力学特征,最后通过纤维本构的积分关系得到截面的力-变形关系,从而反映整个结构的非线性滞回性能[50~52]。截面纤维模型与以往的杆系模型相比有以下特点:①构件的恢复力特性为截面上纤维本构关系的积分结果,从而适用于任意截面特性的构件,如钢筋混凝土圆柱、型钢混凝土构件、钢结构、预应力混凝土结构等,面对不断涌现的新材料,如高性能混凝土和回收再利用的混凝土、高强钢丝、新型预应力筋等,还有不断出现的复杂高层结构体系和重大工程项目等,都有可能很好地模拟出来;②可采用受横向约束的混凝土单轴应力-应变本构关系,以考虑横向约束作用对构件恢复力特性的影响,如钢板或纤维布抗震加固钢筋混凝土柱等;③在截面纤维模型的基本公式中,构件轴力与弯矩为同一截面上所有纤维内力的积分,因此,该模型能直接反映构件轴力与弯矩之间的耦合作用[53]。由此可见,纤维模型的基础比较扎实,因而有更强的适应性。

考虑到精度和计算成本,在数值模拟中,底层钢柱和剪力墙墙肢划分成9个单元,第二层和第三层划分为6个单元,剪力墙墙肢离散成64根纤维,钢柱离散成18根纤维,纤维之间符合平截面假定。图4.51为结构的有限元模型,图4.52为剪力墙墙肢离散示意图,图中深色部分为核心区约束混凝土。

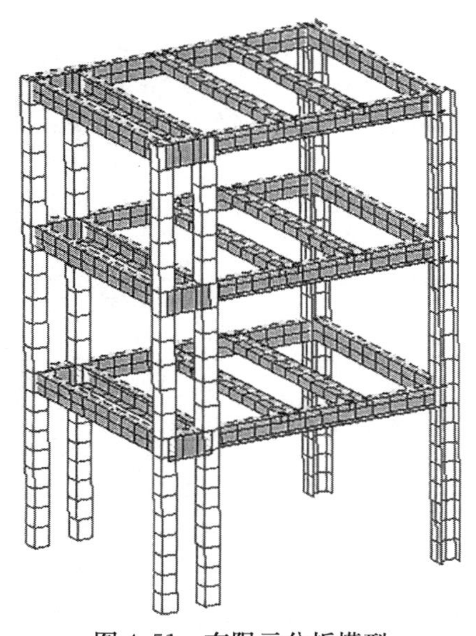

图4.51　有限元分析模型

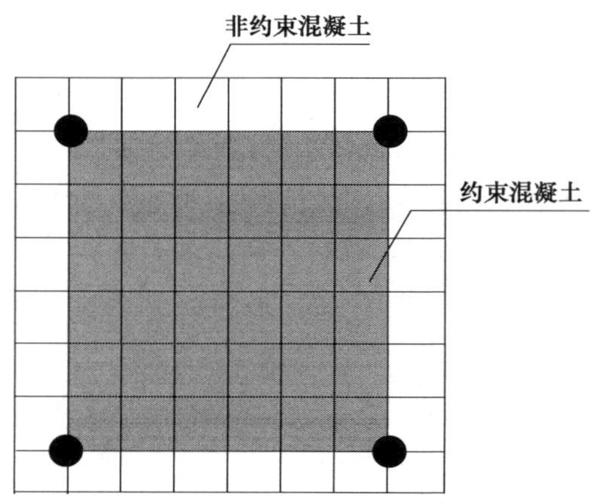

图4.52　剪力墙墙肢离散示意图

混凝土材料和钢筋的实测力学参数分别如表4.17和表4.18所示。混凝土本构模型采用Kent-Park模型,如图4.53所示,图中数字代表关键点,表示曲线的历程[48]。混凝土轴心抗压强度和弹性强度采用实测值,考虑箍筋对混凝土的约束作用,假定约束混凝土的损伤规律和普通混凝土相同,按式(4.22)和式(4.23)计算核心区混凝土的受压强度和相应应变[30]。

表4.17　混凝土材料实测力学参数

立方体抗压强度/MPa	轴心抗压强度/MPa	弹性模量/GPa	泊松比	密度/(kg/m³)
28.5	19.06	29.26	0.2	2500

表4.18　钢筋实测力学参数

类别	屈服强度/MPa	抗拉强度/MPa	弹性模量/GPa
纵筋	199	239	206
箍筋	—	255	206

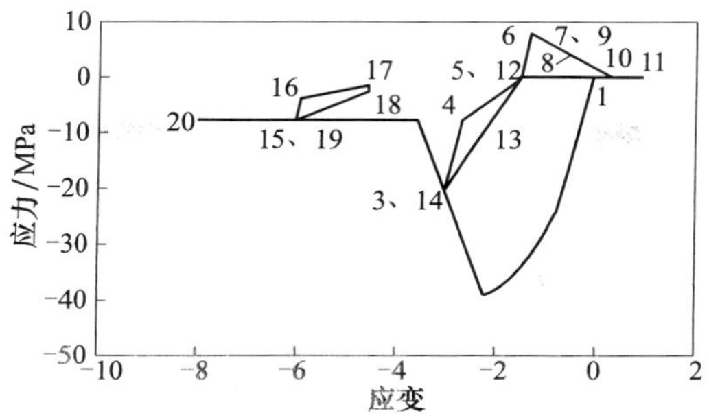

图 4.53　混凝土应力-应变曲线

钢筋采用塑性随动模型，该模型与应变率相关，可以考虑失效，通过在 0(仅随动硬化)和 1(仅各向同性硬化)之间调整硬化参数 β 来选择各向同性硬化或随动硬化，用 Cowper-Symonds 方程来考虑应变率对屈服应力的影响，即

$$\sigma_y = \left[1 + \left(\frac{\tilde{\varepsilon}}{C}\right)^{\frac{1}{P}}\right](\sigma_0 + \beta E_p \varepsilon_p^{\text{eff}}) \tag{4.51}$$

式中，σ_0 为初始屈服应力；β 为硬化参数；$\tilde{\varepsilon}$ 为应变率；$\varepsilon_p^{\text{eff}}$ 为有效塑性应变；E_p 为塑性硬化模量；C 和 P 为 Cowper-Symonds 应变率参数。

E_p 可由式(4.52)计算：

$$E_p = \frac{E_{\tan} E}{E - E_{\tan}} \tag{4.52}$$

式中，$E_{\tan}$ 和 E 分别为切线模量及弹性模量。

塑性随动模型的应力-应变关系曲线如图 4.54 所示。

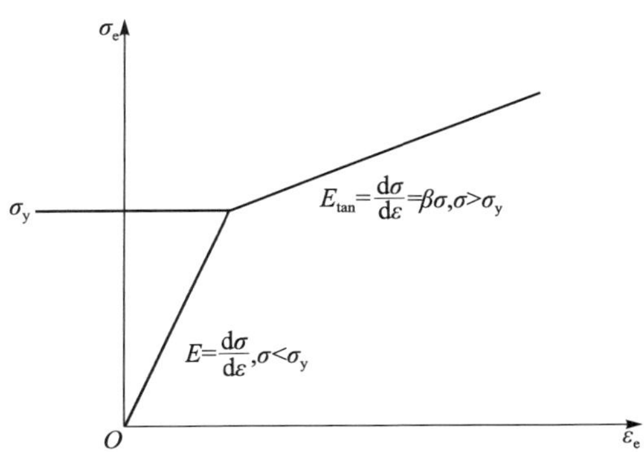

图 4.54　塑性随动模型应力-应变关系曲线

图 4.55～图 4.58 分别给出了在 PGA＝0.2g 和 PGA＝0.4g 的 Tianjin 波及 Taft 波作用下，结构在振动台试验下的层间位移时程曲线和数值模拟得出的层间位移时程曲线。表 4.19 给出了相应的结构第 2 层最大层间位移的对比。

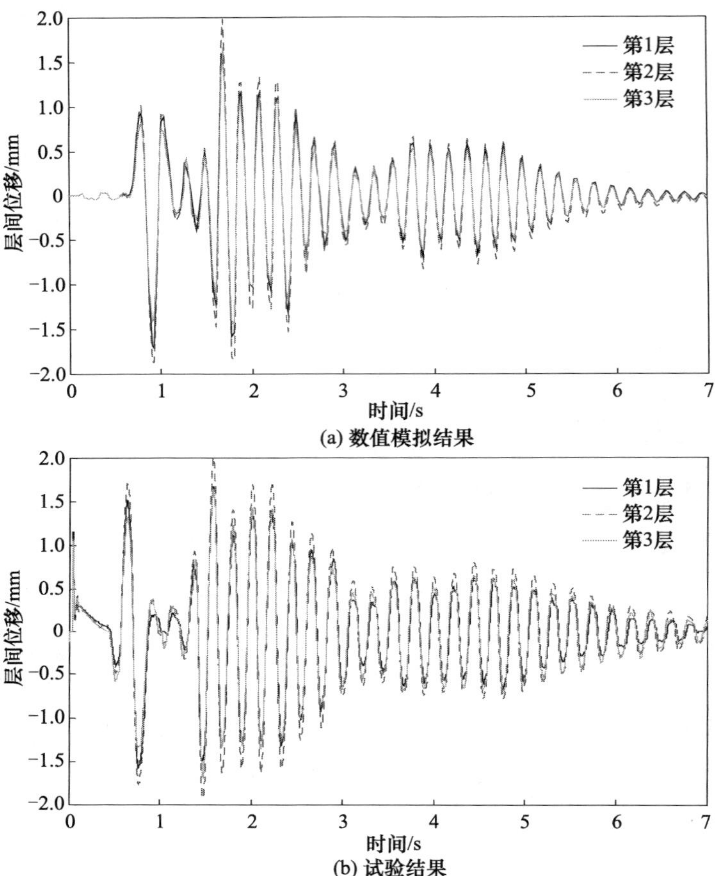

图 4.55　Tianjin 波 PGA=0.2g 作用下结构的层间位移时程曲线

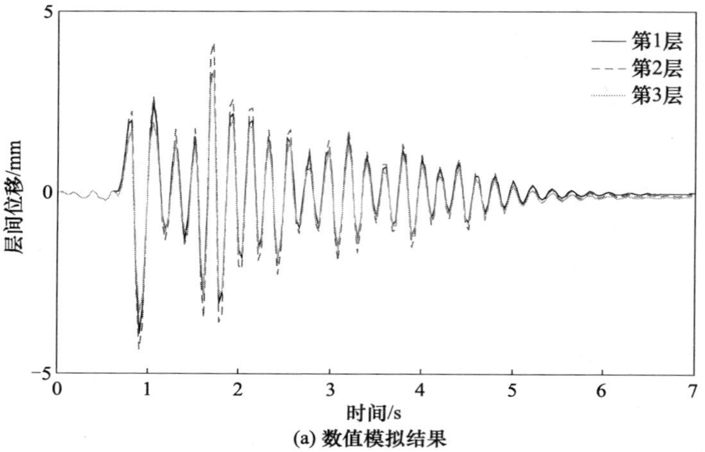

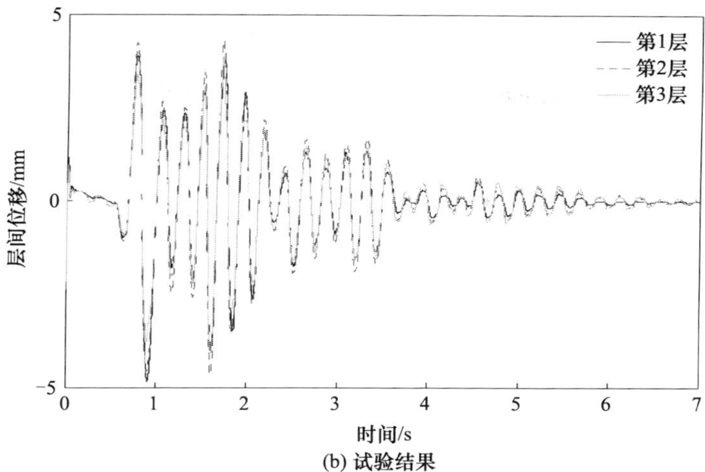

(b) 试验结果

图 4.56　Tianjin 波 PGA＝0.4g 作用下结构的层间位移时程曲线

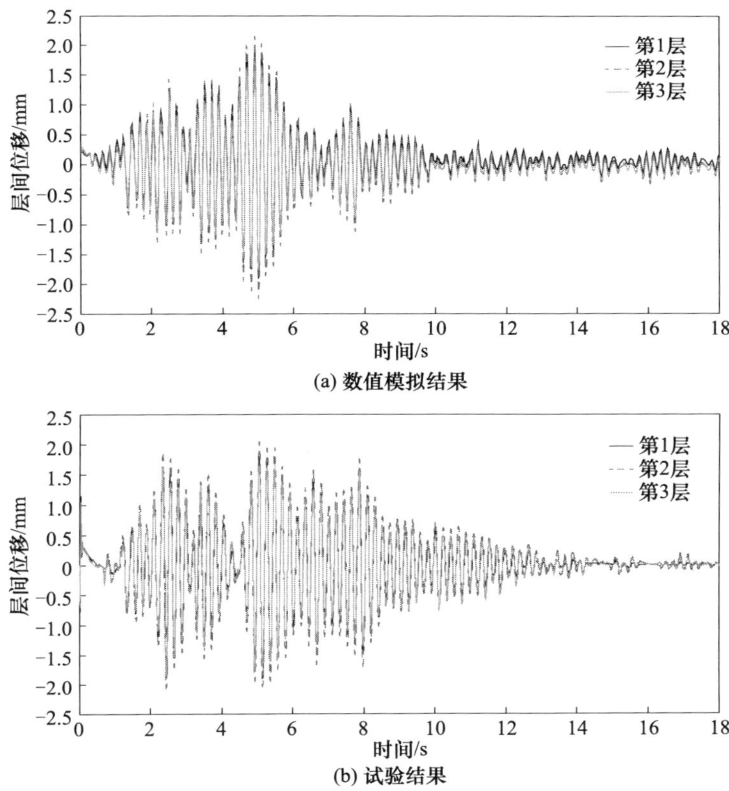

(a) 数值模拟结果

(b) 试验结果

图 4.57　Taft 波 PGA＝0.2g 作用下结构的层间位移时程曲线

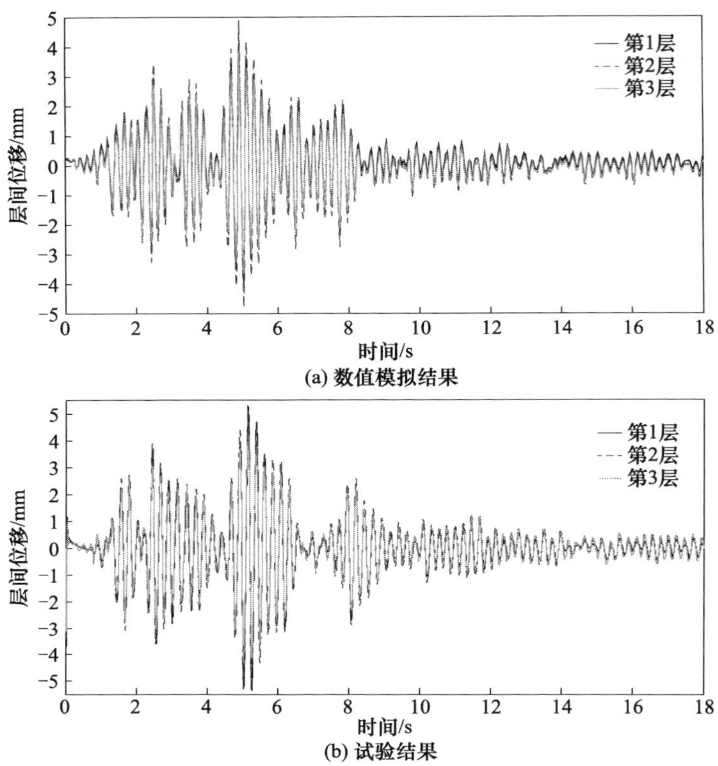

图 4.58 Taft 波 PGA＝0.4g 作用下结构的层间位移时程曲线

表 4.19 结构第 2 层最大层间位移对比

结果比较	PGA＝0.2g 时最大层间位移/mm		PGA＝0.4g 时最大层间位移/mm	
	Tianjin 波	Taft 波	Tianjin 波	Taft 波
试验结果	2.01	2.10	4.65	5.28
数值模拟结果	1.96	2.12	4.45	4.94

从图 4.55～图 4.58 和表 4.19 可以看出，数值模拟结果有较高的精度，试验结果和数值模拟结果较为吻合，该模型能较好地模拟结构的动力弹塑性响应，但总体来说，数值模拟得出的结果比试验结果偏小，其主要原因是结构进入强非线性阶段后，钢筋和混凝土的黏结滑移效应会导致其刚度降低，而纤维模型基于平截面假定，未考虑到黏结滑移效应的影响。

2. 结构性能水平及地震波

由于层间位移角能够较好地体现结构的损伤状态，故采用层间位移角来衡量结构的破坏状态[54,55]。目前国内外对结构的破坏状态有不同的量化评价方法,然其具体的量化值没有统一的标准[30,54]。根据文献[54]并结合我国规范中的“小震不坏,中震可修,大震不倒”三设防水准,选用 FEMA273 采用的四水准方法[28]。结构在不同破坏状态所对应的性能水准和结构层间位移角限值如表 4.15 所示。

由于地震动具有强烈的随机性,地震动所造成的不确定性远大于材料的不确定性,所以地震波的选择决定了结构地震需求的合理性[41,42]。除了振动台试验所输入的 3 条波(Tianjin 波、EL-Centro 波、Taft 波)外,从太平洋地震工程中心强震记录数据库中选取美国地质勘探局工程场地为 C 类(相当我国Ⅱ类场地)的 10 条地震波如表 4.20 所示。有资料显示,对中高层建筑而言,10~20 条的地震记录可以为结构的地震需求分析提供足够的精确度[55,56]。对所选的 10 条地震波的每一条波的 PGA 分别调幅为 0.05g、0.1g、0.2g、0.3g、0.4g、0.5g、0.7g、0.9g、1.2g,即总共 90 个样本。

表 4.20 纤维模型输入地震波

序号	地震波名称	地震时间/a
1	Cape Mendocino 波	1992
2	Erzikan 波	1992
3	Imperial Valley 波	1979
4	Kocaeli 波	1999
5	Loma Prieta 波	1989
6	Northridge 波	1994
7	San Fernando 波	1971
8	Superstition Hills 波	1987
9	Kobe 波	1995
10	Whittier 波	1987

3. 基于数值模拟的易损性分析

研究表明,结构的地震需求为对数正态分布,以 PGA 作为地震动参数,则结构的地震需求为[57]

$$\ln u = \theta_0 + \theta_1 \ln \mathrm{PGA} + \sigma\varepsilon, \quad \varepsilon \sim N(0,1) \tag{4.53}$$

式中,u 为地震需求(本节指最大层间位移角);θ_0、θ_1 为回归系数;σ 为方差。写成数学方程为

$$\boldsymbol{y} = \boldsymbol{\theta X} + \sigma\varepsilon, \quad \varepsilon \sim N(0,1) \tag{4.54}$$

式中，$\boldsymbol{X}$ 为 90×2 的矩阵，秩为 2，为有 2 个独立自变量的观测值；$\boldsymbol{\theta}$ 为 2×1 回归系数向量。

对 90 个样本进行弹塑性动力时程分析，得到结构在不同 PGA 作用下结构的最大层间位移角。若 $\boldsymbol{\theta}$ 是随机的，假定它们与 σ 相互独立，服从不含 $\boldsymbol{X}$ 和 σ 的分布。

在上述假定下，在给定的 $\boldsymbol{X}$、$\boldsymbol{\theta}$ 和 σ 下，$\boldsymbol{y}$ 的联合分布密度为

$$\begin{aligned} p(\boldsymbol{y}|\boldsymbol{\theta},\sigma) &\propto \frac{1}{\sigma^n}\exp\left[-\frac{1}{2\sigma^2}(\boldsymbol{y}-\boldsymbol{X\theta})'(\boldsymbol{y}-\boldsymbol{X\theta})\right] \\ &\propto \frac{1}{\sigma^n}\exp\left\{-\frac{1}{2\sigma^2}\left[\upsilon s^2+(\boldsymbol{\theta}-\hat{\boldsymbol{\theta}})'\boldsymbol{X}'\boldsymbol{X}(\boldsymbol{\theta}-\hat{\boldsymbol{\theta}})\right]\right\} \end{aligned} \tag{4.55}$$

式中，υ、$\hat{\boldsymbol{\theta}}$ 和 s^2 都是充分统计量。

$$\begin{cases} \upsilon=n-2 \\ \hat{\boldsymbol{\theta}}=(\boldsymbol{X}'\boldsymbol{X})^{-1}\boldsymbol{X}'\boldsymbol{y} \\ s^2=\dfrac{(\boldsymbol{y}-\boldsymbol{X}\hat{\boldsymbol{\theta}})'(\boldsymbol{y}-\boldsymbol{X}\hat{\boldsymbol{\theta}})}{\upsilon} \end{cases} \tag{4.56}$$

作为正态二元回归模型分析的先验密度，由于事先对需求模型的参数无任何的信息，假定具有的信息是分散而不清楚的，以无信息先验分布作为 $\boldsymbol{\theta}$、σ 的先验分布，即

$$p(\boldsymbol{\theta},\sigma)\propto\frac{1}{\sigma},\quad -\infty<\theta_i<\infty,i=1,2;0<\sigma<\infty \tag{4.57}$$

综合式(4.55)和式(4.57)，$\boldsymbol{\theta}$ 和 σ 的联合后验概率密度为

$$\begin{aligned} p(\boldsymbol{\theta},\sigma|\boldsymbol{y}) &\propto p(\boldsymbol{\theta},\sigma)p(\boldsymbol{y}|\boldsymbol{\theta},\sigma) \\ &\propto \frac{1}{\sigma^{n+1}}\exp\left\{-\frac{1}{2\sigma^2}\left[\upsilon s^2+(\boldsymbol{\theta}-\hat{\boldsymbol{\theta}})'\boldsymbol{X}'\boldsymbol{X}(\boldsymbol{\theta}-\hat{\boldsymbol{\theta}})\right]\right\} \end{aligned} \tag{4.58}$$

将式(4.58)对 σ 积分，就得到 θ_1、θ_2 的边缘后验密度为

$$\begin{aligned} p(\theta_1,\theta_2|\boldsymbol{y},\boldsymbol{x}) &= \int_0^\infty p(\theta_1,\theta_2,\sigma|\boldsymbol{y},\boldsymbol{x})\mathrm{d}\sigma \\ &\propto \left[\upsilon s^2+n(\theta_1-\hat{\theta}_1)^2+(\theta_2-\hat{\theta}_2)^2\sum x_i^2+2(\theta_1-\hat{\theta}_1)(\theta_2-\hat{\theta}_2)\sum x_i\right]^{-n/2} \end{aligned} \tag{4.59}$$

从二元 t 分布密度的性质可得如下结论：

$$p(\theta_1|\boldsymbol{y},\boldsymbol{x})\propto\left[\upsilon+\frac{\sum(x_i-\bar{x})^2}{\dfrac{s^2\sum x_i^2}{n}}(\theta_1-\hat{\theta}_1)^2\right]^{-(\upsilon+1)/2},\quad -\infty<\theta_1<\infty \tag{4.60}$$

$$p(\theta_2 \mid \boldsymbol{y},\boldsymbol{x}) \propto \left[\upsilon + \frac{\sum (x_i - \bar{x})^2}{s^2}(\theta_2 - \hat{\theta}_2)^2\right]^{-(\upsilon+1)/2}, \quad -\infty < \theta_2 < \infty \tag{4.61}$$

对式(4.60)和式(4.61)做如下变化:

$$\left[\frac{\sum (x_i - \bar{x})^2}{\dfrac{s^2 \sum x_i{}^2}{n}}\right]^{\frac{1}{2}} (\theta_1 - \hat{\theta}_1) = t_\upsilon \tag{4.62}$$

$$\frac{\theta_2 - \hat{\theta}_2}{\dfrac{s}{\left[\sum (x_i - \bar{x})^2\right]^{1/2}}} = t_\upsilon \tag{4.63}$$

故随机变量 t_υ 具有自由度为 υ 的 t 分布。

另由式(4.58)对 θ_1、θ_2 积分可得到 σ 的后验分布,即

$$p(\sigma \mid \boldsymbol{y},\boldsymbol{x}) \propto \frac{1}{\sigma^{\upsilon+1}}\exp\left(-\frac{\upsilon s^2}{2\sigma^2}\right), \quad 0 < \sigma < \infty \tag{4.64}$$

式(4.64)服从逆伽马分布,于是有

$$E\sigma = s\frac{\left(\sqrt{\dfrac{\upsilon}{2}}\right)^{1/2}\Gamma\left(\dfrac{\upsilon-1}{2}\right)}{\Gamma\left(\dfrac{\upsilon}{2}\right)} \tag{4.65}$$

$$\mathrm{Var}(\sigma) = \frac{s^2\upsilon}{\upsilon-2} - (E\sigma)^2 \tag{4.66}$$

对90个样本点进行分析,可以得到

$$\hat{\theta}_0 = -4.501, \quad \hat{\theta}_1 = 1.002, \quad s^2 = 0.126,$$
$$\sum x_i^2 = 198.1, \quad \sum (x_i - \bar{x})^2 = 86.94 \tag{4.67}$$

所以可得

$$17.7(\theta_0 + 4.501) = t_{88} \tag{4.68}$$

$$26.3(\theta_1 - 1.002) = t_{88} \tag{4.69}$$

式中,t_{88} 为具有自由度为88的 t 分布。由式(4.68)和式(4.69)可得 θ_0、θ_1 的概率密度函数如图4.59所示,θ_0 对应95%的置信区间为0.928～1.077,θ_1 对应95%的置信区间为－4.611～－4.389。大量的数据信息使得无信息先验概率对后验概率的影响甚少,从而依靠这些数据信息得到了参数最初的后验概率。

得到 θ_0、θ_1 的概率密度函数后,可得其均值分别为－4.501～1.002,因此结构的地震需求为

$$\ln u = 1.002\ln \mathrm{PGA} - 4.501 + 0.356\varepsilon \tag{4.70}$$

图4.60为结构地震需求的线性回归图。由图可知,结构的地震需求随着PGA的增大而增大,且呈对数线性关系。将表4.21中数据和式(4.70)代入式(4.71)

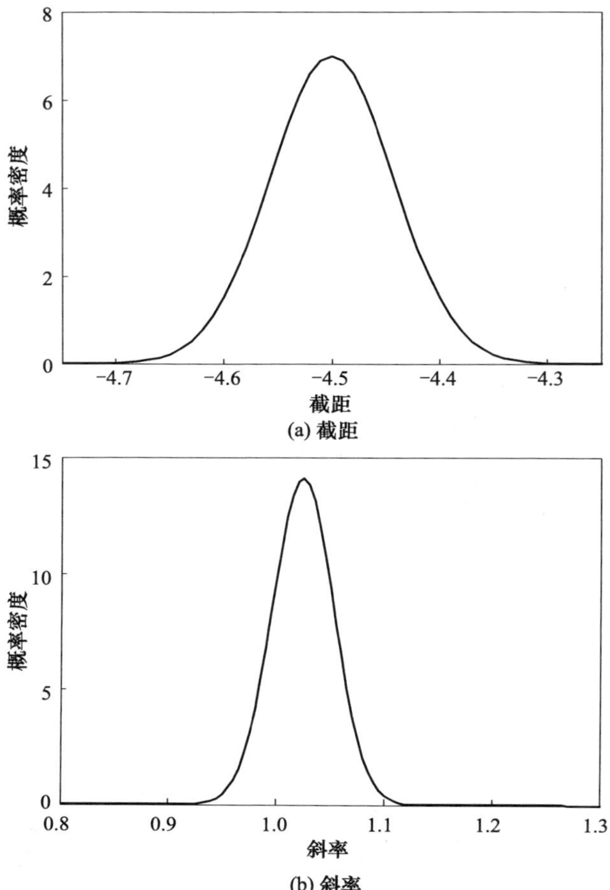

(a) 截距

(b) 斜率

图 4.59　回归系数的概率密度函数

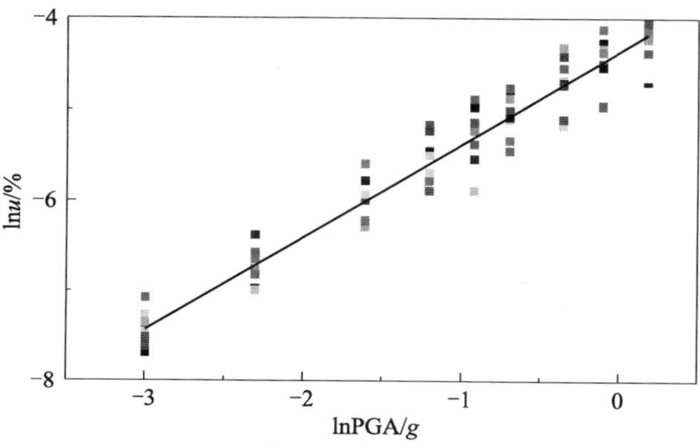

图 4.60　结构地震需求的线性回归

表 4.21　钢-混凝土混合结构不同性能水平损伤概率

性能水平	基于贝叶斯理论的结构损伤概率/%				试验修正后的结构损伤概率/%			
	0.2g	0.4g	0.7g	1.0g	0.2g	0.4g	0.7g	1.0g
基本完好($\theta_e<1/900$)	21	5	1	0	19	4	1	0
轻微损坏($1/900<\theta_e<1/500$)	24	12	4	2	24	10	3	1
生命安全($1/500<\theta_e<1/200$)	38	38	25	15	39	37	21	12
防止倒塌($1/200<\theta_e<1/100$)	13	27	32	28	14	29	31	25
倒塌或濒临倒塌($\theta_e>1/100$)	4	17	38	55	4	20	44	62

$$\ln u=\ln a+b\ln I=\theta_0+\theta_1\ln I \tag{4.71}$$

可绘制出结构的易损性曲线，即结构地震需求超过每一个性能水平的概率，如图 4.61 所示。图 4.62 为结构不同性能水平损伤概率曲线。当 PGA=0.2g 时，结构基本完好的超越概率为 79%，轻微破坏的超越概率为 55%，生命安全的超越概率为 17%，防止倒塌的超越概率为 13%。即结构基本完好的概率为 21%，轻微破坏的概率为 24%，生命安全的概率为 38%，防止倒塌的概率为 13%，倒塌或濒临倒塌的概率为 0。

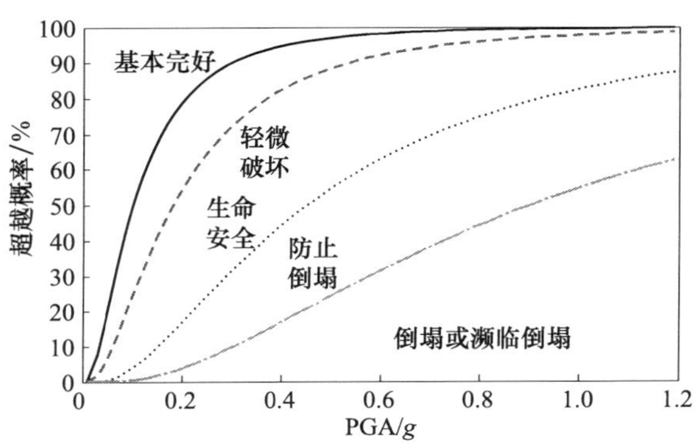

图 4.61　钢-混凝土混合结构易损性曲线

4. 基于贝叶斯理论的易损性分析

振动台试验中将输入的地震波分别调幅为 0.1g、0.2g、0.3g、0.4g、0.5g、0.6g、0.7g、0.8g、0.9g、1.0g、1.1g、1.2g，即 36 个试验样本点。通过振动台试验

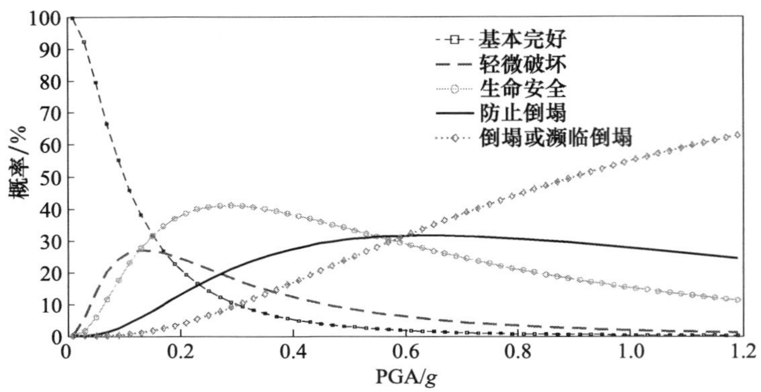

图 4.62 钢-混凝土混合结构不同性能水平损伤概率曲线

可以分别得到 36 条地震波作用下的最大层间位移角。这里以数值模拟得到的地震需求概率函数为先验概率，基于贝叶斯理论方法，结合 36 个试验数据，更新需求信息，得到结构地震需求的后验概率，最终得到结构的地震需求为

$$\ln u = 1.058\ln \mathrm{PGA} - 4.348 + 0.34\varepsilon \tag{4.72}$$

回归系数的概率密度函数如图 4.63 所示，其中实线为先验概率，虚线为后验概率。由图知后验概率的图像较尖，在一定的置信水平下置信区间较短，得到的结果更为准确。根据式(4.72)得到结构的地震易损性曲线如图 4.64 实线所示，基于贝叶斯理论的地震易损性曲线利用了数值模拟可以得到大量数据的特点，又结合了试验数据具有高可信度的优点，得到了更准确的结果。图 4.64 同时给出了钢-混凝土混合结构基于数值模拟和试验修正的地震易损性曲线比较，图 4.65 为结构不同性能水平损伤概率曲线比较，表 4.21 给出了图 4.65 在两种结果下损伤概率值。从图 4.64 可以看出，两者在结构基本完好和轻微损坏的性能水平下超越概率基本一致，随着 PGA 的增大，基于试验修正的易损性曲线大于数值模拟得到的易损性曲线。例如，PGA＝1.0g 时，基于试验修正的结构防止倒塌的超越概率为 62％，基于数值模拟的概率为 55％。其原因一方面是地震波的不确定性，另一方面是试验模型进入强非线性阶段后钢筋和混凝土之间的黏结滑移效应导致其刚度降低，而纤维模型是基于平截面假定的，未考虑其影响。由此可见，在小震作用下，数值模拟结果与试验结果吻合较好，在大震作用下，数值模拟结果偏小。

结合试验数据，获得结构地震易损性曲线后，可确定结构在给定的地震作用下损伤破坏的概率，由此可对其进行损伤评估，如图 4.64 所示。当 PGA＝0.7g 时，结构基本完好的超越概率为 100％，结构轻微破坏的超越概率为 96％，结构生命安全的超越概率为 75％，结构防止倒塌的超越概率为 44％。各自状态的失效概率如图 4.65 和表 4.21所示，即 PGA＝0.7g 时结构基本完好的概率为 1％，轻微破坏的概率为 3％，生命安全的概率为 21％，防止倒塌的概率为 31％，倒塌或濒临倒塌的概率为 44％[58]。

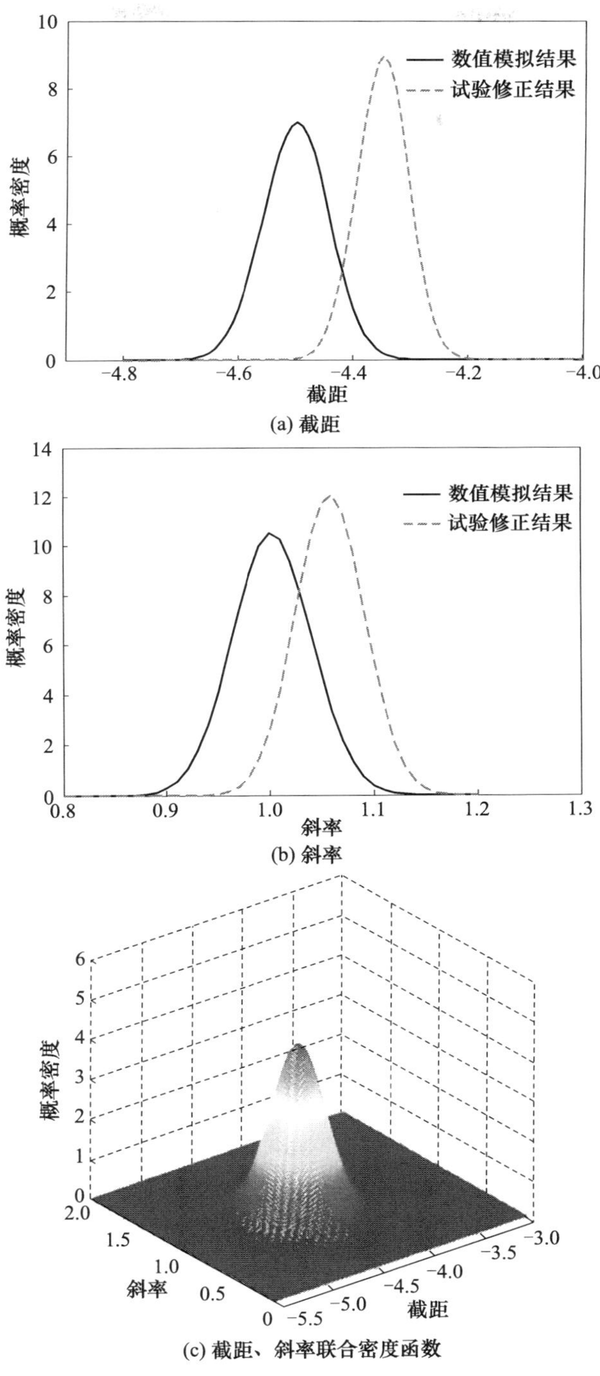

(a) 截距

(b) 斜率

(c) 截距、斜率联合密度函数

图 4.63　回归系数的概率密度函数

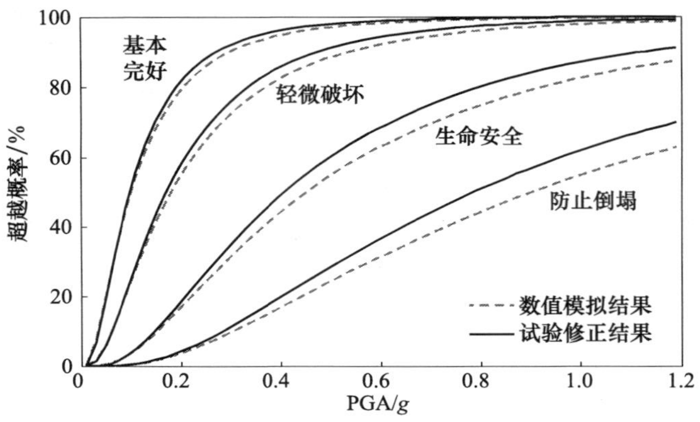

图 4.64　钢-混凝土混合结构易损性曲线比较

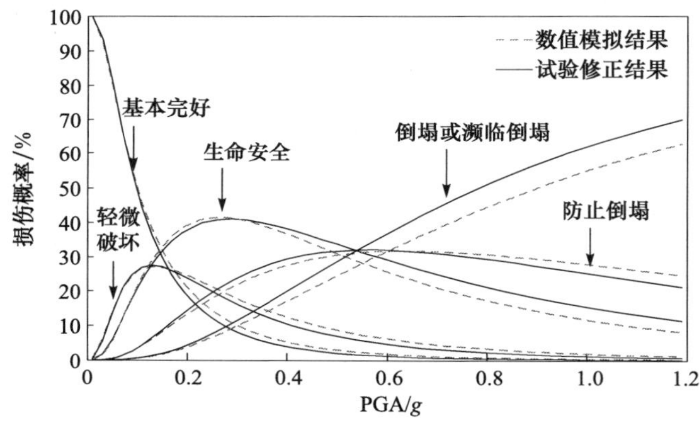

图 4.65　钢-混凝土混合结构不同性能水平损伤概率比较

目前对钢-混凝土混合结构的易损性研究甚少，且缺乏地震破坏数据。基于贝叶斯理论，在数值模拟得出的结果上又结合了试验数据具有高可信度的优点，可以得到更准确的结果。通过最终的易损性曲线，可以预测结构在不同等级地震作用下破坏的概率，为震后结构的安全评估和修复加固提供了理论依据。

参考文献

[1]　龚胡广. 基于性能的抗震设计方法及其在高层混合结构抗震评估中的应用[博士学位论文]. 长沙：湖南大学，2006.

[2]　Banon H. Seismic damage in RC frames. The American Society of Civil Engineers，1981，107(8)：69－106.

[3] Wang M L, Shan S P. Reinforced concrete hysteretic model based on the damage concept. Earthquake Engineering and Structural Dynamics, 1987, 15(8): 993—1003.
[4] Chung Y S, Meyer C, Shinozuka M. Seismic damage assessment of RC members. Buffalo: State University of New York, 1987: 11—14.
[5] Kratzig W B, Meskuris M. Nonlinear seismic analysis of reinforced concrete frames. Earthquake Prognostics, 1987: 453—462.
[6] Gosain N K, Brown R H, Jirsa J O. Shear requirement for load reversals on RC members. Journal of Structural Engineering, 1977, 103(7): 1461—1476.
[7] Park Y J, Ang A H S. Mechanistic seismic damage model for reinforced concrete. Journal of Structural Engineering, 1985, 111(4): 722—739.
[8] Roufaiel M S L, Meyer C. Analytical modeling of hysteretic behavior of R/C frames. Journal of Structural Engineering, 1987, 113(3): 429—444.
[9] Zhang X, Wong K K F, Wang Y. Performance assessment of moment resisting frames during earthquakes based on the force analogy method. Engineering Structures, 2007, 29(10): 2792—2802.
[10] Colombo A, Negro P. A damage index of generalised applicability. Engineering Structures, 2005, 27(8): 1164—1174.
[11] 牛荻涛，任利杰. 改进的钢筋混凝土结构双参数地震破坏模型. 地震工程与工程振动，1996, 16(4): 44—54.
[12] 吴波，欧进萍. 钢筋混凝土结构在主余震作用下的反应与损伤分析. 建筑结构学报，1993, 14(10): 45—53.
[13] 瞿岳前，梁兴文，田野. 基于能量分析的地震损伤性能评估. 世界地震工程，2006, 22(1): 110—112.
[14] Ding Y, Wu M, Xu L H, et al. Seismic damage evolution of steel-concrete hybrid space-frame structures. Engineering Structures, 2016, 119: 1—12.
[15] 李忠献，吕杨，徐龙河，等. 强震作用下钢-混凝土结构弹塑性损伤分析. 天津大学学报，2014, 47(2): 101—107.
[16] 胡聿贤. 地震工程学. 2 版. 北京：地震出版社，2006: 55—56.
[17] 姚谦峰，苏三庆. 地震工程. 西安：陕西科学技术出版社，2001: 74—75.
[18] 陆铁坚，秦素娟，罗应松，等. 高层钢-混凝土混合结构拟动力试验研究. 建筑结构学报，2009, 30(3): 27—35.
[19] 陆铁坚，秦素娟. 高层钢-混凝土混合结构地震作用下的能量反应分析. 计算力学学报，2010, 27(3): 489—495.
[20] 中国建筑设计研究院. 高层民用建筑钢结构技术规程(JGJ 99—2015). 北京：中国建筑工业出版社，2015.
[21] 中华人民共和国住房和城乡建设部. 混凝土结构设计规范(GB 50010—2010). 北京：中国建筑工业出版社，2010.
[22] Sabnis G M, Harris H G, White R N, et al. Structural modeling and experimental tech-

niques. Prentice Hall,1983,105(4):307.
[23] 刘习军,贾启芬,张文德. 工程振动与测试技术. 天津:天津大学出版社,1999:76—82.
[24] 李忠献,吕杨,徐龙河,等. 钢-混凝土混合结构振动台试验弹塑性损伤分析. 建筑结构学报,2012,33(10):15—21.
[25] Xu L H,Li Z X,Qian J R. Test analysis of damage detection to a complicated spatial model structure. Acta Mechanica Sinica,2011,27(3):399—405.
[26] Xu L H,Li Z X. Model predictive control strategies for protection of structures during earthquakes. Structural Engineering and Mechanics,2011,40(2):233—243.
[27] Park S W,Yen W P,Cooper J D,et al. A comparative study of U. S. -Japan seismic design of highway bridges Ⅱ shake-table model tests. Earthquake Spectra,2003,19(4):933—958.
[28] 中华人民共和国住房和城乡建设部. 建筑抗震设计规范(GB 50011—2010). 北京:中国建筑工业出版社,2010.
[29] 李正. 复杂应力条件下混凝土损伤本构模型及钢筋混凝土桥梁地震损伤分析[博士学位论文]. 天津:天津大学,2010.
[30] Farai R,Pouca N V,Delgado R. Seismic behavior of a R/C wall:numerical simulation and experimental validation. Journal of Earthquake Engineering,2002,6(4):473—498.
[31] 徐龙河,王苏. 钢-混凝土试验模型结构地震损伤演化分析. 天津大学学报,2016,49(1):80—85.
[32] 王苏. 地震作用下钢-混凝土试验模型结构损伤演化分析与性能评估[硕士学位论文]. 北京:北京交通大学,2014.
[33] 茆诗松. 贝叶斯统计. 北京:中国统计出版社,1999:21—36.
[34] Jeffreys H. Theory of Probability. London:Oxford University Press,1961:102—131.
[35] 吴喜之. 现代贝叶斯统计学. 北京:中国统计出版社,2000:88—113.
[36] 成平. 对贝叶斯统计的几点看法. 数理统计与应用概率,1990,5(4):387—388.
[37] Fisher R A. On the mathematical foundations of theoretical statistics. Philosophical Transactions of the Royal Society of London,1922,222(1):309—368.
[38] 朱慧明,韩玉启. 贝叶斯多元统计推断理论. 北京:科学出版社,2004:21—55.
[39] 王双成. 贝叶斯网络学习、推理与应用. 上海:立信会计出版社,2009:34—36.
[40] Box G E P,Tiao G C. Bayesian Inference in Statistical Analysis. New York:Wiley,1992:99—108.
[41] Kwon O S,Elnashai A. The effect of material and ground motion uncertainty on the seismic vulnerability curves of RC structure. Engineering Structures,2006,28(2):289—303.
[42] Padgett J E,Desroches R. Sensitivity of seismic response and fragility to parameter uncertainty. Journal of Structural Engineering,2007,133(12):1710—1718.
[43] 徐龙河,李佩芬,李忠献. 基于贝叶斯理论的钢-混凝土试验模型结构地震损伤分析. 建筑结构学报,2014,35(9):20—26.
[44] 门进杰,史庆轩,周琦. 框架结构基于性能的抗震设防目标和性能指标的量化. 土木工程

学报,2008,41(9):76—82.

[45] 卜一,吕西林,周颖,等. 采用增量动力分析方法确定高层混合结构的性能水准. 结构工程师,2009,25(2):77—84.

[46] Federal Emergency Management Agency. Pre-Standard and Commentary for The Seismic Rehabilitation of Buildings(FEMA 356). Washington D. C.

[47] 章在墉. 地震危险性分析及其应用. 上海:同济大学出版社,1996:1—31.

[48] LS-DYNA. Keyword User's Manual. Livermore: Livermore Software Technology Corporation,2006:29—30.

[49] 尚晓江. ANSYS/LS-DYNA 动力分析方法与工程实例. 北京:中国水利水电出版社,2005:17—61.

[50] 熊爱国. 周期折减后的纤维模型框架结构抗震性能设计研究[硕士学位论文]. 广州:华南理工大学,2011.

[51] 秦从律,张爱晖. 基于截面纤维模型的弹塑性时程分析方法. 浙江大学学报,2005,39(7):1003—1008.

[52] 聂利英,李建中,范立础. 弹塑性纤维梁柱单元及其单元参数分析. 工程力学,2004,21(3):15—20.

[53] 陈学伟,韩小雷,林生逸. 基于宏观单元的结构非线性分析方法、算例及工程应用. 工程力学,2010,27(s1):59—67.

[54] Erberik M A, Elnashai A S. Fragility analysis of flat-slab structures. Engineering Structures,2004,26(7):937—948.

[55] Ramamoorthy S K, Gardoni P, Bracci J M. Probabilistic demand models and fragility curves for reinforced concrete frames. Journal of Structural Engineering,2006,132(10):1563—1572.

[56] Kircil M S, Polat Z. Fragility analysis of mid-rise R/C frame buildings. Engineering Structures,2006,28(9):1335—1345.

[57] Karim K R, Yamazaki F. Effect of earthquake ground motions on fragility curves of highway bridge piers based on numerical simulation. Earthquake Engineering and Structural Dynamics,2001,30(12):1839—1856.

[58] 李佩芬. 基于模型修正的结构地震易损性研究[硕士学位论文]. 北京:北京交通大学,2014.

第5章 高层钢结构基于等抗震性能的地震失效模式优化

在地震作用下建筑结构首先会在薄弱部位产生损伤，如果受损部位的内力和变形等没有及时地被相邻结构构件分担，在后续地震作用下损伤会在此累积，使构件的抗震性能进一步退化以致于失效，若该构件为结构的关键构件，则还可能会引发结构连续性的倒塌破坏。如果建筑结构所有的构件都具有相同的抗震性能，则可以避免结构损伤在一个部位集中，结构的整体抗震性能得到提高，同时由于结构材料强度得到充分的利用，结构总造价还会降低。

此外，由于建筑结构本身的复杂性和未来潜在地震动的随机性，不同设防水准下结构抗震性能的优化设计具有很大的差异，建筑结构自身性态会随地震作用的发展过程不断发生变化，因此，弹性受力阶段抗震性能最优的结构，在中震和大震作用下进入非线性时，不满足新状态和特性下的最优抗震性能。不同地震动特性下结构抗震性能的优化设计存在很大区别，未来可能发生的地震动具有很大的随机性，结构在不同特性的地震作用下的失效模式也有很大的差异，以最不利地震动作为优化设计依据的结构具有最高的冗余度。复杂结构各抗震分体系抗震性能的优化设计也有很大不同，当前建筑结构规模越来越庞大、结构形式多样，高层建筑结构往往采用多道抗震防线，每道抗震防线最优设防依据也存在巨大差异，如钢框架-钢板剪力墙结构体系中，不能简单地采用层间位移角界定钢框架和钢板剪力墙两种受力状态完全不同的结构体系的抗震性能，并且钢框架和钢板剪力墙的最优抗震性能也具有很大差异。

本章介绍一种结构各类构件基于等抗震性能的失效模式优化方法，该方法以结构整体损伤指数作为结构优化的约束方程，以结构构件的抗震性能指标作为目标函数，通过修正结构参数(如截面尺寸、材料强度、配筋率)，或安装控制装置(如层间支撑、阻尼器、拉索)等方式，达到优化结构失效模式的目的。采用所提优化设计方法，对9层的钢框架结构进行单目标优化设计和15层的钢框架-钢板剪力墙结构进行多目标优化设计，并数值分析优化前后结构的用钢量、收敛速度、动力响应和损伤发展过程，验证所提出方法的有效性。

5.1 基于等抗震性能的优化设计

5.1.1 设计理论

传统的结构优化设计大多是在满足特定的应力或者位移条件下，通过优化结构构件尺寸获得最轻的结构重量和最低的造价，这种方法一般适合解决静力荷载作用下弹性结构体系的优化问题。强震下结构失效常常从薄弱部位产生、发展、扩散，如果结构各类构件具有相似的抗震性能，则可以避免结构薄弱部位的产生，也可以充分利用材料的强度。由于结构抗震性能受到结构材料特性、构件几何尺寸和荷载类型等多种因素的综合影响，并且高层建筑结构往往采用多道抗震防线，每道抗震防线最优设防依据存在巨大差异。此外，未来潜在地震动的特性和强度都具有很大的随机性，因此，本章提出一种在多级强度的最不利地震作用下结构各抗震分体系基于等抗震性能的优化设计方法。

结构第 s 类抗震体系基于等抗震性能的优化设计的数学表达式为[1,2]

$$
\begin{aligned}
& \min\{F_s(\boldsymbol{R}_l)\} \\
\text{s.t.}\quad & D_{s,k}(\boldsymbol{R}_l) < D_{s,\mathrm{th}}, \quad k=1,2,\cdots,p \\
& \boldsymbol{R}_l \in \mathbf{R}^q, \qquad\qquad l=1,2,\cdots,q
\end{aligned}
\tag{5.1}
$$

式中，$\boldsymbol{R}_l(l=1,2,\cdots,q)$为属于向量集 $\mathbf{R}^q$ 的 q 维优化向量，根据优化方案不同，优化向量可以是结构构件尺寸、材料强度、配筋率、阻尼器参数、钢支撑截面积等。约束方程 $D_{s,k}(\boldsymbol{R})<D_{s,\mathrm{th}}$通过结构整体损伤准则定义，目标函数 $F_s(R)$则采用抗震性能指标定义。

5.1.2 损伤准则

结构整体损伤准则可以定义为受损结构动力特性的变化（如频率的下降、刚度的降低、阻尼比的增大等）或受损构件损伤指数的加权平均，由于结构动力特性的变化很难精确地确定损伤发生的位置和过程，在结构失效与损伤分析中，结构整体的损伤准则大多定义为结构局部损伤指数的加权组合。在组合得到结构整体损伤指数时，建筑结构各结构层采用串联的方式连接，因此将结构整体损伤指数定义为损伤最大的楼层的损伤指数，即

$$D_{s,\mathrm{g}} = \max\{D_{s,j}\} \tag{5.2}$$

式中，$D_{s,j}$为结构第 s 个抗震分体系第 j 层损伤指数，结构层损伤指数由该层所有构件损伤指数加权组合得到。

$$D_{s,j} = \frac{\sum_i \xi_{s,ij} D_{s,ij}}{\sum_i \xi_{s,ij}} \tag{5.3}$$

式中，$\xi_{s,ij}$为第 s 个抗震分体系第 j 层第 i 类构件的重要性系数；$D_{s,ij}$为第 s 个抗震分体系第 j 层第 i 类构件的损伤指数。

剪力墙的损伤指数 $D_{\mathrm{w},ij}$ 定义为结构层间位移角，重要性系数定义为各片剪力墙的刚度贡献率，即

$$\xi_{\mathrm{w},ij}=\frac{k_{\mathrm{w},ij}}{\sum_{i=1}^{n}k_{\mathrm{w},ij}} \tag{5.4}$$

式中，$k_{\mathrm{w},ij}$ 为结构第 j 层第 i 片剪力墙的剪切刚度。

对于采用纤维梁单元和损伤本构模型模拟的钢框架结构，第 j 层第 i 类构件的损伤指数定义为

$$D_{\mathrm{f},ij}=\max\{D_{\mathrm{f},ij}^{e}\} \tag{5.5}$$

式中，$D_{\mathrm{f},ij}^{e}$ 为构件第 e 个单元损伤指数，取各纤维损伤指数以纤维截面面积为权重系数的加权平均值。

通过试验对比分析发现，Bonora[3] 提出的损伤模型能很好地模拟钢材强度和刚度的退化以及材料失效断裂过程，该模型的失效准则定义为

$$f_{\mathrm{p}}=\sigma_{\mathrm{eq}}-k(\kappa)-\frac{3}{4\alpha_{\infty}}\alpha'_{ij}\alpha'_{ij}-\sigma_{\mathrm{y}} \tag{5.6}$$

式中，σ_{y} 为材料单轴屈服强度；α_{∞} 为材料随动强化饱和值；σ_{eq} 为等效应力；α'_{ij} 为材料随动强化应力张量；k 为材料各向同性强化应力，其应力强化法则定义为

$$k(\kappa)=\frac{E_{\mathrm{h}}}{\beta}[1-\exp(-\beta\kappa)] \tag{5.7}$$

式中，E_{h} 为各向同性强化模量；β 为各向同性强化参数，当 $\beta=0$ 时表示线性强化；κ 为各向同性强化系数。

与材料塑性应变增量、随动强化应力和各向同性强化应力关联的内变量演化法则通过材料一致性条件得到

$$\mathrm{d}\varepsilon_{ij}^{\mathrm{p}}=\mathrm{d}\lambda\frac{\partial f_{\mathrm{p}}}{\partial\sigma_{ij}}=\frac{3}{2}\frac{\mathrm{d}\lambda}{1-D}\frac{\frac{s_{ij}}{1-D}-\alpha'_{ij}}{\sigma_{\mathrm{eq}}} \tag{5.8}$$

$$\mathrm{d}\alpha'_{ij}=C(1-D)\mathrm{d}\varepsilon_{ij}^{\mathrm{p}}-\frac{3C}{2\alpha_{\infty}}\alpha'_{ij}\mathrm{d}\lambda \tag{5.9}$$

$$\mathrm{d}\kappa=-\mathrm{d}\lambda\frac{\partial f_{\mathrm{p}}}{\partial k}=\mathrm{d}\lambda=(1-D)\mathrm{d}\varepsilon_{\mathrm{p}} \tag{5.10}$$

式中，C 为随动强化模量；λ 为非负的塑性乘子，等效塑性应变定义为

$$\mathrm{d}\varepsilon_{\mathrm{p}}=\left(\frac{2}{3}\mathrm{d}\varepsilon_{ij}^{\mathrm{p}}\mathrm{d}\varepsilon_{ij}^{\mathrm{p}}\right)^{1/2} \tag{5.11}$$

材料损伤势函数定义为

$$f_{\mathrm{d}}=\frac{1}{2}\left(-\frac{Y}{S_0}\right)^2\frac{S_0}{1-D}\frac{(D_{\mathrm{cr}}-D)^{1-1/\upsilon}}{\kappa^{(2+n)/n}} \tag{5.12}$$

相应损伤流动法则为

$$\dot{d}=-\mathrm{d}\lambda\frac{\partial f_{\mathrm{d}}}{\partial Y}=\frac{(D_{\mathrm{cr}}-D_0)^{1/\upsilon}}{\ln(\varepsilon_{\mathrm{u}}-\varepsilon_{\mathrm{th}})}f\left(\frac{\sigma_{\mathrm{m}}}{\sigma_{\mathrm{eq}}}\right)(D_{\mathrm{cr}}-D)^{1-1/\upsilon}\frac{\mathrm{d}\kappa}{\kappa} \tag{5.13}$$

式中，Y 为与损伤相关联的变量；υ 和 S_0 为材料参数；ε_u 和 ε_{th} 分别为材料失效时累积等效塑性应变和损伤开始时累积塑性应变；D_{cr} 和 D_0 分别为材料失效时的损伤指数和材料初始损伤指数。

将该模型二次开发植入 LS-DYNA 显式有限元程序的纤维单元中，图 5.1 和图 5.2 为典型的钢材单轴拉压试验材料滞回曲线及相应损伤发展过程。

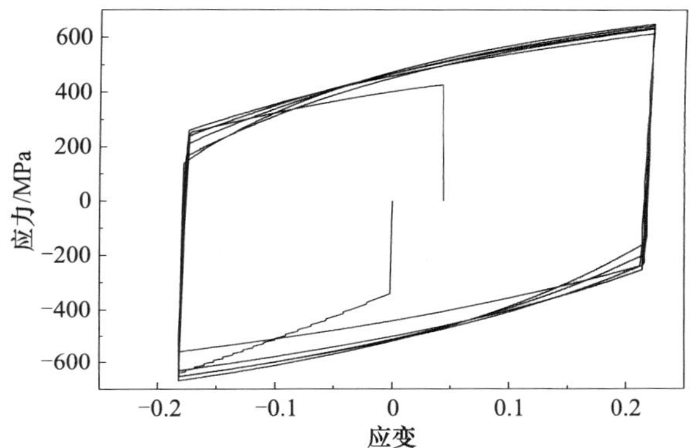

图 5.1　修正后的 Bonora 模型滞回曲线

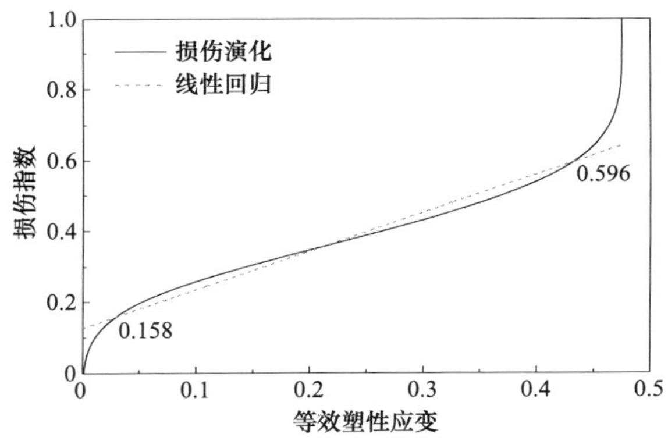

图 5.2　Bonora 模型钢材损伤演化过程

已有研究表明，与初始结构相比，结构损伤的存在会使结构模态参数产生变化，并且模态参数的变化与结构损伤的位置和损伤程度都有很大关系[4]。反之，如果给结构各构件依次赋予一个常损伤指数，则所指定的受损结构模态参数的变化就能定量地反映不同构件在结构整体性能中的重要程度。为了减少求解结构模态参数的计算量，首先将同一层中具有相同边界条件、截面尺寸和材料参数的构件分成一类，并且假设第 j 层第 i 类构件中任一构件完全失效(移除该构件)时，结构刚度降低、刚度矩阵变化 $\Delta\boldsymbol{K}$，且结构质量矩阵不变，通过特

征方程求解移除待评估构件后剩余结构的频率，将框架类结构第 j 层第 i 类构件的主要性系数定义为[5]

$$\xi_{\mathrm{f},ij}=\sum_{k}\frac{\Delta f_{ij,k}}{f_{k}} \tag{5.14}$$

式中，$\Delta f_{ij,k}$为拆除结构第 j 层第 i 类构件中任一构件后，剩余结构第 k 阶频率减小量；f_k 为完整结构第 k 阶频率。分析时，应保证所取结构频率对应的模态质量之和不小于结构等效质量的 90%。

5.1.3 抗震性能指标

基于等抗震性能的结构优化设计的优化目标是减小结构各构件抗震性能的差异，因此首先应定义能真实反映结构各抗震分体系的各构件的抗震性能指标。数值分析表明，重要性系数和损伤指数一般都不能独立地反映结构构件抗震性能的强弱，即重要性系数大的构件地震作用下损伤可能很小，反之重要性系数小的构件可能失效破坏。因此，提出如下构件的抗震性能指标：

$$p_{s,ij}=\frac{\xi_{s,ij}D_{s,ij}}{\overline{\xi_{s,ij}}} \tag{5.15}$$

式中，$p_{s,ij}$为第 s 类抗震分体系第 j 层第 i 类构件的抗震性能指标；$\overline{\xi_{s,ij}}$为结构第 j 层该体系构件重要性系数的平均值。

结构第 s 类抗震分体系第 j 层抗震性能指标 $P_{s,j}$定义为

$$P_{s,j}=\overline{p_{s,ij}} \tag{5.16}$$

结构等抗震性能的优化目标可以通过修正结构构件尺寸、配筋率、材料强度，设置阻尼器或支撑等多种形式减小结构各构件与目标抗震性能之间的差异，优化过程的目标函数为

$$F(s)=\mathrm{ABS}(p_{s,ij}^{k}-p_{s,ij}^{t}) \tag{5.17}$$

式中，ABS 为对结构第 j 层第 i 类构件第 k 优化步抗震性能指标 $p_{s,ij}^{k}$ 与相应构件目标抗震性能指标 $p_{s,ij}^{t}$之差求绝对值。

5.1.4 优化流程

定义好结构损伤指数(约束方程)和抗震性能指标(目标函数)后，地震作用下结构优化求解流程为[6~8]：

(1) 定义约束条件。按规范要求选择结构所在地各设防等级潜在地震动水平(如 M 条地震动 N 个设防水准)，并根据规范及业主要求确定在第 n 个设防水准地震动作用下结构第 s 类(s 为结构体系如框架柱、框架梁、楼板、节点、核心筒、连梁等)受力体系抗震性能目标 $P_{s}^{\mathrm{th},n}$。

(2) 初始结构设计。

(3) 结构分析。

① 计算在第 n 个设防水准第 m 条地震动作用下结构第 s 类受力体系第 k 优化步第 j 层第 i 类构件损伤指数 $D_{s,ij}^{k;mn}$（$k\geqslant 0$，$k=0$ 指初始结构），并定义产生最大损伤（定义为 $D_{s,ij}^{k;n}$）的地震动为最不利地震动，检测各抗震等级最不利地震动作用下的结构约束方程，如果满足约束方程则继续，否则回到步骤(2)。

② 计算第 k 优化步结构第 s 类受力体系第 j 层第 i 类构件重要性系数 $\xi_{s,ij}^{k}$。

③ 计算结构在最不利地震动作用下第 k 优化步第 s 类受力体系第 j 层第 i 类构件抗震性能指标 $p_{s,ij}^{k;n}$。

(4) 收敛检测。检测结构各构件的抗震性能指标是否满足收敛条件，若满足则停止优化，第 k 优化步后的结构即为最优结构，否则继续第 $k+1$ 优化步。

(5) 选择结构优化方案，确定结构第 s 类受力体系第 $k+1$ 优化步步长 Δh_s^{k+1}。

(6) 更新结构体系。结构第 s 类受力体系第 $k+1$ 优化步第 j 层第 i 类构件更新为

$$h_{s,ij}^{k+1,n}=\frac{\Delta h_s^{k+1}(p_{s,ij}^{k+1,n}-p_{s,ij}^{t})}{p_{s,ij}^{t}} \tag{5.18}$$

$$h_{s,ij}^{k+1}=\max\{h_{s,ij}^{k+1,n}\},\quad n=1,2,\cdots,N \tag{5.19}$$

回到步骤(3)。

图 5.3 为基于等抗震性能的结构优化过程示意图。在图 5.3(a)中，黑色的实心小球表示初始结构各层的抗震性能指标未知；通过步骤(3)计算得到结构的重要性系数和损伤指数后，结构的抗震性能指标即可确定，图 5.3 中以实心球半径表示结

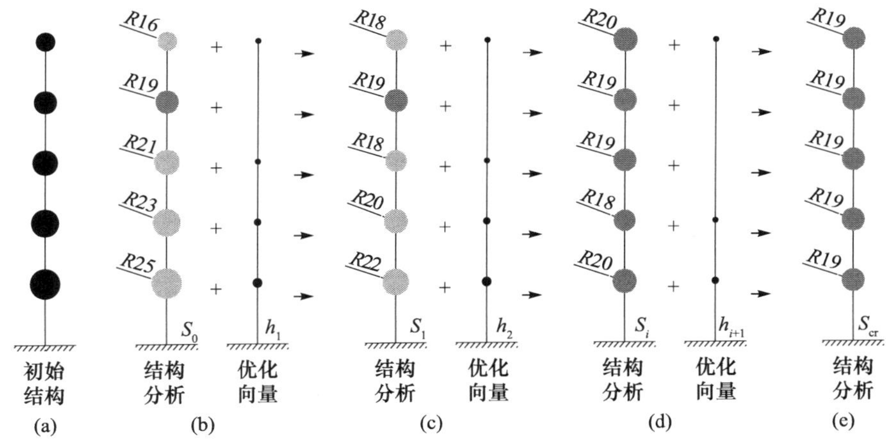

图 5.3　基于等抗震性能的结构优化过程示意图

构各层的抗震性能指标的相对大小，并且以半径为 19 的深灰色小球作为目标抗震性能指标，检测结构约束条件和收敛条件，更新结构体系（见图 5.3(b)）；更新后的结构体系如图 5.3(c)所示，结构各层抗震性能较初始结构逐渐趋于最优结构；经过多次优化后，最优结构如图 5.3(e)所示，结构各层具有相同的抗震性能。

5.2 失效模式单目标优化设计与分析

5.2.1 分析模型

以一高烈度区典型 9 层钢框架结构为例，结构平面尺寸为 45.73m×45.73m，总高 37.19m，水平双向各 5 跨，跨度均为 9.15m[9]。结构框架柱全部采用方钢管柱，钢材等级为 Q345 钢，所有框架梁采用 H 型钢，梁柱节点为刚性连接，如图 5.4 所示。除底层层高 5.49m 外，其余各层层高均为 3.96m，方钢管柱每两层变一次截面，第 1～9 层截面尺寸分别为□500×500×50、□480×480×47、□450×450×40、□400×400×34 和□400×400×30，结构底部两层框架梁截面尺寸为 W36×160，第 3～6 层为 W36×135，第 7～9 层分别为 W30×99、W27×84 和 C24×68。数值分析中采用刚性地基假定。

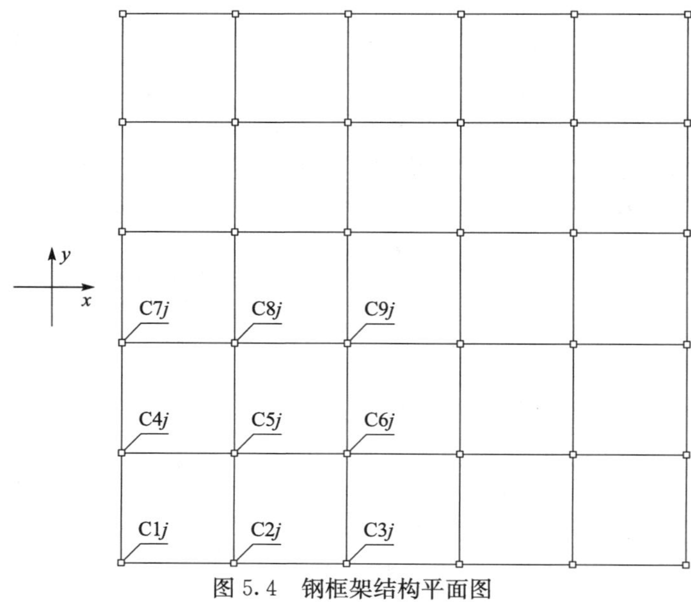

图 5.4 钢框架结构平面图

结构梁柱构件采用 Hughes-Liu 非线性显式纤维梁单元模型模拟，并采用单轴应力应变模型模拟钢材地震作用下动力响应过程[10]。典型的方钢管柱和 H 型钢梁截面离散过程如图 5.5 所示。结构楼板采用分层壳单元模拟，为了考虑楼板和钢框架梁中和轴不重合的影响，将楼板上移至钢梁上翼缘，如图 5.5 所示。数值分析中，结构底层钢管柱离散成 14 个空间梁单元，其余层钢管柱离散成 10 个空间梁单元，所有框架梁均离散成 6 个空间梁单元，综合考虑计算成本和结构计算精度，钢框架柱和梁分别离散成 20 和 21 个纤维截面。采用第 2 章所开发的钢材弹塑性损伤本构模型模拟钢材应力-应变关系，模型的弹塑性参数和损伤参数[3]如表 5.1 所示，其中框架柱钢材屈服强度为 345MPa，框架梁钢材屈服强度为 248MPa，采用上述方法建立结构有限元模型如图 5.6 所示。模态分析得到结构前 9 阶频率和振型如表 5.2 所示。

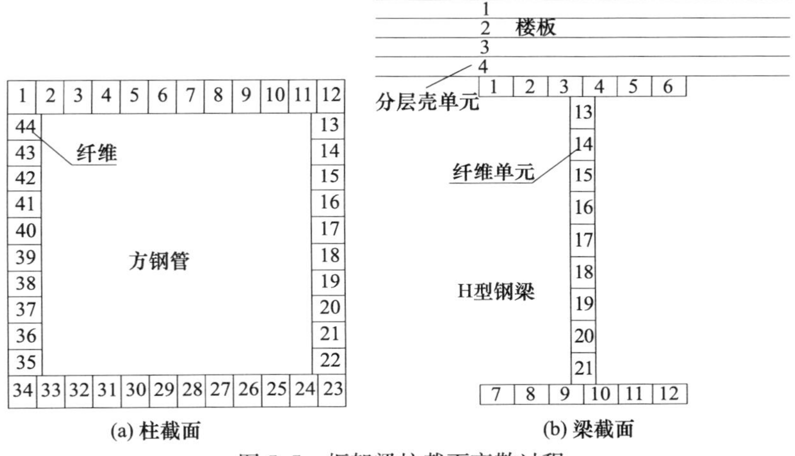

图 5.5　框架梁柱截面离散过程

表 5.1　钢材弹塑性损伤本构模型参数

损伤参数					弹塑性参数			
ε_{th}	ε_{cr}	d_{cr}	d_0	α	H/MPa	α_∞/MPa	c/MPa	β
0.001	0.24	0.065	0	0.2173	200	300	800	0.5

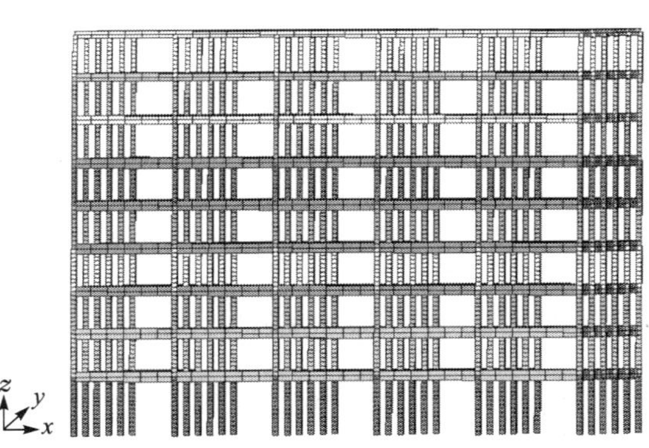

图 5.6　钢框架结构有限元模型

表 5.2　钢框架结构模态参数

阶次	频率/Hz	模态	阶次	频率/Hz	模态
1	0.9892	x 向	6	2.9303	转动
2	0.9899	y 向	7	4.3813	x 向
3	1.1327	转动	8	4.3845	y 向
4	2.5691	x 向	9	4.9830	转动
5	2.5710	y 向			

选用双向 EL-Centro 波、Loma Prieta 波和 San Fernando 波作为结构地震激励，将 PGA 均调幅为 0.684g，3 条地震波南北向和东西向加速度时程曲线如图 5.7 所示。

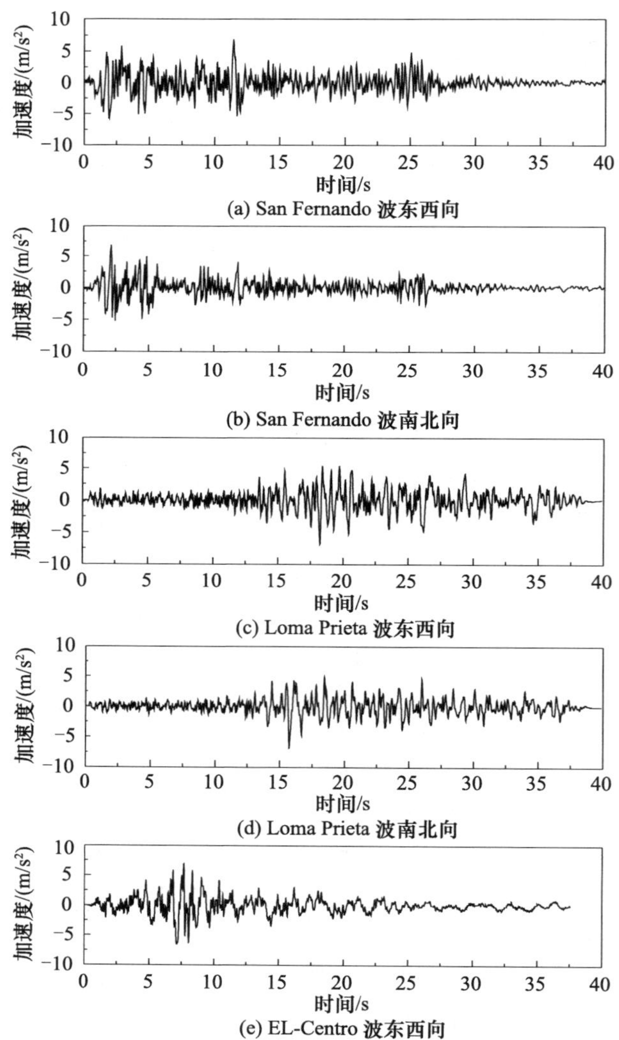

(a) San Fernando 波东西向

(b) San Fernando 波南北向

(c) Loma Prieta 波东西向

(d) Loma Prieta 波南北向

(e) EL-Centro 波东西向

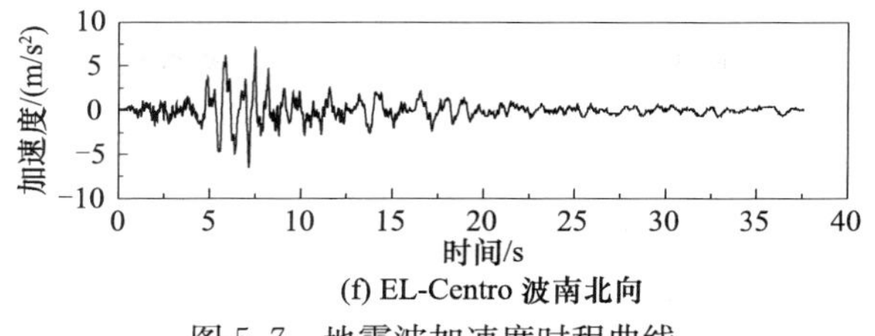

(f) EL-Centro 波南北向

图 5.7　地震波加速度时程曲线

5.2.2　优化过程

通过迭代修正结构框架柱截面尺寸对结构抗震性能进行优化。首先将结构第 j 层具有相同边界条件、截面尺寸和材料参数的框架柱划分成 9 类，分别标示为 C1j 至 C9j，如图 5.4 所示。由于所分析结构的平立面规则，只取前 6 阶模态参数求解结构的重要性系数，计算得到的初始结构和各优化步结构各层各类柱的重要性系数如表 5.3 所示。在 Loma Prieta、San Fernando 和 EL-Centro 地震波作用下，计算得到初始结构和各优化步结构各类柱的损伤指数的平均值如表 5.4 所示，相应的抗震性能指标如表 5.5 所示。

表 5.3　钢框架结构各层各类柱的重要性系数

柱号	优化步	重要性系数								
		第 1 层	第 2 层	第 3 层	第 4 层	第 5 层	第 6 层	第 7 层	第 8 层	第 9 层
C1	0	0.0346	0.0172	0.0167	0.0152	0.0151	0.0140	0.0161	0.0092	0.0026
	1	0.0313	0.0181	0.0175	0.0157	0.0155	0.0146	0.0155	0.0113	0.0040
	2	0.0307	0.0183	0.0176	0.0162	0.0156	0.0150	0.0153	0.0112	0.0053
C2	0	0.0276	0.0144	0.0123	0.0103	0.0103	0.0109	0.0153	0.0113	0.0044
	1	0.0247	0.0152	0.0132	0.0108	0.0107	0.0112	0.0145	0.0132	0.0059
	2	0.0242	0.0153	0.0133	0.0110	0.0107	0.0114	0.0141	0.0131	0.0072
C3	0	0.0235	0.0117	0.0099	0.0081	0.0084	0.0089	0.0132	0.0099	0.0039
	1	0.0208	0.0123	0.0106	0.0085	0.0086	0.0090	0.0124	0.0116	0.0052
	2	0.0203	0.0124	0.0107	0.0087	0.0086	0.0092	0.0120	0.0114	0.0064
C4	0	0.0276	0.0144	0.0123	0.0103	0.0103	0.0109	0.0153	0.0113	0.0044
	1	0.0247	0.0152	0.0132	0.0108	0.0107	0.0112	0.0145	0.0132	0.0059
	2	0.0242	0.0153	0.0133	0.0110	0.0107	0.0114	0.0141	0.0131	0.0072
C5	0	0.0195	0.0098	0.0068	0.0048	0.0052	0.0070	0.0127	0.0111	0.0049
	1	0.0172	0.0105	0.0078	0.0054	0.0054	0.0070	0.0118	0.0126	0.0062
	2	0.0168	0.0106	0.0079	0.0057	0.0054	0.0071	0.0114	0.0125	0.0073
C6	0	0.0166	0.0080	0.0057	0.0041	0.0044	0.0060	0.0108	0.0094	0.0042
	1	0.0146	0.0086	0.0065	0.0046	0.0046	0.0060	0.0100	0.0107	0.0053
	2	0.0142	0.0087	0.0066	0.0049	0.0047	0.0061	0.0097	0.0106	0.0062

续表

柱号	优化步	重要性系数								
		第 1 层	第 2 层	第 3 层	第 4 层	第 5 层	第 6 层	第 7 层	第 8 层	第 9 层
C7	0	0.0235	0.0117	0.0099	0.0081	0.0084	0.0089	0.0132	0.0099	0.0039
	1	0.0208	0.0123	0.0106	0.0085	0.0086	0.0090	0.0124	0.0116	0.0052
	2	0.0203	0.0124	0.0107	0.0087	0.0086	0.0092	0.0120	0.0114	0.0064
C8	0	0.0166	0.0080	0.0057	0.0041	0.0044	0.0060	0.0108	0.0094	0.0042
	1	0.0146	0.0086	0.0065	0.0046	0.0046	0.0060	0.0100	0.0107	0.0053
	2	0.0142	0.0087	0.0066	0.0049	0.0047	0.0061	0.0097	0.0106	0.0062
C9	0	0.0139	0.0065	0.0047	0.0034	0.0038	0.0050	0.0090	0.0079	0.0035
	1	0.0122	0.0070	0.0054	0.0038	0.0040	0.0050	0.0084	0.0089	0.0044
	2	0.0119	0.0071	0.0055	0.0041	0.0040	0.0051	0.0081	0.0088	0.0052

表 5.4　钢框架结构各层各类柱的损伤指数

柱号	优化步	损伤指数								
		第 1 层	第 2 层	第 3 层	第 4 层	第 5 层	第 6 层	第 7 层	第 8 层	第 9 层
C1	0	0.0139	0	0	0	0	0	0.0031	0	0
	1	0.0051	0	0.0003	0	0.0002	0	0.0013	0.0010	0
	2	0.0033	0	0.0004	0	0.0003	0	0.0002	0.0004	0.0004
C2	0	0.0156	0	0	0	0	0	0.0065	0.0001	0
	1	0.0069	0.0012	0.0035	0.0013	0.0037	0.0005	0.0050	0.0045	0.0001
	2	0.0053	0.0020	0.0041	0.0030	0.0048	0.0018	0.0038	0.0036	0.0037
C3	0	0.0156	0	0	0	0	0	0.0065	0.0001	0
	1	0.0069	0.0011	0.0035	0.0012	0.0038	0.0005	0.0051	0.0045	0.0001
	2	0.0053	0.0018	0.0041	0.0030	0.0048	0.0019	0.0038	0.0035	0.0036
C4	0	0.0157	0	0	0	0	0	0.0060	0	0
	1	0.0073	0.0013	0.0033	0.0009	0.0036	0.0003	0.0057	0.0052	0
	2	0.0056	0.0022	0.0040	0.0024	0.0042	0.0019	0.0043	0.0044	0.0043
C5	0	0.0173	0.0012	0.0012	0.0005	0.0016	0.0003	0.0100	0.0017	0
	1	0.0095	0.0073	0.0093	0.0070	0.0092	0.0042	0.0101	0.0099	0.0012
	2	0.0082	0.0087	0.0101	0.0091	0.0099	0.0071	0.0092	0.0100	0.0093
C6	0	0.0173	0.0011	0.0012	0.0005	0.0016	0.0004	0.0100	0.0016	0
	1	0.0095	0.0071	0.0092	0.0069	0.0092	0.0042	0.0101	0.0098	0.0011
	2	0.0082	0.0085	0.0100	0.0090	0.0099	0.0072	0.0092	0.0099	0.0089
C7	0	0.0157	0	0	0	0	0	0.0061	0	0
	1	0.0073	0.0012	0.0033	0.0009	0.0036	0.0003	0.0057	0.0052	0
	2	0.0056	0.0020	0.0039	0.0024	0.0042	0.0019	0.0043	0.0044	0.0041
C8	0	0.0173	0.0011	0.0012	0.0005	0.0017	0.0004	0.0100	0.0017	0
	1	0.0095	0.0071	0.0092	0.0070	0.0092	0.0042	0.0101	0.0098	0.0011
	2	0.0081	0.0085	0.0100	0.0090	0.0099	0.0071	0.0091	0.0099	0.0089
C9	0	0.0173	0.0010	0.0012	0.0005	0.0017	0.0004	0.0101	0.0016	0
	1	0.0094	0.0069	0.0091	0.0069	0.0093	0.0042	0.0101	0.0098	0.0003
	2	0.0081	0.0083	0.0099	0.0089	0.0099	0.0072	0.0092	0.0098	0.0059

表 5.5　钢框架结构各层各类柱的抗震性能指标

柱号	优化步	抗震性能指标/10^{-2}								
		第 1 层	第 2 层	第 3 层	第 4 层	第 5 层	第 6 层	第 7 层	第 8 层	第 9 层
C1	0	2.1309	0	0	0	0	0	0.3870	0	0
	1	0.7915	0.0006	0.0443	0	0.0303	0	0.1675	0.0979	0
	2	0.5181	0.0040	0.0677	0.0050	0.0562	0	0.0227	0.0435	0.0340
C2	0	1.9087	0	0	0	0	0	0.7726	0.0112	0
	1	0.8488	0.1582	0.4501	0.1694	0.4922	0.0588	0.5993	0.5217	0.0068
	2	0.6537	0.2510	0.5376	0.3986	0.6296	0.2309	0.4509	0.4163	0.4222
C3	0	1.6228	0	0	0	0	0	0.6653	0.0099	0
	1	0.7096	0.1165	0.3640	0.1310	0.3985	0.0468	0.5144	0.4488	0.0052
	2	0.5427	0.1834	0.4281	0.3109	0.5033	0.1907	0.3864	0.3542	0.3618
C4	0	1.9209	0	0	0	0	0	0.7119	0	0
	1	0.9000	0.1682	0.4348	0.1153	0.4781	0.0393	0.6778	0.6011	0.0004
	2	0.6917	0.2796	0.5160	0.3153	0.5534	0.2412	0.5159	0.5057	0.4915
C5	0	1.4977	0.1001	0.0887	0.0323	0.1073	0.0284	0.9817	0.1912	0
	1	0.8172	0.6376	0.7101	0.4692	0.6200	0.3342	0.9822	1.0844	0.1411
	2	0.7025	0.7655	0.7808	0.6208	0.6634	0.5648	0.8812	1.0928	1.0643
C6	0	1.2733	0.0756	0.0747	0.0275	0.0933	0.0242	0.8323	0.1495	0
	1	0.6877	0.5090	0.5883	0.3903	0.5307	0.2843	0.8313	0.9106	0.1125
	2	0.5903	0.6140	0.6463	0.5234	0.5682	0.4862	0.7487	0.9157	0.8659
C7	0	1.6327	0	0	0	0	0	0.6232	0	0
	1	0.7527	0.1230	0.3508	0.0902	0.3868	0.0318	0.5803	0.5215	0.0003
	2	0.5736	0.2078	0.4096	0.2454	0.4430	0.1926	0.4402	0.4358	0.4112
C8	0	1.2713	0.0776	0.0754	0.0274	0.0951	0.0257	0.8373	0.1607	0
	1	0.6878	0.5081	0.5895	0.3918	0.5315	0.2857	0.8308	0.9107	0.1105
	2	0.5890	0.6122	0.6450	0.5232	0.5682	0.4843	0.7464	0.9142	0.8660
C9	0	1.0676	0.0589	0.0632	0.0233	0.0830	0.0217	0.7020	0.1275	0
	1	0.5719	0.4035	0.4841	0.3237	0.4541	0.2430	0.6959	0.7582	0.0225
	2	0.4895	0.4876	0.5294	0.4374	0.4857	0.4134	0.6276	0.7594	0.4783

从表 5.3 可以看出，柱 C1 具有最大的重要性系数，表明结构角柱的损伤破坏最易引起结构丧失整体稳定产生连续性破坏。同时，相同位置的不同层框架柱的重要性系数具有很大的差异，并且结构底层柱具有最大值。从表 5.3 中相同类型框架柱各优化步重要性系数的变化还可以看出，其随优化过程变化很小，主要原因是修正结构框架柱截面尺寸对结构整体刚度影响不大，因此可以通过多步优化只计算一次构件重要性系数来降低计算的复杂性。

从表 5.4 中同一层不同类型框架柱的损伤指数分析可以发现，中间位置框架柱（$C5j$、$C6j$、$C8j$ 和 $C9j$）具有最大的损伤指数，而角柱（$C1j$）具有最小的损伤指数。还可以看出，结构优化过程重新分布了结构各层损伤，进而避免了结构损伤在底层集中的现象。需要指出的是，本章优化过程是以结构层为对象，因此同一结构层中不同类型柱的损伤差异并没有减小。表 5.4 还表明，柱 C2j、C3j、C4j、C7j 与柱 C5j、C6j、C8j、C9j 具有相近的损伤指数，因此，实际分析时可以将其划分成一类柱以简化分析流程。

综合分析表 5.3 和表 5.4 还可以发现，结构底层柱具有最大的重要性系数和损伤指数，但重要性系数分析表明结构角柱具有最高等级的重要性，若仅采用构件重要性系数作为设计指标，则角柱应该设计得最强，而构件的损伤指数却得到相反的结论，即结构同一层中，角柱应设计最弱，因此，仅采用重要性系数或损伤指数均不能很好地反映不同构件实际的抗震性能需求。

从表 5.5 可以看出，结构角柱抗震性能指标比中柱大，并且结构底层柱显著大于上部结构柱，但结构各类柱抗震性能指标的差异随着优化过程逐渐减小。采用修正结构各类框架柱截面钢板厚度的方法优化设计结构抗震性能，结构整体抗震性能由结构薄弱部位控制，因此设定结构所有柱具有相同 SPI 时结构具有最优的抗震性能，同时结构各构件材料强度得到充分利用，此时的结构应同时具有成本最低的优点。由于逐一修正结构每一类柱太过烦琐，本章以结构层为单位对结构进行优化设计，即假定结构各层具有相同尺寸的框架柱而不区分角柱与中柱之间的差别。设结构第 7 层为优化的目标抗震性能指标(也可以选定其他目标性能指标)，并设定结构初始优化步步长为 10mm，第二优化步步长为 5mm，经过两次优化后的结构基本满足预设的优化目标。

结构优化过程如表 5.6 所示，优化结束时结构各层柱截面钢板厚度分别为 62.75mm、37.71mm、35.88mm、33.94mm、33.92mm、31.28mm、34.00mm、24.98mm 和 15.34mm，对比初始结构柱截面尺寸可以发现，优化后的结构用钢量显著减少。

表 5.6 钢框架结构优化过程

优化	变量	第 1 层	第 2 层	第 3 层	第 4 层	第 5 层	第 6 层	第 7 层	第 8 层	第 9 层
初始步	$\xi_{s,j}$	0.0226	0.0113	0.0093	0.0076	0.0078	0.0086	0.0129	0.0099	0.0040
	$D_{s,j}$	0.0162	0.0005	0.0005	0.0002	0.0007	0.0002	0.0076	0.0008	0
	$P_{s,j}/10^{-2}$	1.5918	0.0347	0.0336	0.0123	0.0421	0.0111	0.7237	0.0722	0
	h_1/mm	11.9949	−9.5209	−9.5363	−9.8304	−9.4185	−9.8464	0	−9.0020	−10.0000
	H_0/mm	50.00	50.00	47.00	47.00	45.00	45.00	34.00	34.00	30.00
第 1 步	$\xi_{s,j}$	0.0201	0.0120	0.0102	0.0081	0.0081	0.0088	0.0122	0.0115	0.0053
	$D_{s,j}$	0.0079	0.0037	0.0056	0.0036	0.0058	0.0020	0.0070	0.0066	0.0004
	$P_{s,j}/10^{-2}$	0.7519	0.2916	0.4462	0.2312	0.4358	0.1471	0.6533	0.6506	0.0444
	h_2/mm	0.7551	−2.7679	−1.5848	−3.2304	−1.6644	−3.8742	0	−0.0208	−4.6605
	H_1/mm	62.00	40.48	37.46	37.17	35.58	35.15	34.00	25.00	20.00

续表

优化	变量	第 1 层	第 2 层	第 3 层	第 4 层	第 5 层	第 6 层	第 7 层	第 8 层	第 9 层
第2步	$\xi_{s,j}$	0.0197	0.0121	0.0102	0.0084	0.0081	0.0090	0.0118	0.0114	0.0064
	$D_{s,j}$	0.0064	0.0047	0.0063	0.0052	0.0064	0.0040	0.0059	0.0062	0.0055
	$P_{s,j}/10^{-2}$	0.5946	0.3783	0.5067	0.3756	0.4968	0.3116	0.5356	0.6042	0.5550
	H_2/mm	62.75	37.71	35.88	33.94	33.92	31.28	34.00	24.98	15.34

从表 5.6 还可以看出，所给出的优化方法具有很快的收敛速度，并且结构抗震性能可以通过优化结构各层各类柱得到进一步提高。

5.2.3　优化分析

沿结构水平两个方向输入 EL-Centro 波、Loma Prieta 波和 San Fernando 波，通过 IDA 方法分析结构动力响应和损伤发展过程来验证所提出方法的有效性[11]。图 5.8～图 5.10 分别为不同强度等级 EL-Centro 波、Loma Prieta 波和 San Fernando

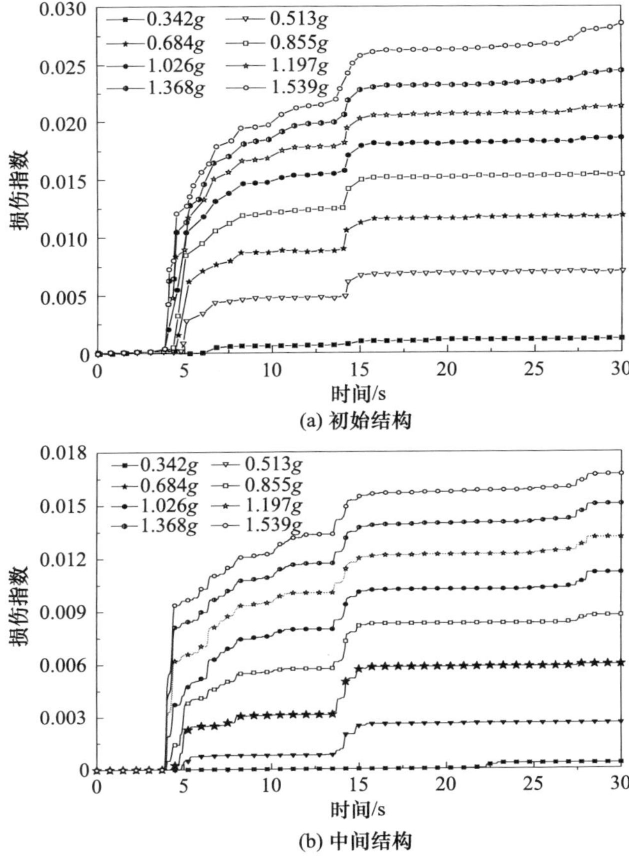

(a) 初始结构

(b) 中间结构

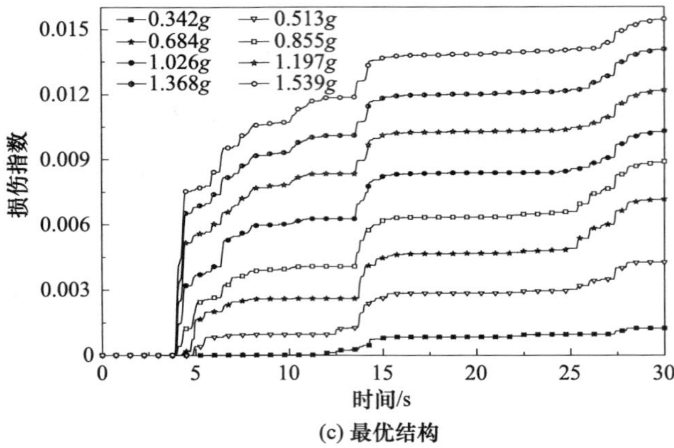

(c) 最优结构

图 5.8　各强度等级的 EL-Centro 波作用下钢框架结构整体损伤发展过程

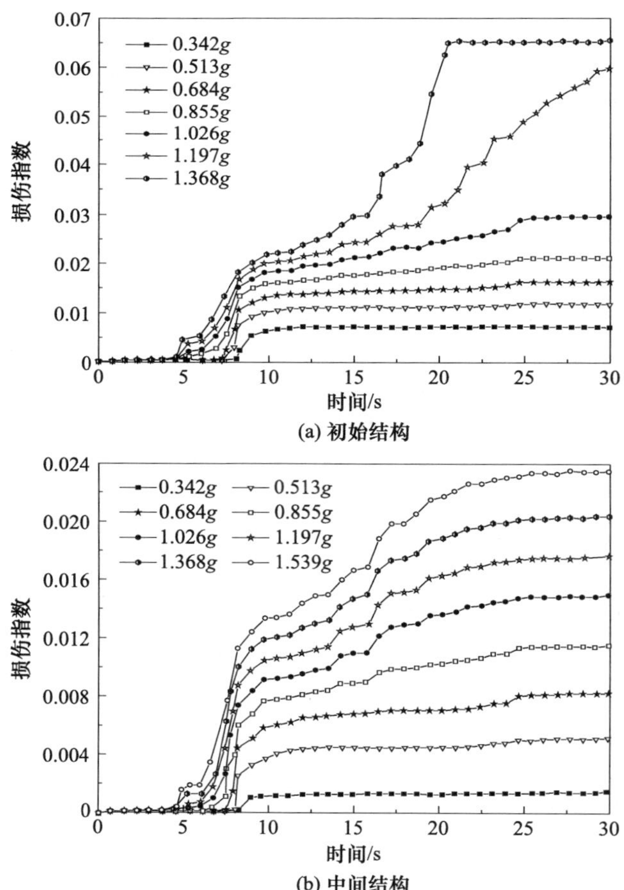

(a) 初始结构

(b) 中间结构

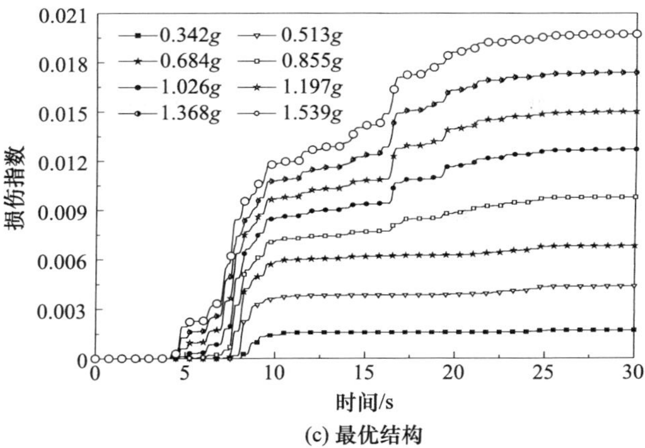

(c) 最优结构

图 5.9　各强度等级的 Loma Prieta 波作用下钢框架结构整体损伤发展过程

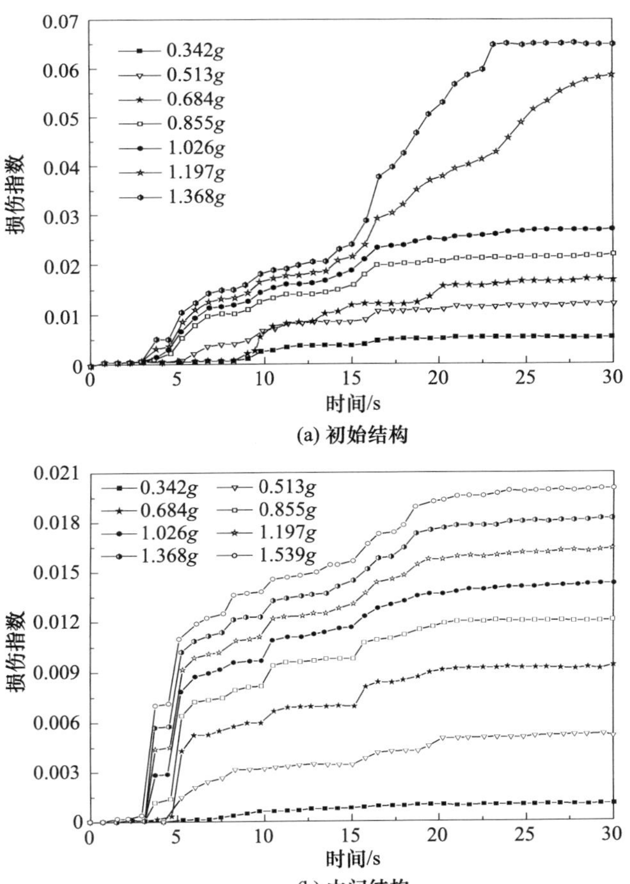

(b) 中间结构

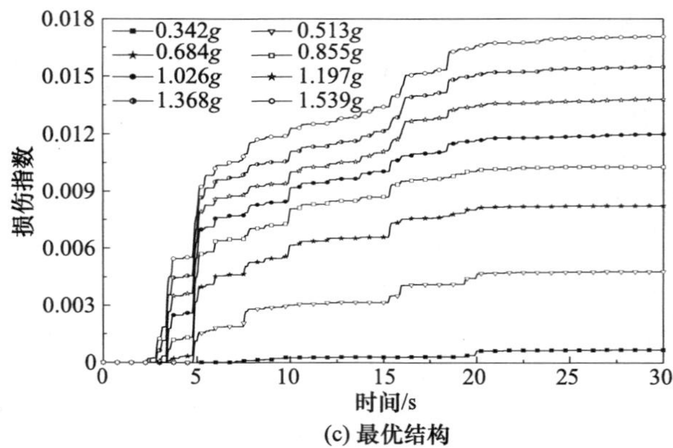

(c) 最优结构

图 5.10　各强度等级的 San Fernando 波作用下钢框架结构整体损伤发展过程

波双向作用下初始结构、优化一次后的结构(中间结构)和优化两次后的结构(最优结构)整体损伤发展过程,相应 IDA 曲线如图 5.11 所示,结构各层损伤发展过程如图 5.12～图 5.14 所示。

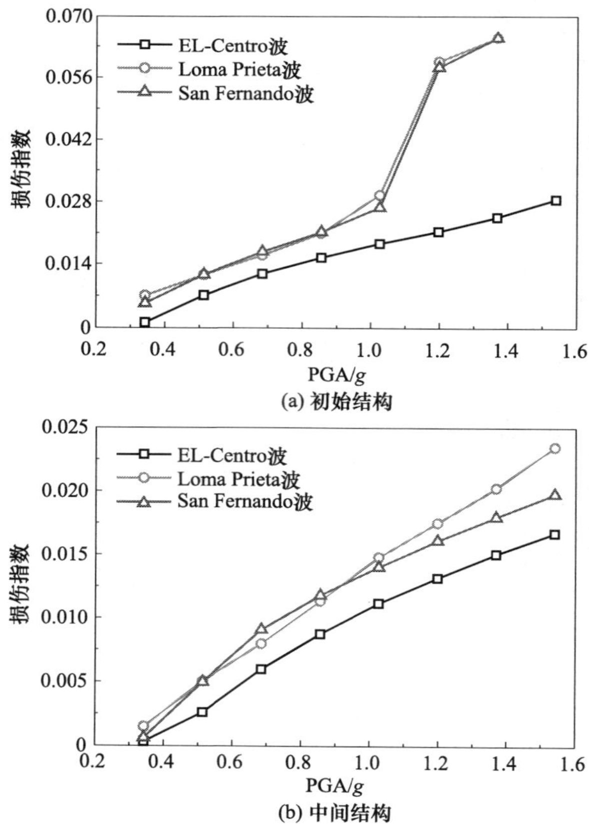

(a) 初始结构

(b) 中间结构

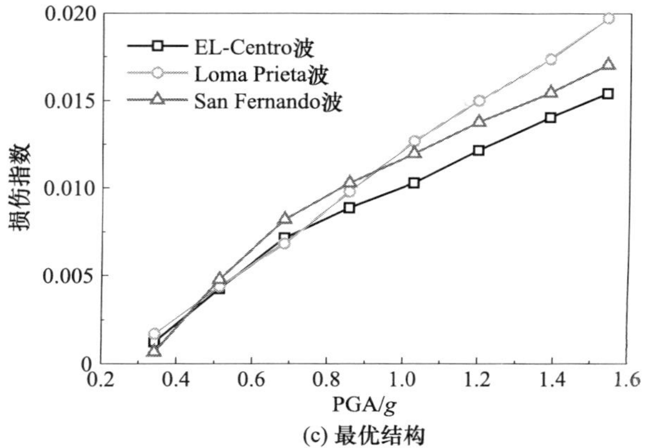

(c) 最优结构

图 5.11　各强度等级的 EL-Centro 波、Loma Prieta 波和 San Fernando 波作用下钢框架结构整体损伤的 IDA 曲线

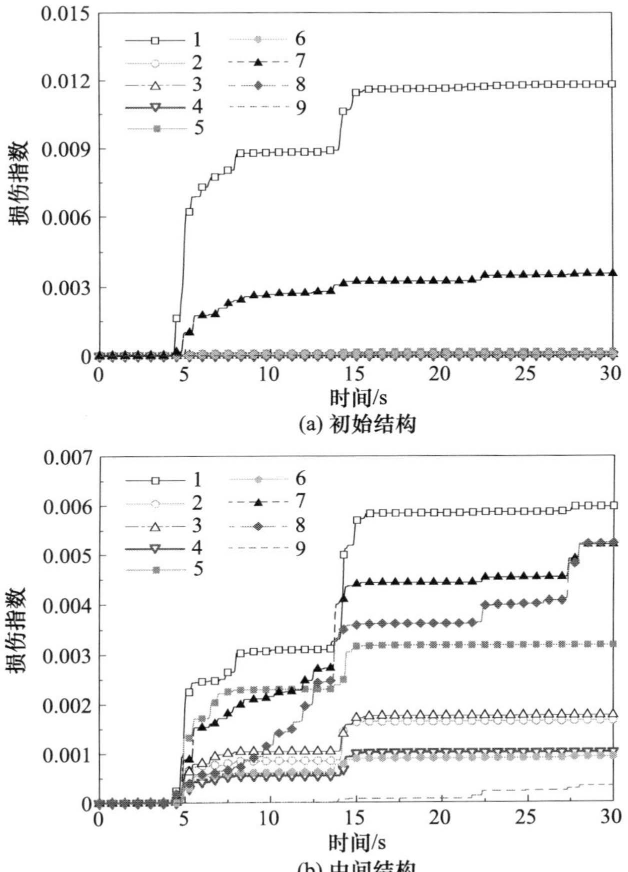

(a) 初始结构

(b) 中间结构

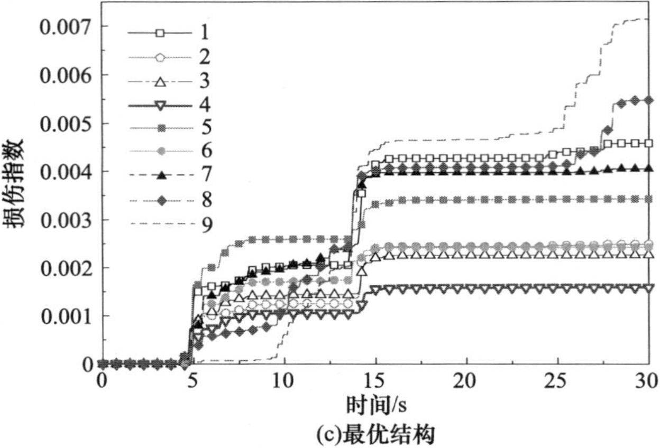

(c)最优结构

图 5.12　PGA＝0.684g 的 EL-Centro 波作用下钢框架结构各层损伤发展过程

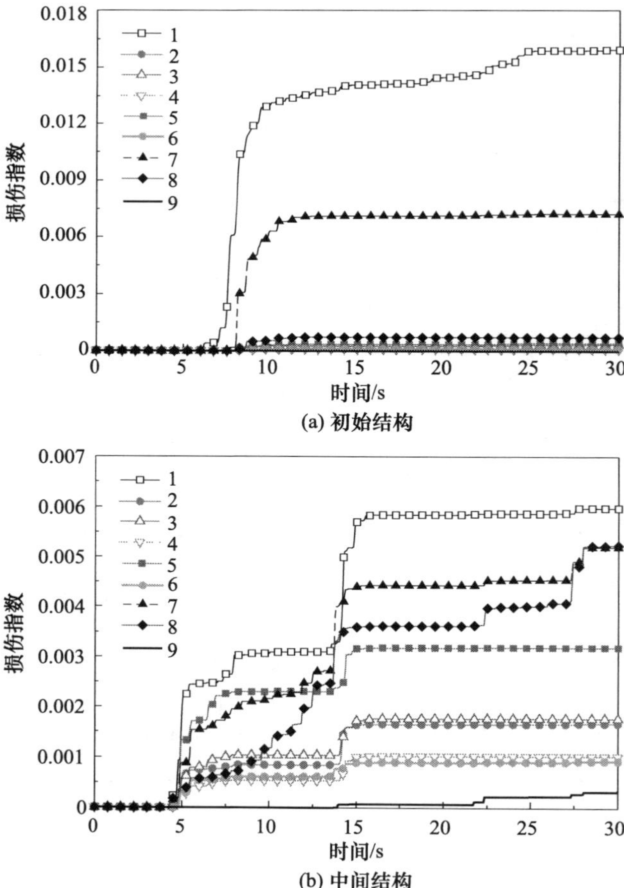

(b) 中间结构

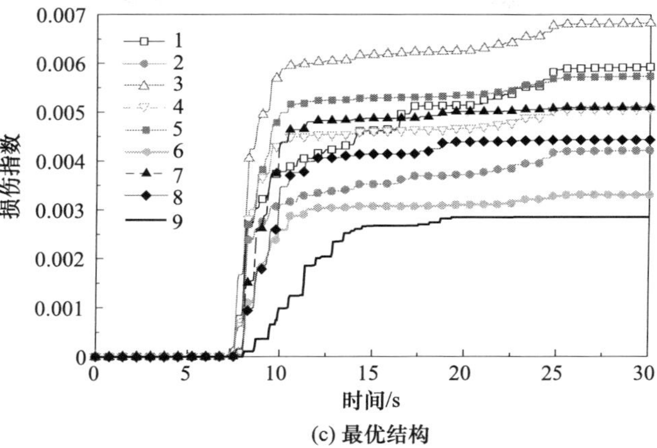

(c) 最优结构

图 5.13　PGA＝0.684g 的 Loma Prieta 波作用下钢框架结构各层损伤发展过程

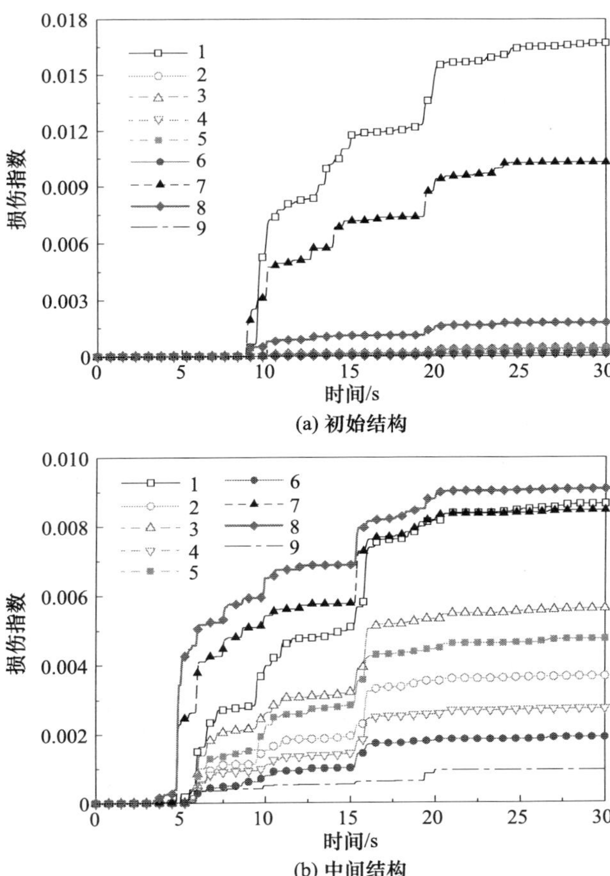

(a) 初始结构

(b) 中间结构

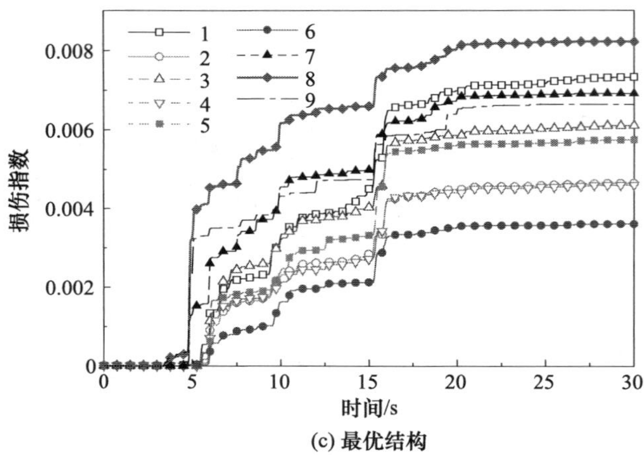

(c) 最优结构

图 5.14 PGA=0.684g 的 San Fernando 波作用下钢框架结构各层损伤发展过程

从图 5.8～图 5.10 可以看出，优化前后的结构具有相同的损伤发展趋势，即均表现为结构损伤在地震动峰值加速度时刻发生突变，其他时刻损伤缓慢增加。在 0.684g 的 EL-Centro 波作用下，初始结构、中间结构、最优结构整体损伤指数分别为 0.0118、0.0060 和 0.0071，在 Loma Prieta 波作用下为 0.0159、0.0080 和 0.0068，在 San Fernando 波作用下为 0.0167、0.0091 和 0.0082。在 1.368g 的 Loma Prieta 波和 San Fernando 波作用下，初始结构分别在 20s 和 23s 时刻首层发生整体倾覆倒塌，相应强度等级的中间结构、最优结构损伤指数分别为 0.0174 和 0.0155，可见优化后的结构整体抗震性能得到很大的提高。

从图 5.9 和图 5.10 还可以看出，在 1.197g 的 Loma Prieta 波和 San Fernando 波作用下，初始结构整体损伤在峰值加速度点后持续增加，说明初始结构损伤在结构底层累积致使结构抗震能力和损伤阈值下降，后续相对较小的地震加速度作用即可催生新的损伤产生，结构损伤准则能反映地震累积损伤作用的影响。

从图 5.11 可以看出，在所选取的 3 条地震波作用下，San Fernando 波具有最大的破坏性，EL-Centro 波具有最小的破坏性，并且 PGA 从 1.197g 增大到 1.368g 时结构整体损伤指数发展不稳定而出现拐点，即初始结构在 1.197g 的地震动作用下已经趋于倒塌。

从图 5.12～图 5.14 可以看出，初始结构损伤主要集中在结构底层，损伤集中大大地削弱了结构整体的抗震性能；与初始结构相比，中间结构损伤分布相对更均匀，但同样在结构第 1 层、第 7 层和第 8 层存在一定程度的损伤集中现象；经过两次优化后的最优结构损伤集中得到较好的控制，并且结构底部数层的损伤指数相对结构上部数层小，基本达到了预期等抗震性能的优化目标。但需要指出的是，在不同的地震动作用下结构的优化效果存在差异，这主要是因为地震动具有很强的随机性，实际应用时应采用多条地震动，以最不利地震动进行结构优化[12~14]。

5.3　失效模式多目标优化设计与分析

5.3.1　钢板剪力墙数值模拟方法

钢板剪力墙的数值模拟方法主要有壳单元法、梁壳单元混合法和条带法。已有的理论和试验研究均表明，条带法在模拟钢板剪力墙单向受力滞回关系时具有很高的精度，但这种模型不能模拟构件平面外弯矩、剪力和轴力的耦合效应，并且在模拟钢板剪力墙核心筒结构时，不能考虑相交钢板剪力墙之间内力的相互作用。因此，本节钢板剪力墙结构采用空间纤维梁单元模拟边缘约束构件、分层壳单元模拟剪力墙钢板的混合法模拟，如图 5.15 所示。

图 5.15 中，分层壳单元将钢板沿厚度方向分成数层，每层可以采用单独的材料模型。在模型内力计算时，首先计算单元中性面的应变和曲率，再基于平截面假定计算单元其他层的应变，通过材料应力-应变关系并沿单元厚度方向积分得到单元内力。对于 LS-DYNA 有限元程序中的分层壳单元，还可以考虑单元剪切变形的影响，并且采用基于力平衡和中心差分法的显式算法，可以避免数值计算中的收敛问题。

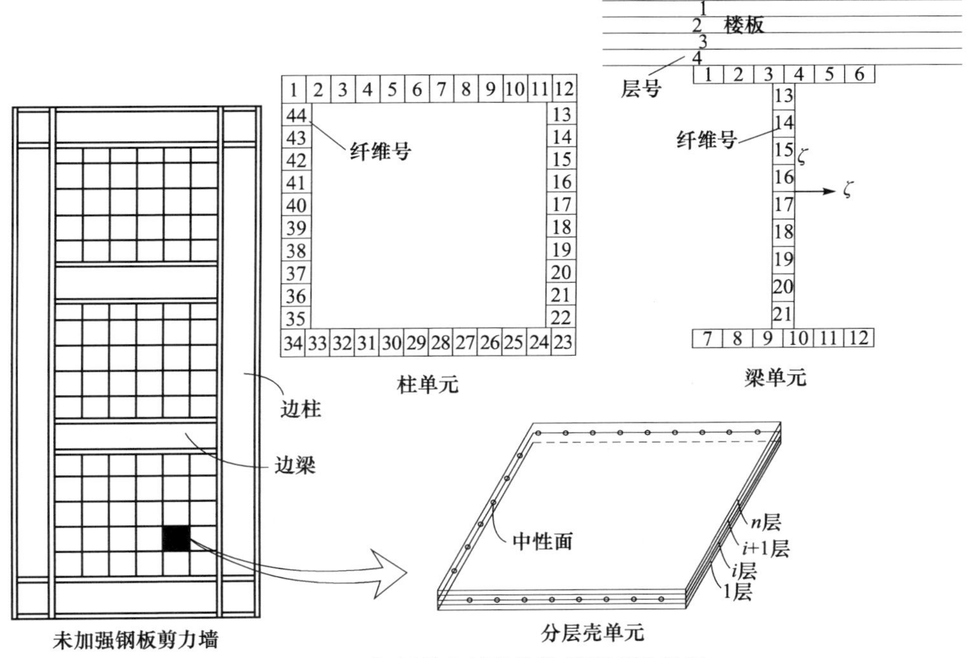

图 5.15　钢板剪力墙结构数值模型示意图

5.3.2 分析模型

所分析结构平面尺寸为 22.2m×22.8m，结构共 15 层，各层层高均为 3.9m，如图 5.16 所示[15]。结构采用 Q235 钢，并假定所有节点刚性连接，钢框架柱和钢板边缘约束钢柱均采用方钢管，初始结构框架柱截面边长每 5 层减少 50mm，其中钢框架柱 1～5 层为 400mm，6～10 层为 350mm，11～15 层为 300mm；约束钢管柱截面边长每 5 层减少 100mm，其中 1～5 层为 600mm，6～10 层为 500mm，11～15 层为 400mm。钢板剪力墙厚度[16]和柱壁厚如表 5.7 中第 1 步所示。

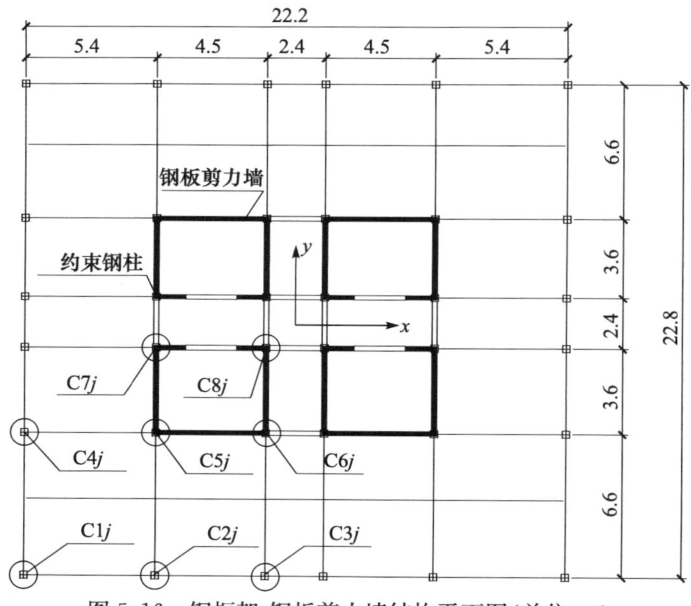

图 5.16　钢框架-钢板剪力墙结构平面图(单位:m)

采用前述数值模拟方法，其中钢柱单元尺寸为 0.3m，即每个钢柱离散成 13 个纤维梁单元，钢梁和钢板剪力墙单元尺寸与钢柱尺寸协调一致。采用刚性地基假定，建立得到结构底层有限元模型如图 5.17 所示。

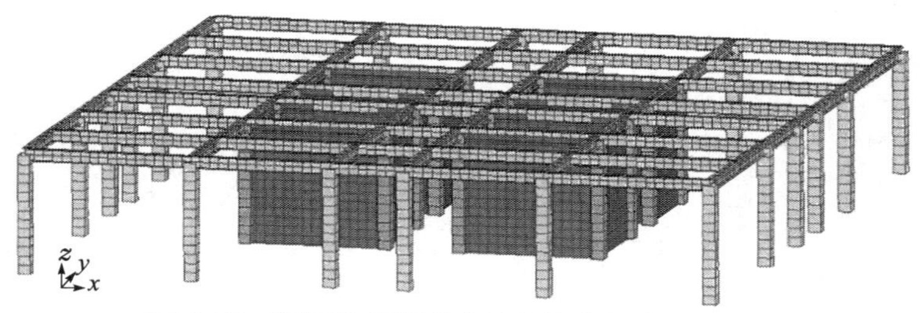

图 5.17　钢框架-钢板剪力墙结构底层有限元模型

5.3.3　优化过程

选用 0.3g、0.7g 和 1.0g 三个等级的 Tianjin 波、Loma Prieta 波和 EL-Centro 波为地震激励，计算得到最不利地震动为 Tianjin 波。设定结构抗震性能的约束条件为：在 0.3g 的最不利地震作用下结构处于弹性阶段；在 0.7g 的最不利地震作用下结构钢柱损伤指数小于 0.006，钢板剪力墙的层间位移角小于 1.8%；在 1.0g 的最不利地震作用下结构钢柱损伤指数小于 0.01，钢板剪力墙的层间位移角小于 2.5%[16]。

对钢框架-钢板剪力墙结构，还必须满足：

(1) 边梁边柱设计满足规范限值要求[17]

$$I_c \geqslant \frac{0.00307 t_w h_s^4}{L} \tag{5.20}$$

式中，t_w 为内嵌钢板厚度；h_s 为内嵌钢板高度；L 为内嵌钢板宽度；I_c 为约束钢柱截面惯性矩。

(2) 考虑各层钢板剪力墙重要性程度的差异，下层钢板剪力墙钢板厚度大于上层，即

$$t_{w,j} \geqslant t_{w,j+1} \tag{5.21}$$

(3) 考虑各层钢柱重要性程度的差异，下层钢柱截面大于上层，即

$$t_{f,j} \geqslant t_{f,j+1} \tag{5.22}$$

在 0.3g、0.7g 和 1.0g 三个等级的 Tianjin 波作用下，采用上述优化方法计算得到结构各层钢框架柱壁厚（表示为 C），约束钢柱壁厚（表示为 B）和剪力墙钢板厚度（表示为 W）如表 5.7 所示。从表 5.7 可以看出，结构各层钢柱和钢板剪力墙截面尺寸随优化过程发生变化，总体表现为底部楼层截面尺寸增大，上部楼层减小，

表 5.7　钢框架柱(C)、约束钢柱(B)和钢板剪力墙(W)优化过程　（单位：mm）

楼层		1	2	3	4	5	6	7	8	9	10	11	12	13	14	15
第1步	C	40.0	40.0	35.0	35.0	30.0	30.0	25.0	25.0	20.0	20.0	20.0	15.0	15.0	10.0	10.0
	B	50.0	50.0	50.0	45.0	45.0	45.0	40.0	40.0	40.0	35.0	35.0	35.0	30.0	30.0	30.0
	W	6.35	6.35	6.35	6.35	6.35	6.35	6.35	4.76	4.76	4.76	3.18	3.18	3.18	1.59	1.59
第3步	C	39.0	34.2	29.3	29.2	26.7	26.7	24.4	24.4	20.8	20.0	19.4	15.0	13.4	10.8	10.0
	B	53.0	52.3	50.0	42.4	42.4	42.4	39.0	39.0	38.5	36.9	36.9	36.9	31.0	31.0	24.1
	W	6.79	6.79	6.79	6.67	6.57	6.53	6.36	4.80	4.71	4.47	3.56	3.56	2.82	1.59	1.00
第6步	C	37.1	29.6	25.6	25.3	24.5	24.5	23.7	23.7	20.0	18.6	17.4	14.2	12.8	10.5	10.0
	B	55.3	55.0	51.8	41.4	40.5	40.5	37.4	37.4	37.4	37.4	37.4	37.4	30.6	30.6	18.2
	W	6.93	6.93	6.93	6.56	6.48	6.48	6.33	4.85	4.72	4.39	3.66	3.66	2.70	1.55	1.00

结构各层强度在满足约束方程的条件下得到重新分配，材料强度得到更充分的利用。与初始结构相比，优化后的结构钢框架柱用钢量节约了16.31%，约束钢柱和剪力墙钢板用钢量改变小于2%。

5.3.4　优化分析

对初始结构、中间结构和最优结构沿水平两个方向施加0.3g、0.5g、0.7g、1.0g和1.2g五个等级的Tianjin波，得到结构x向层间位移包络线如图5.18所示，结构钢框架和约束钢柱整体损伤IDA曲线如图5.19所示，相应的损伤发展过程如图5.20和图5.21所示。

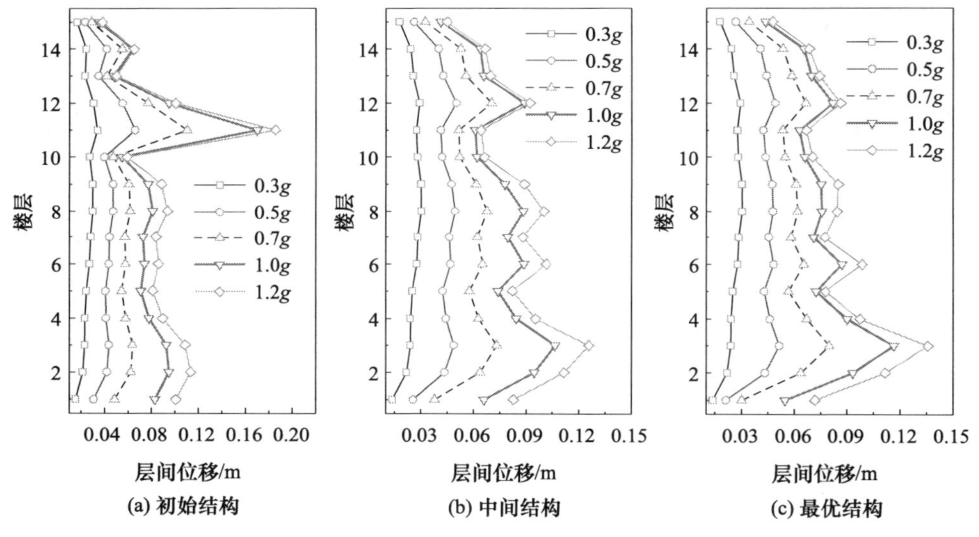

图5.18　结构x向层间位移包络线

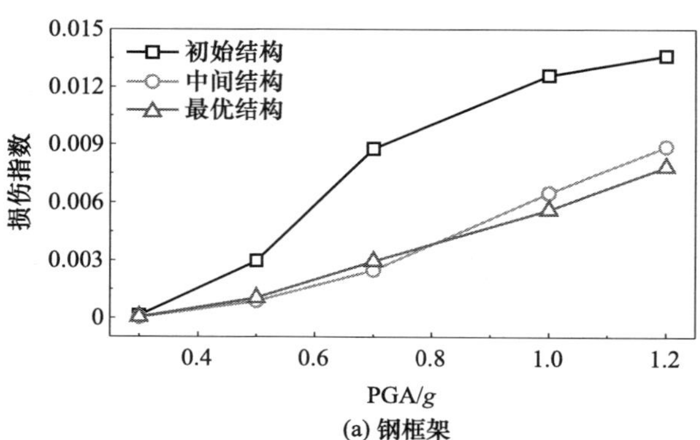

(a) 钢框架

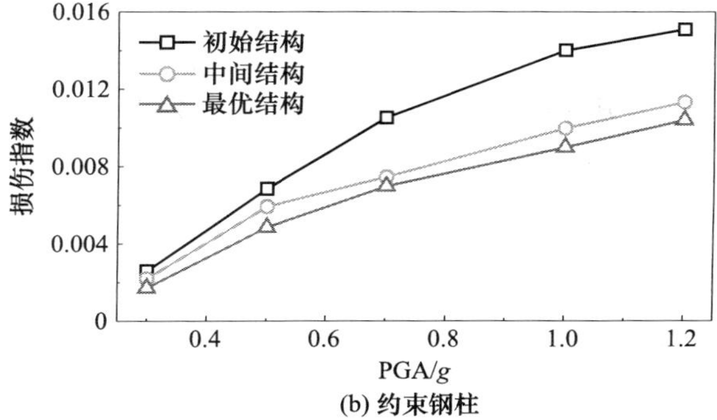

(b) 约束钢柱

图 5.19　钢框架-钢板剪力墙结构损伤 IDA 曲线

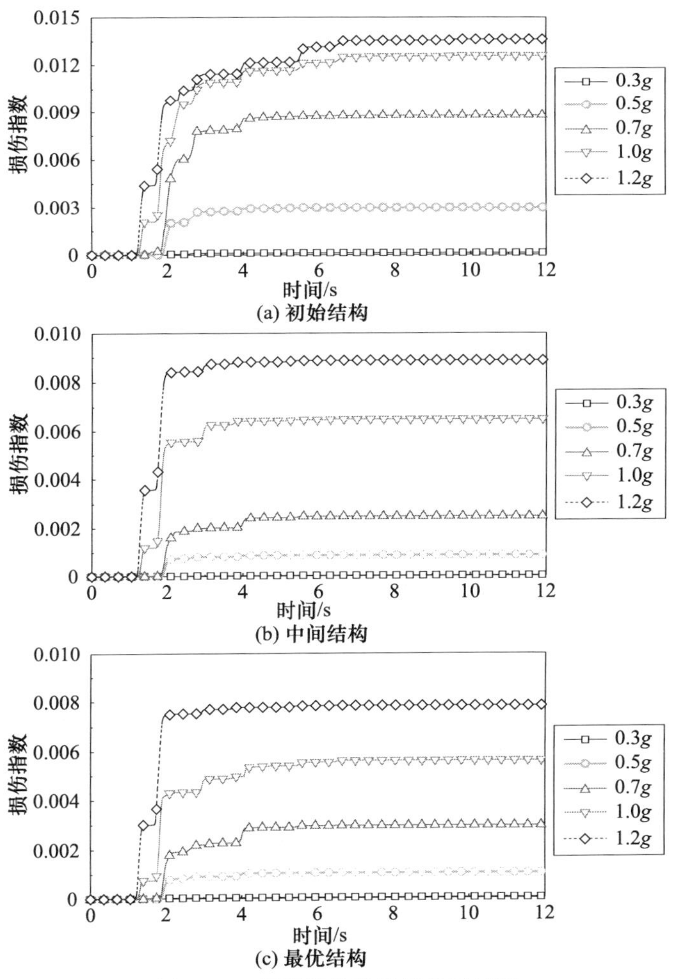

(a) 初始结构

(b) 中间结构

(c) 最优结构

图 5.20　钢框架整体损伤发展过程

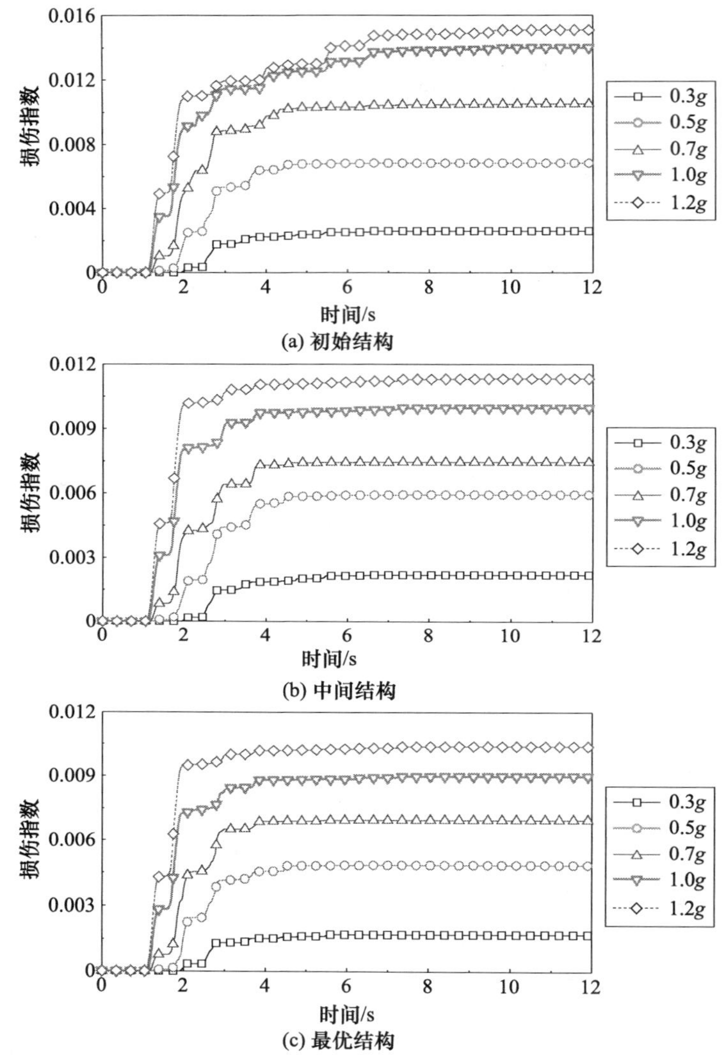

(a) 初始结构

(b) 中间结构

(c) 最优结构

图 5.21　约束钢柱整体损伤发展过程

从图 5.18 可以看出，初始结构在第 11 层存在严重的变形集中现象，是结构薄弱层；经过 3 次优化后的中间结构各层层间位移显著减小，结构变形集中现象得到缓解，但结构第 3 层和第 12 层相对结构整体仍属于薄弱部位；经过 6 次优化后的最优结构各层层间位移更趋一致，特别是在 $0.7g$ 和 $1.0g$ 的 Tianjin 波作用下，结构层间位移基本达到预期的限值，但需要指出的是，最优结构第 3 层仍然存在变形集中现象，分析其原因，主要是优化过程中附加了结构下层截面尺寸大于上层的约束条件，因此最优结构中的底部数层相对较强，造成结构第 3 层产生变形集中现象。分析不同强度地震作用下结构层间位移还可以看出，地震强度等级越低，结构各层层间位移越趋于一致。由此可见，小震作用下的结构优化设计更易实现，但小震下接近最优的结构(如初始结构)在大震下仍然存在薄弱部位和变形集中的现象。

从图 5.19 可以看出，相同地震强度作用下，中间结构和最优结构钢框架整体损伤指数比初始结构大大减小，并且钢框架柱材料比初始结构减少了 16.31%；从图 5.19(b)所示钢板剪力墙约束钢柱整体损伤发展过程可以看出，优化后的结构约束钢柱损伤程度显著减小。对比图 5.19(a)和(b)还可以看出，虽然同一楼层中约束钢柱截面尺寸比钢框架柱截面尺寸大，但约束钢柱损伤程度却远大于钢框架柱，主要原因是约束钢柱承担了很大的轴力以抵抗水平地震作用下核心筒产生的倾覆弯矩。

从图 5.20 钢框架柱损伤发展曲线可以看出，在 0.3g 的 Tianjin 波作用下所有结构损伤指数接近 0，满足优化设计约束条件的要求。分析强震作用下钢框架整体损伤发展曲线表明，初始结构损伤指数发生突变的次数比中间结构和最优结构多并且变化程度大，如在 1.0g 的 Tianjin 波作用下，初始结构损伤指数发生 7 次突变增大到 0.01259，而中间结构和最优结构均发生 4 次突变后分别增大到 0.006485 和 0.00562，结构损伤发生多次突变的原因主要是，在地震动峰值时刻，初始结构在薄弱部位率先产生损伤后，结构强度发生削弱，结构损伤阈值降低，后续相对较小的加速度幅值也能激发结构损伤在薄弱部位继续产生。

图 5.21 所示约束钢柱的损伤发展规律与钢框架柱相似，并且约束钢柱损伤发展更迅速，在 1.0g 的 Tianjin 波作用下，初始结构、中间结构、最优结构损伤指数分别为 0.013998、0.009974 和 0.008993。由此可见，在不增加结构材料成本的基础上，优化后的约束钢柱损伤指数得到明显减小。

结构等抗震性能的优化方法的最终目的是优化设计结构各构件的抗震性能，使结构各构件材料的强度得到最大程度的发挥。图 5.22 和图 5.23 分别是结构钢框架及约束钢柱各层整体损伤发展过程，从图 5.22 可以看出，结构各层损伤发展趋势相近，但损伤集中的楼层损伤指数突变的次数比其他层更多，原因与前述分析相同。此外，初始结构损伤主要集中在第 1 层和第 11 层，中间结构整体损伤由第 1 层控制，而最优结构整体损伤由第 1 层和第 13 层控制。对比分析可以看出，最优结构各层损伤分布更均匀，损伤集中现象得到较好的控制，并且结构最大损伤比初始结构和中间结构也明显减小。图 5.23 中约束钢柱各层损伤分布与图 5.22 中钢框架柱损伤分布相似，初始结构和中间结构均存在不同程度的损伤集中现象，而最优结构损伤分布更均匀，并且损伤程度远小于初始结构和中间结构。

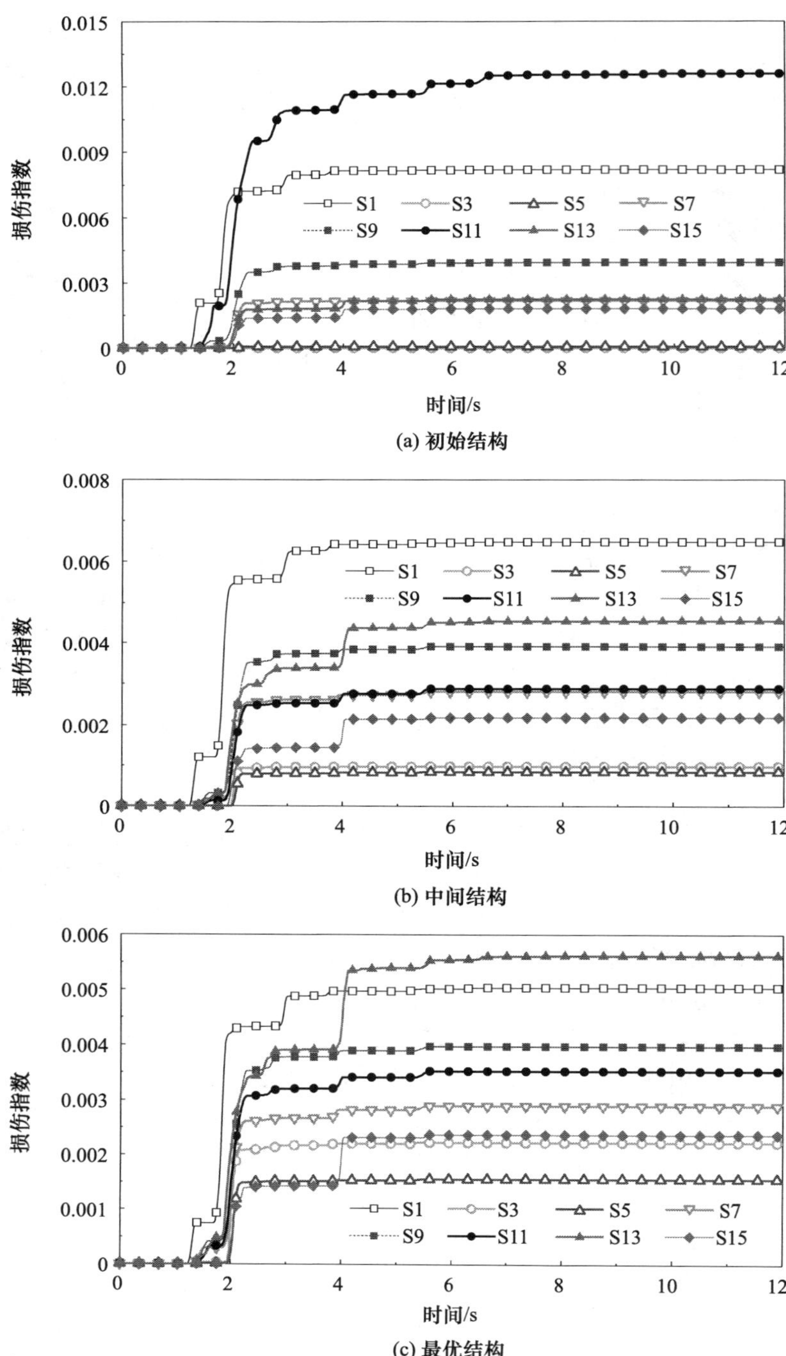

(a) 初始结构

(b) 中间结构

(c) 最优结构

图 5.22　钢框架各层损伤发展过程

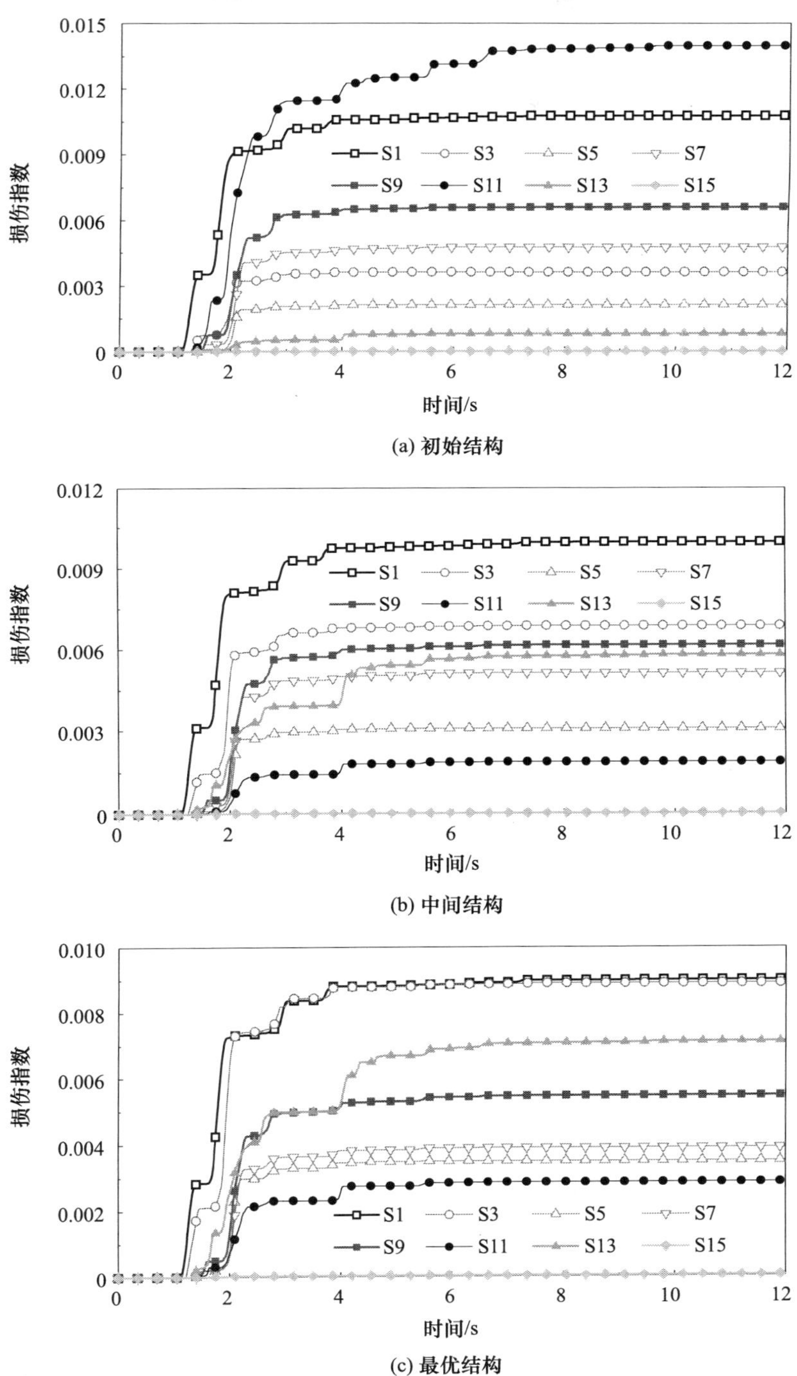

(a) 初始结构

(b) 中间结构

(c) 最优结构

图 5.23　约束钢柱各层损伤发展过程

需要指出的是,钢框架-钢板剪力墙等复杂结构的抗震性能由多重抗震体系共同控制,并且优化过程中各体系的抗震性能会相互影响,因此,具体实施等抗震性能的优化设计时应尽量采用小的优化步长,以保证优化过程的稳定性。此外,最优结构在满足约束方程的条件下,不一定能完全满足抗震性能指标相等的要求,但优化后的结构抗震性能比初始结构明显提高,并且能节约结构用钢量。

参考文献

[1] 伍敏. 高层建筑结构地震损伤与倒塌分析[博士学位论文]. 天津:天津大学,2012.

[2] 吕杨. 高层建筑结构地震失效模式优化及损伤控制研究[博士学位论文]. 天津:天津大学,2012.

[3] Bonora N. A nonlinear CDM model for ductile failure. Engineering Fracture Mechanics, 1997,58(1-2):11—28.

[4] Salawu O S. Detection of structural damage through changes in frequency:a review. Engineering Structures,1997,19(9):718—723.

[5] Chopra A K. Dynamics of Structures:Theory and Applications to Earthquake Engineering. Hong Kong:Pearson Education Asia Limited,2007:7—9.

[6] 丁阳,伍敏,徐龙河,等. 高层钢框架考虑损伤累积效应的地震倒塌分析方法. 土木工程学报,2012,45(9):84—90.

[7] 李忠献,吕杨,徐龙河,等. 高层钢框架结构地震失效模式优化及损伤控制的研究进展. 建筑结构学报,2011,32(12):62—70.

[8] 徐龙河,吕杨,李忠献. 一种建筑结构基于抗震性能的优化方法和系统:中华人民共和国发明专利,ZL201110393973. 2. 2014. 1. 29.

[9] Ohtori Y,Spencer B F Jr,Dyke S J. Benchmark control problems for seismically excited nonlinear buildings. Journal of Engineering Mechanics,2004,130(4):366—385.

[10] LS-DYNA. Keyword user's manual. Livermore:Livermore Software Technology Corporation,2006:1—20.

[11] Vamvatsikos D V,Cornell C A. Incremental dynamic analysis. Earthquake Engineering and Structural Dynamics,2002,31(3):491—514.

[12] Xu L H,Li Z X. Model predictive control strategies for protection of structures during earthquakes. Structural Engineering and Mechanics,2011,40(2):233—243.

[13] Xu L H,Shan X,Li Z X. Analysis of dynamic damage process for steel frame structure due to strong earthquakes//Proceedings of the International Workshop on Civil Engineering and Urban Planning,Hangzhou,2011:1432—1435.

[14] Xu L H,Shan X,Li Z X. Vulnerability analysis for steel frame structure due to strong earthquakes. Applied Mechanics and Materials,2011,90-93:1486—1489.

[15] Zhou Y, Lu X L, Huang Z H, et al. Seismic behavior of composite shear walls with multi-embedded steel sections part Ⅱ: analysis. The Structural Design of Tall and Special Buildings, 2010, 19(6): 637—655.

[16] Berman J W. Seismic behavior of code designed steel plate shear walls. Engineering Structures, 2011, 33(1): 230—244.

[17] American Institute of Steel Construction. Seismic Provisions for Structural Steel Buildings (ANSI/AISC 341-05). Chicago: American Institute of Steal Construction, 2002.

第6章　高层钢结构基于性能的地震失效模式识别与优化

在地震频繁给人类带来灾害的同时，人们也逐渐从地震灾害中吸取经验教训，防灾减灾的思想已经基本形成。土木工程结构的抗震设计是以设计规范为依据，冠以经验和概念设计，以地震危险性分析得到的地震设防区划为目标，用反应谱理论进行定量分析的设计方法。经验表明，按现代抗震设计方法设计的建筑物在地震中的抗震性能明显优于未经抗震设计的建筑，但在近年来的地震中，也遭受了巨大的损失。

地震造成的损失直接或间接地来源于建筑物的连续性倒塌。结构损伤的发生及其演化是构件出现弹塑性、逐步失效断裂，最后发生局部坍塌或整体倒塌的根本原因。因此，分析结构的地震失效过程及失效模式，对提高结构的整体抗震能力具有重大意义。目前的结构连续性倒塌分析大多数集中于建立结构构件的倒塌依据，对结构可靠度理论的研究很多，但很少从失效模式这个角度来研究并优化结构。在实际的结构分析中，随着结构体系构件和冗余度的增加，结构的失效模式也会增加，想要搜索到结构的所有失效模式是不现实的。而且考虑到地震随机性对结构造成的影响，不同地震作用下结构失效模式的离散性较大，使得对结构的损伤机理和连续倒塌机制分析变得相当困难。为此，有必要对结构在不同地震作用下的失效模式进行研究，在所有可能的结构失效模式中，找出结构体系的主要失效模式，然后通过加强结构的薄弱构件来控制结构的失效。从失效模式角度研究结构优化设计对提高结构的整体抗倒塌能力具有非常重要的意义。

本章主要介绍基于性能的钢框架结构失效模式识别与多目标优化理论与方法，以损伤和滞回耗能作为评价指标，识别最不利地震作用下的结构失效模式；定义了构件的截面损伤指数，基于 IDA 方法，对地震输入下结构的失效模式进行分类，统计得出各失效模式下构件端部截面损伤均值，基于此建立基于概率的地震失效模式识别与多目标优化方法。

6.1　基于损伤与耗能的结构失效模式识别与多目标优化

结构抗震实质是一个耗散地震输入能量的过程。对于给定的结构，地震输入到结构的能量是一个稳定量，是结构抗震能力的总需求指标，结构的总耗能能力应大于地震输入能量。在地震作用下，结构各构件由于受到不同程度的损伤破坏而产生累积滞回耗能，结构构件耗散越多地震能量则损伤越大。若该构件为结构的关键构件，因耗散地震能量产生较大损伤甚至失效，极可能引发结构的连续性倒塌。结构的耗能分布模式一定程度上反映了结构构件的损伤机制，两者决定结构的失效模式。

如果让非关键构件承担较多的地震能量耗散及较大的地震损伤，保护结构的重要构件，则可在保证结构整体耗能的同时减小结构损伤，提高结构的整体抗震性，同时由于结构材料强度得到充分利用，结构总造价也会降低。此外，由于建筑结构本身的复杂性和未来潜在地震动的随机性（不同设防水准下结构抗震性能的优化设计具有很大差异，建筑结构自身状态和特性会随地震作用的发展过程不断发生变化），弹性阶段抗震性能最优的结构，在中震和大震作用下结构进入非线性时，可能不满足此时的最优抗震性能。不同地震动特性下结构抗震性能的优化设计有很大区别，未来可能发生的地震动具有很大的随机性，结构在不同特性地震动作用下的失效模式也有很大差异，以最不利地震动作为优化设计依据的结构具有最高的冗余度。

6.1.1　损伤指数

Newmark[1]、Powell 和 Allahabadi[2]、Shiata 和 Sezoen[3]、Housner[4]、Dawin 和 Nmai[5]、Mccabe 和 Hall[6]、Park 和 Ang[7]先后提出了一系列描述构件损伤程度的模型和修正方法，其中典型的基于变形和能量线性组合形式的 Park-Ang 损伤模型为

$$D=\frac{\delta_{\mathrm{m}}}{\delta_{\mathrm{u}}}+\beta\frac{\int \mathrm{d}E}{Q_{\mathrm{y}}\delta_{\mathrm{u}}} \tag{6.1}$$

式中，D 为损伤指数，并以 $D=0$ 表示无损伤状态，以 $D=1$ 表示完全破坏状态；δ_{m} 为非弹性反应中构件的最大变形；δ_{u} 为单调加载下构件的极限变形；Q_{y} 为构件的屈服强度；$\int \mathrm{d}E$ 为构件累积滞回耗能；β 为滞回耗能因子。

$$\beta=(-0.447+0.073\lambda+0.24n_0+0.314\rho_{\mathrm{t}})0.7^{100\rho_{\mathrm{w}}} \tag{6.2}$$

式中，λ 为构件的剪跨比，当 $\lambda<1.7$ 时取 1.7；n_0 为轴压比，当 $n_0<0.2$ 时取 0.2；ρ_{t} 为纵向受力钢筋配筋率，当 $\rho_{\mathrm{t}}<0.75\%$时取 0.75%；ρ_{w} 为体积箍筋率。

一些国外学者在 Park 损伤模型的基础上进行了修正，由于 Park 模型概念清晰，简单易用，国内一些学者在此基础上也进行了修正。为充分考虑结构由大的非弹性变形引起的破坏 D_1 和低周往复荷载下累积损伤引起的破坏 D_2 对构件整体破坏程度的贡献，杜修力和欧进萍[8]提出了一种新的组合方式：

$$D=D_1+D_2-D_1D_2=D_1+D_2(1-D_1)=D_1+f(D_1)D_2 \tag{6.3}$$

式中，$f(D_1)$用来调整首次超越破坏和累积破坏的影响。D_1 较小时，破坏主要由

累积损伤控制；D_1 较大时，破坏主要由最大变形控制，充分考虑了滞回环累积幅值对累积损伤的影响。

李军旗和赵世春[9]提出改进的 Park 模型：

$$D=\frac{\delta_{\mathrm{m}}}{\delta_{\mathrm{u}}}+\left(1-\frac{\delta_{\mathrm{m}}}{\delta_{\mathrm{u}}}\right)m\eta_{\mathrm{p}}\frac{\sum E_i}{V_{\mathrm{y}}\delta_{\mathrm{y}}} \tag{6.4}$$

式中，m 为组合系数；η_{p} 为强度折减系数；V_{y} 为屈服剪力。

于海祥等[10]提出一种损伤模型：

$$D=\left(1-\frac{K}{K_0}\right)+\alpha\frac{K}{K_0}\left(\frac{\sum\Delta_{Ii}}{\Delta_{\mathrm{y}}}\right)^{\beta} \tag{6.5}$$

式中，K 为构件的卸载刚度；K_0 为构件的初始弹性刚度；$\sum\Delta_{Ii}$ 为响应过程中的累积塑性变形；Δ_{y} 为构件的屈服位移；α、β 为组合系数，使模型更具有一般意义。

彭伟文[11]提出了一种考虑强震持时影响的双参数损伤模型：

$$D=\frac{x_{\mathrm{m}}(t)}{x_{\mathrm{d}}}+\beta\frac{E_{\mathrm{h}}(t)}{F_{\mathrm{y}}x_{\mathrm{d}}} \tag{6.6}$$

式中，$x_{\mathrm{m}}(t)$为振动开始到 t 时刻过程中构件达到的最大位移；$E_{\mathrm{h}}(t)$为振动开始到 t 时刻过程中构件的累积滞回耗能。

在工程应用中，结构构件层次的损伤固然重要，但结构整体的受损状态也不容忽视。结构整体损伤定义为受损结构动力特性的变化或受损构件损伤指数的加权平均，由于结构动力特性的变化很难精确地确定损伤发生的位置和过程，在结构失效与损伤分析中，结构整体损伤准则大多定义为结构局部损伤指数的加权组合。该方法的基本原理为：通过损伤准则得出结构各构件的损伤指数，按照它们对结构整体破坏的贡献大小进行加权平均，从而得到结构整体的损伤指数，评价结构的破坏程度。

Park 和 Ang[7]定义了考虑构件耗能与结构总体耗能之比损伤指数：

$$D_{\mathrm{T}}=\sum_i\lambda_i D_i \tag{6.7}$$

$$\lambda_i=\frac{E_i}{\sum E_i} \tag{6.8}$$

式中，λ_i 为能量权值系数。该理论认为耗能越大的构件对结构整体损伤的贡献越大，但这忽略了不同位置构件的损伤程度对结构整体损伤的影响。

杜修力和欧进萍[8]在肯定 Park 的结构整体损伤模型理论的基础上，指出与较高楼层相比，较低楼层的损伤对结构整体损伤的贡献度高

$$\lambda_i=\frac{D_i}{\sum_{i=1}^{N}D_i} \tag{6.9}$$

或

$$\lambda_i = \frac{N+1-i}{N} \tag{6.10}$$

吴波和欧进萍[12]提出了一种同时考虑构件损伤程度及其所处楼层位置对整体损伤影响的层损伤加权法，其权值系数为

$$\lambda_j = \frac{(N+1-j)D_j}{\sum\limits_{j=1}^{N}(N+1-j)D_j} \tag{6.11}$$

式中，λ_j 为第 j 层权值系数；D_j 为第 j 层损伤指数；N 为结构层数。

单旭[13]提出一种基于层损伤均值的权值系数：

$$\omega_j = \frac{D_{\mathrm{col},j}}{\bar{D}_{\mathrm{col},j}} \tag{6.12}$$

式中，$\bar{D}_{\mathrm{col},j}$ 为第 j 层所有柱子损伤指数的均值；$D_{\mathrm{col},j}$ 为第 j 层某个柱子的损伤指数。该模型反映出损伤越严重的构件对结构整体的损伤贡献度越大。

结构损伤的存在会使结构模态参数产生变化，并且模态参数的变化与结构损伤的位置和损伤程度都有很大的关系，因此，可以依次移除各类构件，受损结构模态参数的变化可以反映不同构件对结构整体性能的重要程度。将结构第 j 层第 i 类构件的重要性系数定义为[14]

$$\xi_{ij} = \sum_k \frac{\Delta f_{ij,k}}{f_k} \tag{6.13}$$

式中，$\Delta f_{ij,k}$ 为拆除结构第 j 层第 i 类构件中任一构件后，剩余结构第 k 阶频率减小量；f_k 为完整结构第 k 阶频率。分析时，应保证所取结构频率对应的模态质量之和不小于结构等效质量的 90%。

在组合得到结构整体损伤指数时，由于建筑结构的各结构层采用串联的方式连接，本节将结构整体损伤指数定义为损伤最大的楼层的损伤指数，即

$$D = \max\{D_j\} \tag{6.14}$$

式中，D_j 为结构第 j 层损伤指数。钢结构的层损伤指数由该层所有构件损伤指数加权组合得到，即

$$D_j = \frac{\sum\limits_i \xi_{ij} D_{ij}}{\sum\limits_i \xi_{ij}} \tag{6.15}$$

式中，ξ_{ij} 为结构第 j 层第 i 类构件的重要性系数；D_{ij} 为结构第 j 层第 i 类构件的损伤指数。

定义构件层次的损伤指数[15]

$$D_{ij} = \frac{\delta_{\mathrm{m},ij}(t)}{\delta_{\mathrm{u},ij}} + \alpha \frac{\delta_{\mathrm{m},ij}(t)}{\delta_{\mathrm{u},ij}} \beta \frac{\int_0^t \mathrm{d}E_{ij}}{Q_{\mathrm{y},ij}\delta_{\mathrm{u},ij}} \tag{6.16}$$

式中，$\delta_{\mathrm{m},ij}(t)$为地震动开始至$t$时刻第$j$层第$i$类构件经历的最大位移；$\int_0^t \mathrm{d}E_{ij}$ 为地震动开始至t时刻第j层第i类构件的累积滞回耗能；$\alpha=1.3+3.5n_0$（其中n_0为轴压比，当$n_0<0.2$时取0.2)；β为影响参数；$\delta_{\mathrm{u},ij}$为第j层第i类构件的极限位移；$Q_{\mathrm{y},ij}$为第j层第i类构件的屈服剪力。按照文献[8]中的方法拟合得到的β值为0.011。

6.1.2 能量指标

对未设耗能装置的结构，滞回耗能通过结构非线性变形来完成，结构内会产生某种程度的损伤。多自由度体系在地震作用下，地面运动加速度为$\ddot{x}_{\mathrm{g}}(t)$，其运动微分方程由达朗贝尔原理可得

$$\boldsymbol{M}\ddot{\boldsymbol{x}}(t)+\boldsymbol{C}\dot{\boldsymbol{x}}(t)+\boldsymbol{F}(x)=-\boldsymbol{M}\boldsymbol{I}\ddot{\boldsymbol{x}}_{\mathrm{g}}(t) \tag{6.17}$$

对式(6.17)两边同时乘$(\mathrm{d}\boldsymbol{x})^{\mathrm{T}}$，并对第3项在$(t_i, t_i+\Delta t)$内积分有

$$\Delta E_{\mathrm{E}}+\Delta E_{\mathrm{P}}=\int_{t_i}^{t_i+\Delta t}\dot{\boldsymbol{x}}(t)^{\mathrm{T}}\boldsymbol{F}(x)\boldsymbol{x}(t)\mathrm{d}t \tag{6.18}$$

式中，$\boldsymbol{M}$和$\boldsymbol{C}$分别为结构的质量矩阵和阻尼矩阵；$\dot{\boldsymbol{x}}(t)$和$\ddot{\boldsymbol{x}}(t)$分别为结构的速度列向量和加速度列向量；$\boldsymbol{F}(x)$为弹塑性体系的恢复力向量；$\Delta E_{\mathrm{E}}+\Delta E_{\mathrm{P}}$为结构的滞回耗能和弹性应变能之和的增量。

结构总的滞回耗能为结构各个构件每时刻的恢复力在相应的相对位移上做功之和，各柱的滞回耗能可以通过构件各个时刻恢复力和层间相对位移(F-Δ)关系曲线的面积积分得到

$$E_{\mathrm{E}}=\sum\int_{t_i}^{t_i+\Delta t}F_{ij}(x)x_{ij}(t)\mathrm{d}t \tag{6.19}$$

式中，E_{E}为结构的滞回耗能；$F_{ij}(x)$为第j层第i类构件的恢复力；$x_{ij}(t)$为第j层第i类构件的位移。

6.1.3 失效模式优化

失效模式优化目标函数为

$$\begin{aligned}&\min\{D=\max\{D_j\}\}\\&\max\left\{E_{\mathrm{E}}=\sum\int_{t_i}^{t_i+\Delta t}\Delta F_{ij}(x)x_{ij}(t)\mathrm{d}t\right\}\\ \text{s.t.}\quad &D^k\leqslant D^{k-1}, E_{\mathrm{E}}^k\geqslant E_{\mathrm{E}}^{k-1}\end{aligned} \tag{6.20}$$

目的是使不重要的构件耗散较多的地震能量，承担较大的损伤，使结构整体耗散较多地震能量同时损伤较小。

优化应先初步确定截面尺寸的范围，变截面处的设置仍按原结构。优化流程如图6.1所示，优化过程可描述为[16]：

(1) 计算第 k 优化步第 j 层第 i 类构件的损伤指数 D_{ij}^k。

(2) 计算第 k 优化步第 j 层第 i 类构件的重要性系数 ξ_{ij}^k。

(3) 计算第 k 优化步第 j 层第 i 类构件的滞回耗能。

(4) 计算第 k 优化步结构整体的损伤指数 D^k 和滞回耗能 E_E^k。

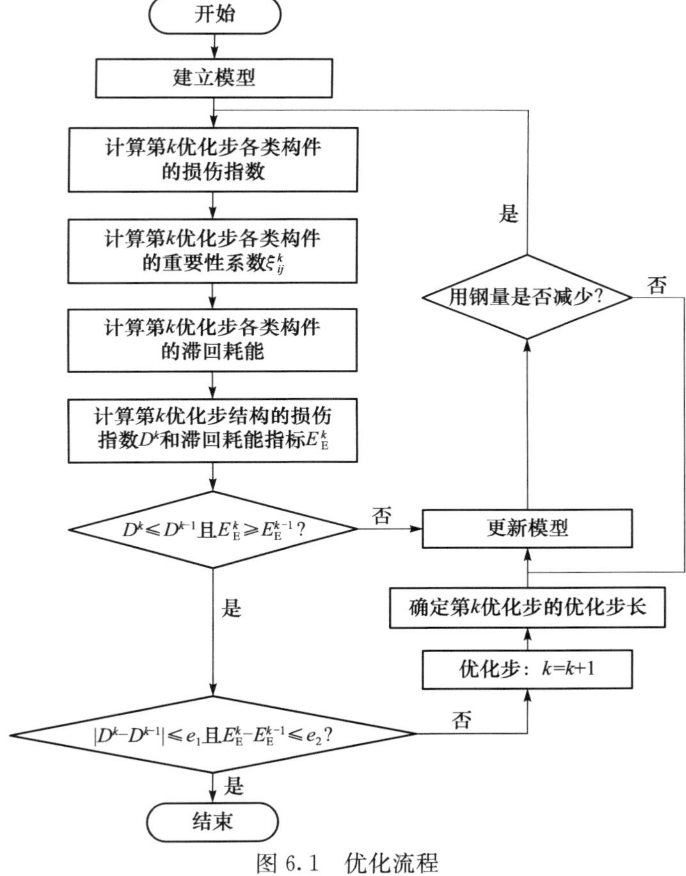

图 6.1 优化流程

(5) 判断是否满足 $D^k\leqslant D^{k-1}$ 且 $E_E^k\geqslant E_E^{k-1}$，若不满足则重新更改构件截面尺寸，更新模型，执行第(1)步，构件用钢量应不超过原结构或增加不多。

(6) 若满足(5)中的条件，则判断是否满足 $|D^k-D^{k-1}|\leqslant e_1$ 且 $E_E^k-E_E^{k-1}\leqslant e_2$，若满足则结束；若不满足则执行(7)。

(7) 进行第 $k=k+1$ 优化步，确定优化步长，执行(1)。

6.1.4 算例分析

以一个 20 层的 Benchmark 钢框架模型为例进行分析，该钢框架为美国洛杉矶某钢结构建筑设计的真实结构，可代表典型的中、高层钢结构建筑，为Ⅱ类场地，设防烈度为 8 度[17]。结构平面尺寸为 30.5m×36.6m，总高为 80.77m，南北方向 5 跨，东西方向 6 跨，跨度均为 6.1m。柱子采用屈服强度为 345MPa 的钢材，角柱为箱型柱，内柱为宽翼缘工字钢。框架梁的屈服强度为 248MPa，均为宽翼缘工字钢。楼板为钢-混凝土组合楼板，满足平面内刚度无穷大假定。梁柱连接均为刚接。底层层高为 5.49m，其余各层层高均为 3.96m。柱的变截面处如图 6.2(a)所示，

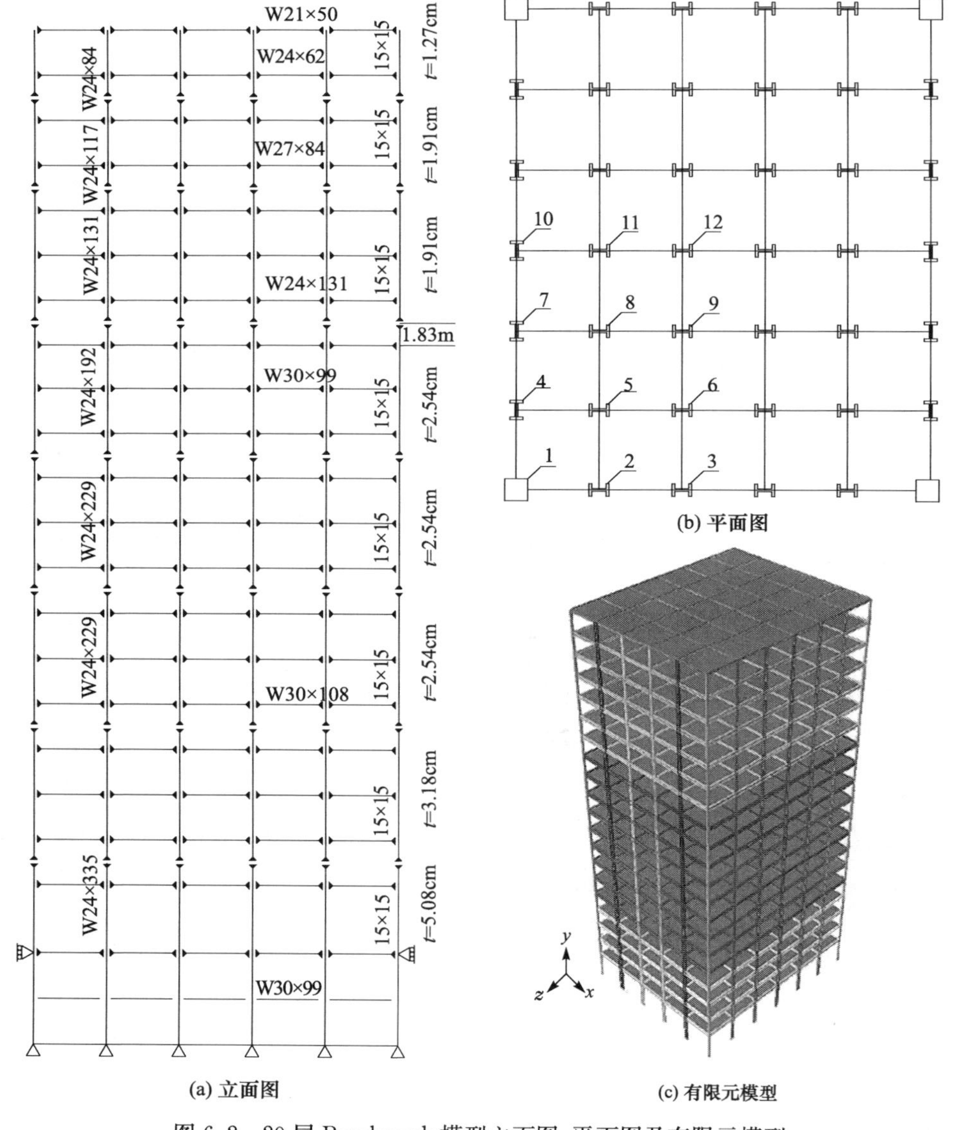

图 6.2　20 层 Benchmark 模型立面图、平面图及有限元模型

位于第 1 层、4 层、7 层、10 层、13 层、16 层、18 层梁柱中心线交点向上 1.83m 处。梁柱截面尺寸以及荷载情况详见文献[18]，平面图及柱的分类如图 6.2(b)所示。

采用 ABAQUS 软件建立三维有限元模型，梁、柱均采用 Beam 单元模拟，每根柱划分 6 个单元，梁划分 4 个单元，楼板采用 Shell 单元模拟。数值分析中采用刚性地基假定，建立地面以上 20 层有限元模型如图 6.2(c)所示。钢材采用 ABAQUS 自带的延性材料塑性损伤本构模型，该弹塑性损伤本构模型及钢结构材料参数列于表 6.1。假定损伤是材料刚度的逐步退化，钢材发生损伤后，在反复荷载作用下损伤指数 D 向增大的方向发展，且与所经历的塑性应变有关，图 6.3为钢材随损伤发展的应力-应变关系曲线。图中，σ_{y0} 和 $\bar{\varepsilon}_D$分别是极限应力和损伤出现时的等效塑性应变，$\bar{\varepsilon}_f^{pl}$ 为材料破坏时($D=1$)的等效塑性应变，它的值与 $\bar{\varepsilon}_D$的值均取决于应力三轴度。模态分析得到模型前 6 阶频率如表 6.2 所示。

表 6.1　钢材弹塑性损伤本构模型参数

构件	ν	E/MPa	σ_{y0}/MPa	$\bar{\varepsilon}_D$	$\bar{\varepsilon}_f^{pl}$
梁	0.30	2.06×10^5	248	0.0375	0.049
柱	0.30	2.06×10^5	345	0.0522	0.068

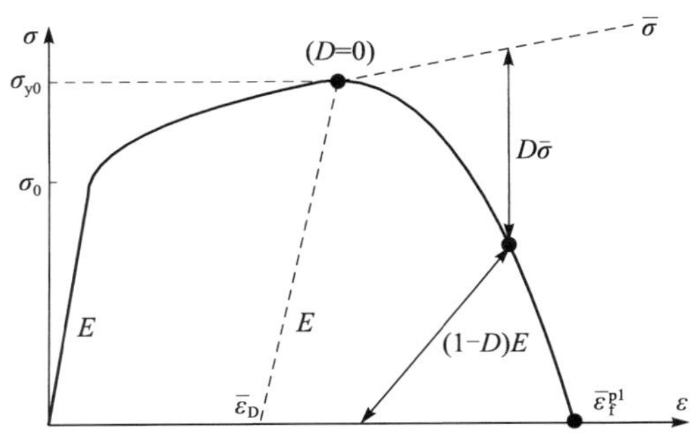

图 6.3　钢材随损伤发展的应力-应变关系曲线

表 6.2　钢框架结构模型前 6 阶频率

阶次	文献[17]模型结果/Hz	本节模型结果/Hz
1	0.261	0.259
2	0.753	0.759
3	1.30	1.293
4	1.83	1.779
5	2.40	2.381
6	2.44	2.593

根据地震分组、场地类别等在PEER上选用6条地震波作为结构的地震激励，地震波信息如表6.3所示。

表6.3 6条输入地震波信息

序号	地震波名称	地震时间/a	震级
1	Loma Prieta 波	1989	6.93
2	San Fernando 波	1971	6.61
3	Landers 波	1992	7.28
4	Irpinia-01 波	1980	6.90
5	Coalinga-01 波	1983	6.36
6	Imperial Valley-06 波	1979	6.53

将结构第j层具有相同边界条件、截面尺寸和材料参数的框架柱划分为12类，通过拆除构件法，得到各层各类柱构件的重要性系数如表6.4所示。可以发现，第1类柱的重要性系数最大，表明结构角柱的损伤破坏最易引起结构丧失整体稳定性产生连续破坏。边柱的重要性系数大于同层的内柱，不同层同一类柱的重要性系数也有很大差异，结构底层柱具有最大值，顶层值最小，重要性系数从底层到高层大致呈减小的趋势。

表6.4 各层各类柱构件的重要性系数

楼层	1类	2类	3类	4类	5类	6类	7类	8类	9类	10类	11类	12类
1	2.53	1.97	1.73	3.13	1.48	1.28	3.09	1.15	1.01	2.86	1.06	0.94
2	1.97	1.03	0.82	1.49	0.68	0.58	1.47	0.50	0.43	1.27	0.46	0.41
3	1.89	1.03	0.84	1.48	0.65	0.58	1.39	0.48	0.42	1.27	0.44	0.39
4	1.85	0.89	0.71	1.26	0.54	0.46	1.14	0.40	0.34	1.08	0.36	0.31
5	1.89	0.80	0.59	1.18	0.48	0.38	1.02	0.35	0.27	0.99	0.31	0.25
6	1.96	0.92	0.67	1.48	0.57	0.43	1.36	0.43	0.32	1.32	0.39	0.29
7	1.88	0.84	0.60	1.49	0.53	0.39	1.42	0.41	0.31	1.38	0.38	0.29
8	1.76	0.69	0.51	1.24	0.45	0.35	1.19	0.37	0.28	1.18	0.34	0.27
9	1.72	0.74	0.61	1.30	0.51	0.45	1.28	0.42	0.37	1.28	0.40	0.36
10	1.67	0.70	0.57	1.13	0.48	0.43	1.13	0.41	0.37	1.13	0.39	0.36
11	1.70	0.60	0.49	0.96	0.41	0.34	0.96	0.35	0.29	0.97	0.32	0.28
12	1.82	0.70	0.58	1.21	0.48	0.40	1.24	0.39	0.32	1.25	0.35	0.31
13	1.84	0.64	0.56	1.24	0.44	0.37	1.32	0.36	0.27	1.30	0.32	0.25
14	1.93	0.62	0.54	1.17	0.42	0.36	1.24	0.34	0.26	1.26	0.32	0.25
15	2.08	0.84	0.78	1.47	0.55	0.51	1.55	0.44	0.37	1.57	0.40	0.34
16	1.81	0.80	0.77	1.19	0.52	0.53	1.30	0.43	0.40	1.34	0.39	0.37
17	1.48	0.62	0.62	0.95	0.41	0.45	1.10	0.36	0.37	1.15	0.35	0.36
18	1.24	0.65	0.68	1.34	0.45	0.53	1.51	0.42	0.45	1.55	0.40	0.44
19	0.78	0.38	0.40	1.16	0.26	0.33	1.33	0.25	0.29	1.37	0.24	0.29
20	0.38	0.17	0.19	0.86	0.11	0.16	0.96	0.11	0.13	0.99	0.11	0.13

结构失效单元数目达到一定程度后，通过限制结构变形来控制结构不超过极限状态，是一种间接判别方法。各国建筑抗震设计规范也是通过限制结构的层间变形来近似考虑结构的抗震倒塌能力。《建筑抗震设计规范》(GB 50011—2010)规定，钢结构的极限最大层间位移角为 1/50，因此本节选取 1/50 作为钢结构失效控制指标。输入地震波加速度峰值分别调幅至 0.2g、0.4g、0.6g、0.8g 和 1.0g，表 6.3 中 6 种地震波作用下结构各层最大层间位移角如图 6.4 所示。14～16 层结构梁的截面尺寸变小，柱的侧向刚度降低，导致各地震动输入下 15 层层间位移角较大。结构在 Irpinia-01 波和 Landers 波作用下最大层间位移角均小于 0.02；在 0.6g Loma Prieta 波作用下最大层间位移角为 0.02；在 0.8g San Fernando 波作用下最大层间位移角为 0.02；在 0.6g Coalinga-01 波作用下最大层间位移角小于 0.02，而在 0.8g Coalinga-01 波作用下最大层间位移角达到 0.022；在 0.8g Imperial Valley-06 波作用下最大层间位移角达到 0.021，已达到规范中所规定的 1/50 的限值。

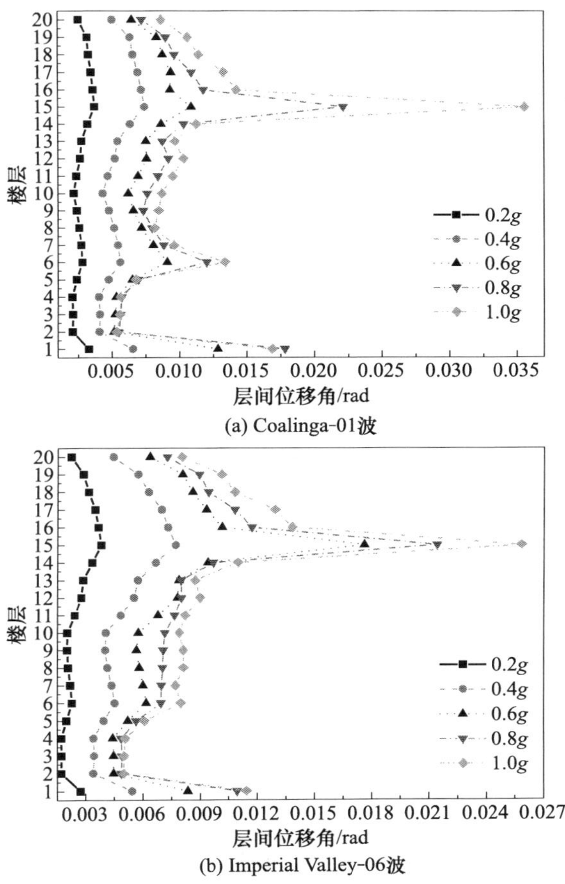

(a) Coalinga-01波

(b) Imperial Valley-06波

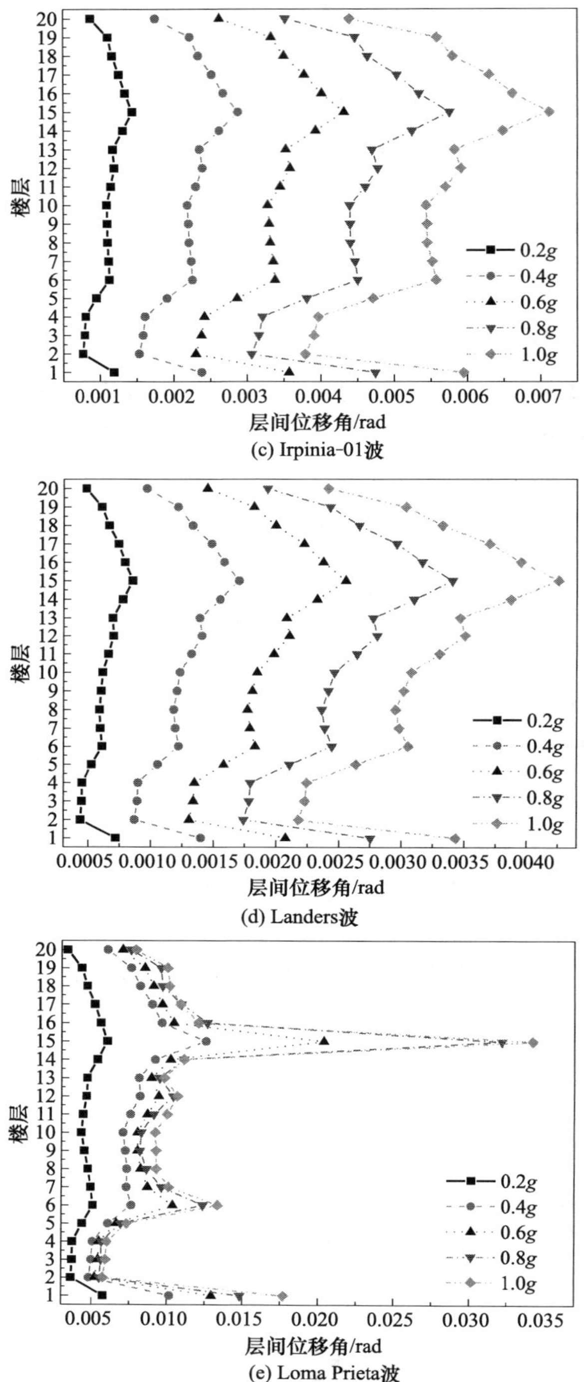

(c) Irpinia-01波

(d) Landers波

(e) Loma Prieta波

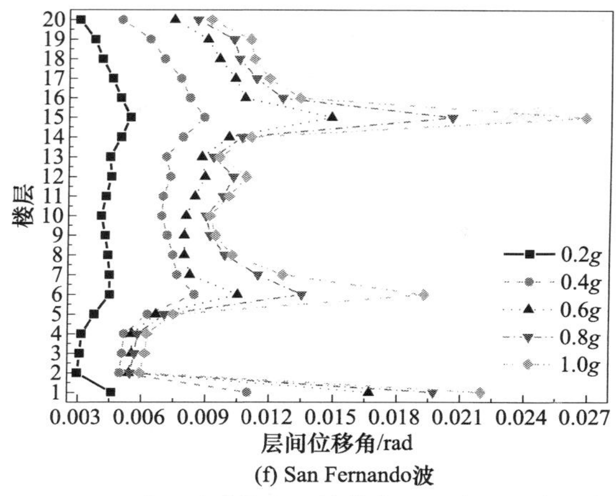

(f) San Fernando波

图 6.4　6 种地震波作用下结构各层最大层间位移角

图 6.5 和图 6.6 分别给出了模型结构整体损伤指数及滞回耗能的 IDA 曲线。由图 6.5 可知，随着 PGA 的增加，不同地震波下结构整体损伤指数都呈上升趋势。在 Irpinia-01 波和 Landers 波作用下，结构整体损伤指数最小；PGA 在 $0.2g$～$0.6g$ 范围内，在 San Fernando 波、Loma Prieta 波、Coalinga-01 波作用下，结构整体损伤指数相差不大；PGA 在 $0.6g$～$1.0g$ 范围内，Coalinga-01 波作用下结构整体损伤指数最大，其次是 San Fernando 波作用下。

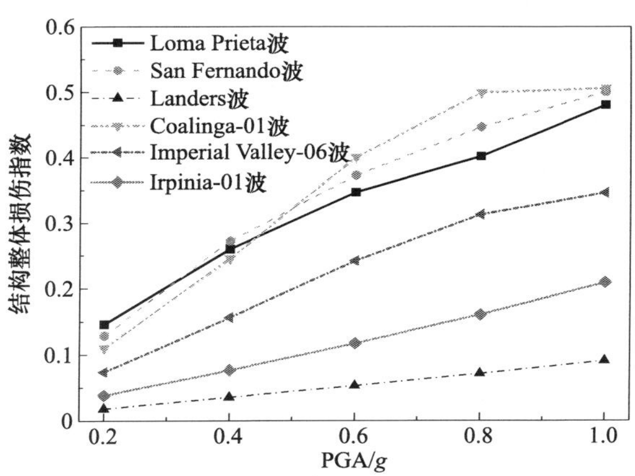

图 6.5　结构整体损伤指数的 IDA 曲线

由图 6.6 可知，随着 PGA 的增大，不同地震波作用下结构的滞回耗能都呈上升趋势；在 Irpinia-01 波和 Imperial Valley-06 波作用下，滞回耗能随着 PGA 的增大呈较好的线性关系，在其他地震波作用下，滞回耗能增加量逐渐减小。滞回耗能大的构件损伤也会大，有利的失效模式是不重要的构件消耗较多的能量，结构的整体损伤减小，因此整体损伤大而滞回耗能较小的即最不利地震动下的失效模式。

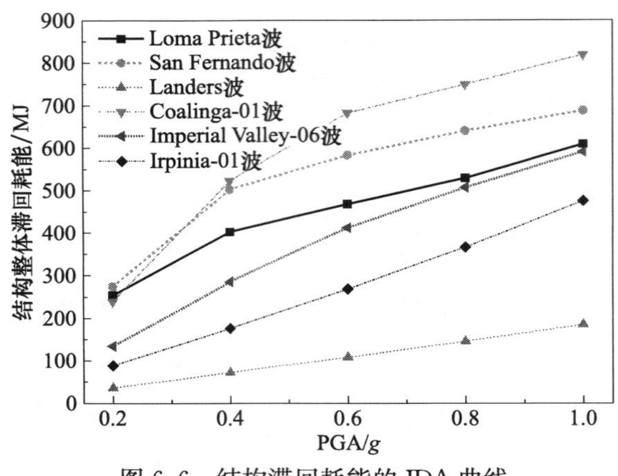

图 6.6　结构滞回耗能的 IDA 曲线

对比图 6.5 和图 6.6 可知，在 Irpinia-01 波和 Landers 波作用下的结构整体损伤指数和滞回耗能都是最小的；在 Imperial Valley-06 波作用下的结构整体损伤指数和滞回耗能都较小。在 0.6g Loma Prieta 波作用下的结构整体损伤指数与 San Fernando 波、Coalinga-01 波作用下相差不大，但其滞回耗能远小于后两种波下的滞回耗能；在与 Imperial Valley-06 波作用下滞回耗能相差不大的前提下，其结构整体损伤指数远大于后者作用下的结构整体损伤指数。因此，在 0.6g Loma Prieta 波作用下的失效模式为不利的失效模式，将 0.6g Loma Prieta 波作为优化分析中的地震动输入。

优化前后截面参数如表 6.5 所示，可以看出，首层结构柱的截面面积增大，其他各层柱截面面积都有不同程度减小，整个结构用钢量减少了 4.13%。

表 6.5　优化前后截面参数　　(单位：mm)

构件	参数		1～2 层	2～5 层	5～8 层	8～11 层	11～14 层	14～17 层	17～19 层	19～20 层
角柱	t	优化前	50.8	31.8	25.4	25.4	25.4	19.1	19.1	12.7
		优化后	60.8	27.8	25.4	21.4	20.4	19.1	14.1	10.7
内柱	t_1、t_2	优化前	63	63	43.9	43.9	37.1	24.4	21.6	19.6
		优化后	68	56	43.9	37.9	32.1	24.4	18.6	17.6
	t_3	优化前	35.1	35.1	24.4	24.4	20.6	15.4	14	11.9
		优化后	35.1	30.1	24.4	22.4	17.6	15.4	12	10.9

注：t 为角柱箱型截面厚度，t_1、t_2 和 t_3 分别为内柱工字型截面上下翼缘及腹板厚度。

图 6.7 为优化前后结构性能指标对比。可以看出，优化后结构整体损伤指数比优化前减小 11.5%，而滞回耗能增加 11%，优化后最大层间位移角及底层层间位移角明显减小，其他各层层间位移角适当增加，层间位移角比优化前分布均匀，结构的整体抗震能力提高的同时用钢量有所减少。

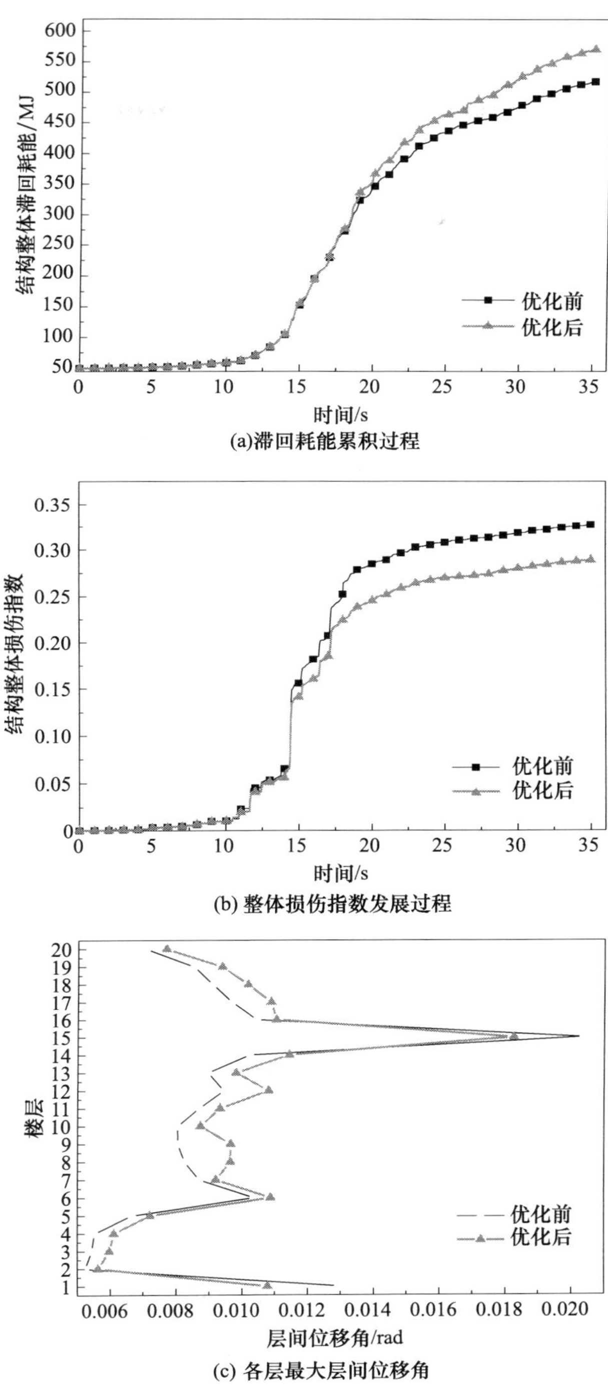

(a)滞回耗能累积过程

(b) 整体损伤指数发展过程

(c) 各层最大层间位移角

图 6.7　优化前后结构性能指标对比

6.2 基于概率的结构主要失效模式识别方法

随着结构楼层高度和跨度的增加，结构的失效模式也在增加，由于建筑结构本身的复杂性，对于超高层结构等复杂结构体系，要搜索到结构所有的失效模式是不可能的。由于地震作用的随机性，单条地震作用下结构的失效模式并不能代表结构在未来潜在地震作用下的破坏特性。同时由于地震动特性的不同，建筑结构自身状态和特性会随地震作用的发展过程不断发生变化，结构在不同特性的地震动作用下的失效模式也有很大差异，搜索到结构在地震作用下的所有失效模式更是不可能。尽管结构在地震作用下的失效模式不唯一，但存在失效概率较大的失效模式，即结构的主要失效模式。根据一定的失效特征，对结构的失效模式进行分类，并对其进行统计分析，得到各失效模式的概率曲线，则可以判断各失效模式出现的概率大小及结构可能的破坏特征，进而能够在有限的地震动输入下，在一定概率水平上识别结构的主要失效模式。根据结构可能的主要失效特征，可对结构的薄弱部位进行优化。

6.2.1 各失效模式下结构失效概率

结构的失效概率定义为结构在给定地震动强度作用下发生失效的条件概率，可表示为

$$P(F\mid \mathrm{IM}=x)=P(\mathrm{IM}_F\leqslant \mathrm{IM}\mid \mathrm{IM}=x) \tag{6.21}$$

式中，$P(F\mid \mathrm{IM}=x)$为地震动强度参数 IM 取值为 x 时结构失效的概率；IM_F 为结构达到临界失效状态的地震动强度阈值；x 为地震动强度需求。

随着 PGA 的变化，结构发生各失效模式失效的概率可表示为

$$P_l(F_l\mid \mathrm{IM}=x)=P_l(\mathrm{IM}_F\leqslant \mathrm{IM}\mid \mathrm{IM}=x) \tag{6.22}$$

式中，$P_l(F_l\mid \mathrm{IM}=x)$为地震动强度参数 IM 取值为 x 时在第 l 种失效模式下结构发生失效的概率。

若假设 IM_F 和 x 均服从对数正态分布且相互独立，则

$$P(F\mid \mathrm{IM}=x)=\Phi\left(\frac{\ln x-\mu}{\beta}\right) \tag{6.23}$$

式中，$\Phi(\cdot)$表示标准正态分布的累积分布函数；μ 和 β 为概率函数参数，可通过极大似然函数法求得。

假设结构在第 l 种失效模式下失效的概率与地震动强度关系满足

$$\frac{1}{\gamma_l}P_l(F_l\mid \mathrm{IM}=x)=\Phi\left(\frac{\ln x-\mu_l}{\beta_l}\right) \tag{6.24}$$

式中，γ_l、μ_l 和 β_l 分别为各失效模式概率函数的比例参数、均值参数和标准差参数。

IM=x 作用下结构发生失效模式 l 失效的次数为 Z_l 次，IM=x 时结构在第 l 种失效模式下失效的概率为

$$P_l(\mathrm{IM}=x)=\begin{bmatrix}N_{\mathrm{GM}}\\Z_l\end{bmatrix}P_l^{Z_l}(1-P_l)^{N_{\mathrm{GM}}-Z_l} \tag{6.25}$$

P_l 可由式(6.25)求得，即

$$P_l=\gamma_l\Phi\left(\frac{\ln x-\mu_l}{\beta_l}\right) \tag{6.26}$$

构造以下似然函数：

$$L(\mu_l,\beta_l)=\prod\begin{bmatrix}N_{\mathrm{GM}}\\Z_l\end{bmatrix}P_l^{Z_l}(1-P_l)^{N_{\mathrm{GM}}-Z_l} \tag{6.27}$$

将式(6.26)代入式(6.27)，两边取对数可得

$$\begin{aligned}\ln L(\mu_l,\beta_l)=\sum\Bigg\{&\ln\begin{bmatrix}N_{\mathrm{GM}}\\Z_l\end{bmatrix}+Z_l\left[\ln\gamma_l+\ln\Phi\left(\frac{\ln x-\mu_l}{\beta_l}\right)\right]\\&+(N_{\mathrm{GM}}-Z_l)\ln\left[1-\gamma_l\Phi\left(\frac{\ln x-\mu_l}{\beta_l}\right)\right]\Bigg\}\end{aligned} \tag{6.28}$$

通过求解方程组(6.29)和式(6.30)便可求得 μ_l、β_l 和 γ_l 的值。

$$\begin{cases}\dfrac{\partial\ln L(\mu_l,\beta_l)}{\partial\mu_l}=0\\[2ex]\dfrac{\partial\ln L(\mu_l,\beta_l)}{\partial\beta_l}=0\end{cases} \tag{6.29}$$

$$\frac{1}{\gamma_l}P_l(F_l\mid\mathrm{IM}=x_n)=\Phi\left(\frac{\ln x_n-\mu_l}{\beta_l}\right) \tag{6.30}$$

6.2.2　失效模式识别步骤

根据以下步骤来得到结构各失效模式的失效概率曲线[18]：

(1) 根据所研究的对象建立合理的非线性有限元分析模型。

(2) 确定用来表征结构在地震动作用下破坏程度的损伤参数。

(3) 根据结构所在场地的特征和一定的筛选原则选取多个地震动记录，并确定合理的地震动强度参数。

(4) 确定地震动调幅原则和调幅步长，并将所选地震动进行调幅。

(5) 将各地震动记录作为外荷载输入，在各级强度水平下对结构进行 IDA 分析。

(6) 绘制结构最大层间位移角与地震动强度的 IDA 曲线，确定在各地震动作用下，恰好使结构发生失效时的地震动强度。

(7) 根据临界失效时结构各层层间位移角的规律划分失效模式，即根据致使结构失效的薄弱层进行失效模式分类。

(8) 根据已建立的结构失效判断准则，确定结构在各级地震动强度水平下结构发生各失效模式失效的数目。

(9) 通过求解式(6.29)和式(6.30)求得结构各失效模式失效概率函数的参数值，建立结构各失效模式的失效概率曲线。

为了定量评定结构的抗倒塌能力，美国应用技术委员会提出了结构倒塌安全储备系数的概念。ATC-63 报告给出了结构倒塌安全储备系数的量化方法，即记录有 50%的地震动输入下发生了倒塌时的地震动强度与结构设计所考虑的最大地震动强度的比值[19]。对结构输入 29 条地震波进行 IDA 分析，并分别记录各失效模式下有 50%地震动输入下发生了失效时所对应的地震动强度 $IM_{l(50\%)}$，将 $IM_{l(50\%)}$ 与结构设计所考虑的最大地震动强度 IM_{max} 之比定义为各失效模式下结构的安全储备系数，即

$$MaR_l=\frac{IM_{l(50\%)}}{IM_{max}} \tag{6.31}$$

6.2.3 算例分析

以 6.1.4 节 Benchmark 钢框架模型为例进行分析，Ⅲ类场地，设防烈度为 8 度。为减小建模及计算难度，将模型的变截面位置均下移 1.83m，即将变截面处移至梁中心线位置，梁柱截面尺寸及荷载情况参见前面所述。基于 OpenSees 平台，建立纤维模型，纤维截面如图 6.8 所示。

钢材采用 Filippou 等[20]修正的 Menegotto-Pinto 模型[21]，表达式为

$$\sigma^*=p\varepsilon^*+\frac{(1-p)\varepsilon^*}{[1+(\varepsilon^*)^R]^{1/R}} \tag{6.32}$$

式中，σ^*、ε^* 分别为正则化钢材应力和应变。

$$\sigma^*=\frac{\sigma-\sigma_r}{\sigma_0-\sigma_r} \tag{6.33}$$

$$\varepsilon^*=\frac{\varepsilon-\varepsilon_r}{\varepsilon_0-\varepsilon_r} \tag{6.34}$$

$p=\frac{E_1}{E_0}$ 表示应变硬化率，E_0、E_1 分别为钢材的初始弹性模量和硬化模量；σ_r、ε_r 分别为应变反转点(见图 6.9 中的 B_1、B_2 点)的应力和应变；σ_0、ε_0 分别为弹性渐近线和屈服渐近线交点(见图 6.9 中的 A_1、A_2 点)的应力和应变。

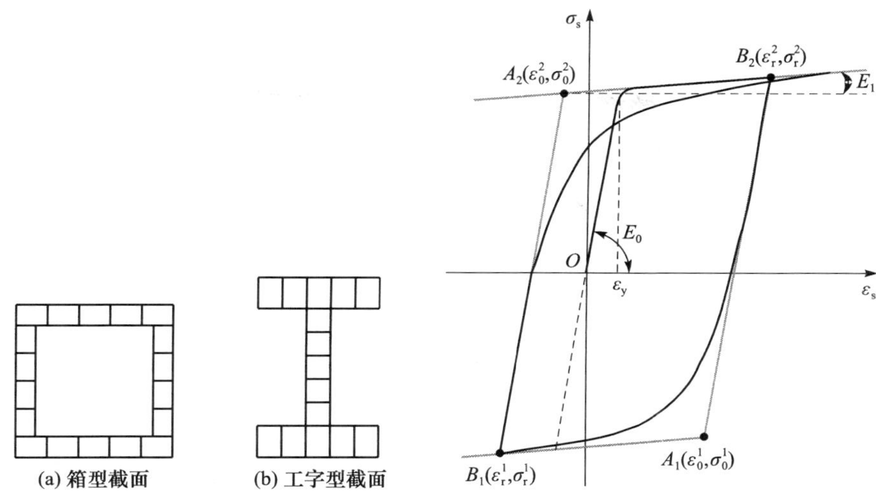

图 6.8 纤维截面

图 6.9 Menegotto-Pinto 钢材本构模型

材料参数 R 取决于当前弹性渐近线与屈服渐近线的交点(见图 6.10 中的 A 点)的应变与前一次应变反转点(见图 6.10 中的 B 点)的应变之差,当 R 值比较小时,应力-应变曲线在转角部位变形比较平缓,反之则比较大,如图 6.11 所示。

R 的表达式为

$$R = R_0 - \frac{a_1 \xi}{a_2 + \xi} = R_0 \left(1 - \frac{CR_1 \xi}{CR_2 + \xi}\right) \tag{6.35}$$

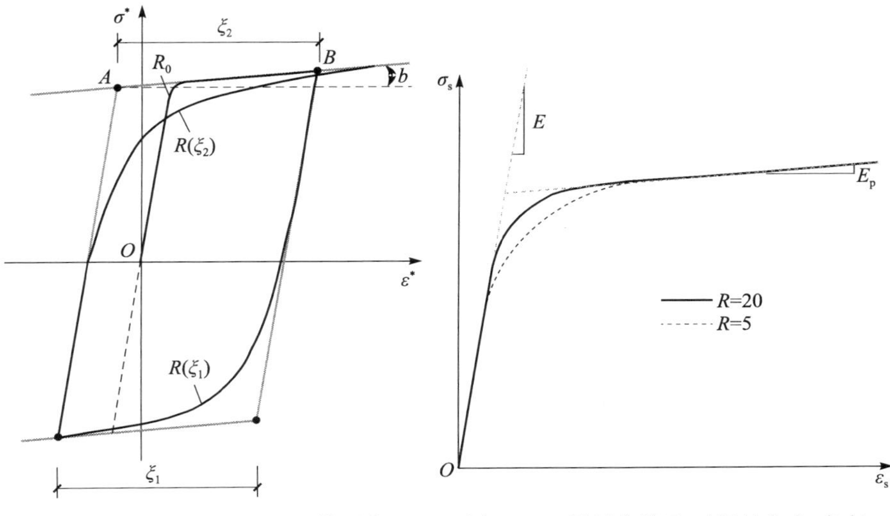

图 6.10 Menegotto-Pinto 模型中参数 R 的定义

图 6.11 材料参数 R 对钢材应力-应变曲线转角部位的影响

式中，R_0、a_1 和 a_2 为材料参数，OpenSees 的建议值为 $R_0=10\sim20$，$CR_1=0.925$，$CR_2=0.15$；ξ 为循环应变差。

钢材弹塑性本构模型参数如表 6.6 所示。梁柱采用基于位移的 BeamColumn 单元，每个单元有 7 个积分点，楼板采用 Shell 单元。对钢框架模型进行模态分析，得到模型前 5 阶频率如表 6.7 所示，通过与文献[18]对比，验证模型的正确性。计算采用 Newton-Raphson 迭代法，同时为了避免结构因为收敛问题中断计算，又编写语句采用了其他算法进行补算。

表 6.6　钢材弹塑性本构模型参数

构件	ν	E/MPa	F_y/MPa	p	R_0	CR_1	CR_2
梁	0.30	2.06×10^5	248	0.01	18	0.925	0.15
柱	0.30	2.06×10^5	345	0.01	18	0.925	0.15

表 6.7　钢框架结构模型前 5 阶频率

阶次	文献[18]模型结果/Hz	本节模型结果/Hz
1	0.261	0.262
2	0.753	0.804
3	1.30	1.353
4	1.83	1.821
5	2.40	2.616

根据地震分组、场地类别、特征周期、最大地震影响系数生成我国规范的目标谱，将目标谱文件导入 PEER，利用 PEER 地震动数据库获得地震记录。从中选取 29 条地震记录，地震波信息如表 6.8 所示。所选取地震波的平均反应谱与规范谱的比较如图 6.12 所示。可以看出，所选地震波的平均反应谱与规范谱吻合较好。

表 6.8　29 条输入地震波信息

序号	地震波名称	地震时间/a	震级	分量方向
1	Hector Mine 波	1999	7.13	平行
2	Chi-Chi-04 波	1999	6.2	平行
3	San Fernando 波	1971	6.61	平行
4	Imperial Valley-06 波	1979	6.53	平行
5	Loma Prieta 波	1989	6.93	平行
6	Chi-Chi-03 波	1999	6.2	平行
7	Cape Mendocino 波	1992	7.01	垂直
8	Chi-Chi 波(#53)	1999	7.62	垂直

续表

序号	地震波名称	地震时间/a	震级	分量方向
9	Landers 波	1992	7.28	垂直
10	Chi-Chi 波(#60)	1999	7.62	垂直
11	Kocaeli 波	1999	7.51	垂直
12	Imperial Valley-06 波(#12)	1979	6.53	平行
13	Imperial Valley-06 波(#3)	1979	6.53	垂直
14	Imperial Valley-06 波(#10)	1979	6.53	垂直
15	Northridge-01 波	1994	6.69	平行
16	Superstition Hills-02 波	1987	6.54	平行
17	Chalfant Valley-02 波	1986	6.19	平行
18	Landers-01 波	1992	7.28	平行
19	Westmorland 波	1981	5.9	垂直
20	Loma Prieta-01 波	1989	6.93	平行
21	Victoria 波	1980	6.33	平行
22	Kocaeli-01 波	1999	7.51	平行
23	Loma Prieta 波	1989	6.93	垂直
24	Chi-Chi-03 波	1999	6.2	垂直
25	Landers 波	1992	7.28	平行
26	Northridge-01 波	1994	6.69	垂直
27	Superstition Hills-02 波	1987	6.54	垂直
28	Loma Prieta-01 波	1989	6.93	垂直
29	Victoria 波	1980	6.33	垂直

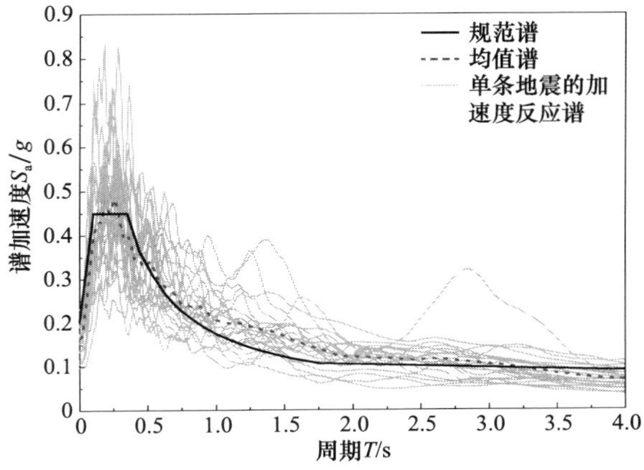

图 6.12　所选地震记录的平均反应谱与规范谱比较

对所选各地震动进行调幅，调幅间隔为 0.1g，PGA＝0.1g～2.5g。将调幅后的地震记录依次输入，记录各地震动下结构的最大层间位移角。结构在地震作用下最大层间位移角的 IDA 曲线如图 6.13 所示。

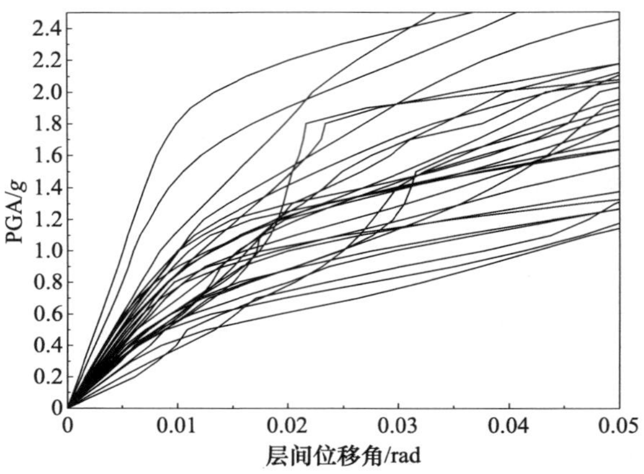

图 6.13 结构最大层间位移角的 IDA 曲线

由图 6.13 确定各地震动强度下使结构发生失效的地震动数目，进而确定各地震动强度下结构的失效概率。图 6.14 给出了随 PGA 变化的结构失效概率拟合曲线，按《建筑抗震设计规范》(GB 50011—2010)，取 IM_{max}＝0.22g。按照 ATC 对于安全储备系数的定义，结构的平均抗震能力为 PGA＝1.15g，结构的安全储备系数为 5.23。

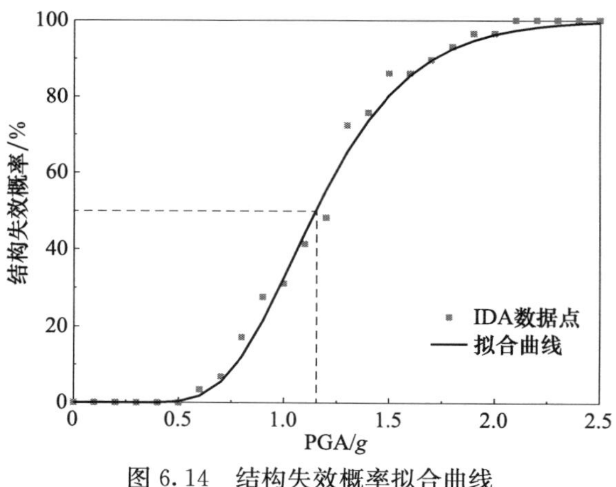

图 6.14 结构失效概率拟合曲线

由图 6.13 中地震作用下结构最大层间位移角的 IDA 曲线，即可确定致使结构失效的各地震动强度阈值。将相应阈值强度的地震动作为输入，计算临界失效时结构的层间位移角及各构件端截面的截面曲率。通过结构临界失效状态时的层间位移角分布规律,可以分析得到控制结构失效的关键楼层,根据关键楼层不同,将结构的失效模式分为 6 类,29 条地震波作用下结构各失效模式下的层间位移角分布如图 6.15 所示。可以看出,失效模式Ⅰ下对结构失效起重要作用的是首层;失效模式Ⅱ下结构首层达到层间位移角限值,第 5 层层间位移角也接近限值,首层与第 5 层均起到关键作用;失效模式Ⅲ下结构首层达到层间位移角限值,第 14 层也接近层间位移角限值,首层与第 14 层同时起关键作用;失效模式Ⅳ下,第 14 层达到层间位移角限值,首层和第 5 层均接近层间位移角限值,首层、第 5 层和第 14 层同为关键层;失效模式Ⅴ下第 14 层达到层间位移角限值,首层层间位移角也较大;失效模式Ⅵ下对结构失效起重要作用的是第 14 层。

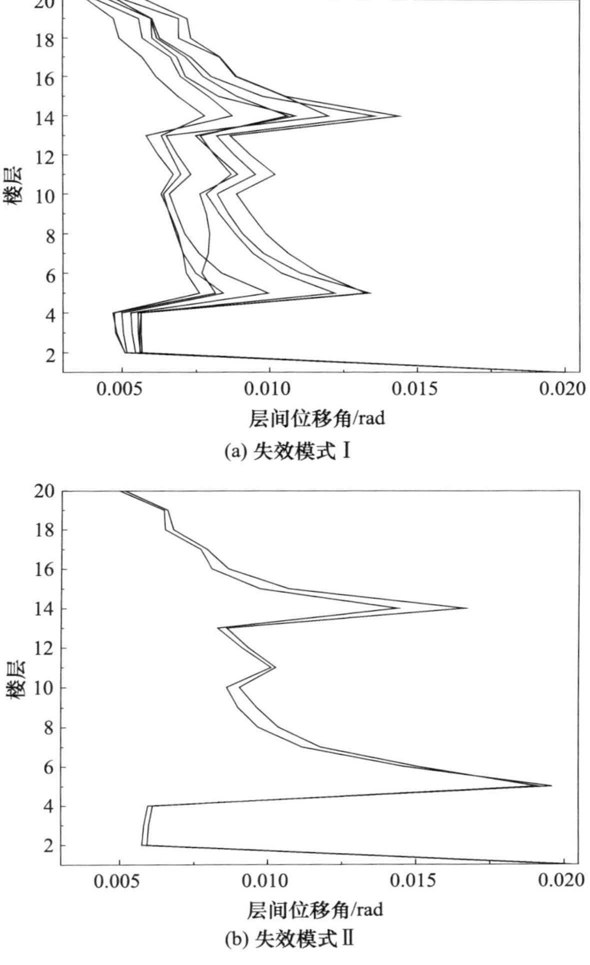

(a) 失效模式Ⅰ

(b) 失效模式Ⅱ

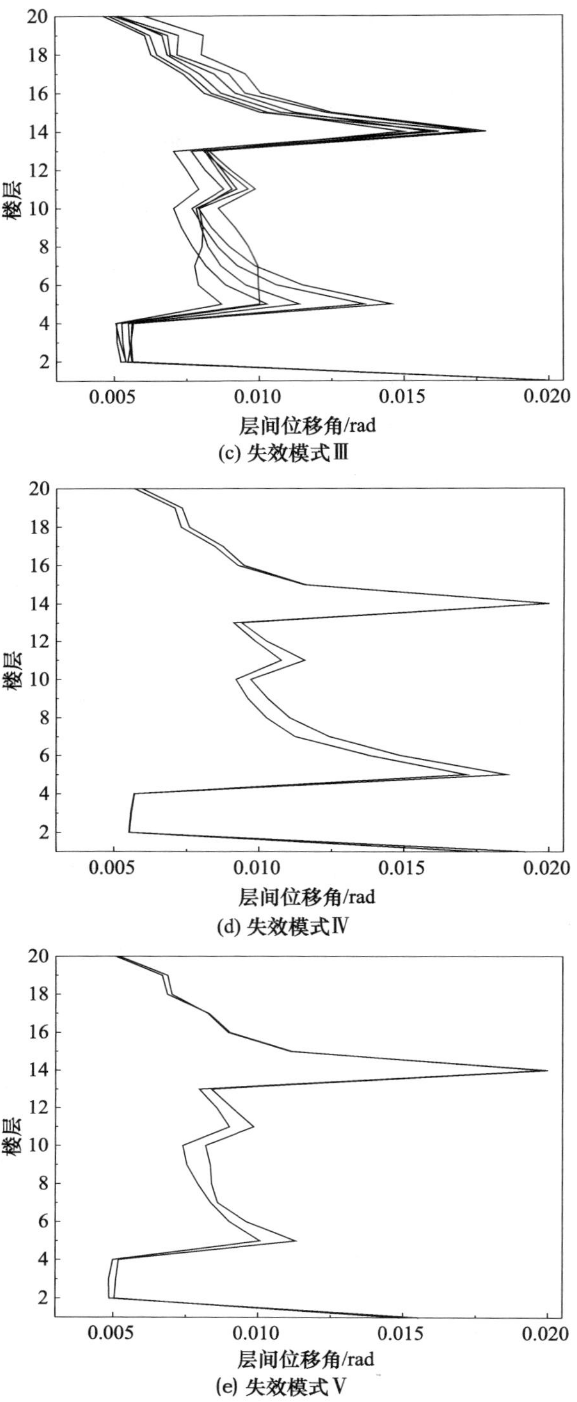

(c) 失效模式Ⅲ

(d) 失效模式Ⅳ

(e) 失效模式Ⅴ

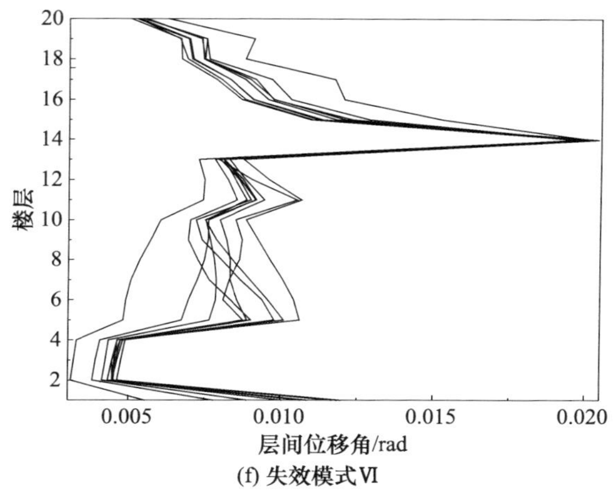

(f) 失效模式Ⅵ

图 6.15　29 条地震波作用下结构各失效模式下的层间位移角分布

通过结构临界失效状态时的层间位移角分布规律划分失效模式的方法，能较好地概括各失效模式下结构的失效特征，判断结构的薄弱层。最终各失效模式所占比例如表 6.9 所示，结合图 6.15 可知，各地震动作用下发生失效模式Ⅵ所占的比例为 31.1%，远大于其他失效模式，其次是失效模式Ⅰ和失效模式Ⅲ，失效模式Ⅱ和失效模式Ⅳ所占比例最小。对结构来说，首层、第 5 层和第 14 层为结构的薄弱层，由单独某一层控制结构失效的失效模式所占比例为 55.2%，大于由多层控制的失效模式，最终结构发生首层控制为主的整体失效的比例为 58.6%。

表 6.9　失效模式所占比例

失效模式	Ⅰ	Ⅱ	Ⅲ	Ⅳ	Ⅴ	Ⅵ
所占比例/%	24.1	6.9	20.7	6.9	10.3	31.1

由图 6.13 确定各地震动强度下，使结构发生各失效模式失效的地震动数目，进而得到结构在各失效模式下发生失效的概率，如表 6.10 所示。在失效模式Ⅵ下，较小的地震动强度即导致结构发生失效，最终失效模式Ⅵ下结构的失效概率最大，失效模式Ⅵ为结构的主要失效模式；失效模式Ⅳ下结构的失效概率较小，且使结构发生失效的地震动强度值较大，失效模式Ⅳ为对结构最有利的失效模式。可以看出，由多层起决定作用的失效模式使结构具有较高的抗震性能。

用式(6.24)拟合表 6.10 中的数据点，即得各失效模式下结构发生失效的概率拟合曲线，如图 6.16 所示。

对比图 6.15 和图 6.16 发现，各失效模式下结构发生失效的概率与结构总失效概率不是简单的倍数关系。各失效模式下结构发生失效的概率与地震动强度关系满足式(6.24)。由图 6.16 可以看出，随着 PGA 的变化，结构发生各失效模式失效

表 6.10　各失效模式下结构发生失效的概率

PGA /g	结构发生失效的概率/%					
	失效模式Ⅰ	失效模式Ⅱ	失效模式Ⅲ	失效模式Ⅳ	失效模式Ⅴ	失效模式Ⅵ
0.1	0	0	0	0	0	0
0.2	0	0	0	0	0	0
0.3	0	0	0	0	0	0
0.4	0	0	0	0	0	0
0.5	0	0	0	0	0	0
0.6	0	0	0	0	0	3.4
0.7	0	0	0	0	0	6.9
0.8	6.9	3.4	0	0	0	6.9
0.9	10.3	3.4	3.4	0	0	10.3
1.0	10.3	3.4	6.9	0	0	10.3
1.1	13.8	3.4	6.9	0	3.4	13.8
1.2	13.8	3.4	6.9	6.9	3.4	13.8
1.3	20.7	3.4	13.8	6.9	10.3	17.2
1.4	20.7	6.9	13.8	6.9	10.3	17.2
1.5	24.1	6.9	17.2	6.9	10.3	20.7
1.6	24.1	6.9	17.2	6.9	10.3	20.7
1.7	24.1	6.9	17.2	6.9	10.3	24.1
1.8	24.1	6.9	20.7	6.9	10.3	24.1
1.9	24.1	6.9	20.7	6.9	10.3	27.6
2.0	24.1	6.9	20.7	6.9	10.3	27.6
2.1	24.1	6.9	20.7	6.9	10.3	31.1
2.2	24.1	6.9	20.7	6.9	10.3	31.1
2.3	24.1	6.9	20.7	6.9	10.3	31.1
2.4	24.1	6.9	20.7	6.9	10.3	31.1
2.5	24.1	6.9	20.7	6.9	10.3	31.1

的概率有较大差异，最终结构在失效模式Ⅰ、失效模式Ⅲ、失效模式Ⅵ下结构发生失效的概率较大，而在失效模式Ⅱ、失效模式Ⅳ、失效模式Ⅴ下结构发生失效的概率较小。当 PGA$<0.95g$ 或 PGA$>1.65g$ 时，失效模式Ⅵ下结构发生失效的概率大于失效模式Ⅰ下结构发生失效的概率，当 PGA$=0.95g\sim1.65g$ 时，失效模式Ⅵ下结构发生失效的概率小于失效模式Ⅰ下结构发生失效的概率。

各失效模式下结构发生失效概率的拟合曲线参数值如表 6.11 所示，γ_l 之和为 1，γ_l 表示各失效模式下结构发生失效最终趋近的概率，通过曲线拟合得到，比表 6.9 中散点计算的比例更具统计性，比由公式进行曲线拟合所得的比例更加准确。

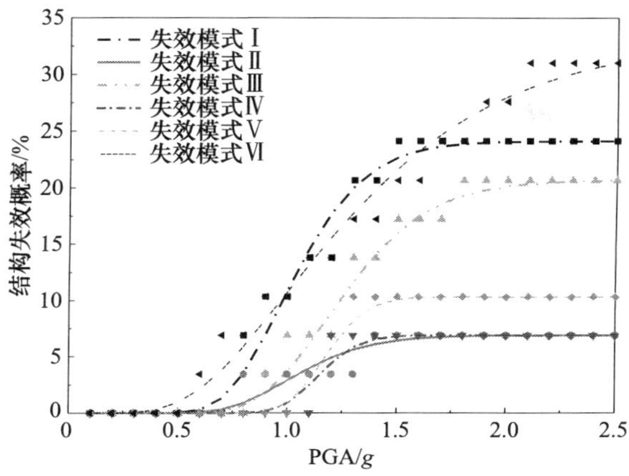

图 6.16 各失效模式下结构发生失效的概率拟合曲线

表 6.11 失效模式参数值

失效模式	γ_l	μ_l	β_l	关键层
Ⅰ	22.73%	1.03	0.24	1
Ⅱ	9.09%	1.05	0.24	1,5
Ⅲ	18.18%	1.25	0.24	1,14
Ⅳ	4.55%	1.15	0.12	1,5,14
Ⅴ	9.09%	1.18	0.12	14,1
Ⅵ	36.36%	1.25	0.48	14

表 6.11 中的 μ_l 即为各失效模式下的平均抗震能力，由此通过前述方法计算各失效模式下结构的安全储备系数分别为：$MaR_{1(50\%)}=4.68$，$MaR_{2(50\%)}=4.77$，$MaR_{3(50\%)}=5.68$，$MaR_{4(50\%)}=5.23$，$MaR_{5(50\%)}=5.36$，$MaR_{6(50\%)}=5.68$。可以看出，结构在不同失效模式下发生失效时抵抗地震作用的能力是不同的，首层起主要控制作用的失效模式的安全储备系数普遍较低。因此，分析在不同失效模式下结构的安全储备系数也有助于找到对结构不利的失效模式，进而对结构失效模式进行优化。

6.3 基于截面损伤指数的结构失效模式多目标优化

地震作用下结构的失效模式是由构件的破坏先后顺序、构件的破坏程度、构件的破坏形式以及构件对结构的影响程度等决定的，而构件损伤发生的位置不同以及各位置损伤程度大小不同严重影响着构件的破坏。例如，一根柱，可能发生柱下端截面破坏严重而上端截面损伤程度较小的情况，或下端截面损伤较小而上端截面破坏严重，这些都可能导致构件不同程度的破坏。柱的上、下端截面以及其他位置的损伤程度不同，构件的破坏状态有很大差别，且各截面的损伤对构件产生的影响大小也不同，这些都影响着结构的失效模式。在评价结构整体损伤时，除了考虑构件重要位置的损伤程度大小和构件损伤对结构的重要程度，还要考虑构件各截面损伤在各失效模式下的影响程度大小，才能更好地评价结构的整体损伤程度，了解构件损伤位置及损伤大小对结构失效模式的影响。

6.3.1　截面损伤指数

Powell 和 Allahabadi[2] 提出一种改进的延性比损伤模型，其损伤指数计算公式为

$$D=\frac{\delta_{\mathrm{m}}-\delta_{\mathrm{y}}}{\delta_{\mathrm{f}}-\delta_{\mathrm{y}}} \tag{6.36}$$

式中，δ_{m} 为构件最大变形；δ_{y} 为构件屈服变形；δ_{f} 为构件极限变形。

基于式(6.36)定义构件截面损伤指数为

$$D_{ij}^{\mathrm{a}}=\frac{\varphi_{\mathrm{m},ij}^{\mathrm{a}}-\varphi_{\mathrm{y},ij}^{\mathrm{a}}}{\varphi_{\mathrm{f},ij}^{\mathrm{a}}-\varphi_{\mathrm{y},ij}^{\mathrm{a}}} \tag{6.37}$$

$$D_{ij}^{\mathrm{b}}=\frac{\varphi_{\mathrm{m},ij}^{\mathrm{b}}-\varphi_{\mathrm{y},ij}^{\mathrm{b}}}{\varphi_{\mathrm{f},ij}^{\mathrm{b}}-\varphi_{\mathrm{y},ij}^{\mathrm{b}}} \tag{6.38}$$

式中，D_{ij}^{a}、D_{ij}^{b} 分别为第 j 层第 i 类构件端截面 a 和端截面 b 的损伤指数；$\varphi_{\mathrm{m},ij}^{\mathrm{a}}$ 和 $\varphi_{\mathrm{m},ij}^{\mathrm{b}}$、$\varphi_{\mathrm{y},ij}^{\mathrm{a}}$ 和 $\varphi_{\mathrm{y},ij}^{\mathrm{b}}$、$\varphi_{\mathrm{f},ij}^{\mathrm{a}}$ 和 $\varphi_{\mathrm{f},ij}^{\mathrm{b}}$ 分别为第 j 层第 i 类构件端截面 a 及端截面 b 的最大截面曲率、屈服曲率和极限曲率，只有在 $\varphi_{\mathrm{m},ij}^{\mathrm{a}}>\varphi_{\mathrm{y},ij}^{\mathrm{a}}$、$\varphi_{\mathrm{m},ij}^{\mathrm{b}}>\varphi_{\mathrm{y},ij}^{\mathrm{b}}$ 时才有物理意义。当 $\varphi_{\mathrm{m},ij}^{\mathrm{a}}<\varphi_{\mathrm{y},ij}^{\mathrm{a}}$ 或 $\varphi_{\mathrm{m},ij}^{\mathrm{b}}<\varphi_{\mathrm{y},ij}^{\mathrm{b}}$ 时，构件 a 端或 b 端没有损伤，损伤指数为 0；当 $\varphi_{\mathrm{m},ij}^{\mathrm{a}}=\varphi_{\mathrm{y},ij}^{\mathrm{a}}$ 或 $\varphi_{\mathrm{m},ij}^{\mathrm{b}}=\varphi_{\mathrm{y},ij}^{\mathrm{b}}$ 时，构件 a 端或 b 端达到极限状态，损伤指数为 1。

根据结构失效时关键层的特征，将结构在地震作用下的失效模式进行分类，计算各失效模式发生时各构件截面损伤的平均值，从而得出各失效模式下构件端部截面损伤程度的大小。结构在第 l 种失效模式下各构件截面损伤指数的平均值定义为

$$\overline{D_{ij}^{\mathrm{a}}}\big|_{l}=\frac{1}{N_{l}}\sum_{1}^{N_{l}}D_{ij}^{\mathrm{a}} \tag{6.39}$$

$$\overline{D_{ij}^{\mathrm{b}}}\big|_{l}=\frac{1}{N_{l}}\sum_{1}^{N_{l}}D_{ij}^{\mathrm{b}} \tag{6.40}$$

式中，$\overline{D_{ij}^{\mathrm{a}}}\big|_{l}$、$\overline{D_{ij}^{\mathrm{b}}}\big|_{l}$ 分别表示发生第 l 种失效模式时结构第 j 层第 i 类构件端截面 a 和端截面 b 的平均损伤指数；N_{l} 为使结构出现第 l 种失效模式时的地震波输入总数。

失效模式 l 下各截面的重要性系数定义如下：

$$\xi_{ij}^{\mathrm{a}}|_l=\frac{D_{ij}^{\mathrm{a}}}{\max\{\overline{D_{ij}^{\mathrm{a}}}|_l,\overline{D_{ij}^{\mathrm{b}}}|_l\}} \tag{6.41}$$

$$\xi_{ij}^{\mathrm{b}}|_l=\frac{D_{ij}^{\mathrm{b}}}{\max\{\overline{D_{ij}^{\mathrm{a}}}|_l,\overline{D_{ij}^{\mathrm{b}}}|_l\}} \tag{6.42}$$

式中，$\xi_{ij}^{\mathrm{a}}|_l$、$\xi_{ij}^{\mathrm{b}}|_l$ 分别表示第 l 种失效模式下结构第 j 层第 i 类构件端截面 a 和端截面 b 的重要性系数。

钢结构的构件层次的损伤指数定义为

$$D_{ij}=\frac{D_{ij}^{\mathrm{a}}\,\xi_{ij}^{\mathrm{a}}|_l+D_{ij}^{\mathrm{b}}\,\xi_{ij}^{\mathrm{b}}|_l}{\xi_{ij}^{\mathrm{a}}|_l+\xi_{ij}^{\mathrm{b}}|_l} \tag{6.43}$$

式中，D_{ij} 为结构第 j 层第 i 类构件的损伤指数。

结构损伤的存在会使结构模态参数发生变化，且模态参数的变化与结构损伤的位置和损伤程度有很大关系。受损结构模态参数的变化可以反映不同构件对结构整体性能的重要程度。结构第 j 层第 i 类构件的重要性系数定义如式(6.13)所示，钢结构的层损伤指数由该层所有构件损伤指数加权组合，如式(6.15)所示。在组合得到结构整体损伤指数时，由于建筑结构各结构层采用串联的方式连接，结构整体损伤指数定义为损伤最大的楼层的损伤指数，如式(6.14)所示。

6.3.2　失效模式多目标优化

考虑截面损伤的失效模式多目标优化使结构达到损伤较小且耗散较多地震输入能量的效果，失效模式优化的多目标函数为[22]

$$\begin{aligned}
&\min\{D(\boldsymbol{s}_q)=\max\{D_j(\boldsymbol{s}_q)\}\}\\
&\max\left\{E_{\mathrm{E}}(\boldsymbol{s}_q)=\sum\int_0^t F_{ij}[x(\boldsymbol{s}_q,t)]x_{ij}(\boldsymbol{s}_q,t)\mathrm{d}t\right\}\\
\text{s. t.}\quad &\boldsymbol{s}_q\in\mathbf{R}^n,\Delta W(\boldsymbol{s}_q)\leqslant 0,\quad q=1,2,\cdots,n\\
&D^k(\boldsymbol{s}_q)\leqslant D^{k-1}(\boldsymbol{s}_q),\quad E_{\mathrm{E}}^k(\boldsymbol{s}_q)\geqslant E_{\mathrm{E}}^{k-1}(\boldsymbol{s}_q)
\end{aligned} \tag{6.44}$$

式中，$\boldsymbol{s}_q(q=1,2,\cdots,n)$为属于向量集 $\mathbf{R}^n$ 的 n 维优化向量，根据优化方案的不同，优化向量可以是结构构件截面形式、截面尺寸、材料强度、配筋率、支撑参数、阻尼器参数等；$\Delta W(\boldsymbol{s}_q)$表示材料总用量的增量；$k$ 表示第 k 优化步。

失效模式优化流程如图 6.17 所示。

6.3.3　算例分析

以 20 层 Benchmark 钢框架结构为例进行分析。为得到具有一定统计规律的各失效模式下端截面的重要性系数，选取 29 条地震波，通过截面分析软件计算钢框架柱的截面曲率，如表 6.12 所示。

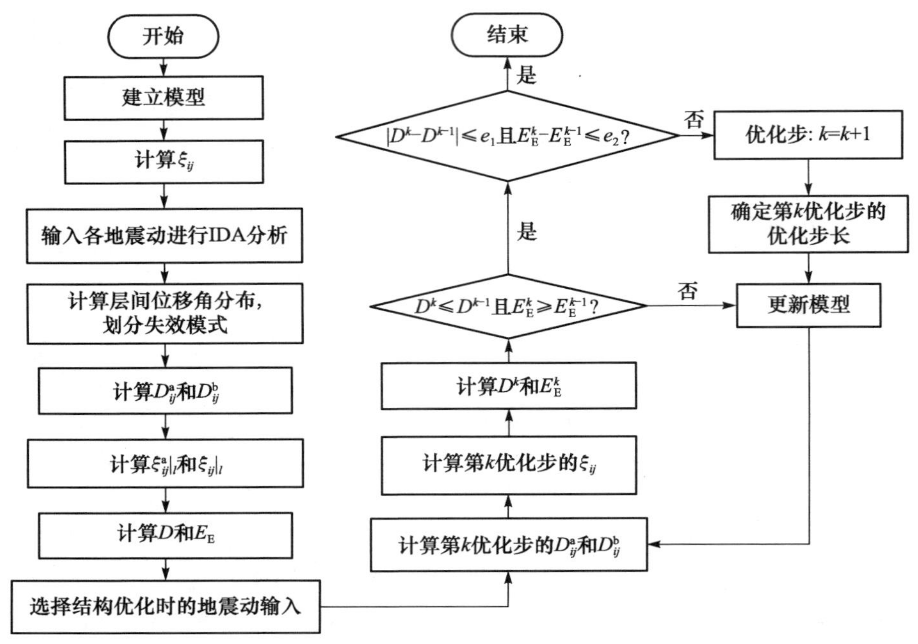

图 6.17　失效模式优化流程

表 6.12　钢框架柱的截面曲率

楼层	角柱			内柱		
	截面厚度/cm	屈服曲率/%	极限曲率/%	截面型号	屈服曲率/%	极限曲率/%
1	5.08	0.9198	5.492	W24×335	0.494	2.95
2～4	3.18	0.9198	5.492	W24×335	0.494	2.95
5～7	2.54	0.9198	5.492	W24×229	0.5234	3.125
8～10	2.54	0.9198	5.492	W24×229	0.5234	3.125
11～13	2.54	0.9198	5.492	W24×192	0.538	3.21
14～16	1.91	0.912	5.446	W24×131	0.5531	3.303
17～18	1.91	0.912	5.446	W24×117	0.5566	3.323
19～20	1.27	0.9015	5.383	W24×84	0.5591	3.338

将结构第 j 层具有相同边界条件、截面尺寸和材料参数的框架柱划分为 12 类，通过拆除构件法，得到各层 12 类柱的重要性系数如表 6.13 所示。可以看出，不同层、不同类别的框架柱重要性系数有很大不同。

表 6.13　各层 12 类柱的重要性系数

楼层	1类	2类	3类	4类	5类	6类	7类	8类	9类	10类	11类	12类
1	3.18	2.71	2.37	4.19	2.05	1.70	4.26	1.58	1.32	3.78	1.44	1.22
2	2.39	1.36	1.11	1.94	0.90	0.74	2.02	0.67	0.55	1.63	0.61	0.50
3	2.40	1.20	0.95	1.72	0.75	0.61	1.53	0.57	0.45	1.44	0.52	0.40
4	2.45	1.10	0.82	1.59	0.69	0.49	1.35	0.52	0.35	1.29	0.47	0.32
5	2.63	1.24	0.91	1.86	0.78	0.54	1.64	0.59	0.39	1.58	0.53	0.35
6	2.56	1.15	0.78	1.90	0.74	0.46	1.76	0.56	0.34	1.68	0.52	0.31
7	2.46	1.07	0.72	1.87	0.71	0.46	1.82	0.56	0.36	1.75	0.52	0.34
8	2.36	1.00	0.72	1.75	0.69	0.48	1.73	0.55	0.39	1.70	0.52	0.38
9	2.29	0.94	0.70	1.54	0.65	0.49	1.53	0.53	0.41	1.51	0.49	0.39
10	2.28	0.89	0.67	1.40	0.62	0.45	1.41	0.51	0.38	1.41	0.47	0.37
11	2.45	0.91	0.70	1.52	0.65	0.46	1.53	0.52	0.37	1.52	0.48	0.35
12	2.50	0.84	0.65	1.55	0.61	0.40	1.63	0.49	0.30	1.61	0.45	0.29
13	2.58	0.79	0.61	1.56	0.58	0.36	1.68	0.47	0.26	1.66	0.43	0.24
14	2.88	0.99	0.85	1.93	0.69	0.51	2.02	0.56	0.37	2.01	0.51	0.33
15	2.63	0.93	0.83	1.58	0.60	0.50	1.70	0.49	0.37	1.71	0.45	0.34
16	2.23	0.83	0.80	1.32	0.53	0.53	1.51	0.45	0.42	1.54	0.43	0.40
17	1.82	0.75	0.76	1.42	0.47	0.55	1.66	0.41	0.45	1.70	0.40	0.44
18	1.18	0.51	0.55	1.29	0.32	0.42	1.58	0.29	0.37	1.63	0.29	0.36
19	0.77	0.32	0.35	1.38	0.20	0.27	1.64	0.18	0.24	1.68	0.18	0.23
20	0.16	0.07	0.10	0.38	0.05	0.08	0.50	0.04	0.06	0.54	0.05	0.06

对优化前各失效模式下构件截面损伤指数的均值进行分析，各失效模式关键层的构件截面损伤情况如图 6.18 所示。由图 6.18(a)可知，失效模式Ⅰ下首层柱截面损伤较大，上截面损伤比下截面大，第 14 层柱截面损伤较小，结构失效由首层控制；由图 6.18(b)可知，失效模式Ⅱ下柱截面损伤指数普遍大于失效模式Ⅰ，部分截面达到 1.0，首层柱上截面损伤指数比第 5 层柱上截面大，首层柱下截面损伤指数比第 5 层柱下截面大，第 14 层柱截面损伤指数较小，结构失效由首层控制，第 5 层层间位移角接近位移角限值；由图 6.18(c)可知，失效模式Ⅲ下首层柱上下截面损伤指数均较大，第 5 层和第 14 层的第 4 类、7 类、10 类柱上下截面损伤指数较大，其他各类柱截面损伤指数较小，结构失效均由首层控制，但 14 层柱截面损伤指数比失效模式Ⅰ下大，第 14 层层间位移角比失效模式Ⅰ下大；由图 6.18(d)可知，失效模式Ⅳ下柱截面损伤指数相对其他失效模式普遍较大，第 5 层和第 14 层柱上截面损伤指数较接近，第 5 层柱下截面比第 14 层小，结构失效由第 14 层决定，首层和第 5 层层间位移角较大；由图 6.18(e)可知，失效模式Ⅴ下第 14 层柱上下截面损伤指数均较大，首层柱截面损伤指数比第 5 层大，结构失效由第 14 层控制，首层层间位移角较大；由图 6.18(f)可知，失效模式Ⅵ下第 14 层柱上截面损伤指数较大，下截面损伤指数较小，首层和第 5 层柱截面损伤指数均较小，结构失效由第 14

层决定。对各失效模式下关键楼层柱截面损伤指数进行分析，可以了解构件截面损伤分布规律及塑性铰易形成位置，为合理分配构件截面提供参考依据。

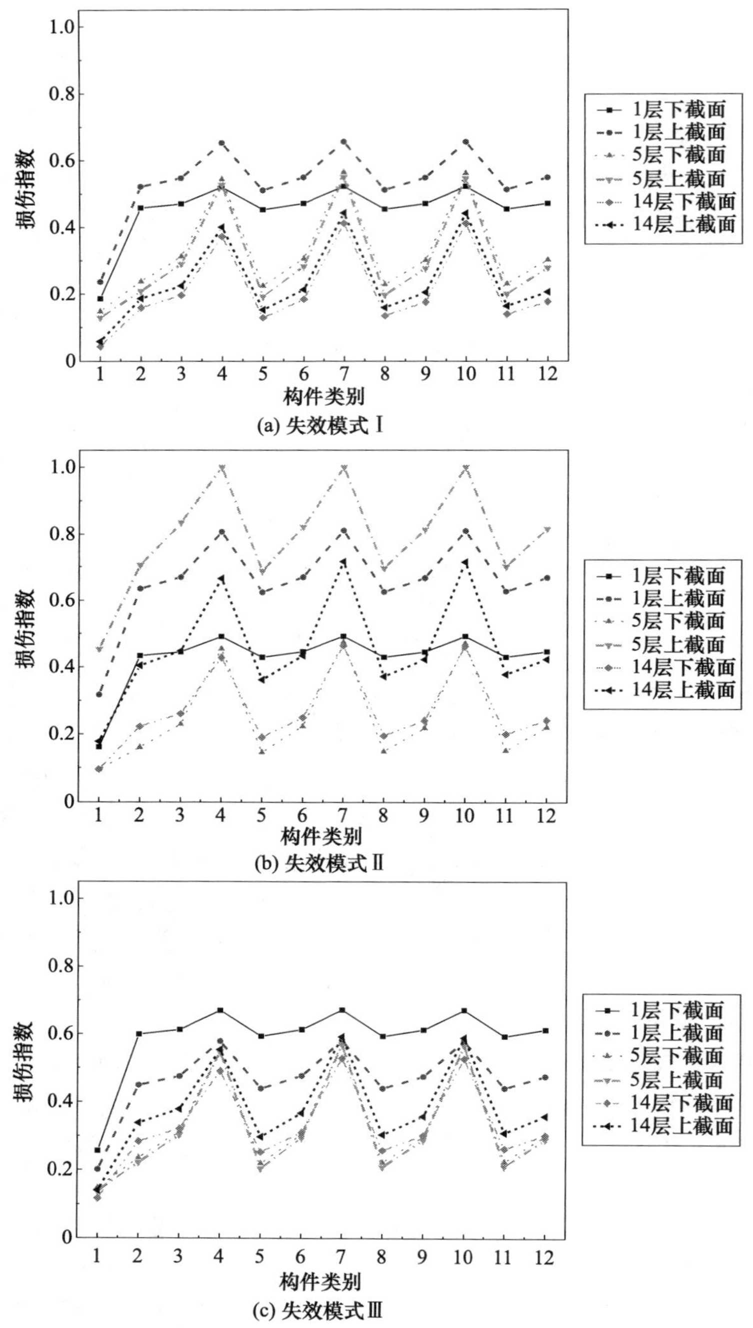

(a) 失效模式Ⅰ

(b) 失效模式Ⅱ

(c) 失效模式Ⅲ

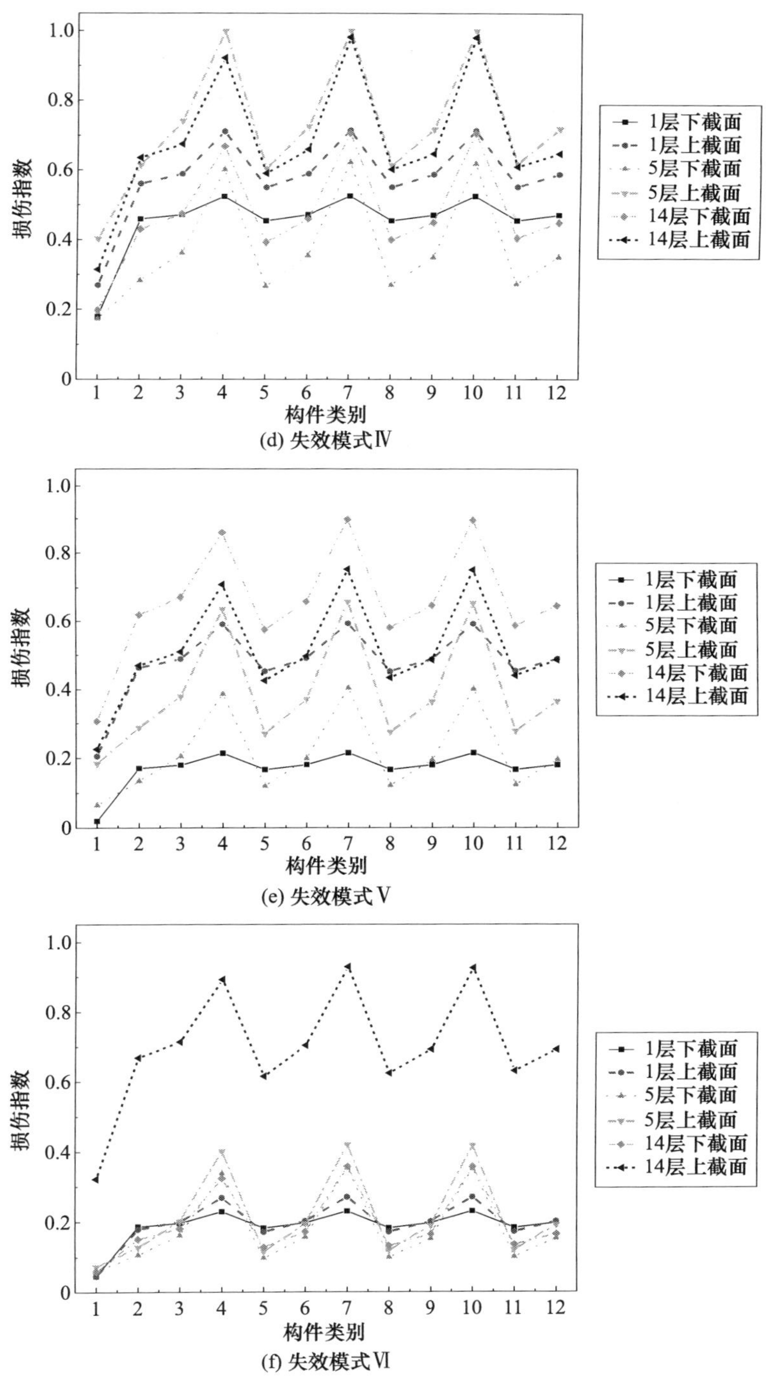

(d) 失效模式Ⅳ

(e) 失效模式Ⅴ

(f) 失效模式Ⅵ

图 6.18　各失效模式下关键层构件截面损伤情况

为减少计算量，同时保证优化效果，需在前面计算所选用的 29 条地震波中选择一条较不利的地震动作为优化时的地震动输入。由于识别失效模式时选用的地震动较多，因此，在选取较不利地震动时需要用一个参数定量评价各地震动记录下结构的性能，本节定义了一个指标 EDR 用来评价各地震动输入下结构滞回耗能与结构损伤的比重关系，EDR 定义如下：

$$\mathrm{EDR}=\frac{\dfrac{E_{\mathrm{E}}}{D}}{\max\left(\dfrac{E_{\mathrm{E}}}{D}\right)} \tag{6.45}$$

优化的目标是使结构以较小的整体损伤耗散较多的地震输入能量，选用的较不利地震动输入下结构的整体损伤较大且滞回耗能较少，此时 EDR 值较小。结构在 29 条地震波下的 EDR 值如图 6.19 所示，在 Northridge-01 地震波作用下结构的 EDR 值最小，因此将 Northridge-01 波垂直方向的地震动记录作为结构优化时的地震动输入。

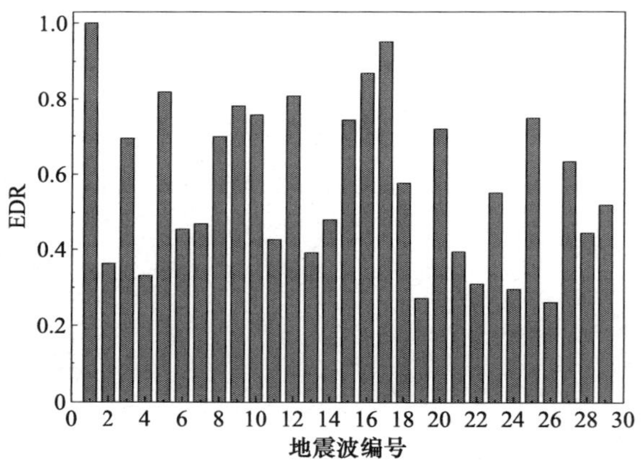

图 6.19　结构在 29 条地震波下的 EDR 值

基于多目标优化函数式(6.44)和优化流程(见图 6.17)，通过改变内柱截面翼缘和腹板的厚度优化结构。优化前后内柱截面翼缘和腹板的厚度如表 6.14 所示，优化后各层的内柱截面尺寸差距缩小，刚度分布均匀，截面厚度减小较多，节省了用钢量。

表 6.14　优化前后内柱翼缘厚度和内柱腹板厚度

楼层	内柱翼缘厚度 t_1/mm		内柱腹板厚度 t_2/mm	
	优化前	优化后	优化前	优化后
1～2	63	57	35.1	30.1
2～5	63	43	35.1	22.1
5～8	43.9	35.9	24.4	20.4
8～11	43.9	33.9	24.4	18.4

续表

楼层	内柱翼缘厚度 t_1/mm		内柱腹板厚度 t_2/mm	
	优化前	优化后	优化前	优化后
11～14	37.1	31.1	20.6	16.6
14～17	24.4	22.4	15.4	14.4
17～19	21.6	13.6	14	10
19～20	19.6	9.6	11.9	9.9

优化后结构最大层间位移角的 IDA 曲线如图 6.20 所示，基于结构失效准则，由图 6.20 确定各地震动强度下使结构发生失效的地震动数目，进而确定各地震动强度下结构的失效概率。

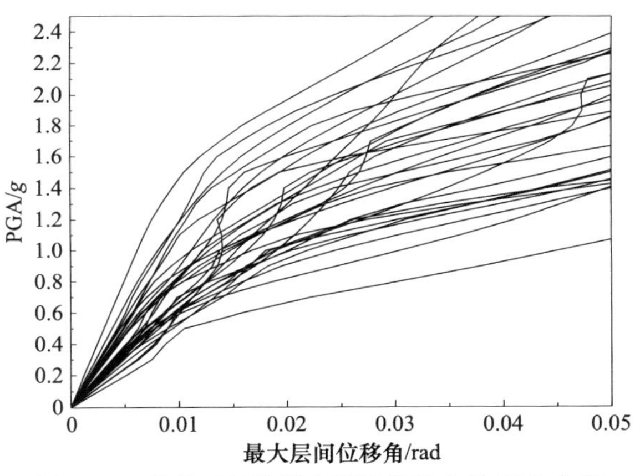

图 6.20　优化后结构最大层间位移角的 IDA 曲线

图 6.21 给出了优化前后结构的失效概率曲线，在相同 PGA 下，优化后结构的失效概率比优化前减小。按照 ATC 对于安全储备系数的定义，从整体来看，优化

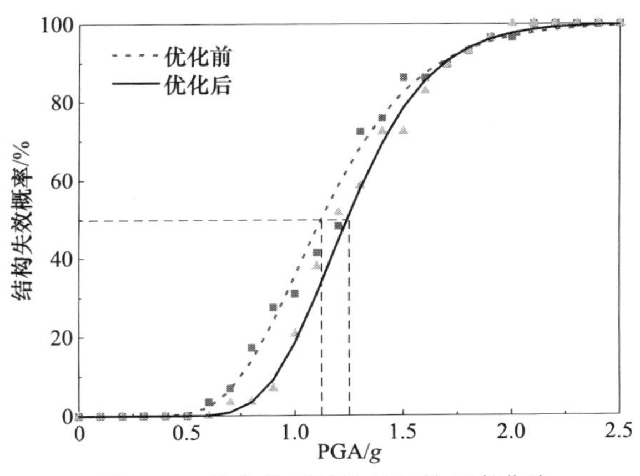

图 6.21　优化前后结构的失效概率曲线

后结构的平均抗震能力为 PGA＝1.25g，结构的安全储备系数为 5.68，相较于优化前的安全储备系数 5.09，优化后结构的抗震能力比优化前提高了 11.6％。

由地震作用下结构最大层间位移角的 IDA 曲线(见图 6.20)，确定致使结构失效的各地震动强度阈值。将相应阈值强度的地震动作为输入，计算临界失效时结构的层间位移角及各构件端截面的截面曲率。通过结构临界失效状态时的层间位移角分布规律，可以分析得到控制结构失效的关键楼层，根据关键楼层不同，将优化后结构的失效模式分为 7 类，优化后各失效模式下结构的层间位移角分布见图 6.22。由图 6.22 可知，失效模式Ⅰ下对结构失效起重要作用的是首层，结构发生整体失效；失效模式Ⅱ下对结构失效起控制作用的楼层是首层和第 5 层；失效模式Ⅲ下对结构失效起关键作用的楼层是第 17 层；失效模式Ⅳ下首层和第 17 层同时对结构失效起控制作用；失效模式Ⅴ下，结构的失效由第 5 层控制；失效模式Ⅵ下，结构第 5 层和第 17 层达到层间位移角限值，首层最大层间位移角也较大；失效模式Ⅶ下，第 14 层和第 17 层为控制结构失效的关键层。

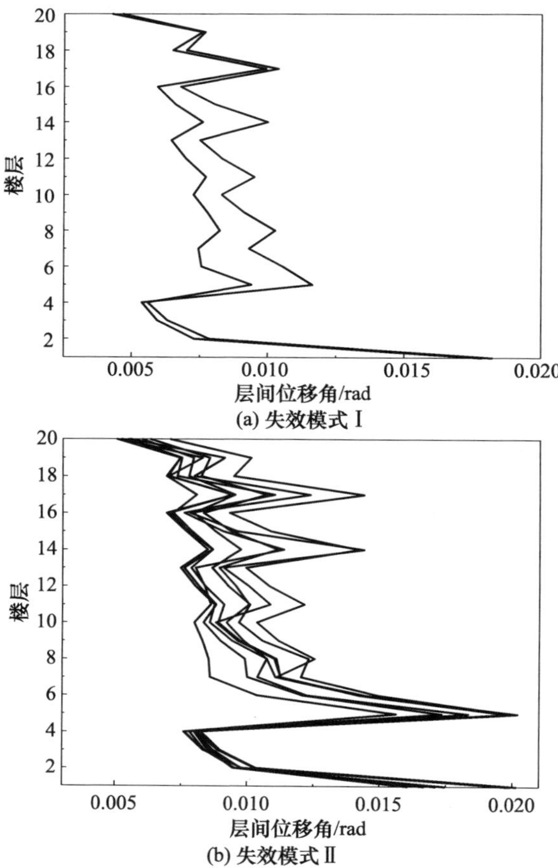

(a) 失效模式Ⅰ

(b) 失效模式Ⅱ

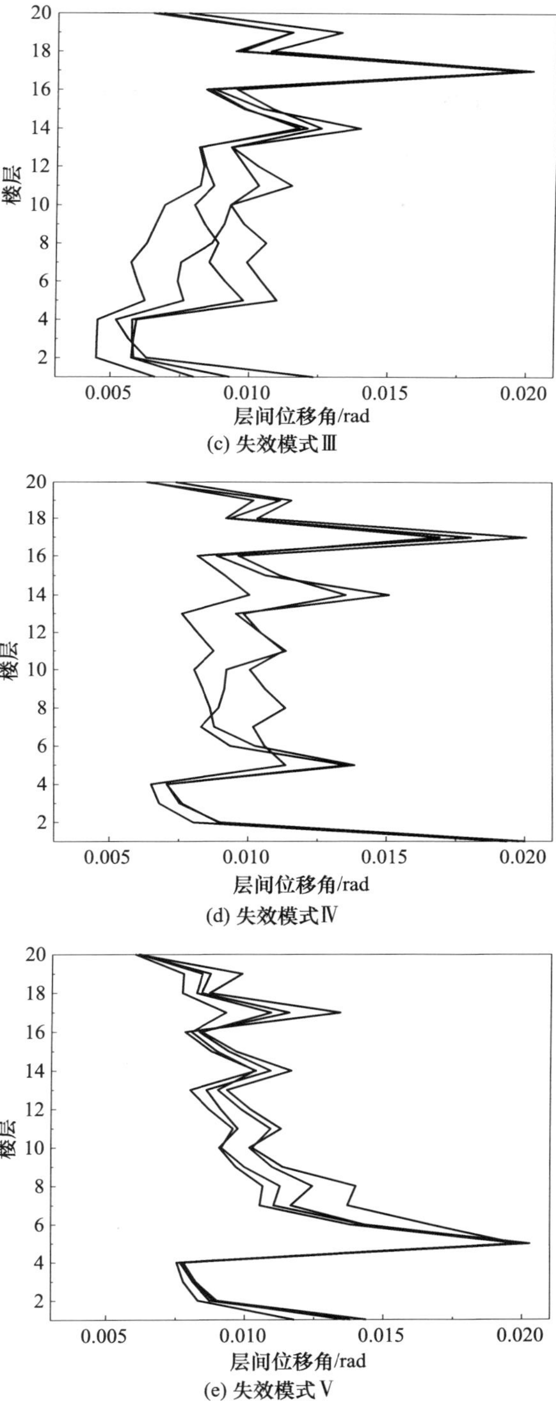

(c) 失效模式Ⅲ

(d) 失效模式Ⅳ

(e) 失效模式Ⅴ

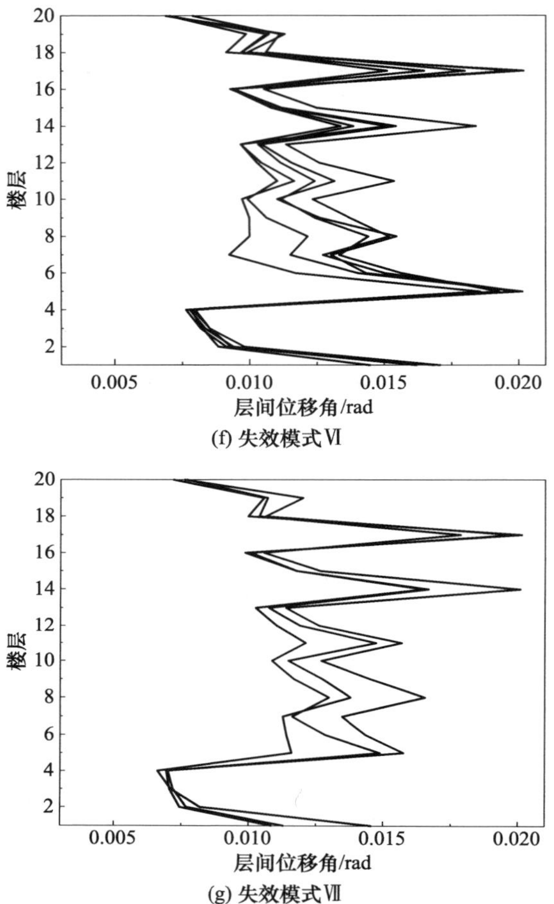

图 6.22　29 条地震波作用下优化后各失效模式下的层间位移角分布

最终优化后结构各失效模式所占比例如表 6.15 所示，结合图 6.22 可知，29 条地震波作用下发生失效模式Ⅱ所占的比例为 27.7%，远大于其他失效模式，其次是失效模式Ⅵ，失效模式Ⅰ所占比例最小。对结构来说，首层、第 5 层、第 14 层和第 17 层为结构的薄弱层。优化后，由单独某一层控制结构失效的失效模式所占比例为 20.7%，小于由多层控制的失效模式，比优化前减小了 34.5%。最终结构发生首层控制为主的整体失效的比例为 44.8%，比优化前减小了 13.8%。

表 6.15　优化后失效模式所占比例

失效模式	Ⅰ	Ⅱ	Ⅲ	Ⅳ	Ⅴ	Ⅵ	Ⅶ
所占比例/%	6.9	27.7	13.8	10.3	13.8	17.2	10.3

优化后结构在各失效模式下发生失效的概率如表 6.16 所示。在失效模式Ⅴ下,较小的地震动强度即使结构发生失效,最终失效模式Ⅱ下结构发生失效的概率最大;失效模式Ⅰ下结构发生失效的概率较小,失效模式Ⅰ为对结构最有利的失效模式,可见由多层起决定作用的失效模式使结构具有较高的抗震性能。

拟合表 6.16 中的数据点,即得优化后各失效模式下结构发生失效的概率拟合曲线,如图 6.23 所示。可以看出,随着 PGA 的变化,各失效模式下结构发生失效的概率有较大差异,失效模式Ⅰ下结构发生失效的概率小于其他失效模式下结构发生失效的概率,结构发生仅有首层引起的整体失效的概率较小,对结构抗震有利;失效模式Ⅱ下结构发生失效的概率较大,为结构的主要失效模式,首层和第 5 层为结构的薄弱层。

表 6.16 优化后各失效模式下结构发生失效的概率

PGA /g	结构发生失效的概率/%						
	失效模式Ⅰ	失效模式Ⅱ	失效模式Ⅲ	失效模式Ⅳ	失效模式Ⅴ	失效模式Ⅵ	失效模式Ⅶ
0	0	0	0	0	0	0	0
0.1	0	0	0	0	0	0	0
0.2	0	0	0	0	0	0	0
0.3	0	0	0	0	0	0	0
0.4	0	0	0	0	0	0	0
0.5	0	0	0	0	0	0	0
0.6	0	0	0	0	0	0	0
0.7	0	0	0	0	3.4	0	0
0.8	0	0	0	0	3.4	0	0
0.9	0	0	3.4	0	3.4	0	0
1.0	0	10.3	3.4	0	3.4	0	3.4
1.1	0	17.2	3.4	3.4	6.9	3.4	3.4
1.2	0	17.2	6.9	3.4	13.8	6.9	3.4
1.3	0	17.2	6.9	3.4	13.8	10.3	6.9
1.4	3.4	20.7	6.9	3.4	13.8	13.8	10.3
1.5	3.4	20.7	6.9	3.4	13.8	13.8	10.3
1.6	6.9	24.1	6.9	6.9	13.8	13.8	10.3
1.7	6.9	24.1	10.3	6.9	13.8	17.2	10.3
1.8	6.9	24.1	13.8	6.9	13.8	17.2	10.3
1.9	6.9	27.7	13.8	6.9	13.8	17.2	10.3
2.0	6.9	27.7	13.8	10.3	13.8	17.2	10.3
2.1	6.9	27.7	13.8	10.3	13.8	17.2	10.3
2.2	6.9	27.7	13.8	10.3	13.8	17.2	10.3
2.3	6.9	27.7	13.8	10.3	13.8	17.2	10.3
2.4	6.9	27.7	13.8	10.3	13.8	17.2	10.3
2.5	6.9	27.7	13.8	10.3	13.8	17.2	10.3

各失效模式下结构失效概率拟合曲线参数值见表 6.17，由此计算各失效模式下结构的安全储备系数分别为：$MaR_{1(50\%)}=6.82$，$MaR_{2(50\%)}=5.59$，$MaR_{3(50\%)}=6.36$，$MaR_{4(50\%)}=6.82$，$MaR_{5(50\%)}=4.77$，$MaR_{6(50\%)}=5.91$，$MaR_{7(50\%)}=5.68$。可见优化后，各失效模式下结构的安全储备系数普遍增大，结构的抗震储备能力增强。失效模式Ⅰ和失效模式Ⅳ下结构的安全储备系数较大，结构具有较强的抗震储备能力；失效模式Ⅴ下结构的安全储备系数较小，结构的抗震储备能力较小；失效模式Ⅰ为对结构最有利的失效模式。

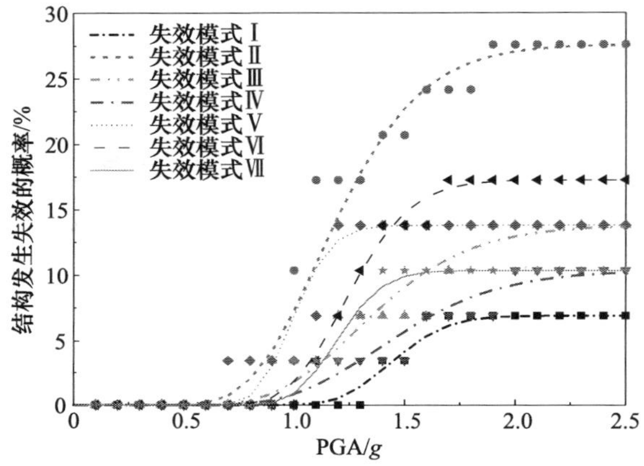

图 6.23　优化后各失效模式下结构发生失效的概率拟合曲线

表 6.17　优化后结构在各失效模式下的参数值

失效模式	关键层	γ_l/%	μ_l	β_l
Ⅰ	1	6.9	1.50	0.12
Ⅱ	1,5	27.59	1.23	0.24
Ⅲ	17	13.79	1.40	0.24
Ⅳ	1,17	10.34	1.50	0.24
Ⅴ	5	13.79	1.05	0.12
Ⅵ	1,5,17	17.25	1.30	0.16
Ⅶ	14,17	10.34	1.25	0.12

优化前后结构在 Northridge-01 波作用下的层间位移角分布如图 6.24 所示。由图可知，最大层间位移角减小 27.5%，且优化后结构的层间位移角比优化前分布更均匀。优化前后结构在 Northridge-01 波作用下的滞回耗能如图 6.25 所示，地震动的加速度峰值为使原始结构发生失效的地震动强度阈值。优化后结构的滞回耗能比优化前有所增加，而优化后结构的整体损伤比优化前减小 41.2%，说明与优化前相比，滞回耗能和损伤较多地由非重要性构件承担，保护了结构的重要性构件，增强了结构的抗震性能。

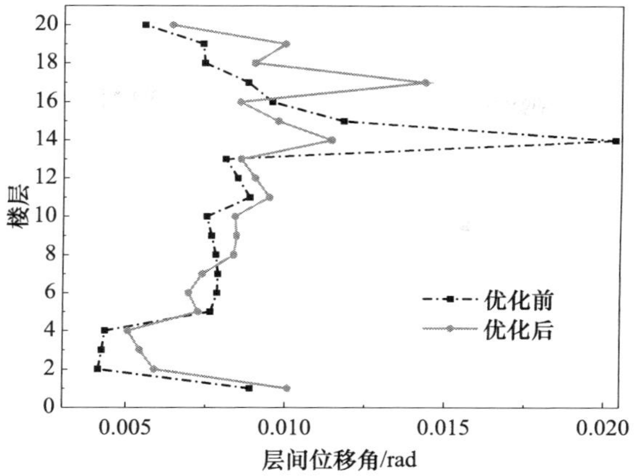

图 6.24　优化前后结构在 Northridge-01 波作用下的层间位移角分布

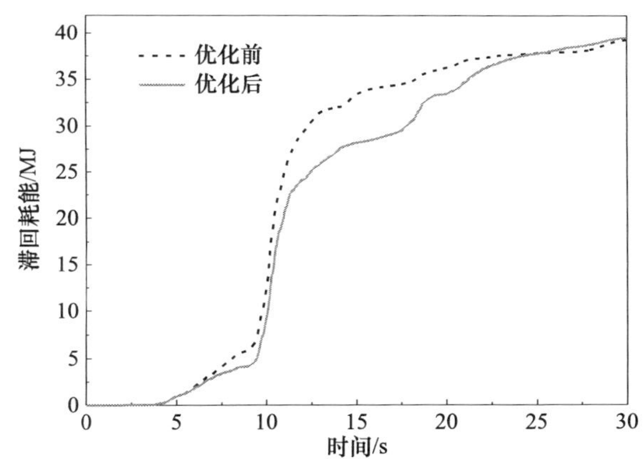

图 6.25　优化前后结构在 Northridge-01 波作用下的滞回耗能

优化前后结构在 29 条地震波作用下的整体损伤指数和滞回耗能分别如图 6.26 和图 6.27 所示，各地震动加速度峰值均为使原始结构发生失效的各地震动强度阈值。由图 6.26 可知，优化后结构在 62%的地震动作用下整体损伤均减小，最多减小 60.78%。由图 6.27 可知，优化后结构在 48.3%的地震动作用下滞回耗能增加，最多增加 31.24%。

因此，滞回耗能与结构损伤的比值可较好地衡量各地震动作用下结构损伤与滞回耗能的关系，评价结构抗震能力；由滞回耗能与结构损伤的比值可选取出使结构损伤较大且滞回耗能较小的较不利地震动。考虑截面重要性系数的失效模式多目标优化方法比未考虑截面重要性系数的优化方法能更好地分配构件截面，降低结构成本。结构损伤减小的同时耗能能力显著增强，在各地震动作用下结构的失效概率降低，抗震性能显著提高。

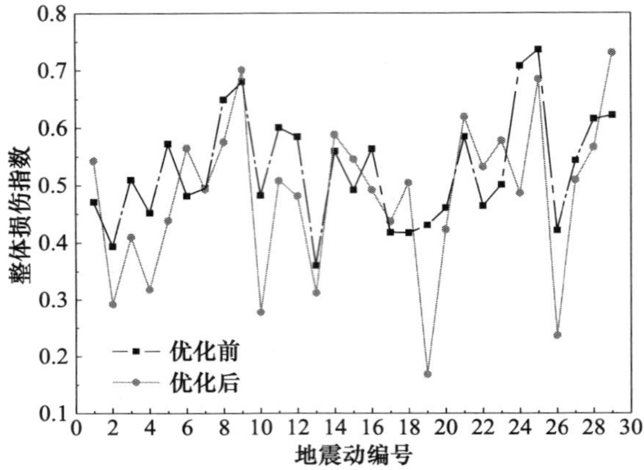

图 6.26　29 条地震波作用下结构的整体损伤指数

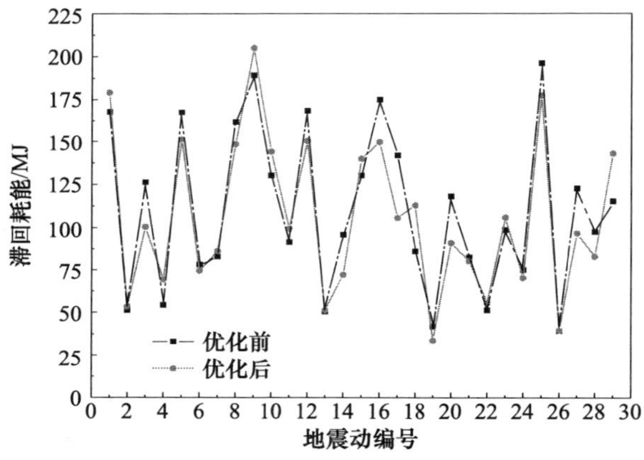

图 6.27　29 条地震波作用下结构的滞回耗能

参 考 文 献

[1] Newmark N M. An engineering approach to blast resistant design. Transaction，1956，121(16)：45—65.

[2] Powell G H，Allahabadi R. Seismic damage prediction by deterministic method：concept and procedures. Earthquake Engineering and Structural Dynamics，1998，16(5)：719—734.

[3] Shiata A，Sezoen M A. The Substitute structure method for seismic design RC. Journal of the Structural Division，1976，102(12)：1—18.

[4] Housner G W. Limit design of structures to resist earthquake // Proceedings of the 1st World Conference on Earthquake Engineering，Berkeley，1956：1—13.

[5] Dawin D, Nmai C K. Energy dissipation in RC beams under cyclic load. Journal of Structural Engineering, 1986, 112(8): 1829—1846.

[6] Mccabe S L, Hall W J. Damage and reserve capacity of structures subjected to strong earthquake ground motion// Proceedings of the 10th World Conference on Earthquake Engineering, Madrid, 1992: 67—74.

[7] Park Y J, Ang A H S. Mechanistic seismic damage model for reinforced concrete. Journal of Structure Engineering, 1985, 111(4): 722—739.

[8] 杜修力,欧进萍. 建筑结构地震破坏评估模型. 世界地震工程,1991,7(3):52—58.

[9] 李军旗,赵世春. 钢筋混凝土构件损伤模型. 兰州铁道学院学报,2000,7(1):25—27.

[10] 于海祥,武建华,张国斌. 一种新型的混凝土结构双参数地震损伤模型. 重庆建筑工业大学学报,2004,26(5):43—49.

[11] 彭伟文. 考虑强震持时的结构损伤评价[硕士学位论文]. 福建:华侨大学,2009.

[12] 吴波,欧进萍. 钢筋混凝土结构在主余震作用下的反应与损伤分析. 建筑结构学报,1993,14(10):45—53.

[13] 单旭. 高层钢框架结构强震损伤演化分析与试验研究[硕士学位论文]. 北京:北京交通大学,2012.

[14] 吕杨. 高层建筑结构地震失效模式优化及损伤控制研究[博士学位论文]. 天津:天津大学,2012.

[15] 徐龙河,吴耀伟,李忠献,等. 基于性能的钢框架结构失效模式识别及优化. 工程力学,2015,32(10):44—51.

[16] 徐龙河,单旭,李忠献. 强震下钢框架结构易损性分析及优化设计. 工程力学,2013,30(1):175-179.

[17] Ohtori Y, Christenson R E, Spencer B F Jr, et al. Benchmark control problems for seismically excited nonlinear buildings. Journal of Engineering Mechanics, 2004, 130(4): 366—385.

[18] 徐龙河,吴耀伟,李忠献. 基于概率的钢框架结构地震失效模式识别方法. 工程力学,2016,33(5):66—73.

[19] Applied Technology Council. FEMA P695 Quantification of Building Seismic Performance Factors(ATC-63). Redwood City: FEMA, 2009.

[20] Filippou F C, Popov E P, Bertero V V. Effects of Bond Deterioration on Hysteretic Behavior of Reinforced Concrete Joints. Berkeley: University of California, 1983.

[21] Menegotto M, Pinto P. Method of analysis for cyclically loaded reinforced concrete plane frames including changes in geometry and non-elastic behavior of elements under combined normal force and bending // Proceedings of the International Association for Bridge and Structural Engineering Symposium on Resistance and Ultimate Deformability of Structures Acted on by Well Defined Repeated Loads, Lisbon, 1973: 15—22.

[22] 吴耀伟. 钢框架结构基于性能的失效模式识别与多目标优化[硕士学位论文]. 北京:北京交通大学,2015.

第 7 章　高层钢结构基于 MR 阻尼器的非线性地震损伤控制

结构振动控制是指对结构安装控制装置，由其和结构共同抵御外部动力荷载作用，以减小主体结构动力响应。基于 MR 阻尼器的结构振动控制是一个跨学科的前沿研究领域，它涉及土木工程防灾减灾、自动控制、材料、信号、计算机等多学科的综合知识。经过近几十年的发展，结构振动控制的研究取得了很大的进展，但关于 MR 阻尼器优化设计以及在强震作用下结构进入强非线性阶段时结构振动控制的研究还不够深入，分析其主要原因是传统的结构振动控制是基于 MATLAB 程序包进行的。MATLAB 程序具有很强的求解结构半主动控制算法的能力，但在求解考虑材料非线性、边界非线性和接触非线性的结构动力响应时则比通用有限元程序差很多。

本章通过 LS-DYNA 程序二次开发基于 MR 阻尼器的半主动控制平台，以实现基于 MR 阻尼器的半主动控制系统与结构一体化的建模、分析与设计，基于此平台分别对钢框架结构和钢框架-钢板剪力墙结构进行非线性地震损伤控制与分析，以验证所开发的半主动控制平台的计算稳定性、求解速度、求解精度等。

7.1　非线性半主动控制平台

7.1.1　半主动控制流程

半主动控制系统由传感器、控制器和作动器三部分组成。基于 MR 阻尼器的半主动控制系统需要实时采集结构动力响应信息并反馈给半主动控制器，控制器分析判断反馈信息和 MR 阻尼器的状态，通过半主动控制律向直流电源发送控制指令，使 MR 阻尼器被动地产生控制力，以达到减小结构动力响应的目的[1]。基于主动控制的半主动控制算法还需要计算结构主动最优控制力，并由半主动控制器分析判断阻尼器能提供的控制力，然后通过半主动控制策略确定对 MR 阻尼器施加的电压(或电流)大小，使 MR 阻尼器产生的阻尼力接近主动最优控制力以达到与主动控制相近的控制效果，控制的基本流程如图 7.1 所示。

随着计算机计算能力的发展，有限元法已经成为结构工程领域最重要的研究手段之一。为了在通用有限元程序中实现结构的半主动控制研究，必须通过二次开发的方法将传感器、半主动控制器和作动器以子程序的方式嵌入有限元主程序中，在保证子程序与主程序之间完美接口的情况下，实现前述半主动控制过程。同时，要求所开发的半主动控制系统具有计算速度快、数值稳定性高、求解精度高的特点。

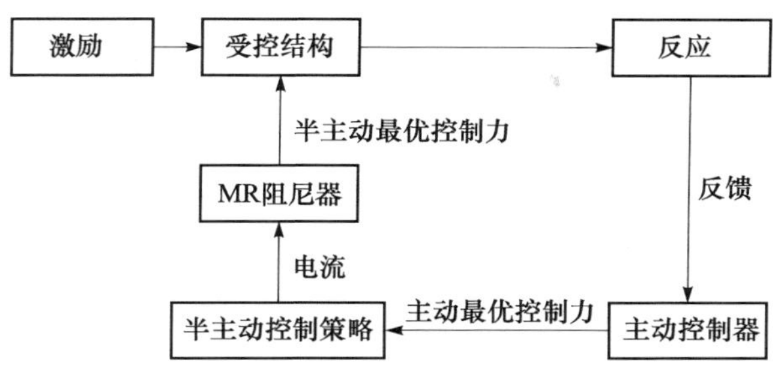

图 7.1　基于主动控制的半主动控制流程

基于上述想法，本章开发了基于 MR 阻尼器的半主动控制系统平台，平台中主程序与子程序之间的调用关系如图 7.2 所示。在进行结构半主动控制分析时：①采用有限元主程序的前处理器建立结构有限元模型（单元类型选择、材料模型选择和连接接触等设置）、设置模型边界条件、施加地震等激励和选择有限元求解方法等；②计算 t 时刻结构动力响应；③传感器采集结构动力响应和 MR 阻尼器状态信息，并反馈给半主动控制器子程序；④半主动控制器调用 MR 阻尼器的 Bouc-Wen 模型子程序，求解半主动控制力，并向作动器发送控制力指令；⑤作动器对阻尼器安装位置施加控制力，主程序计算 $t+\Delta t$ 时刻结构动力响应直至求解结束；⑥采用有限元主程序的后处理器可以直观地显示结构损伤状态云图。以下将对 LS-DYNA 显式有限元程序中控制方程的求解、MR 阻尼器的 Bouc-Wen 模型和半主动控制律进行详细介绍。

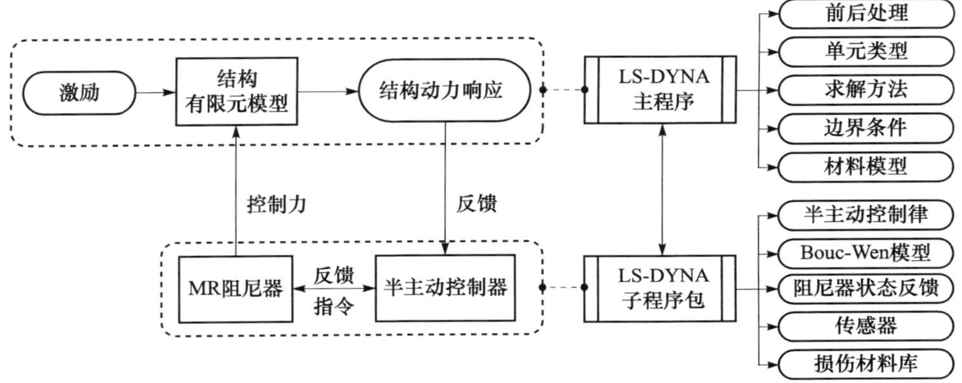

图 7.2　LS-DYNA 有限元程序中半主动控制平台示意图

7.1.2　基本控制方程

考虑自由度数为 n 的受控结构，阻尼器产生的控制力作用于 r 个自由度上，在外部激励下，结构运动方程为[2]

$$\boldsymbol{M}\ddot{\boldsymbol{X}}(t)+\boldsymbol{C}\dot{\boldsymbol{X}}(t)+\boldsymbol{K}\boldsymbol{X}(t)=\boldsymbol{E}_{\mathrm{S}}\boldsymbol{F}(t)+\boldsymbol{B}_{\mathrm{S}}\boldsymbol{U}(t) \tag{7.1}$$

式中，$\boldsymbol{M}$、$\boldsymbol{C}$、$\boldsymbol{K}$ 分别为 $n\times n$ 维的结构质量、阻尼和刚度矩阵；$\boldsymbol{X}$、$\dot{\boldsymbol{X}}$、$\ddot{\boldsymbol{X}}$ 分别表示外部激励下 n 维的结构位移、速度和加速度响应向量；$\boldsymbol{F}(t)$、$\boldsymbol{U}(t)$分别为 n 维的外部激励和控制力向量；$\boldsymbol{E}_{\mathrm{S}}$、$\boldsymbol{B}_{\mathrm{S}}$ 分别为 $n\times n$ 维的外部激励和阻尼力对应的位置指示向量，由 0 和 1 两种元素组成。

有限元程序求解三维空间受控结构运动方程时，需将半主动控制器求解得到的控制力向量在有限元模型中按三个平动自由度方向进行分配(不考虑阻尼器弯矩作用)，进而在结构阻尼器安装方位施加控制力。数值分析时阻尼器以一个虚拟梁单元的形式安装在指定位置，虚拟梁单元可以随结构变形真实地调整阻尼器的方位，因此能更真实地反映结构实际的受控状态。由于 LS-DYNA 程序基于显式算法求解结构动力响应，结构质量矩阵为对角矩阵，并且不需要组集形成结构整体刚度矩阵，有限元模型各自由度之间互相解耦，并基于中心差分法依次求解结构各个自由度响应，因此可以将有限元模型划分为未安装 MR 阻尼器的普通自由度和安装 MR 阻尼器的控制自由度。控制自由度的运动方程为

$$m\ddot{x}(t)+c\dot{x}(t)+kx(t)=p(t)+u(t) \tag{7.2}$$

式中，控制力 $u(t)$采用半主动控制器和 MR 阻尼器的出力模型求解并分解到相应自由度得到。为求解 $t+\Delta t$ 时刻该自由度的动力响应，建立以 $x(t+\Delta t)$为变量的平衡方程，并将速度和加速度响应以位移表示为

$$\dot{x}(t)=\frac{x(t+\Delta t)-x(t-\Delta t)}{2\Delta t} \tag{7.3}$$

$$\ddot{x}(t)=\frac{x(t+\Delta t)-2x(t)+x(t-\Delta t)}{(\Delta t)^2} \tag{7.4}$$

将式(7.3)和式(7.4)代入式(7.2)，可得

$$m\frac{x(t+\Delta t)-2x(t)+x(t-\Delta t)}{(\Delta t)^2}+c\frac{x(t+\Delta t)-x(t-\Delta t)}{2\Delta t}+kx(t)=p(t)+u(t) \tag{7.5}$$

将式(7.5)变形后可得

$$\left[\frac{m}{(\Delta t)^2}+\frac{c}{2\Delta t}\right]x(t+\Delta t)=p(t)+u(t)-\left[\frac{m}{(\Delta t)^2}-\frac{c}{2\Delta t}\right]x(t-\Delta t)-\left[k-\frac{2m}{(\Delta t)^2}\right]x(t) \tag{7.6}$$

将式(7.6)化简可得

$$\hat{k}x(t+\Delta t)=\hat{p}(t) \tag{7.7}$$

式中，广义刚度 $\hat{k}$ 和广义外力 $\hat{p}(t)$ 分别表示为

$$\hat{k}=\frac{m}{(\Delta t)^2}+\frac{c}{2\Delta t} \tag{7.8}$$

$$\hat{p}(t)=p(t)+u(t)-\left[\frac{m}{(\Delta t)^2}-\frac{c}{2\Delta t}\right]x(t-\Delta t)-\left[k-\frac{2m}{(\Delta t)^2}\right]x(t) \tag{7.9}$$

$\hat{k}$ 和 $\hat{p}(t)$ 均为已知，因此不需要迭代求解即可得到该自由度下一时间步的位移响应，为

$$x(t+\Delta t)=\frac{\hat{p}(t)}{\hat{k}} \tag{7.10}$$

假定已知结构各自由度初始状态位移响应 x_0 和速度响应以及边界条件，并假定阻尼器初始时刻不提供控制力，则求得 $x(-\Delta t)$ 即可完成方程求解。由初始时刻运动方程可得初始时刻加速度为

$$\ddot{x}_0=\frac{p_0-c\dot{x}_0-kx_0}{m} \tag{7.11}$$

得到 $-\Delta t$ 时刻位移响应为

$$x(-\Delta t)=x_0-\Delta t\dot{x}_0+\frac{(\Delta t)^2}{2}\ddot{x}_0 \tag{7.12}$$

求解得到受控自由度 $t+\Delta t$ 时刻位移响应和速度响应后，通过传感器将信号传递给半主动控制器子程序计算最优的控制力，并将控制力施加在相应自由度对结构动力响应实时控制。对于未安装 MR 阻尼器的普通自由度，上述运动方程无控制力项，此时运动方程为

$$m\ddot{x}(t)+c\dot{x}(t)+kx(t)=p(t) \tag{7.13}$$

方程的求解过程与含控制力自由度的运动方程相同，此处从略。

7.1.3　MR 阻尼器的出力模型

MR 阻尼器作为一种新型的半主动控制装置，具有构造简单、响应速度快、阻尼力连续可调等优点。经过近二十年来的系统研究，国内外学者提出了很多 MR 阻尼器的出力模型，其中 Bouc-Wen 模型得到了最广泛的应用，它的结构框图如图 7.3 所示。恢复力的表达式为

$$F(t)=c_0\dot{x}(t)+k_0(x(t)-x_0)+\alpha z(t) \tag{7.14}$$

式中，x_0 和 k_0 为阻尼器参数；Bouc-Wen 单元为

$$\dot{z}(t)=-\gamma|\dot{x}(t)|z(t)|z(t)|^{n-1}-\beta\dot{x}(t)|z(t)|^n+A\dot{x}(t) \tag{7.15}$$

参数 c_0 和 α 通过式(7.16)计算得到

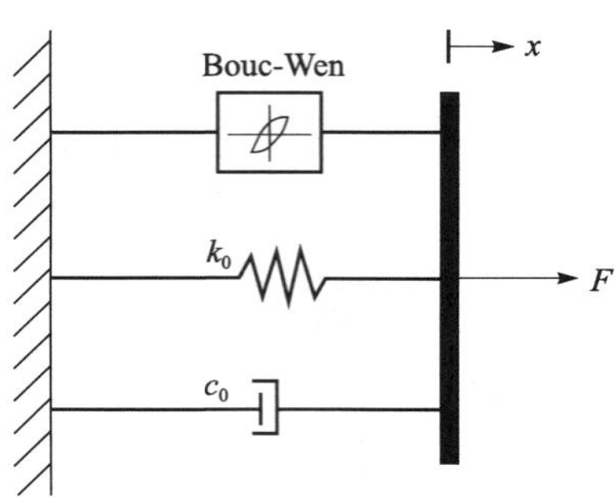

图 7.3　Bouc-Wen 模型

$$\begin{cases} c_0 = c_{0a} + c_{0b}u \\ \alpha = \alpha_a + \alpha_b u \end{cases} \tag{7.16}$$

式中，u 为所加电压；γ、β、A 和 n 为 Bouc-Wen 单元参数；c_{0a}、c_{0b}、α_a 和 α_b 为阻尼器 Bouc-Wen 模型参数。

为了在 LS-DYNA 有限元中以子程序的形式植入主程序中，需要将传感器子程序采集到的结构速度和位移信息传递到 Bouc-Wen 模型进行求解。由于 Bouc-Wen 单元没有解析解，采用二阶龙格-库塔方法求解方程的主要过程如下所示：

do $i=1,N$

$k1=-\gamma*\text{abs}(v)*z*\text{abs}(z)^{(n-1)}-\beta*v*\text{abs}(z)^n+A*v$;

$k2=-\gamma*\text{abs}(v)*(z+h*k1)*\text{abs}(z+h*k1)^{(n-1)}-\beta*v*\text{abs}(z+h*k1)^n+A*v$;

$z=z+0.5*h*(k1+k2)$;

end do

其中，$k1$ 和 $k2$ 为中间变量；v 为传感器反馈得到的阻尼器两端结构速度信号；z 为 Bouc-Wen 单元中间变量；h 和 N 为数值迭代步长和迭代次数，通过龙格-库塔法的稳定条件确定。求解得到中间变量 z 值后，再基于半主动控制律计算得到阻尼器最优控制力，并反解得到相应的控制电压，代入 Bouc-Wen 模型即可求得阻尼器出力大小[3~6]。

7.1.4　半主动控制律

由于所开发的半主动控制平台是基于 LS-DYNA 显式有限元程序进行的，基于主动控制算法的半主动控制系统不适用于平台与主程序之间数据的传递，并且在强震作用下结构的刚度会逐渐退化，基于结构初始刚度矩阵建立的半主动控制系统在结构性能退化后可能出现控制不稳定甚至控制发散的现象，而基于智能控制算法的半主动控制系统(如神经网络半主动控制系统和模糊控制系统)开发难度太大。在实际工程中,多数采用简单开关控制算法,其表达式为

$$F(t)=\begin{cases}F_{I,\max}, & x\dot{x}>0\\ F_{I,\min}, & x\dot{x}\leqslant 0\end{cases} \tag{7.17}$$

式中,$F(t)$为t时刻MR阻尼器的出力;$F_{I,\max}$、$F_{I,\min}$分别为在t时刻结构响应和阻尼器运动状态下阻尼器能提供的最大和最小控制力;x、$\dot{x}$分别为t时刻传感器采集到的阻尼器平衡位置的位移和速度。

在有限元中具体实施时,需通过传感器即时采集阻尼器安装位置的速度和位移信息。设传感器采集得到的位移、速度信息分别为s和v,则

```
if(s * v>0)then
  c0 = c0a + c0b * umax + c0c * umax * umax;
  α = αa + αb * umax + αc * umax * umax;
else
  c0 = c0a + c0b * umin + c0c * umin * umin;
  α = αa + αb * umin + αc * umin * umin;
end if
```

其中,c_{0c}和α_c为阻尼器Bouc-Wen模型参数;$u_{\min}$、$u_{\max}$分别为阻尼器两端施加的最小和最大电压指令。半主动控制律判断应施加的电压指令后,即可计算得到阻尼器Bouc-Wen参数c_0和α,调用Bouc-Wen子程序计算相应控制力。

7.1.5　MR阻尼器优化设计

结构安装MR阻尼器对结构刚度的影响一般可以忽略,阻尼器主要通过提高结构体系的阻尼比对结构能量耗散产生较大的影响,在结构形式一定的情况下,阻尼器耗能能力主要由其出力大小控制,基于此,阻尼器最大出力按式(7.18)和式(7.19)确定:

$$F_{mn}^{j}=\frac{P_j^{mn}E_j^{mn}}{P_r^{mn}E_r^{mn}}F_r \tag{7.18}$$

$$F_j=\max\{F_j^{mn}\},\quad m=1,2,\cdots,M;n=1,2,\cdots,N \tag{7.19}$$

式中,m、n分别指选用M条地震波N个震级的多目标优化设计时第m条地震波的第n震级;P_r^{mn}、P_j^{mn}为结构基准层和第j层抗震性能指标;F_r为基准层阻尼器出力,根据结构抗震水平及现有阻尼器设计水平确定;E_j^{mn}、E_r^{mn}为结构第j层和结构基准层滞回耗能。

7.2 高层钢框架结构非线性地震损伤控制

7.2.1 分析模型

对9层的Benchmark钢框架结构进行分析。结构设一层地下室，层高3.65m，底层层高5.49m，其余各层层高3.96m，地下室柱底采用铰接连接，并约束底层柱脚水平自由度。结构纵横向各5跨，每跨跨度9.15m，四周除南北向第5跨外均为抗弯钢框架，其余梁柱采用铰接连接，如图7.4所示。框架梁柱均采用H型钢，柱截面尺寸在第1层、3层、5层和7层发生变化，变截面钢柱节点距同层梁中心线高度为1.83m。结构钢框架柱材料屈服强度为345MPa，钢梁材料屈服强度为248MPa，梁柱截面尺寸参见文献[7]。

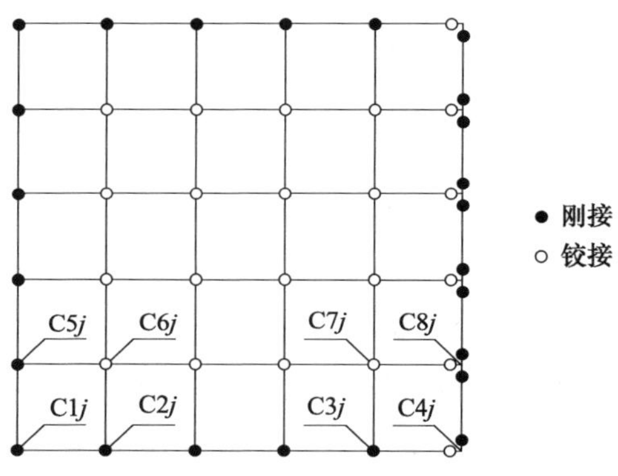

图7.4 Benchmark模型结构平面

通过LS-DYNA程序建立结构空间有限元模型，各梁和柱采用14个空间梁单元模拟，铰接梁柱节点通过释放梁单元转动自由度模拟，结构楼板采用分层壳单元模拟，模拟中考虑楼板中性轴与梁中性轴不在同一平面的影响，将楼板上移使楼板下表面与梁上表面平齐，梁柱材料采用所开发的损伤本构模型，材料参数如表5.1所示，约束结构底层柱底平动和转动自由度，建立得到结构有限元模型如图7.5所示。

采用刚性地基假定，模态分析得到结构前9阶频率和振型如表7.1所示，结构第10阶模态为结构局部振动。可以看出，考虑结构楼板效应的空间有限元模型振动频率约为简化模型的2倍[7]。

结构第 j 层柱分类如图7.4所示，采用前述抗震性能指标的计算方法，并设结构底层为基准层，基准层沿外围四周布置16个最大出力为1000kN的MR阻尼器，结构各层抗震性能指标和阻尼器出力如表7.2所示。

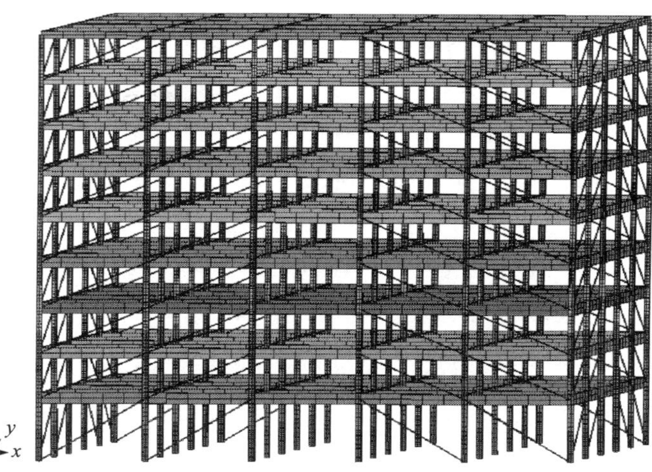

图 7.5　有限元模型及阻尼器布置

表 7.1　钢框架结构模态参数

阶次	频率/Hz	模态
1	0.7884	x 向
2	0.8999	y 向
3	1.0534	转动
4	2.1159	x 向
5	2.4309	y 向
6	2.8070	转动
7	3.5600	x 向
8	4.1064	y 向
9	4.7155	转动

表 7.2　结构各层抗震性能指标和阻尼器出力

楼层	抗震性能指标	阻尼器出力/kN
1	1.495	16000
2	0.341	5736
3	0.284	3967
4	0.356	4768
5	0.396	5030
6	0.395	4707
7	0.469	3400
8	0.448	2498
9	0.245	956

根据表 7.2 中阻尼器出力及阻尼器数量，结构各层沿四周以斜撑的形式均匀布置 16 个阻尼器，如图 7.5 所示，图中斜撑为采用虚拟梁单元模拟的 MR 阻尼器。各层阻尼器实际最大出力分别为 1017kN、365kN、252kN、303kN、320kN、299kN、216kN、159kN 和 61kN，其中最大电压为 10V，出力为 1017kN 的阻尼器的 Bouc-Wen 模型参数为：$c_{0a}=440(\text{N}\cdot\text{s})/\text{m}$、$c_{0b}=4400(\text{N}\cdot\text{s})/\text{mV}$、$k_0=0$、$x_0=1.6\text{m}$、$\alpha_a=1.0872\times10^7\text{N/m}$、$\alpha_b=4.9616\times10^7\text{N/mV}$、$\gamma=300\text{m}^{-1}$、$\beta=300\text{m}^{-1}$、$n=1$、$A=1.2$，在频率为 1.25Hz、振幅为 1.25mm 的正弦波激励下，阻尼器在 0、2V、4V、6V、8V 和 10V 六级常电压下动力特性如图 7.6 所示。

7.2.2　损伤控制效果

在不同强度的 Loma Prieta 波、San Fernando 波和 EL-Centro 波的激励下，采用 IDA 方法计算得到设置阻尼器前后结构整体损伤发展过程如图 7.7 和图 7.8 所示。

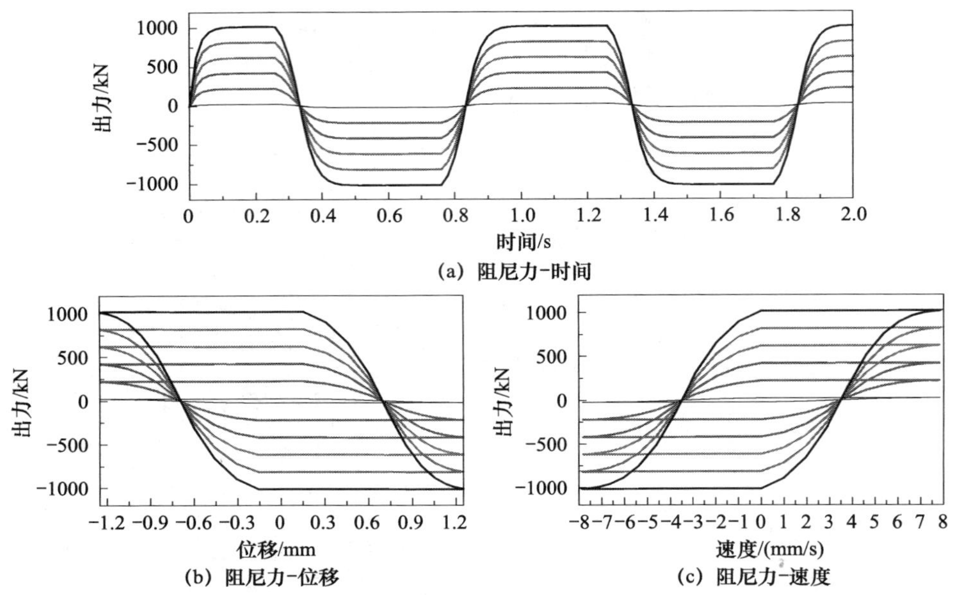

图 7.6 频率 1.25Hz、振幅 1.25mm 正弦波激励下阻尼器动力特性曲线

从上到下各曲线电压依次为 0V、2V、4V、6V、8V、10V

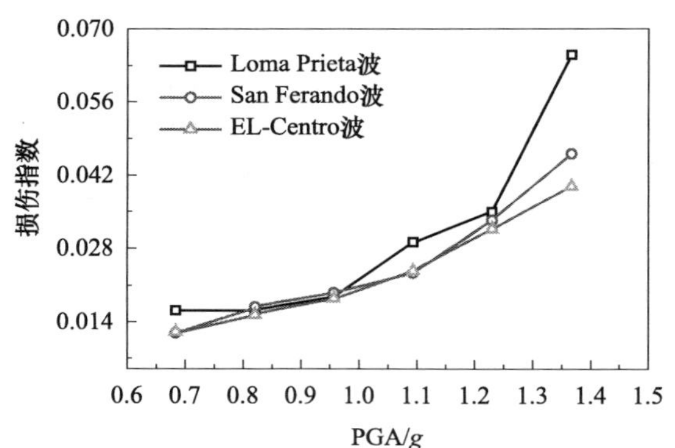

图 7.7 不同地震波作用下无控结构整体损伤发展过程

由图 7.7 和图 7.8 可以看出，在 PGA＝0.683g 时，无控结构在 Loma Prieta 波、San Fernando 波、EL-Centro 波作用下结构整体损伤指数分别为 0.0162、0.0119 和 0.0122，而采用 MR 阻尼器控制的结构整体损伤指数几乎为 0；在 PGA＝1.23g 的 Loma Prieta 波、San Fernando 波和 EL-Centro 波作用下，无控结构整体损伤指数分别为 0.0348、0.0333 和 0.0317，临近结构倒塌阈值 0.03607，相应安装 MR 阻尼器控制的结构损伤指数分别为 0.009419、0.007528 和 0.003415，因此，MR 阻尼器很好地控制了结构整体损伤。由图 7.7 和图 7.8 还可以看出，不同地震动对结构

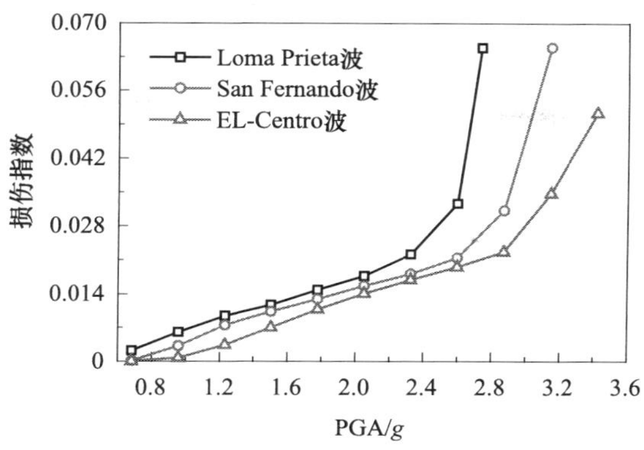

图 7.8 不同地震波作用下受控结构整体损伤发展过程

的破坏程度不同。在给定的 3 条地震波中，两种结构都表现为 Loma Prieta 波破坏最严重，EL-Centro 波破坏最轻，这也表明增设 MR 阻尼器对结构自身动力特性影响不明显[8~10]。

随着地震动幅值的增加，无控结构损伤逐渐增快，在 PGA＝1.367g 的 Loma Prieta 波作用下，结构底层发生侧向失稳伴随扭转破坏，破坏模式如图 7.9 所示；受控结构整体损伤指数随地震动强度增加近似呈线性关系发展，当 Loma Prieta 波、San Fernando 波、EL-Centro 波 PGA 分别到达 2.324g、2.597g 和 2.870g 时，结构损伤发展增快，分析其原因是阻尼器具有有限的出力能力，并且只能被动地

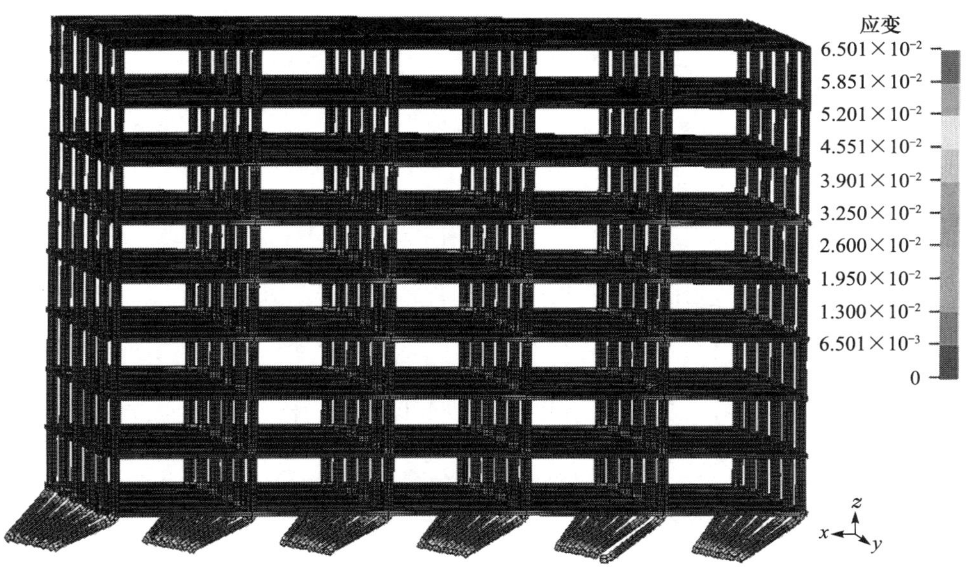

图 7.9 Loma Prieta 波作用下无控结构破坏模式(PGA＝1.367g)

产生控制力，在上述幅值的地震动作用下已达到极限状态，当 PGA 继续增大时，结构将沿一个方向产生很大的不可恢复的残余变形，致使阻尼器长期处于压缩或拉伸状态，其控制结构损伤的能力大大减小，在 PGA＝2.60g 的 Loma Prieta 波作用下，受控结构各层损伤指数到达极限值 0.065，发生倒塌破坏，破坏状态如图 7.10 所示。

图 7.11 为在 PGA＝2.324g 的 Loma Prieta 波作用下底层边跨处阻尼器控制力时程曲线。可以看出，阻尼器 5s 以后主要处于受压缩状态并产生推力，阻尼器控制效果已经减弱。

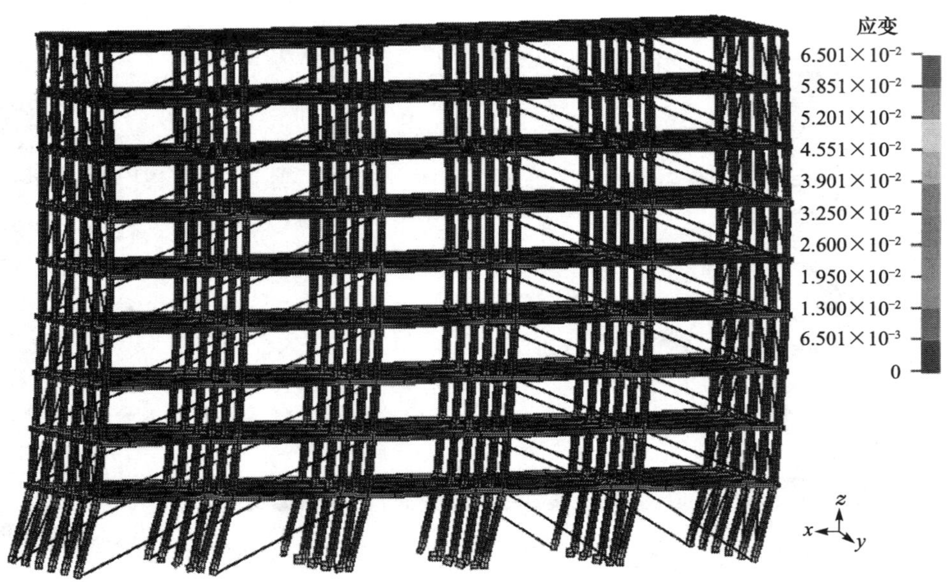

图 7.10 Loma Prieta 波作用下受控结构破坏模式(PGA＝2.60g)

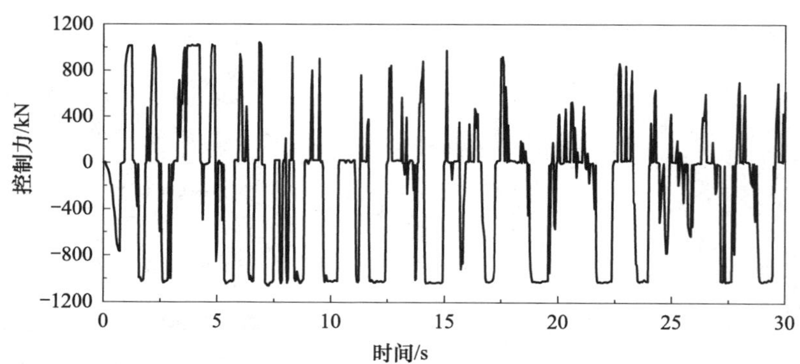

图 7.11 Loma Prieta 波作用下底层边跨处阻尼器控制力时程曲线(PGA＝2.324g)

不同强度 Loma Prieta 波作用下，安装 MR 阻尼器前后结构整体损伤发展过程如图 7.12 和图 7.13 所示。可以看出，在峰值加速度时刻（如图中 5s、15s 时刻），结构整体损伤指数发展很快，此时结构损伤主要由超越破坏控制；其余时刻，结构整体损伤缓慢增加（如图中 5～15s 和 15～30s 时间段），此时结构损伤由累积效应控制。从图 7.12 还可以看出，PGA 较小的地震动作用下，结构累积破坏效应不是很明显，而 PGA 越大，结构累积效应越显著，这主要是由于幅值较小的地震动作用下，结构首次超越破坏产生的损伤很小，后续小的地震动作用下结构几乎不产生损伤，而幅值较大的地震动作用下，结构首次超越破坏已经很严重，结构损伤阈值降低，后续地震动加剧了结构损伤的发展，这与实际地震中很多房屋在主震时没有倒塌而在加速度幅值较小的余震下却发生倒塌的现象相符；相应受控结构由于 MR 阻尼器的耗能作用，在非峰值加速度时刻的地震动作用下，结构损伤处于 MR 阻尼器控制范围之内，损伤在地震动峰值加速度时刻之后增加的速度比无控结构缓慢很多，地震动的时间效应对受控结构影响减小。

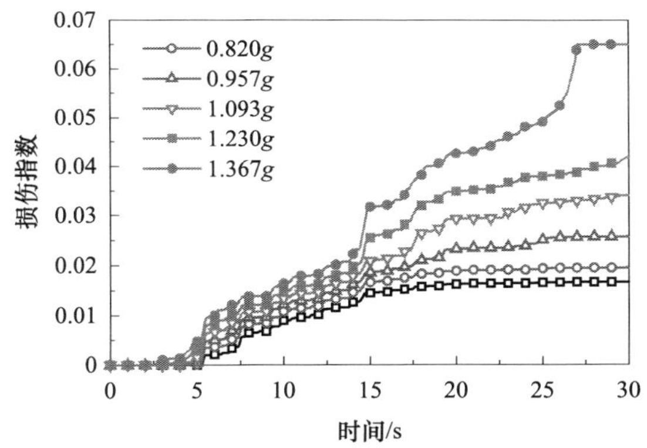

图 7.12　不同强度 Loma Prieta 波作用下无控结构整体损伤发展过程

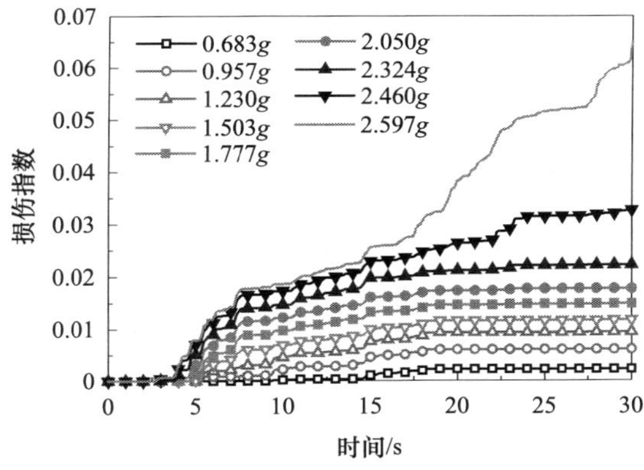

图 7.13　不同强度 Loma Prieta 波作用下受控结构整体损伤发展过程

在 PGA=0.683g 和 PGA=1.503g 的 Loma Prieta 波作用下，无控结构和受控结构各层损伤发展过程如图 7.14 和图 7.15 所示，从图 7.14 可以看出，无控结构损伤完全集中在结构底层，而相应受控结构损伤分布更广泛，结构材料强度使用更充分，因此结构耗能能力得到很大提高，并且可以通过前述方法多次优化阻尼器出力以达到控制结构各层损伤相等的目的。

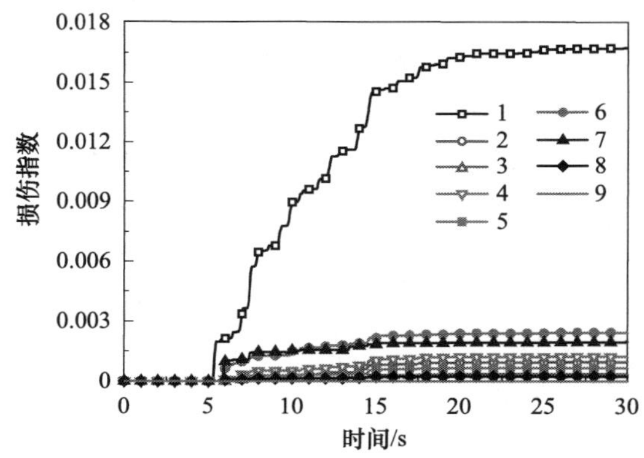

图 7.14 Loma Prieta 波作用下无控结构各层损伤发展过程(PGA=0.683g)

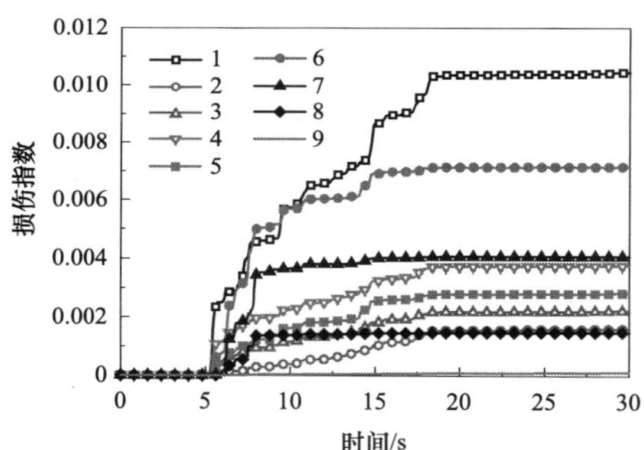

图 7.15 Loma Prieta 波作用下受控结构各层损伤发展过程(PGA=1.503g)

7.3 钢板剪力墙结构非线性地震损伤控制

7.3.1 分析模型

钢板剪力墙结构参数与 5.3.2 节相同，构件尺寸如表 7.3 所示。采用纤维单元模拟梁柱构件、分层壳单元模拟钢板剪力墙，并采用刚性地基假定计算得到结构前 9 阶频率如表 7.4 所示。在 0.5g、0.7g、1.0g 的 Tianjin 波、Loma Prieta 波和 EL-Centro 波作用下，计算得到结构各层阻尼器优化控制力如表 7.5 所示，同时按照经验的方法[7]确定得到的结构各层阻尼器出力列于表 7.5，表中 SDR 为归一化后的结构各层刚度折减率，D_{max}为结构各层损伤指数，E_{max}为归一化后的结构各层滞回耗能。

表 7.3 钢板剪力墙结构构件尺寸

楼层	钢板剪力墙/mm	钢框架柱/mm	约束钢柱/mm
1	6.93	□400×37.1	□600×55.3
2	6.93	□400×29.6	□600×55.0
3	6.93	□400×25.6	□600×51.8
4	6.56	□400×25.3	□600×41.4
5	6.48	□400×24.5	□600×40.5
6	6.48	□350×24.5	□500×40.5
7	6.33	□350×23.7	□500×37.4
8	4.85	□350×23.7	□500×37.4
9	4.72	□350×20.0	□500×37.4
10	4.39	□350×18.6	□500×37.4
11	3.66	□300×17.4	□400×37.4
12	3.66	□300×14.2	□400×37.4
13	2.70	□300×12.8	□400×30.6
14	1.55	□300×10.5	□400×30.6
15	1.50	□300×10.0	□400×18.2

表 7.4 钢板剪力墙结构模态参数

阶次	频率/Hz	模态
1	1.1848	y 向
2	1.2000	x 向
3	1.2040	转动
4	3.0942	转动
5	3.3480	x 向
6	3.4720	y 向
7	5.4124	转动
8	5.9749	x 向
9	6.3733	y 向

表 7.5　钢板剪力墙结构各层阻尼器出力设计

楼层	SDR	D_{max}	E_{max}	优化值/kN	经验值/kN
1	0.742	0.095	0.987	940	1000
2	1.000	0.095	1.000	871	500
3	0.845	0.095	0.976	719	500
4	0.604	0.090	0.650	324	250
5	0.457	0.089	0.385	143	250
6	0.627	0.089	0.677	346	250
7	0.478	0.087	0.429	163	250
8	0.629	0.066	0.504	193	250
9	0.570	0.065	0.601	203	250
10	0.377	0.060	0.383	80	250
11	0.363	0.050	0.334	56	250
12	1.000	0.050	1.000	460	250
13	1.000	0.037	0.902	306	250
14	1.000	0.021	1.000	195	250
15	0.308	0.014	0.000	60	250

7.3.2　动力时程响应

为了验证不同强度等级地震作用下 MR 阻尼器对钢框架-钢板剪力墙结构的控制效果，选用了四个强度等级的 3 条双向地震波作为基底激励，对各工况下无控结构（初始结构）、按经验设计 MR 阻尼器的结构（传统结构）和按最优设计 MR 阻尼器的结构（最优结构）进行动力时程分析，结果表明 MR 阻尼器能有效地控制结构地震响应。图 7.16 和图 7.17 为添加 MR 阻尼器前后初始结构、传统结构和最优结构在 Loma Prieta 波作用下两个水平方向各层层间位移包络线[11~13]。

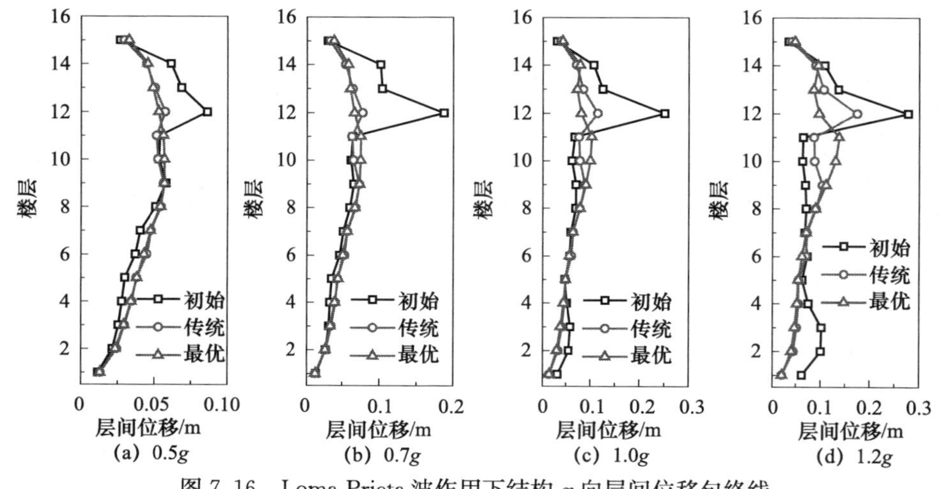

图 7.16　Loma Prieta 波作用下结构 x 向层间位移包络线

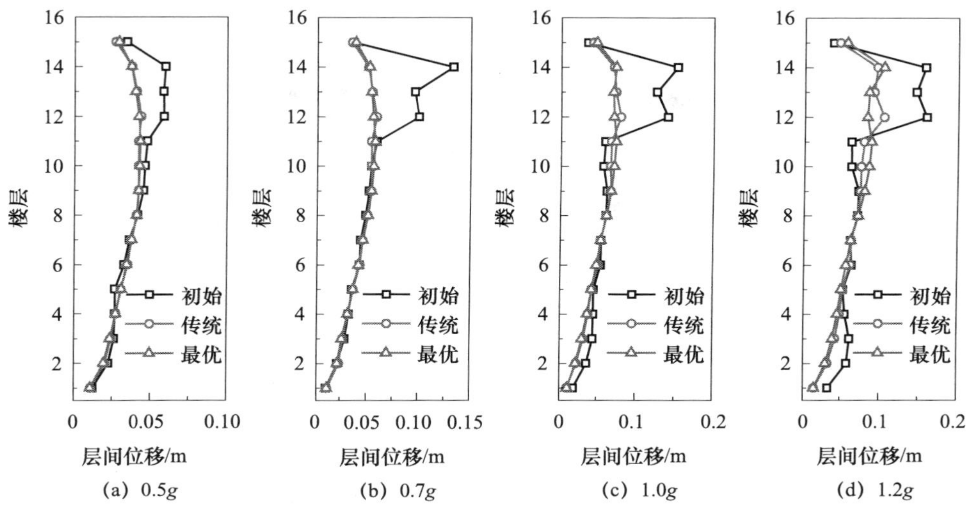

图 7.17　Loma Prieta 波作用下结构 y 向层间位移包络线

从图 7.16 和图 7.17 可以看出，采用 MR 阻尼器控制后的传统结构和最优结构层间位移明显小于初始结构，并且 x 向和 y 向地震动强度激励下结构位移响应差异很大。分析初始结构位移包络线可以看出，初始结构在 x 向的第 12 层和 y 向的第 12 层、第 13 层和第 14 层因为结构构件截面缩减而存在严重的变形集中，变形集中随地震动强度的增加逐渐加剧，采用经验方法设置 MR 阻尼器的传统结构对结构变形集中有较好的控制效果，但在 1.2g 的 Loma Prieta 波作用下，传统结构 x 向也有较严重的变形集中现象，而经过优化设计结构各层 MR 阻尼器后的最优结构变形集中现象基本消除，结构整体抗震性能更高。

从图 7.16 和图 7.17 还可以看出，MR 阻尼器对结构位移的控制效果随地震动强度的增大而增强，但当地震动强度增加到 1.2g 时，传统结构的控制效果不再提高，因为结构设置的 MR 阻尼器出力能力有限，在 1.0g 的 Loma Prieta 波作用下阻尼器出力已经达到饱和，继续增大地震动强度时 MR 阻尼器的控制效果将下降。分析结构各层层间位移的控制效果可以发现，安装出力能力较大的阻尼器的楼层结构层间位移控制效果更好，但由于在强震作用下高层建筑结构底部数层为抵抗水平剪力产生的倾覆弯矩而承受很大的轴向荷载，结构主要表现为弯曲变形，而 MR 阻尼器主要通过层间相对位移提供控制力，因此结构底部数层的层间位移控制效果不如顶部数层明显。对比分析传统结构和最优结构可以发现，MR 阻尼器优化设计后的结构薄弱部位控制得更好，即在结构总控制力相同的情况下，优化设计 MR 阻尼器能更好地利用 MR 阻尼器的控制能力，进而最大限度地提高结构整体抗震性能。

图 7.18 和图 7.19 分别为在 0.5g、0.7g、1.0g、1.2g 的 Loma Prieta 波作用下结构第 12 层 x 向和 y 向位移时程曲线。可以看出，结构 x 向层间位移比 y 向大，即 Loma Prieta 波 x 向分量对本算例结构产生的激励强度比 y 向大，并且初始结构第 12 层 x 向在 0.5g 的 Loma Prieta 波作用下已经产生明显的残余位移，并且残余位移随地震动强度的增大逐渐增大，在 PGA 达到 1.2g 时残余位移已接近 0.2m，MR 阻尼器很好地控制了结构残余位移的产生。对比分析初始结构与受控结构层间位移发展过程可以看出，在相对较小的地震动加速度时刻，结构层间位移波动明显减小，而在地震动峰值时刻，MR 阻尼器具有比其余时刻更好的控制效果，主要原因是 MR 阻尼器的控制原理是通过结构层间位移被动地产生控制力。从传统结构和最优结构层间位移时程曲线还可以看出，在较小的地震动作用下，两种阻尼器设置方法具有相近的控制效果，如在 PGA＝0.5g 时结构 x 向层间位移和 PGA＝0.5g～1.0g 的 y 向层间位移，但随着地震动强度增大，MR 阻尼器优化设计后的结构层间位移明显小于 MR 阻尼器按经验设计的传统结构，主要原因是在相对较小的地震动作用下，传统结构和最优结构 MR 阻尼器的控制力都能很好地起到控制作用，但当地震动强度继续增大后，传统按经验设计的 MR 阻尼器出力已经完全饱和，增大 PGA 时结构控制效果降低。必须指出的是，MR 阻尼器能很好地延缓结构残余变形的产生，但不能完全控制，即在强地震作用下，即使采用 MR 阻尼器控制的结构也会进入强非线性响应，实际应用中应加以考虑。

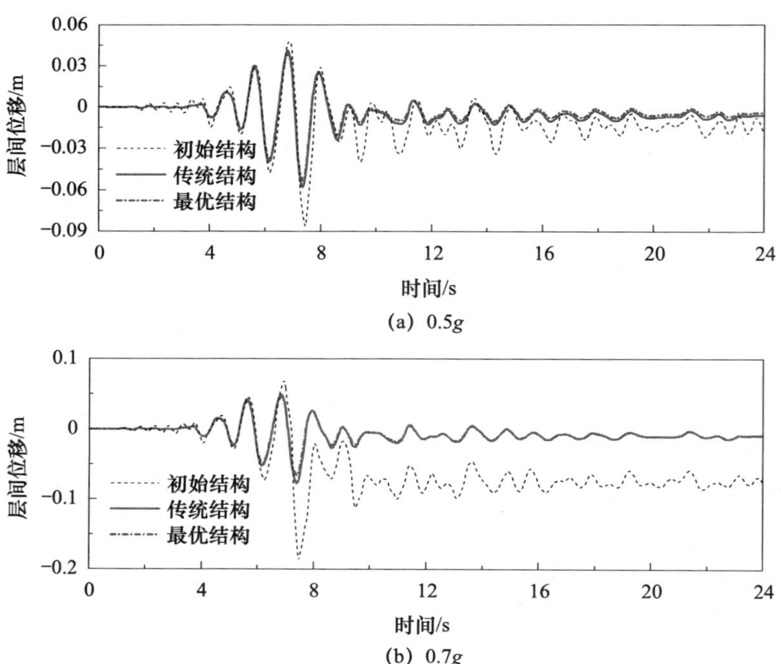

(a) 0.5g

(b) 0.7g

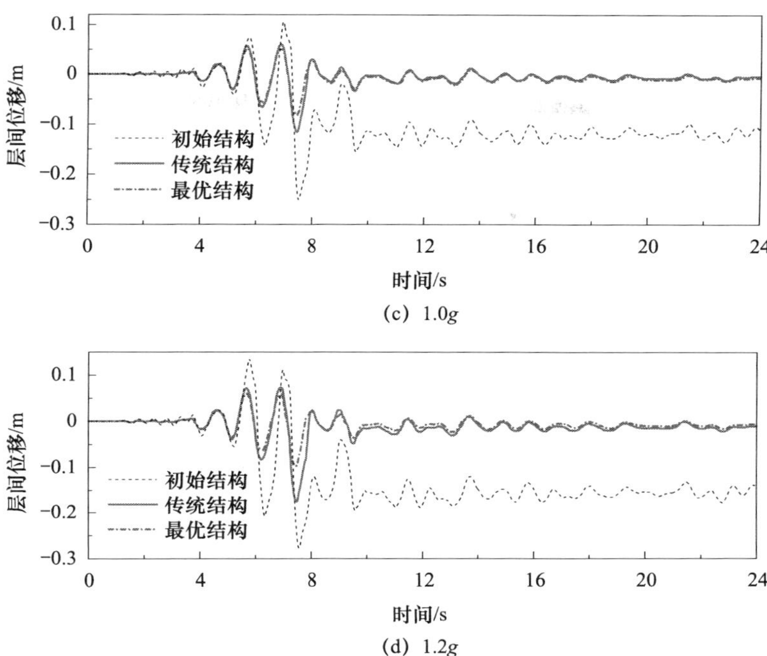

(c) 1.0g

(d) 1.2g

图 7.18　Loma Prieta 波作用下结构第 12 层 x 向层间位移时程曲线

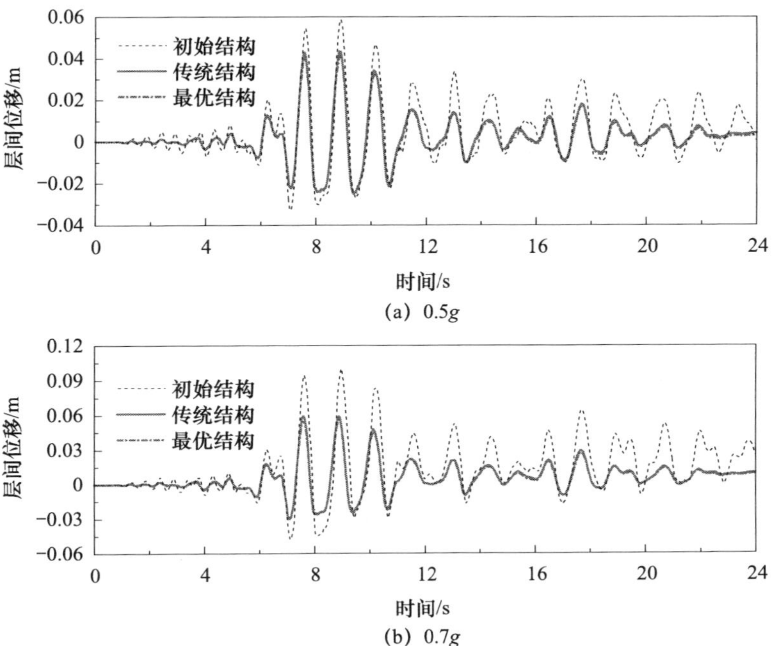

(a) 0.5g

(b) 0.7g

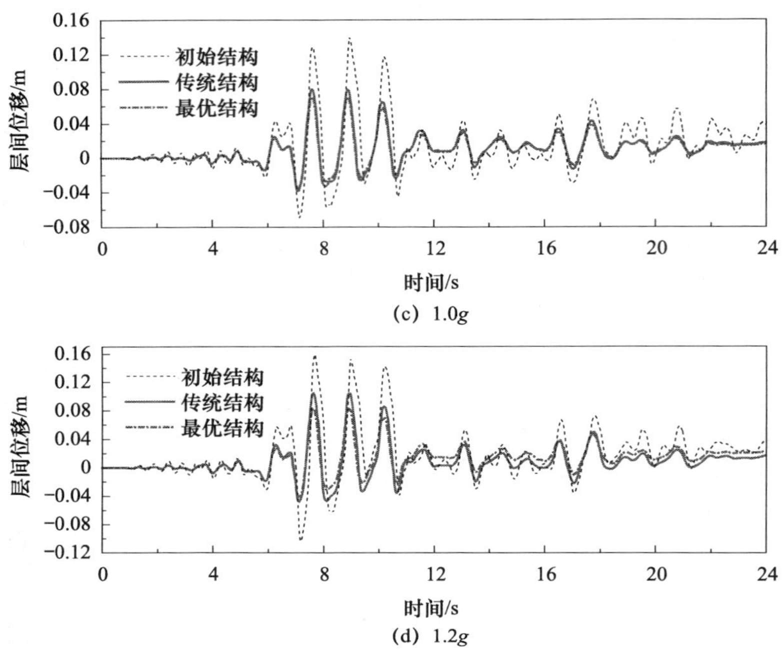

(c) 1.0g

(d) 1.2g

图 7.19　Loma Prieta 波作用下结构第 12 层 y 向层间位移时程曲线

以结构第 12 层 x 向安装的一个阻尼器为例，在 0.5g、0.7g、1.0g 和 1.2g 的 Loma Prieta 波作用下控制力时程如图 7.20 所示。可以看出，在 0.5g 的 Loma Prieta 波作用下阻尼器已经接近其出力能力，表现出良好的耗能能力。随着 PGA 的增加，阻尼器出力能力会继续提高，但提高幅度不大，并且阻尼器控制力时程在地震波峰值加速度点后出现明显的偏移，结合前述结构层间位移时程可知，在 PGA

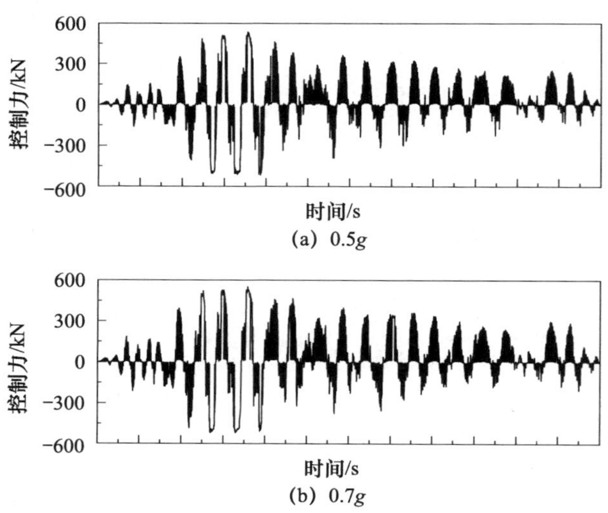

(a) 0.5g

(b) 0.7g

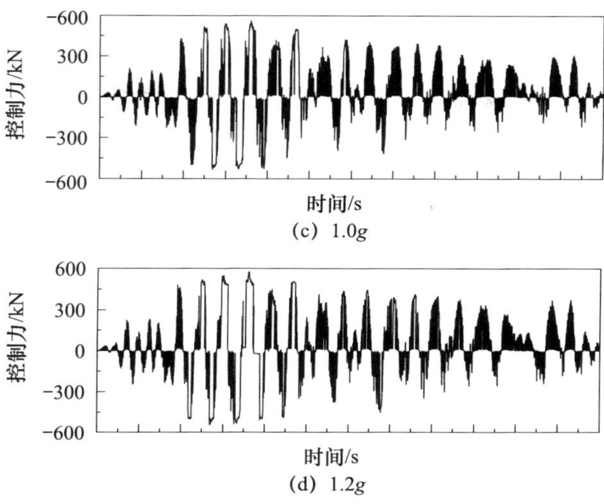

(c) 1.0g

(d) 1.2g

图 7.20　Loma Prieta 波作用下结构第 12 层 x 向阻尼器控制力时程曲线

较大的地震波作用下，结构产生了较大的不可恢复的残余变形，此时，MR 阻尼器将长期处于受压(或受拉)状态，由于 MR 阻尼器只能被动地产生控制力，因此在图 7.20 所示的控制力时程中主要表现为阻尼器受拉，对结构提供减小层间变形的拉力。

7.3.3　损伤控制效果

结构体系中，不同构件对结构整体抗震性能贡献不同，为了简化分析，首先将结构中具有相同材料、几何尺寸和边界条件的构件分成一类，如图 5.16 所示。采用重要性系数的计算方法[式(6.13)]得到结构各层各类柱的重要性系数，并组合得到结构各层的损伤指数。以 Loma Prieta 波为例，在 0.5g、0.7g、1.0g、1.2g 四个强度等级的地震动作用下初始结构、传统结构和最优结构钢框架柱整体损伤发展过程如图 7.21 所示，约束钢柱的整体损伤发展过程如图 7.22 所示。

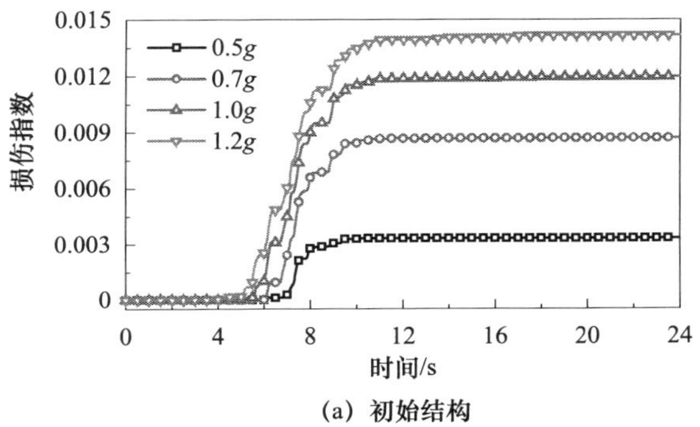

(a) 初始结构

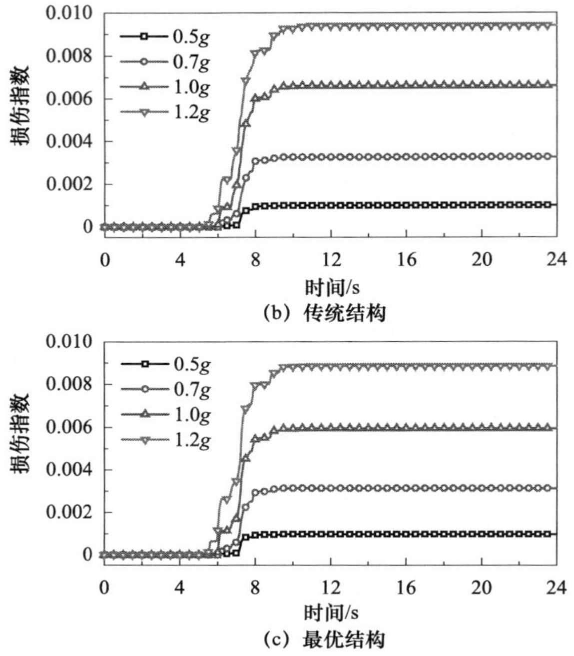

(b) 传统结构

(c) 最优结构

图 7.21　Loma Prieta 波作用下钢框架柱整体损伤发展过程

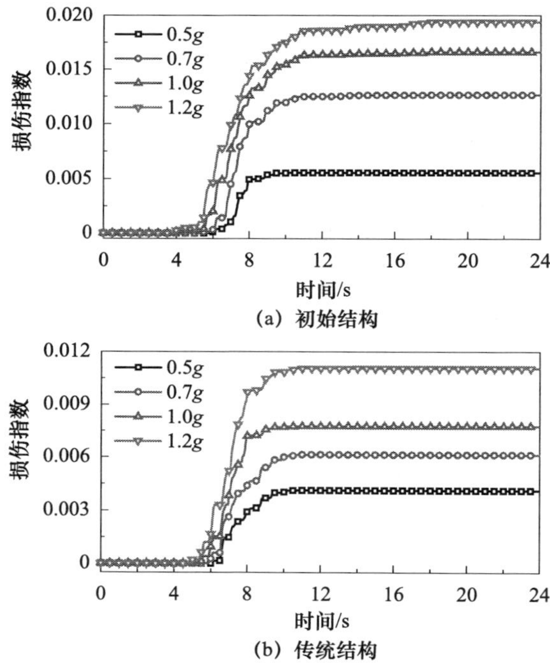

(a) 初始结构

(b) 传统结构

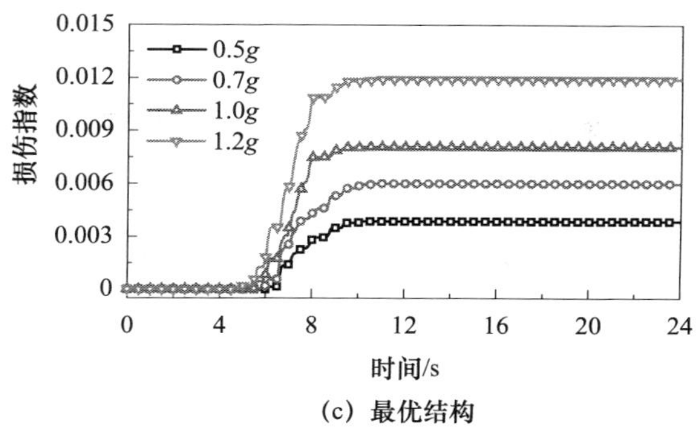

(c) 最优结构

图 7.22　Loma Prieta 波作用下约束钢柱整体损伤发展过程

从图 7.21 和图 7.22 可以看出，结构在不同强度的地震动作用下整体损伤发展趋势相似，均表现为在地震动峰值加速度时刻结构损伤迅速增大，此后损伤发展稳定，并且随着地震动强度的增加，结构损伤程度逐渐增大。同一楼层中，约束钢柱截面尺寸比钢框架柱大很多，但其损伤发展却比钢框架柱快，主要是因为在水平地震作用下，钢板剪力墙所承担的地震剪力将产生很大的倾覆弯矩，由于剪力墙钢板一般不承担竖向荷载，倾覆力矩主要由约束钢柱承担的轴向荷载来平衡，因此损伤发展很快。对比分析无控结构和采用 MR 阻尼器控制后的结构损伤发展过程可以看出，MR 阻尼器对钢框架柱和约束钢柱都具有很明显的损伤控制效果，并且传统结构和最优结构钢柱损伤程度相近，这与前述结构层间位移的控制效果相符。需要指出的是，初始结构整体损伤都由结构第 12 层控制，而传统结构和最优结构的整体损伤在 $0.5g$ 及 $0.7g$ 的 Loma Prieta 波作用下由第 3 层控制，这表明 MR 阻尼器对结构各层的抗震性能进行了重新分配，初始结构相对薄弱的环节得到了加强，因此结构整体的抗震性能得到提高。

图 7.23 为初始结构、传统结构、最优结构在 Loma Prieta 波、Tianjin 波和 EL-Centro 波作用下钢框架整体损伤发展的 IDA 曲线。可以看出，所选用的 3 条地震波对结构的破坏程度不同，采用 MR 阻尼器控制后的结构钢框架整体损伤在 $0.3g$

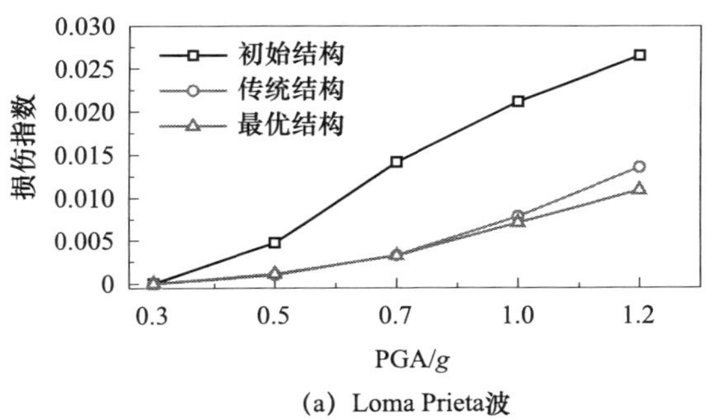

(a) Loma Prieta波

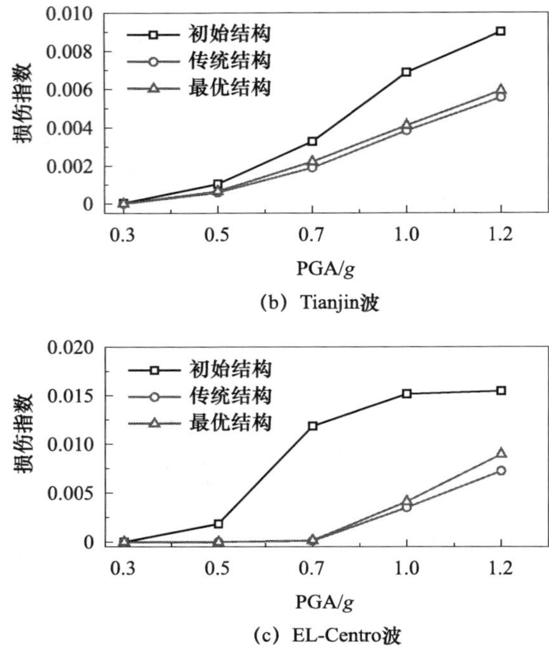

(b) Tianjin波

(c) EL-Centro波

图 7.23　钢框架整体损伤发展的 IDA 曲线

和 0.5g 的地震作用下几乎为零。分析无控结构钢框架整体损伤的 IDA 曲线可以看出，在所选的 3 条地震波作用下，损伤 IDA 曲线都存在向下的拐点，即结构抗震性能出现随地震动强度的提高而提高的现象，分析其原因是剪力墙钢板拉力带随着地震动强度的提高越趋明显，拉力带起到斜撑的作用，对结构刚度、强度的贡献提高，因此结构整体抗震性能有所回升[14]。

图 7.24 为在 1.0g 的 Loma Prieta 波作用下钢框架奇数层损伤发展过程。可以看出，三种结构各层的损伤发展趋势相近，即都在峰值加速度时刻发生突变，此后损伤发展稳定，并且采用 MR 阻尼器控制后的结构损伤远小于初始结构。对比

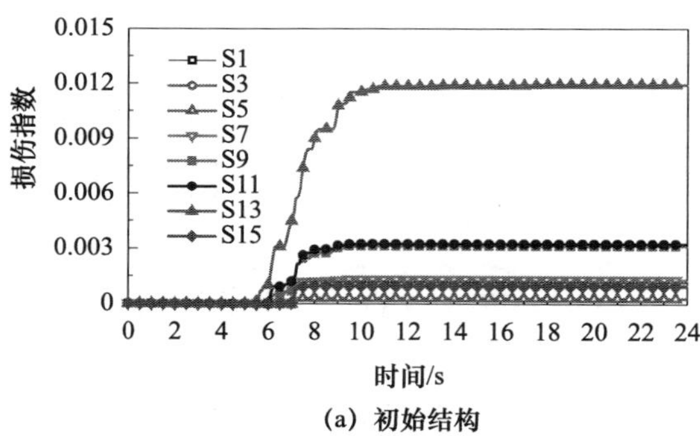

(a) 初始结构

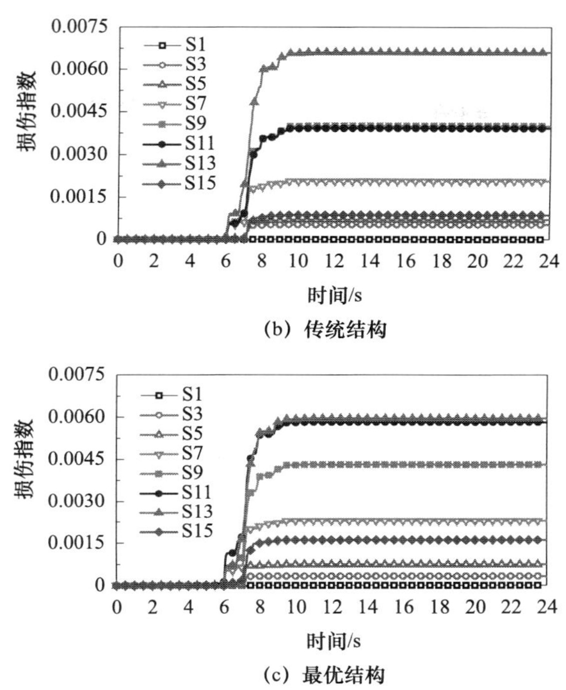

(b) 传统结构

(c) 最优结构

图 7.24　1.0g 的 Loma Prieta 波作用下钢框架奇数层损伤发展过程

分析控制前后结构损伤分布还可以看出，初始结构损伤主要集中在第 11 层(结构整体损伤由第 12 层控制，图中未给出)，而采用 MR 阻尼器控制后的结构损伤分布相对较广，并且优化设计 MR 阻尼器后的最优结构损伤分布更合理。

钢框架和钢框架-钢板剪力墙结构数值分析表明，即使在结构临近倒塌的强地震作用下，所开发的半主动控制平台仍然计算稳定，并且求解速度与无控结构相当。采用 MR 阻尼器控制后的结构抗震性能显著提高，与无控结构相比，采用 MR 阻尼器控制后的结构损伤分布范围更大，并且在相同强度的地震动作用下损伤累积效应、结构整体损伤、结构层间位移和残余变形明显减小，结构抗震性能显著提高。在阻尼器总出力水平相等的情况下，优化设计 MR 阻尼器能更充分地利用阻尼器出力能力，与按照经验的方法设计阻尼器的结构相比，结构损伤分布更均匀，整体抗震性能更高。由于 MR 阻尼器出力水平有限，并且只能通过活塞发生相对位移来被动地产生控制力，因此当地震动峰值增大到一定程度后，结构损伤控制效果降低。数值分析表明，随着地震动强度的提高，受控结构也会产生不可恢复的残余变形，致使 MR 阻尼器长期处于受拉或受压状态，阻尼器活塞的相对运动受到限制，控制结构损伤的能力减弱。

参考文献

[1] 徐龙河，李忠献，钱稼茹. 半主动预测控制系统的时滞与补偿. 工程力学，2011，28(9)：79—83.

[2] 欧进萍. 结构振动控制——主动、半主动和智能控制. 北京：科学出版社，2003：74—82.

[3] 李忠献，吕杨，徐龙河，等. 应用 MR 阻尼器的混合结构非线性地震损伤控制. 土木工程学报，2013，46(9)：38—45.

[4] Li Z X，Lv Y，Xu L H，et al. Experimental studies on nonlinear seismic control of a steel-concrete hybrid structure using MR dampers. Engineering Structures，2013，49(2)：248—263.

[5] Xu L H，Li Z X，Lv Y. Numerical study on nonlinear semiactive control of steel-concrete hybrid structures using MR dampers. Mathematical Problems in Engineering，2013，2013：1—9.

[6] Xu L H，Lv Y，Li Z X，et al. Seismic damage control of hybrid structures using MR dampers//Proceedings of the 12th International Symposium on Structural Engineering，Wuhan，2012：342—347.

[7] Ohtori Y，Spencer B F Jr，Dyke S J. Benchmark control problems for seismically excited nonlinear buildings. Journal of Engineering Mechanics，2004，130(4)：366—385.

[8] 吕杨，徐龙河，李忠献，等. 磁流变阻尼器优化设计及结构地震损伤控制. 工程力学，2012，29(8)：94—100.

[9] Xu L H，Li Z H. Semi-active predictive control strategy for seismically excited structures using MRF-04K dampers. Journal of Central South University，2012，19(9)：2496—2501.

[10] Xu L H，Lv Y，Li Z X，et al. Seismic failure control of buildings using MR dampers//Proceedings of the 11th International Symposium on Structural Engineering，Guangzhou，2010：1815—1820.

[11] Xu L H，Li Z H，Lv Y. Nonlinear seismic damage control of steel frame-steel plate shear wall structures using MR dampers. Earthquake and Structures，2014，7(6)：937—953.

[12] 吕杨，徐龙河. 钢板剪力墙结构基于 MR 阻尼器的非线性损伤控制. 土木工程学报，2013，46(增 2)：19—24.

[13] 吕杨. 高层建筑结构地震失效模式优化及损伤控制研究[博士学位论文]. 天津：天津大学，2012.

[14] Thorburn L J，Kulak G L，Montgomery C J. Analysis of steel plate shear walls. Edmonton：University of Alberta，1983.

第 8 章　高层钢-混凝土结构基于 MR 阻尼器的非线性地震损伤控制

当前，我国大多数超高层建筑结构都采用了钢-混凝土混合结构体系，该结构体系由钢框架和混凝土核心筒两种变形能力存在巨大差异的结构体系组成，并且该类结构在日本和美国地震中存在不良的抗震记录，因此，钢-混凝土结构的防震减灾受到学术界和工程界越来越多的关注，其抗震性能和损伤控制理论还有待进行更深入系统的研究。

本章以二次开发的非线性半主动控制平台为基础，建立钢框架与混凝土核心筒损伤准则，数值模拟 MR 阻尼器安装于不同位置时，高层钢-混凝土混合结构动力响应及损伤发展控制的有效性。

8.1　钢筋混凝土剪力墙损伤准则

单向推覆过程中，经过合理抗震设计的剪力墙一般会经历弹性、混凝土开裂、钢筋屈服、钢筋强化伴随塑性流动和最终混凝土压溃或钢筋拉断直至破坏的过程，相应的剪力墙损伤过程大体可以划分为混凝土开裂至钢筋屈服的第一阶段，钢筋强化塑性流动的稳定阶段和构件强度下降至破坏的损伤发散阶段，显然损伤发展不是线性过程。采用 Bonora[1] 提出的对数与指数函数的复合函数定义剪力墙的损伤发展过程，模型损伤发展的方程为

$$D_{\mathrm{c}}=D_{\mathrm{c},0}+(D_{\mathrm{c,cr}}-D_{\mathrm{c},0})\left[1-\left(1-\frac{\ln\dfrac{\delta_{\mathrm{m},i}}{\delta_{\mathrm{cra}}}}{\ln\dfrac{\delta_{\mathrm{u},i}}{\delta_{\mathrm{cra}}}}\right)^{\alpha_{\mathrm{c}}}\right] \tag{8.1}$$

式中，下标 c 指钢筋混凝土构件；$\delta_{\mathrm{m},i}$、$\delta_{\mathrm{u},i}$、δ_{cra} 分别为构件最大变形、极限变形和开裂变形，其他参数同式(5.13)。

式(8.1)所示损伤模型需要确定参数 $\delta_{\mathrm{u},i}$、δ_{cra} 和 α_{c}，根据式中 α_{c} 的取值范围不同，模型可以描述三种基本的剪力墙构件损伤发展过程。类型一可以描述钢板剪力墙等具有较好延性的构件损伤发展过程，表现为构件屈服后强度下降很小，构件最终发生大变形下丧失承载能力的强度破坏，如钢板剪力墙结构的破坏；类型二为一般剪力墙构件的损伤发展过程，即剪力墙依次发生混凝土开裂、受拉钢筋屈服、钢筋强化和受压混凝土压溃或钢筋断裂失效的过程，该类型剪力墙的特点为承载

力有一个明显的屈服平台;类型三可描述脆性剪力墙的破坏过程,即随水平剪切变形的增加,构件未出现明显屈服变形即发生受拉侧钢筋拉断或混凝土压溃破坏。

Panagiotakos 和 Fardis[2]通过试验数据拟合得到混凝土构件的骨架曲线模型,模型由三折线 5 个参数(θ_y、M_y、M_c、$\theta_{c,pl}$和 $\theta_{u,pl}$)分别模拟构件屈服、强化和强度退化等性能,如图 8.1 所示,同时模型也适用于混凝土剪力墙结构变形能力的预估。模型屈服转角和极限转角公式为

$$\theta_u = \alpha_{st}\alpha_{cyc}\left(1+\frac{a_{sl}}{2.3}\right)\left(1-\frac{a_{wall}}{3}\right)0.2^{\nu}\left[\frac{\max\left(0.01,\frac{\rho' f'_y}{f'_c}\right)}{\max\left(0.01,\frac{\rho f_y}{f'_c}\right)}f'_c\right]^{0.275} \cdot \left(\frac{L_s}{h}\right)^{0.45} 1.1^{\alpha\rho_{sx}\frac{f_{yh}}{f'_c}} \cdot 1.3^{\rho_d} \tag{8.2}$$

$$\theta_y = \phi_y \frac{L_s}{3} + 0.0025 + a_{sl}\frac{0.25\varepsilon_y D_b f_y}{(D-D')\sqrt{f'_c}} \tag{8.3}$$

式中,参数定义见文献[2]。

模型开裂时构件转角为

$$\theta_{cra} = \phi_{cra}\frac{L_s}{3} + 0.0025 + a_{sl}\frac{0.25\varepsilon_y D_b f_y}{(D-D')\sqrt{f'_c}} \tag{8.4}$$

式中,ϕ_{cra}为混凝土开裂时的构件曲率,由混凝土开裂时的应变计算得到。

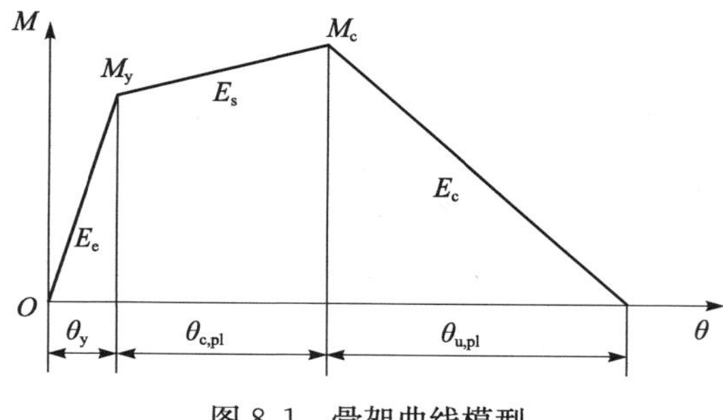

图 8.1 骨架曲线模型

得到开裂转角、屈服转角和极限转角后,假定混凝土开裂时对应的损伤指数为 0,钢筋屈服时对应的损伤指数为 0.2[3]。反解式(8.1)可以得到参数 α_c 为

$$\alpha_c = \log_{\zeta}^{0.8} \tag{8.5}$$

式中,

$$\zeta = 1 - \frac{\ln\frac{\delta_y}{\delta_{cra}}}{\ln\frac{\delta_u}{\delta_{cra}}} \tag{8.6}$$

8.2 算例分析

8.2.1 混合结构的数值模拟

钢-混凝土混合结构由混凝土核心筒、钢框架梁柱、楼板和剪力墙连梁等基本构件组成，数值分析中钢框架采用纤维梁单元模拟(见图 8.2)，楼板采用分层壳单元模拟，剪力墙连梁采用集中塑性铰单元模拟，混凝土核心筒剪力墙采用 LS-DYNA 显式有限元程序的壳单元模型和 172 号材料模型模拟[2,4]。172 号材料模型可以模拟素混凝土、钢板剪力墙和钢筋混凝土等多种形式的剪力墙结构。对于钢筋混凝土剪力墙，模型能考虑混凝土受拉开裂，钢筋屈服、强化、失效，以及混凝土压溃等多种性能，并且容易在有限元软件中实现。

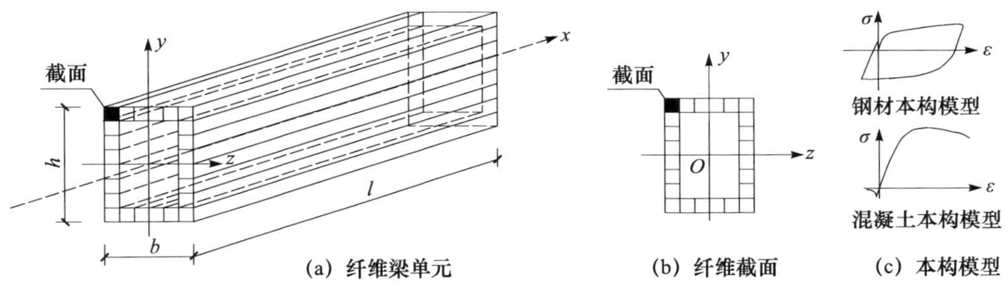

图 8.2　构件截面离散

由于混凝土核心筒地震作用下主要发生整体弯曲变形，上部楼层位移会随下部楼层弯曲变形发生刚体转动，因此在计算结构核心筒层间位移时，应采用本层层间位移减去因下一层转动产生的刚体位移，如图 8.3 所示，结构第 i 层层间位移计算为

$$\Delta\delta_i = \Delta_i - \Delta_{i-1} - \theta H \tag{8.7}$$

式中，Δ_{i-1}、Δ_i 分别为结构第 $i-1$ 层和第 i 层位移；θ 为结构第 $i-1$ 层刚体转动角度；H 为结构第 i 层层高。

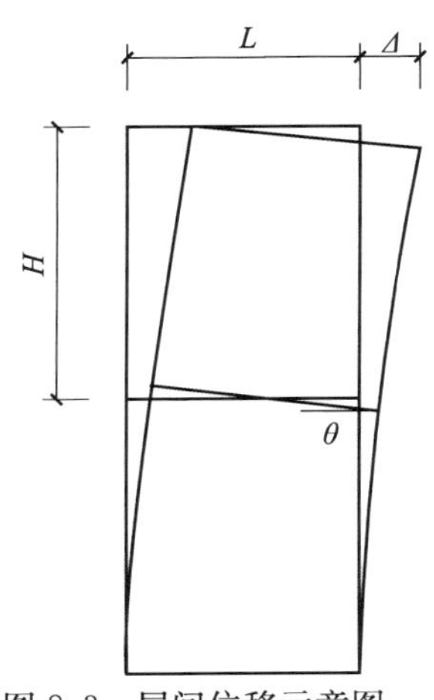

图 8.3　层间位移示意图

8.2.2 分析模型

所分析结构为 15 层钢框架-混凝土核心筒结构，结构各层层高 3.9m，水平两个方向各 5 跨，如图 8.4 所示[5]。结构同一层采用相同厚度的剪力墙，其中 1～3 层为 300mm，4～6 层为 250mm，7～9 层为 220mm，其余层为 200mm，钢框架柱、钢框架主梁和次梁各层截

面相同，分别为□400×16 的方钢管柱、400mm×250mm×10mm×16mm 和 350mm×200mm×10mm×12mm 的 H 型钢梁，核心筒混凝土连梁各层截面相同为 700mm×250mm，在结构核心筒剪力墙交接处嵌入□120×10 的方钢管，剪力墙配筋率为 2%，如图 8.4 所示。结构混凝土强度等级均为 C40，钢筋采用 HRB335，型钢采用 Q345 钢。

钢筋混凝土连梁采用的集中塑性铰模型，模型骨架曲线同文献[2]。采用空间梁单元和所开发的弹塑性损伤本构模型(材料参数如表 5.1 所示)建立钢框架有限元模型，梁柱单元长度均为 0.3m，结构楼板采用分层壳单元模拟，模拟中考虑楼板与梁中性轴不在同一平面的影响，将楼板上移使楼板下表面与梁上表面平齐。

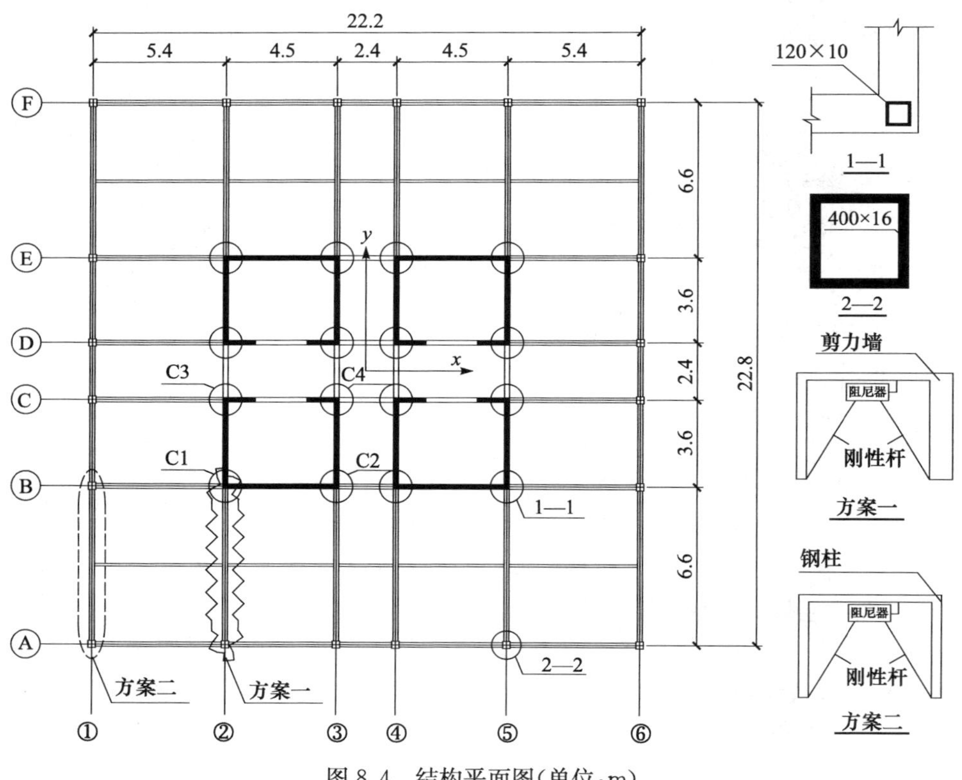

图 8.4　结构平面图(单位:m)

采用刚性地基假定，沿结构水平两个方向输入 PGA=0.3g 的 Tianjin 波、EL-Centro 波和 Loma Prieta 波，计算得到结构各层核心筒损伤指数和结构各层滞回耗能。假定结构底层为基准层，基准层 MR 阻尼器的最大出力为 1000kN，在上述 3 条地震波作用下，初始结构各层损伤指数最大值、损伤耗散能量以及采用式(7.21)计算得到的结构各层阻尼器出力如表 8.1 所示。可以看出,结构 9～15 层阻尼器出力大小为 0[6,7]。采用两种方案在结构 1～8 层各安装 16 个 MR 阻尼器,方案一:阻尼器安装在核心筒与同轴线的钢框架柱之间;方案二:阻尼器安装在钢框架柱之间。两种阻尼器安装方案如图 8.4 所示。

表 8.1 结构各层阻尼器优化设计

楼层	x 向损伤指数	y 向损伤指数	损伤耗散能量/kJ	设计出力/kN
1	0.411	0.420	69814	1000
2	0.404	0.243	56353	793
3	0.358	0.199	43668	545
4	0.331	0.395	37305	430
5	0.272	0.199	34976	332
6	0.193	0.176	32268	217
7	0.126	0.152	29271	129
8	0.053	0.110	26593	49
9～15	0	0.061	21296	0

8.2.3 动力响应

Tianjin 波、EL-Centro 波作用下结构水平两个方向层间位移包络线如图 8.5 和图 8.6 所示,EL-Centro 波作用下结构核心筒各层剪力包络线和结构各层剪力包络线如图 8.7 和图 8.8 所示。

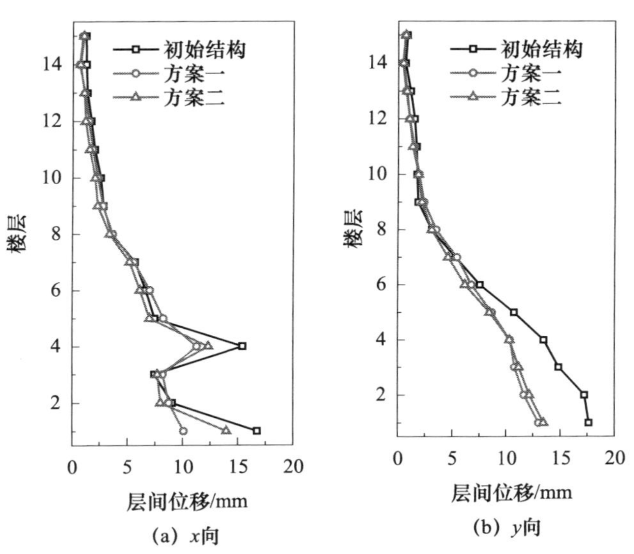

图 8.5 Tianjin 波作用下结构层间位移包络线

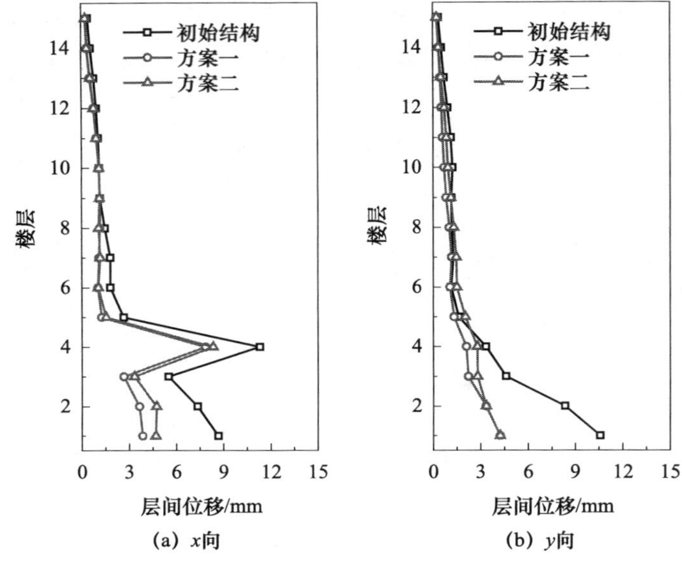

图 8.6　EL-Centro 波作用下结构层间位移包络线

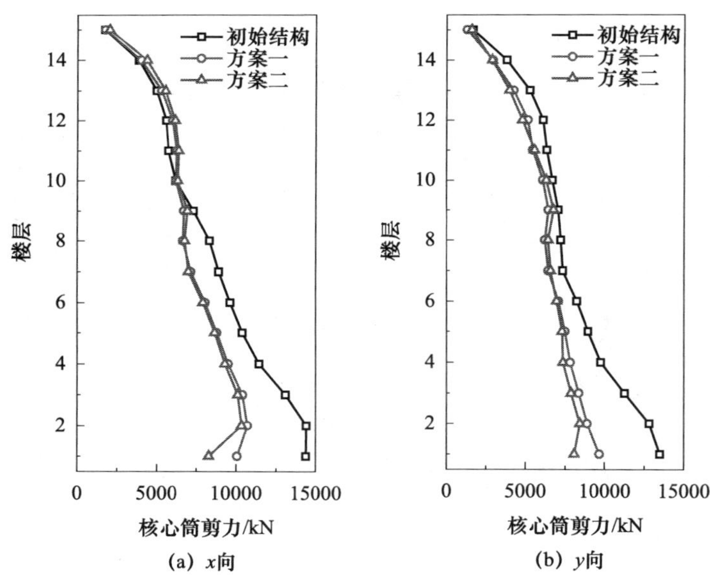

图 8.7　EL-Centro 波作用下结构核心筒各层剪力包络线

从图 8.5 和图 8.6 可以看出，采用方案一和方案二控制的结构层间位移比无控结构明显减小，并且结构底部数层控制效果更好，主要原因是结构底部数层添加了出力能力较大的阻尼器，因此对结构层间位移起到较明显的抑制作用，其余层结构核心筒变形很小，尚处于弹性阶段。从图 8.5 和图 8.6 结构 x 向层间位移包络

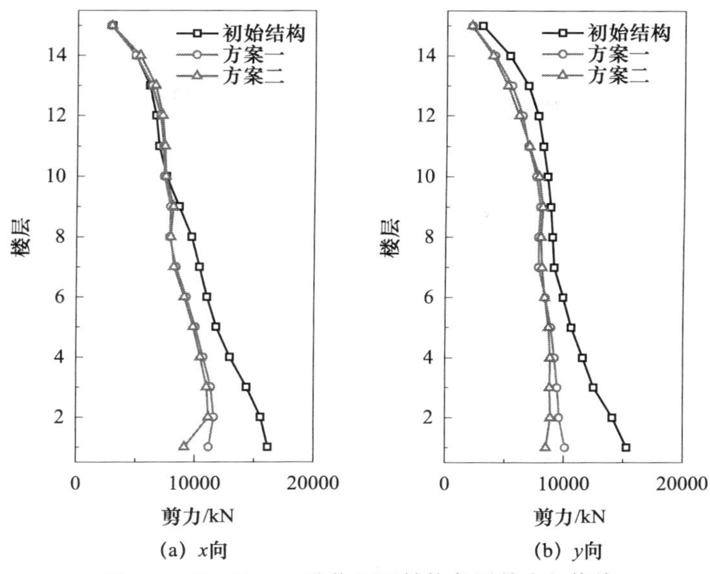

图 8.8　EL-Centro 波作用下结构各层剪力包络线

线可以看出,结构第 4 层层间位移发生突变,分析其原因是结构核心筒剪力墙厚度在第 4 层发生改变(从 300mm 变为 250mm),产生了薄弱部位,从图中还可以看出,添加 MR 阻尼器能减小结构层间位移,但不能避免结构薄弱部位的产生。分析 MR 阻尼器控制方案一和方案二可以看出,两种控制方案对结构控制效果相近[8]。

从图 8.7 和图 8.8 可以看出,采用 MR 阻尼器控制后的结构各层剪力均得到较好的控制,并且方案二比方案一更好。此外,虽然只有结构底部数层 MR 阻尼器能提供较大的控制力,但上部结构核心筒和结构整体剪力都得到一定程度的减小,可见 MR 阻尼器可以较有效地控制钢-混凝土混合结构动力响应。

图 8.9 和图 8.10 分别是 Tianjin 波和 EL-Centro 波作用下结构底层层间位移时程曲线。可以看出,采用 MR 阻尼器控制后的结构底层层间位移均有一定程度的减小,并且方案一好于方案二。

8.2.4　损伤控制效果

采用前述剪力墙损伤准则和钢材损伤本构模型,得到结构在 Tianjin 波作用下核心筒损伤发展过程如图 8.11 所示,核心筒各层损伤发展过程如图 8.12 所示,钢框架柱在所有工况中均没有损伤产生。

从图 8.11 可以看出,添加 MR 阻尼器后结构核心筒损伤明显减小,并且方案一对核心筒损伤的控制效果好于方案二,主要原因是:在方案一中,阻尼器直接安装于核心筒与外钢框架之间,两个结构体系的剪力和变形通过 MR 阻尼器得到更

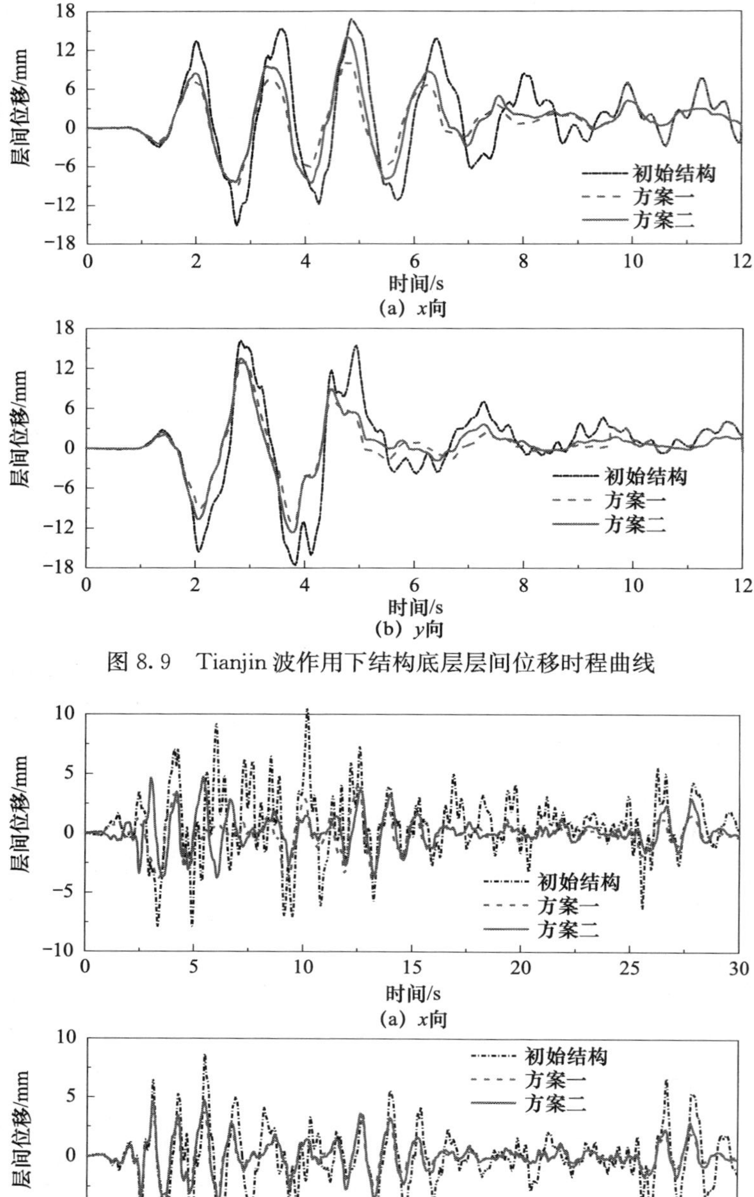

图 8.9　Tianjin 波作用下结构底层层间位移时程曲线

图 8.10　EL-Centro 波作用下结构底层层间位移时程曲线

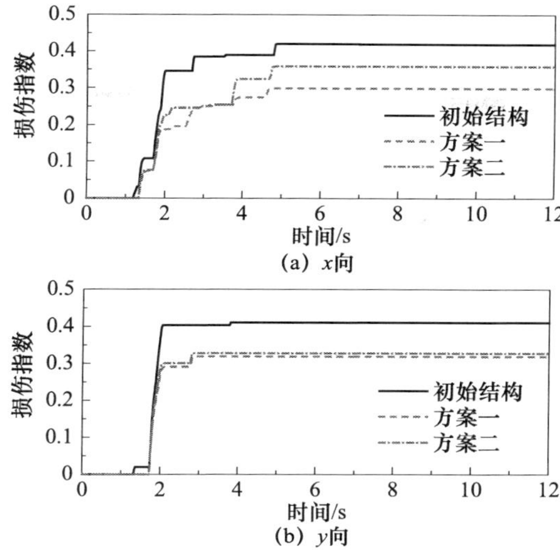

图 8.11　Tianjin 波作用下核心筒损伤发展过程

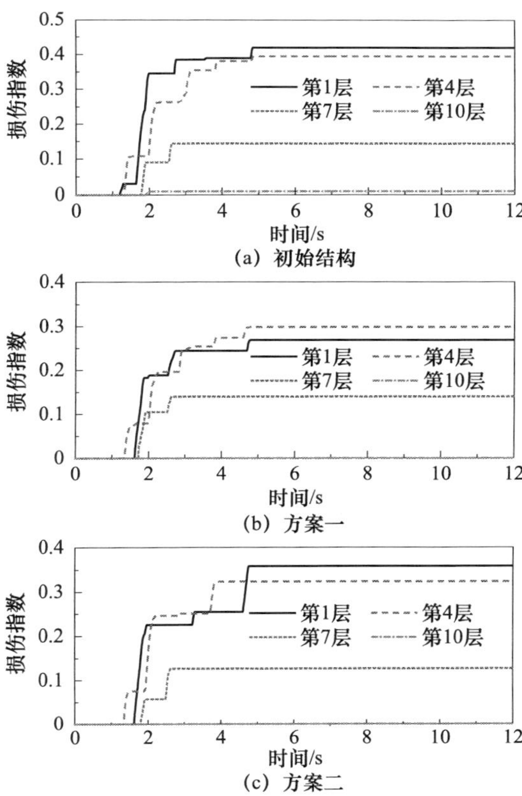

图 8.12　Tianjin 波作用下核心筒各层损伤发展过程

好的协调；而在方案二中，阻尼器对核心筒变形和剪力的控制必须通过楼板的传递才能实现，而本节未采用刚性楼板假定。对比分析图 8.11 中阻尼器对结构核心筒两个水平方向损伤的控制效果还可以看出，Tianjin 波作用下，方案一对结构核心筒 x 向损伤的控制效果好于 y 向，而方案二对结构核心筒 y 向损伤的控制效果好于 x 向，这表明复杂结构在强震作用下的损伤控制受结构特性（x 向与 y 向）、地震动特性（x 向与 y 向）和阻尼器出力能力等多种因素共同影响，需要进行大量的分析才能得到规律性的结论。此外，从图 8.11 还可以看出，结构损伤主要发生在地震动峰值时刻，采用 MR 阻尼器控制后的结构损伤发展更小，但都具有相同的损伤发展趋势，如 Tianjin 波作用下，各结构 x 向核心筒损伤都在 2s、2.8s、4s 和 5s 时刻发生突变，这表明 MR 阻尼器能减小结构损伤，但不能抑制结构损伤的产生，这与 MR 阻尼器需楼层产生相对位移且只能被动地产生控制力的机理相符合[9,10]。

从图 8.12 可以看出，采用 MR 阻尼器控制后，结构核心筒第 10 层损伤指数均为 0，并且其他层核心筒损伤指数也大大减小。此外，由于结构第 4 层为薄弱层，无控结构核心筒第 4 层损伤指数比结构第 1 层发展更快；而采用方案一控制后的结构核心筒第 4 层损伤发展小于结构底层，主要原因是结构第 4 层所受地震剪力比底层小很多，相对较小的控制力即可达到较理想的控制效果，但同样，MR 阻尼器不能抑制结构薄弱部位的产生。

图 8.13 为 Tianjin 波作用下核心筒转角处底层嵌入方钢管柱的损伤发展过

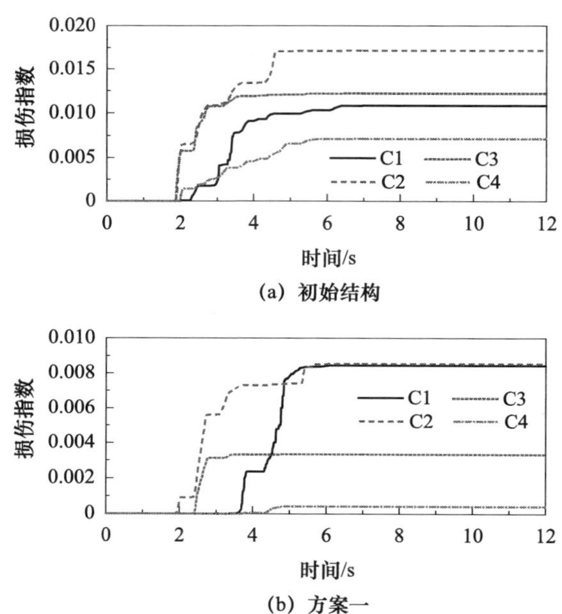

(a) 初始结构

(b) 方案一

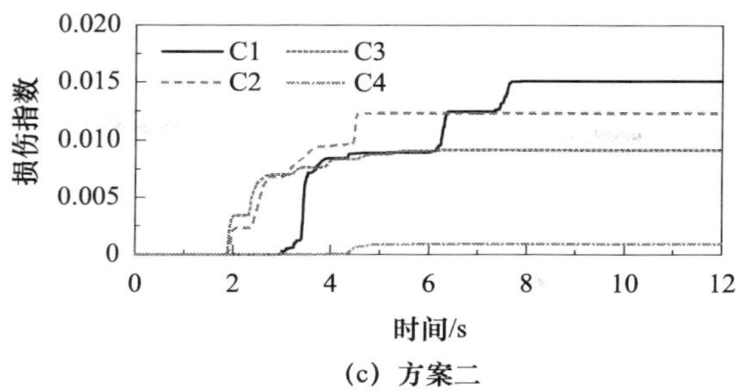

(c) 方案二

图 8.13　Tianjin 波作用下核心筒转角处底层嵌入方钢管柱损伤发展过程

程，各柱编号如图 8.4 所示。可以看出，添加 MR 阻尼器后的结构损伤明显减小，并且方案一好于方案二。对比分析核心筒和嵌入钢柱损伤发展可以看出，嵌入钢柱损伤发展滞后于混凝土核心筒，并且在后续非峰值加速度时刻也有明显的损伤产生，分析其原因是结构核心筒混凝土在地震峰值加速度时刻发生损伤，其强度逐渐退化使嵌入钢柱承担的地震剪力逐渐增大，特别是对承受很大倾覆弯矩的底层构件来说，由于核心筒边缘混凝土在地震作用下受拉开裂失效，嵌入钢柱承受很大的轴力以抵抗结构整体倾覆弯矩，因此在后续较小的地震作用下也发生很明显的损伤。分析同一结构层中各类柱损伤发展还可以看出，位于结构核心筒外侧的柱 C1、C2 和 C3 在地震作用下承受的轴力更大，损伤发展也更快。此外，无控、方案一和方案二结构嵌入钢柱损伤发展趋势不同，主要原因是嵌入钢柱的受力状态随核心筒混凝土性能的退化而改变，并且上部楼层核心筒混凝土性能的变化以及阻尼器产生的控制力都会改变嵌入钢柱的受力状态，并最终影响其损伤发展过程[11~13]。

基于所开发的半主动控制平台，精细化数值分析了 15 层钢-混凝土结构强震下不安装 MR 阻尼器、核心筒与钢框架之间安装阻尼器(方案一)及钢框架柱之间安装阻尼器(方案二)三种情况下结构的动力响应和损伤发展过程。可以发现，MR 阻尼器能在一定程度上控制混合结构层间位移和基底剪力，并且方案一和方案二具有相近的控制效果，但两种控制方案均不能抑制结构薄弱部位的产生。MR 阻尼器能很好地控制结构核心筒整体损伤发展，结构各层的损伤指数也得到有效的控制，但结构损伤分布规律没有发生改变，即无控结构损伤较大的楼层，安装 MR 阻尼器后该层同样具有较大的损伤指数。钢-混凝土结构由两种变形能力完全不同的受力体系组合而成，所有分析工况中钢框架均处于弹性受力阶段，而混凝土核心筒都发生严重的破坏，这与 MR 阻尼器需要结构产生一定的层间位移才能起到控制效果相矛盾，因此混合结构的抗震能力由混凝土核心筒控制。

参 考 文 献

[1] Bonora N. A nonlinear CDM model for ductile failure. Engineering Fracture Mechanics, 1997, 58(1-2):11—28.

[2] Panagiotakos T B, Fardis M N. Deformations of reinforced concrete members at yielding and ultimate. ACI Structural Journal, 2001, 98(2):135—218.

[3] Williams M S, Sexsmith R G. Seismic damage indices for concrete structures: a state-of-the-art review. Earthquake Spectra, 1995, 11(2):319—349.

[4] LS-DYNA. Keyword User's Manual. Livermore: Livermore Software Technology Corporation, 2006:1—20.

[5] Zhou Y, Lu X L, Huang Z H, et al. Seismic behavior of composite shear walls with multi-embedded steel sections part Ⅱ: analysis. The Structural Design of Tall and Special Buildings, 2010, 19(6):637—655.

[6] 徐龙河,戚艳红,李忠献. 自适应压磁磁流变阻尼器:中华人民共和国发明专利, ZL201210326629. 6. 2014. 10. 8.

[7] 徐龙河,戚艳红,李忠献. 阀控恒磁磁流变阻尼器:中华人民共和国发明专利, ZL201210401039. 5. 2014. 6. 11.

[8] 吕杨. 高层建筑结构地震失效模式优化及损伤控制研究[博士学位论文]. 天津:天津大学, 2012.

[9] 李忠献,吕杨,徐龙河,等. 应用MR阻尼器的混合结构非线性地震损伤控制. 土木工程学报,2013,46(9):38—45.

[10] Li Z X, Lv Y, Xu L H, et al. Experimental studies on nonlinear seismic control of a steel-concrete hybrid structure using MR dampers. Engineering Structures, 2013, 49(2):248—263.

[11] Xu L H, Li Z X, Lv Y. Numerical study on nonlinear semiactive control of steel-concrete hybrid structures using MR dampers. Mathematical Problems in Engineering, 2013, 2013: 1—9.

[12] Xu L H, Li Z X. Semi-active predictive control strategy for seismically excited structures using MRF-04K dampers. Journal of Central South University, 2012, 19(9):2496—2501.

[13] Xu L H, Lv Y, Li Z X, et al. Seismic damage control of hybrid structures using MR dampers//Proceedings of the 12th International Symposium on Structural Engineering, Wuhan, 2012:342—347.

第 9 章　钢-混凝土结构非线性地震损伤控制模型试验

理论分析、数值模拟和试验研究是土木工程领域最基本的研究方法，其中，理论分析和数值模拟必须通过试验或实践的检验才能应用于工程设计。结构振动控制涉及自动控制理论、智能材料、电子信息技术、计算机等多个学科领域，理论分析和数值模拟不能真实考虑控制装置、控制系统和数据反馈等的状态和特性，因此，试验研究显得比其他结构试验更为重要。迄今为止，国内外已经进行了大量的结构振动控制试验，由于钢框架结构变形能力强，结构质量、刚度和阻尼等参数容易确定，大多结构振动控制试验都集中在钢框架结构体系。然而，随着我国经济、科技水平的发展，近二十年来，我国建造了一大批举世瞩目的超高层建筑和高耸结构，这些结构大多采用了钢框架-混凝土核心筒的混合结构体系且几乎都建设在地震区，由于地震灾害的复杂性和随机性，房屋建筑有可能遭受到比预估罕遇地震更大的地震，这对强震下高层建筑的抗震性能提出了更高的要求。因此，有必要采取诸如振动控制等措施提高钢-混凝土结构的抗震安全性能。

本章对一缩尺的 3 层钢-混凝土结构进行模拟地震振动台试验研究。在 PGA 分别为 $0.2g$、$0.4g$、$0.9g$、$1.2g$ 的 EL-Centro 波、Taft 波和 Tianjin 波作用下，将以钢框架柱柱脚弯曲应变作为反馈信号，设计基于简单开关控制的半主动控制器，以验证采用 MR 阻尼器的钢-混凝土结构控制系统的有效性。二次开发钢材和混凝土的单轴弹塑性损伤本构模型，结合 LS-DYNA 程序中的纤维单元模型建立能定量描述结构损伤发展过程的等效纤维单元模型，并数值模拟试验模型结构的损伤发展过程。此外，还提出一种应用试验测得的应变反演相应部位应力和损伤发展的方法。

9.1　半主动控制系统设计

结构半主动控制系统包括传感器、作动器和控制器三部分，采用只需控制器平衡位置相对位移和速度作为反馈信号的简单 bang-bang 控制算法控制阻尼器电压。简单 bang-bang 控制的控制律为

$$F(t)=\begin{cases}F_{I,\max}, & x\dot{x}>0\\ F_{I,\min}, & x\dot{x}\leqslant 0\end{cases}\tag{9.1}$$

式中，$F(t)$为阻尼器在 t 时刻产生的控制力；$F_{I,\max}$、$F_{I,\min}$为阻尼器最大出力和最小出力；x、$\dot{x}$ 为阻尼器平衡位置相对位移和速度。基于 bang-bang 控制律的半主动

控制器在 MATLAB/Simulink 中如图 9.1 所示。

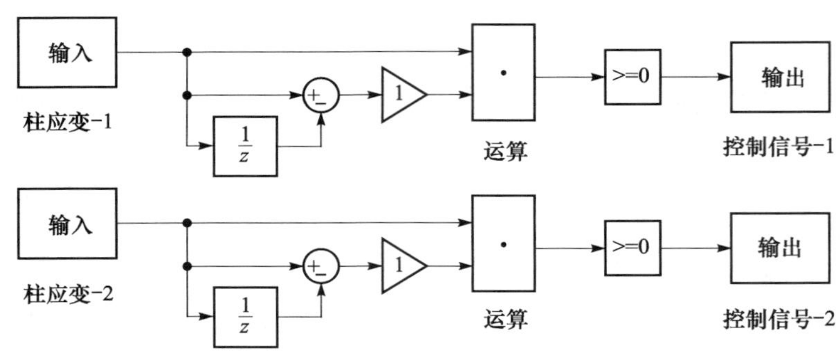

图 9.1　半主动控制器

简单 bang-bang 半主动控制律只需判断阻尼器平衡位置处的相对位移和速度乘积的符号，通过符号的正负控制直流电源开关的开或合。由于当前普通的拉线式位移计一般只适用于响应频率在 50Hz 以下动态信号的测量(本章试验反馈信号采样频率为 1000Hz)，结构高频下相对位移的测试技术还不是很成熟，而采用绝对位移做差的方法势必因测试仪器的增多而降低信号的信噪比。采用动态应变仪采集的动态应变一般不受采样频率的影响，并且该测试技术已经广泛地应用于各个行业，因此，本章采用钢框架柱柱脚处应变信号作为半主动控制的反馈信号。应变反馈信号采集时采用惠斯特全桥电路，其中钢柱柱脚型钢上下翼缘各对称粘贴两片同样规格的测试应变片，同时在具有与钢框架柱相同材料性能的钢板上粘贴两片同样规格的温度补偿应变片，应变片与电压放大器接线端的连接全部采用屏蔽线以减小交流电信号的干扰，初步测试结果表明采集到的电压信号具有很高的信噪比，并且信号稳定。

9.2　模型设计与试验工况

9.2.1　试验模型

试验模型结构为缩尺的 3 层钢-混凝土混合结构，试验在北京工业大学工程抗震与结构诊治实验室的振动台上进行，该振动台台面尺寸为 3m×3m，满载时台面承载力为 10t，能提供的最大单向水平加速度为 1.0g，空载时能提供的最大单向水平加速度为 2.5g，振动台最大振动位移为±12.7cm，使用频率为 0.1～50Hz。

试验模型结构平面尺寸为 1.555m×1.2m，总高为 2.4m，其中底层层高 0.9m，第 2 和第 3 层层高 0.75m，如图 9.2 所示。模型结构各层构件截面尺寸相同，其中各墙肢截面尺寸为 80mm×80mm，剪力墙连梁截面尺寸为 120mm×

80mm,混凝土墙肢、连梁和基底连梁配筋如图 9.3 所示。钢柱采用截面尺寸为 100mm×100mm×6mm×8mm 的 H 型钢,所有梁截面采用 10 号槽钢,钢材均为 Q235 钢。结构不设楼板,分别在结构各层剪力墙和钢框架部位焊接两个钢箱布置附加质量,其中剪力墙布置 480kg 附加质量,钢框架布置 640kg 附加质量,连同各层钢板和锚固质量块所用水泥砂浆,结构每层的附加质量约为 1.37t。

图 9.2　模型试验安装示意图

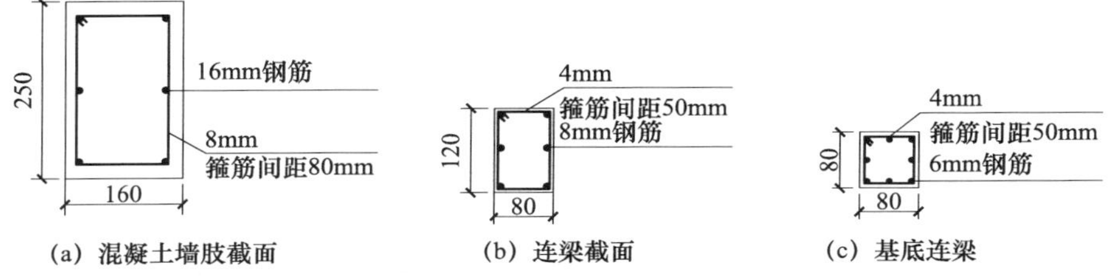

图 9.3　混凝土构件截面尺寸及配筋(单位:mm)

混凝土构件纵筋和箍筋屈服强度分别为 235MPa 和 200MPa。浇筑模型结构混凝土时预留 6 个立方体试块和 6 个棱柱体试件,测得混凝土抗压强度为 30.04MPa,弹性模量为 23.42GPa。模型结构基底连梁截面尺寸为 250mm×160mm,配筋率约为 3.01%,结构计算时可以采用刚性地基假定。

在模型结构底层两榀框架各安装一个 MR 阻尼器,阻尼器一端采用法兰盘与固结于振动台上的支撑型钢柱柱顶端焊接连接,另一端采用刚性销钉与模型结构钢框架梁柱节点相连，并在阻尼器支撑型钢柱的柱脚粘贴应变片测量阻尼器控制力，如图 9.2 和图 9.4 所示。在模型结构各层安装一个拉线式位移计测量结构层间位移，在结构基底和各层安装压电式加速度传感器测量结构加速度，并在结构受力关键部位(模型结构各层柱柱脚、型钢梁梁端上下翼缘、墙肢肢脚纵向钢筋和墙肢肢脚混凝土表面)粘贴应变片测量材料应变以追踪结构材料性能的退化过程，并且钢柱柱脚处应变还作为结构半主动控制系统的反馈信号。

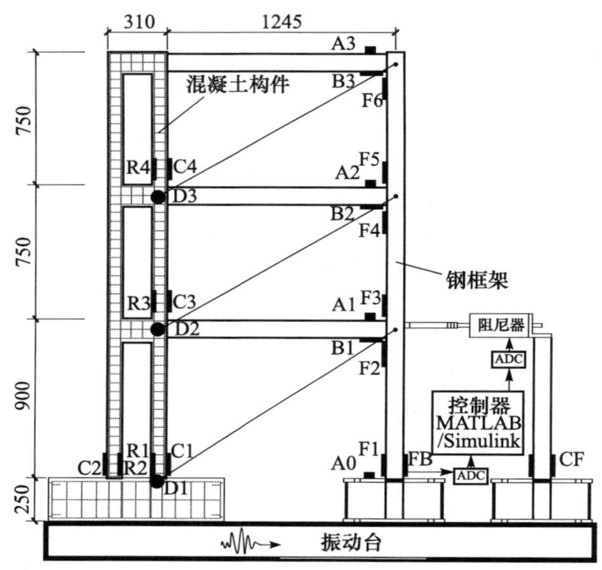

图 9.4　模型试验示意图(单位：mm)

▬. 加速度计；●. 位移计；▎. 应变片；A. 加速度；B. 梁；C. 混凝土；CF. 控制力；D. 位移；F. 柱；FB. 反馈；R. 钢筋

采用表 9.1 中所列的 3 条地震波作为振动台激励，地震波时程的快速傅里叶变换结果表明，EL-Centro 波和 Taft 波频率主要集中在 0～8Hz，而 Tianjin 波频率范围相对较窄。试验时，将 3 条地震波依次调幅到 0.2g、0.4g、0.9g、1.2g 以分别模拟小震、中震、大震和破坏地震作用下的结构动力响应。试验前，对模型结构进行激振和白噪声扫频，测得结构基频为 4.94Hz，因此，将 EL-Centro 波、Taft 波、Tianjin 波以 1∶3 按时间压缩以分别模拟高频、中频和低频带宽地震对结构的影响[1]。

表 9.1　钢-混凝土混合结构振动台试验输入地震波

相似比	地震波名称	地震时间/a	分量
1∶3	EL-Centro 波	1940	南北向
1∶3	Taft 波	1995	南北向
1∶3	Tianjin 波	1976	南北向

9.2.2 试验工况

试验工况按半主动控制、Passive on 控制、Passive off 控制和无控的顺序在同一个模型结构上进行，首先进行 PGA=0.2g 的 3 条地震波(依次为 EL-Centro 波、Taft 波和 Tianjin 波)的半主动控制试验，然后依次进行 Passive on、Passive off 和无控试验，再依次将输入地震波的 PGA 提高到 0.4g、0.9g 和 1.2g，各控制算法 3 条地震波试验结束后都对结构采用白噪声扫频以跟踪结构频率的退化，表 9.2 是以 PGA=0.2g 的 3 条地震波为例的试验工况安排。试验时采用两个直流稳压电源分别对两个阻尼器供电，Passive on 控制时提供的常电流为 1.3A，Passive off 控制时则切断电源开关。

表 9.2　模型振动台试验工况安排

工况	控制算法	地震波	简写	工况	控制算法	地震波	简写
1	半主动控制	Tianjin 波	SEM	9	Passive off	Tianjin 波	POF
2		EL-Centro 波		10		EL-Centro 波	
3		Taft 波		11		Taft 波	
4	白噪声扫频	—	WN	12	白噪声扫频	—	WN
5	Passive on	Tianjin 波	PON	9	无控	Tianjin 波	UNC
6		EL-Centro 波		10		EL-Centro 波	
7		Taft 波		11		Taft 波	
8	白噪声扫频	—	WN	12	白噪声扫频	—	WN

9.2.3 MR 阻尼器

试验用的 MR 阻尼器为课题组自行研制开发的 MR-J 型阻尼器，模型结构振动台试验前在天津大学机械学院力学实验室伺服试验机上进行了阻尼器动力性能测试试验，试验装置如图 9.5 所示，阻尼器缸筒与试验机上部夹头连接，活塞杆与试验机下部夹头连接，采用一个稳定直流电压源为阻尼器提供稳定的输入电压。

试验采用正弦波激励，激励幅值为 5mm、10mm 和 15mm 三个等级，激励频率为 0.5Hz 和 1.0Hz，提供 0V、0.5V、1.0V、2.0V 和 3.0V 五级常电压，总计 30 个工况。幅值为 10mm、激振频率 1Hz 的正弦波作用下，两个阻尼器的力-位移响应曲线如图 9.6 所示。可以看出，随所施加电压的增加，阻尼器出力从 0.5kN 增加到 4kN 左右，并且阻尼器在大约 1A 电流作用下逐渐趋于磁饱和[2]。由此可见，所设计的阻尼器具有非常优异的出力性能，可以作为控制装置应用于后续模型结构振动台试验。

图 9.5 MR 阻尼器性能试验装置图

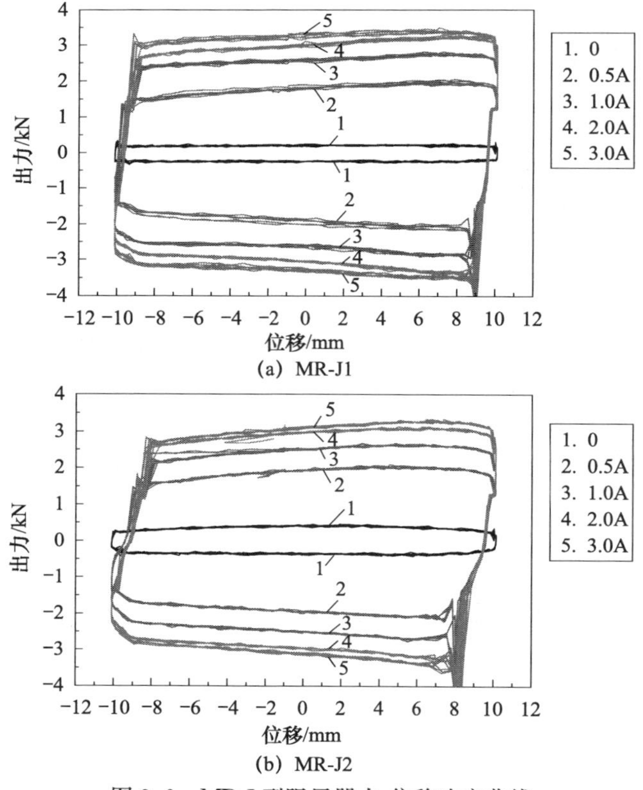

图 9.6 MR-J 型阻尼器力-位移响应曲线

9.3　试验结果与分析

9.3.1　峰值响应控制效果

响应能直接反映结构控制效果的好坏，表 9.3 列出了模型结构峰值响应控制效果。可以看出，与 Passive off 控制和无控结构相比，半主动控制和 Passive on 控制下结构峰值动力响应均有较好的控制效果。在 PGA＝0.2g 的 Taft 波和 Tianjin 波以及 PGA＝0.9g 的 EL-Centro 波对应工况下，Passive off 控制下结构底层层间位移出现放大现象，分析发现是因为这三种工况对应的无控工况的振动台台面输入地震动幅值偏小。对于所选择的 3 条地震波，结构控制效果随地震动峰值加速度的增加而提高，其中，Taft 波具有最好的控制效果，EL-Centro 波控制效果最差。4 个等级 PGA 的 3 条地震波作用下，半主动控制对应的结构各层相对位移控制效果分别为 3.4%～20.0%、13.8%～35.4%和 17.9%～24.8%；Passive on 的控制效果分别为 7.6%～25.7%、12.5%～36.4%和 14.3%～22.4%；Passive off 的控制效果分别为－3.0%～14.2%、－7.1%～11.2%和－1.2%～11.5%。从表 9.3 还可以看出，在 Tianjin 波激励下，半主动控制比 Passive on 控制效果更好，其他工况下半主动控制与 Passive on 控制效果相近，并且远好于 Passive off 控制效果。结构加速度控制效果相比层间位移控制效果要差，并且存在加速度放大的现象，但结构损伤主要由结构相对位移控制，因此，可以认为 MR 阻尼器对结构损伤控制是有效的[3~5]。

表 9.3　模型结构峰值响应控制效果

PGA	地震波	工况	相对位移/%			绝对加速度/%			控制力/kN	
		楼层	1	2	3	1	2	3	最大值	最小值
0.2g	EL-Centro 波	SEM	5.8	21.9	11.5	6.4	－3.9	3.3	0.925	－0.944
		PON	10.5	22.9	12.4	22.8	4.0	7.9	1.506	－1.400
		POF	7.0	14.3	10.6	16.3	5.4	16.2	0.555	－0.517
	Taft 波	SEM	35.4	22.3	20.7	15.8	－28.7	4.0	1.277	－1.205
		PON	36.4	25.9	22.8	16.7	－0.5	10.0	1.508	－1.617
		POF	－7.1	－10.7	－10.9	7.8	－39.2	9.8	0.639	－0.613
	Tianjin 波	SEM	17.9	14.5	10.9	28.2	－16.6	4.8	1.457	－1.401
		PON	14.3	0.9	－5.4	30.7	－29.4	－0.2	1.974	－1.961
		POF	－1.2	0	－3.3	8.7	21.7	10.1	0.545	－0.505
0.4g	EL-Centro 波	SEM	12.6	9.3	8.4	23.9	12.5	19.3	3.035	－2.830
		PON	25.7	20.4	19.7	35.5	22.7	24.9	3.562	－3.717
		POF	16.0	13.9	14.5	41.3	24.8	24.8	1.009	－1.053

续表

PGA	地震波	工况	相对位移/%			绝对加速度/%			控制力/kN	
		楼层	1	2	3	1	2	3	最大值	最小值
0.4g	Taft 波	SEM	33.2	17.2	14.5	11.7	−2.3	−12.6	3.580	−3.602
		PON	34.6	24.6	18.9	13.3	−1.1	−14.9	3.812	−3.725
		POF	7.5	4.9	3.5	13.6	9.8	−5.7	1.482	−1.324
	Tianjin 波	SEM	23.6	15.5	13.6	24.4	−12.5	6.1	3.316	−3.630
		PON	19.4	16.2	14.5	27.0	−6.5	−0.9	3.604	−3.745
		POF	8.0	10.6	10.4	16.5	0.1	11.1	1.220	−1.091
0.9g	EL-Centro 波	SEM	3.4	−3.7	−1.7	−17.4	−17.1	−1.1	5.738	−6.019
		PON	7.6	−4.2	0.2	−8.6	−6.0	−3.8	5.079	−5.133
		POF	−3.0	−14.3	−11.8	−16.4	−8.7	−1.6	1.971	−1.793
	Taft 波	SEM	13.8	14.0	14.8	17.3	−8.3	−3.8	6.008	−6.064
		PON	12.5	17.4	18.6	19.9	2.1	−0.1	5.795	−5.861
		POF	3.1	5.7	7.7	6.1	3.6	0.6	2.814	−2.793
	Tianjin 波	SEM	19.9	21.1	18.4	8.7	10.1	0.2	4.530	−4.565
		PON	18.9	19.8	18.2	9.7	6.2	3.3	4.538	−4.847
		POF	6.6	5.6	5.0	9.4	1.5	5.5	1.704	−1.806
1.2g	EL-Centro 波	SEM	20.0	6.6	16.6	−1.0	−9.1	−3.6	6.024	−5.387
		PON	16.8	12.6	13.3	5.8	−5.0	−5.9	6.358	−5.687
		POF	14.2	15.1	15.5	1.6	0.4	3.0	2.388	−2.099
	Taft 波	SEM	18.1	19.8	23.8	5.4	−1.0	−4.0	6.054	−5.996
		PON	31.8	23.5	10.0	8.3	4.5	−6.7	6.377	−6.220
		POF	11.2	9.5	10.9	2.9	0	−3.3	2.580	−3.281
	Tianjin 波	SEM	24.8	24.5	24.5	10.1	−4.1	−13.6	5.203	−5.810
		PON	22.4	20.9	20.4	3.8	8.4	4.6	5.948	−5.935
		POF	11.5	11.5	11.8	5.2	3.7	−4.8	2.493	−2.979

由表 9.3 中的阻尼器控制力可以看出，三种控制算法中，为阻尼器提供 1.3A 常电流的 Passive on 具有最大控制力，半主动控制与其相近，并远大于 Passive off 的控制力。阻尼器控制力随地震动峰值加速度的增加而增大，最大的控制力为 5.46kN，对应 1.2g 的 Taft 波作用下 Passive on 工况，该控制力大于阻尼器性能试验时的阻尼器出力，分析其原因是在模型结构振动台试验中，阻尼器激振频率为 4～5Hz，并且阻尼器连接接头存在挤压摩擦等现象提高了 MR 阻尼器的出力能力，同理，Passive off 控制最大出力也大于阻尼器性能试验出力。

图 9.7～图 9.9 分别为 EL-Centro 波、Taft 波、Tianjin 波作用下各控制状态结构各层最大层间位移和结构顶层加速度放大系数。可以看出，Tianjin 波作用下结构具有最大的地震响应，EL-Centro 波作用下结构响应最小。此外，不同楼层的结构地震响应相近，虽然只在结构底层添加了两个阻尼器，但阻尼器对减小结构上部位移响应同样有效。随输入地震动幅值的增加，结构层间位移在 0.2g～0.9g 线性增大，并在 0.9g 处产生一个拐点，表明结构强度和刚度下降，结构进入较强的非线

性动力响应阶段。从图 9.7(d)、图 9.8(d)和图 9.9(d)也可以看出，结构加速度放大系数随地震动幅值的增大而减小，并且在 PGA＝0.4g 时产生最大的下降幅度，这表明结构刚度在 0.4g 的 PGA 时大幅下降，结构阻尼比等有一定的提升。对于不同的地震波输入，Tianjin 波作用下结构加速度放大系数最大，EL-Centro 波作用下结构加速度放大系数最小，这表明不同频谱成分的地震动激励下结构动力响应存在很大的差异。

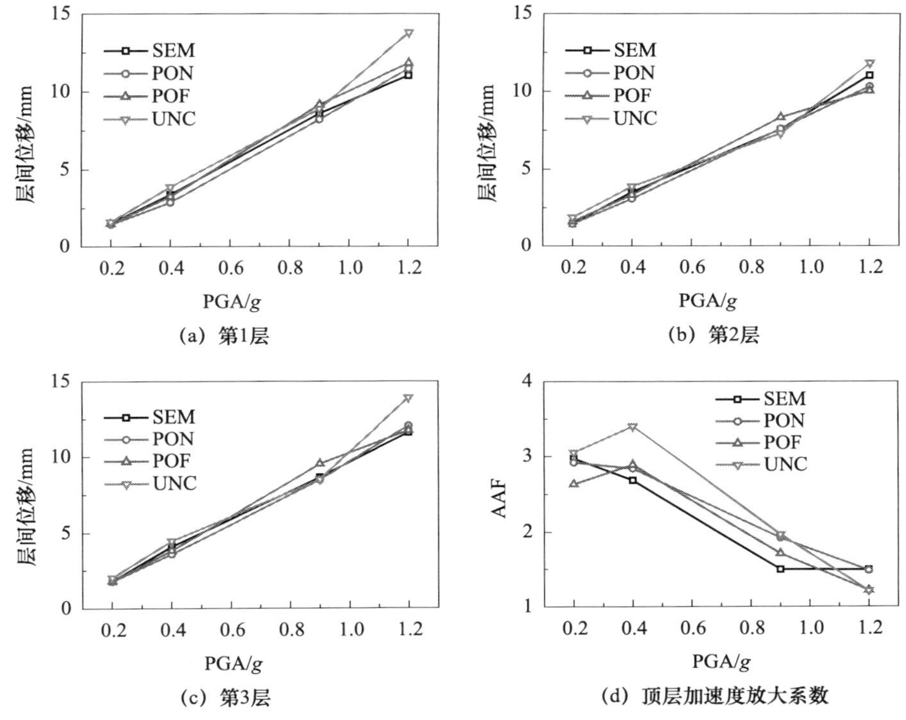

图 9.7　EL-Centro 波作用下模型结构各层最大层间位移响应和顶层加速度放大系数

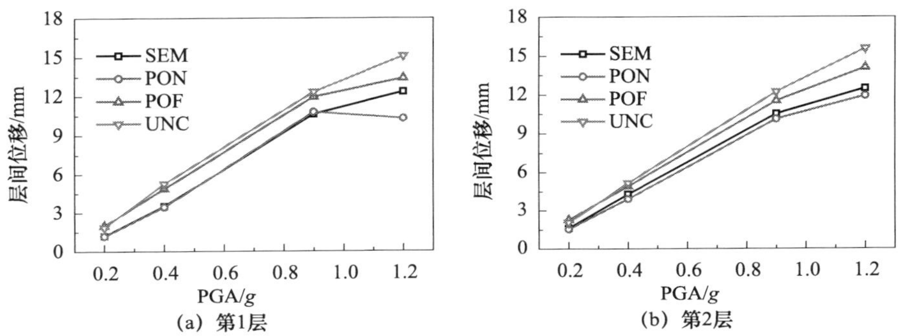

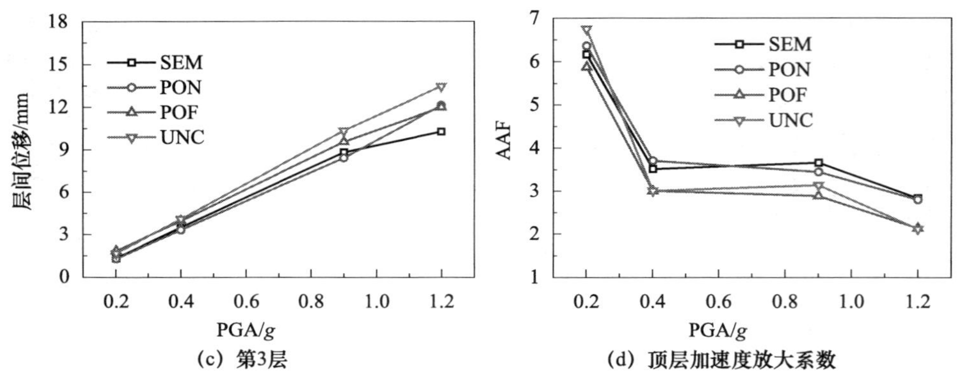

(c) 第3层　　(d) 顶层加速度放大系数

图 9.8　Taft 波作用下模型结构各层最大层间位移响应和顶层加速度放大系数

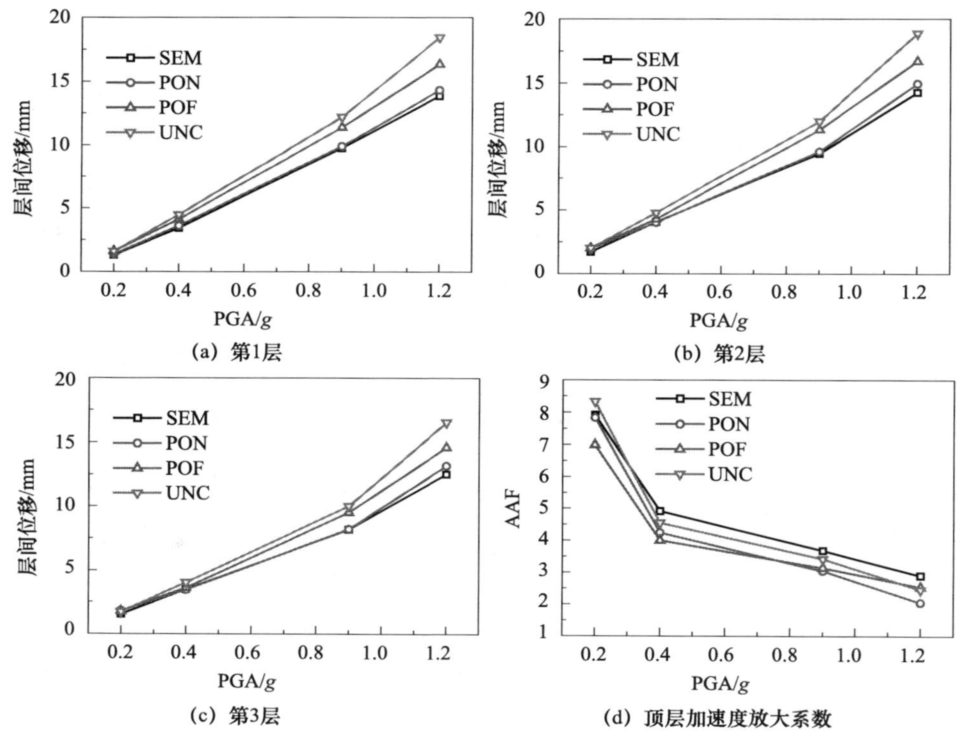

(a) 第1层　　(b) 第2层

(c) 第3层　　(d) 顶层加速度放大系数

图 9.9　Tianjin 波作用下各层模型结构最大层间位移响应和顶层加速度放大系数

9.3.2　动力响应控制效果

结构动力时程响应反映了各时刻模型结构动力响应的变化规律，以 1.2g 的 3

条地震波作用下结构底层相对位移和顶层绝对加速度为例,半主动控制(SEM)和无控状态(UNC)结构响应如图 9.10 和图 9.11 所示,相应的阻尼器控制力时程如图 9.12 所示。

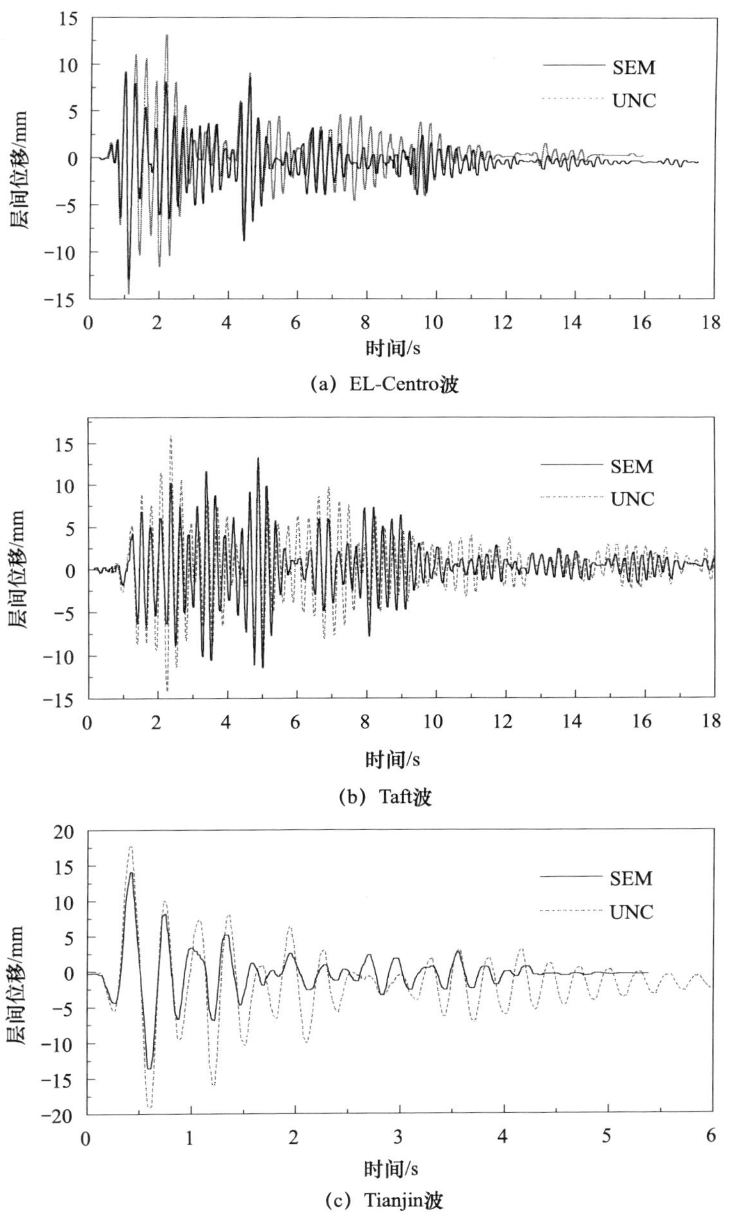

图 9.10　PGA=1.2g 的 3 条地震波作用下结构底层位移时程

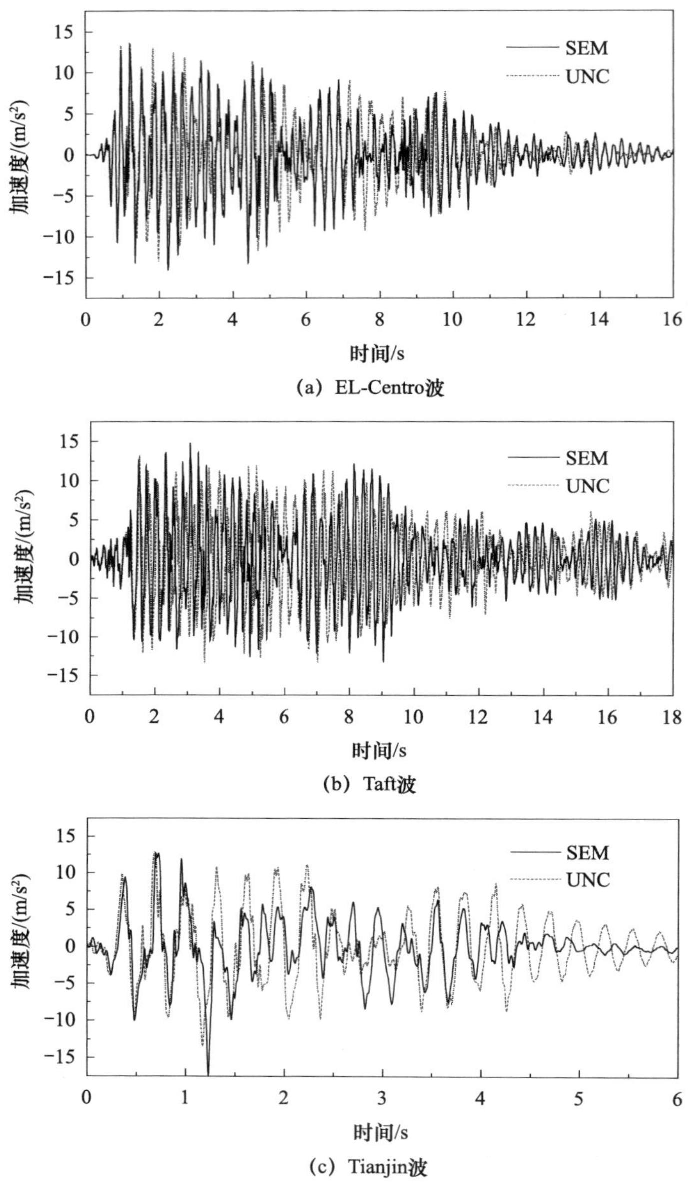

图 9.11　PGA＝1.2g 的 3 条地震波作用下结构顶层绝对加速度时程

从图 9.10 可以看出，采用 MR 阻尼器的半主动控制有效减小了结构底层各时刻层间位移，并且图 9.11 所示的结构顶层加速度响应也有一定程度的减小，但加速度控制效果相对较差，个别时刻还存在放大现象，这主要是由所采用的半主动控制算法引起的。在所选定的 3 条地震波中，Tianjin 波对结构层间位移的控制效果

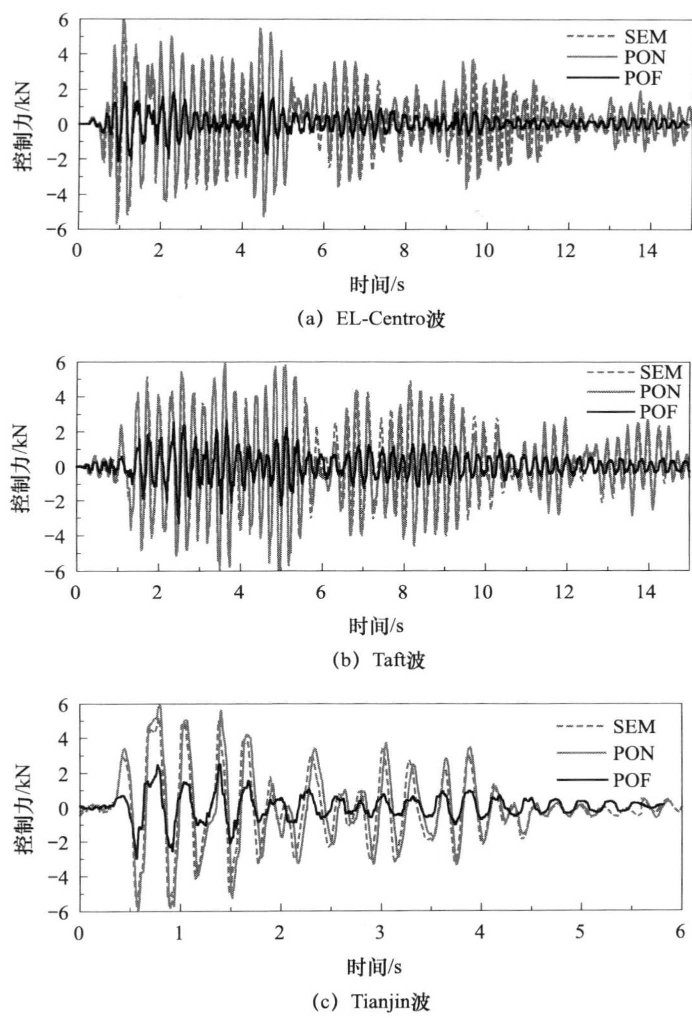

图 9.12　PGA＝1.2g 的 3 条地震波作用下阻尼器控制力时程

最好，并且采用 MR 阻尼器控制后的结构底层残余位移也得到减小。分析图 9.10 还可以看出，MR 阻尼器在地震动峰值加速度时刻对结构位移的控制效果要明显好于其他时刻，原因是 MR 阻尼器是通过结构层间位移被动地提供控制力，峰值加速度时刻结构位移响应更大，因此控制效果更好。此外，由于 MR 阻尼器端头与钢框架采用销钉连接，连接处存在一定的空隙，在小的加速度幅值激励下控制力不能传递到结构上，因此表现出大震下控制效果更好[6,7]。

图 9.12 所示三种控制状态下阻尼器控制力时程表明，半主动控制和 Passive on 控制下阻尼器能提供相近的控制力，而 Passive off 控制下阻尼器控制力要小很

多,由于各种控制下结构底层位移相差不大,阻尼器控制力大的工况由阻尼器耗散的地震能量更大,进而起到保护结构避免地震损伤的目的。三种控制算法均表现为地震动峰值加速度时刻,MR 阻尼器提供的控制力大,而相对较小的加速度激励下控制力小,原因是峰值加速度时刻结构位移响应大,阻尼器在位移幅值大的激励下提供的控制力会有所提高,同时阻尼器支架等的摩擦挤压也会提高控制力,相反,在小的层间位移激励下,阻尼器连接接头的间隙使阻尼器未产生相对位移,控制力也会减小。

图 9.13 为在 PGA=1.2g 的 Tianjin 波作用下,简单 bang-bang 控制下控制器开关状态。分析表明,采用钢框架柱柱脚应变作为反馈信号的控制算法具有抗噪性强、稳定、反应速度快的特点,此外,应变片还具有易养护、易更换、价格低廉的特点,因此可以在实际应用中推广使用。

图 9.13　PGA=1.2g 的 Tianjin 波作用下控制器开关状态

9.3.3　能量耗散控制效果

MR 阻尼器作为一种耗能装置,研究阻尼器与结构耗能之间的关系可以有效地分析阻尼器的控制效果。对于无控结构,地震输入的能量全部由结构阻尼和不可恢复的塑性变形耗散,而塑性变形的产生往往伴随着结构损伤的发展,添加 MR 阻尼器即是为了减小结构塑性变形的程度、减小结构损伤的产生。动力荷载作用下,MR 阻尼器和结构滞回耗能由式(9.2)和式(9.3)计算:

$$E_{\mathrm{MRD}}=\int f_{\mathrm{MRD}}\mathrm{d}(x_1-x_\mathrm{b}) \tag{9.2}$$

$$\begin{aligned}E_\mathrm{S}=&\int(-m_1\ddot{x}_1-m_2\ddot{x}_2-m_3\ddot{x}_3)\mathrm{d}(x_1-x_\mathrm{b})\\&+\int(-m_2\ddot{x}_2-m_3\ddot{x}_3)\mathrm{d}(x_2-x_1)+\int(-m_3\ddot{x}_3)\mathrm{d}(x_3-x_2)\end{aligned} \tag{9.3}$$

式中,E_{MRD}、E_S 分别为阻尼器和结构滞回耗能;f_{MRD} 为一个 MR 阻尼器产生的控制力;$\ddot{x}_1$、$\ddot{x}_2$ 和 $\ddot{x}_3$ 分别为结构底层、第 2 层和第 3 层绝对加速度;x_1-x_b、x_2-x_1 和 x_3-x_2 分别为结构底层、第 2 层和第 3 层相对位移;m_1、m_2 和 m_3 为结构各层质量的一半。

以各等级 PGA 的 Tianjin 波作用下结构底层为例，结构基底剪力-层间位移曲线如图 9.14 所示，三种控制状态阻尼器控制力与活塞位移关系曲线如图 9.15 所示。

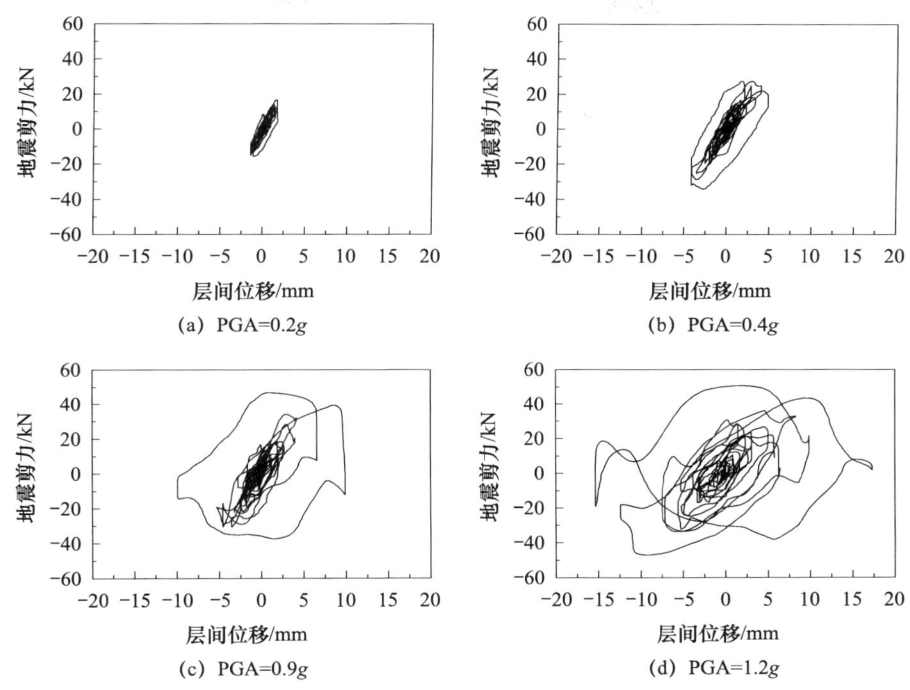

图 9.14　不同 PGA 的 Tianjin 波作用下结构基底剪力-层间位移曲线

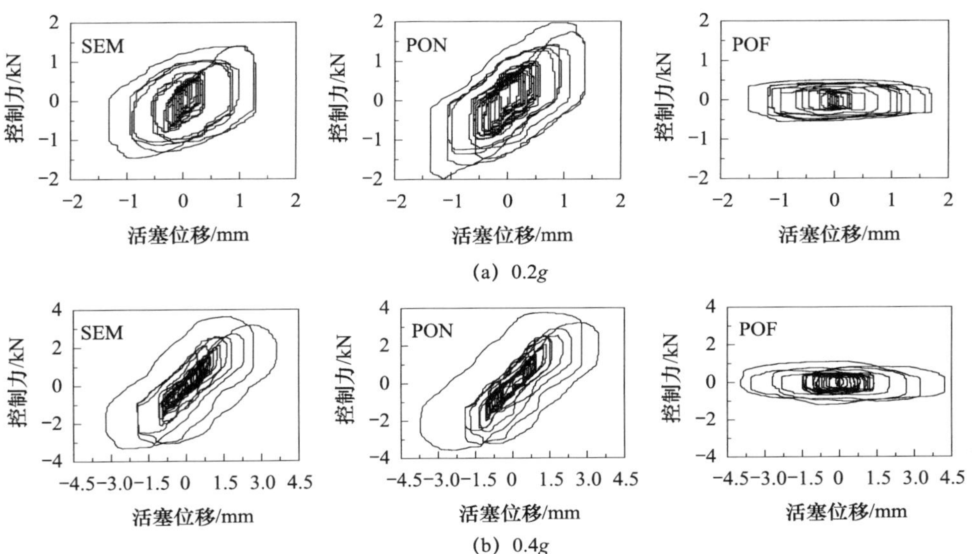

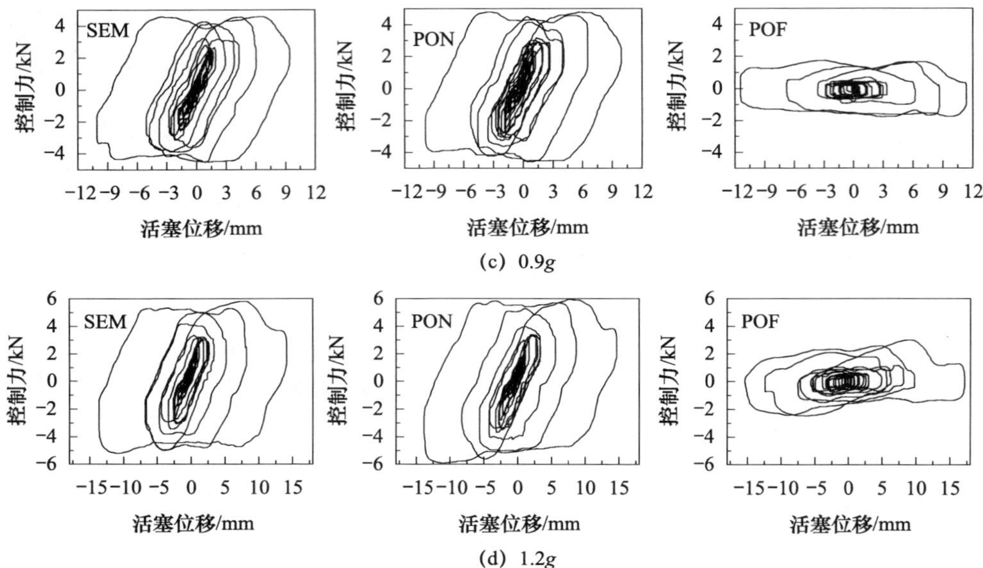

图 9.15　不同 PGA 的 Tianjin 波作用下三种控制状态阻尼器控制力与活塞位移关系曲线

从图 9.14 可以看出，随着输入地震波峰值加速度的增大，结构滞回曲线逐渐趋于饱满，结构逐渐进入塑性响应阶段，表现出良好的耗能能力。从图 9.15 可以看出，所有工况下 MR 阻尼器滞回曲线都很饱满，表现出很好的耗能能力，并且对于半主动控制和 Passive on 控制状态，由于阻尼器出力能力得到很大提高，因此耗能能力比 Passive off 工况大很多。对于图 9.15(a)和(b)，PGA＝0.2g 和 PGA＝0.4g 的 Tianjin 波作用时，半主动控制和 Passive on 控制状态中的 MR 阻尼器均没有达到最大出力能力，因此图中表现出控制力随活塞位移增大而增大的现象，但随着 PGA 的增加，在 PGA＝0.9g 和 PGA＝1.2g 的地震波作用下，阻尼器出力能力已经达到饱和且处于最大耗能状态。Passive off 控制下阻尼器耗能能力也随地震波 PGA 的增加而增大，但 Passive off 状态阻尼器黏滞阻尼力有限，因此总体耗能能力有限。

图 9.16 为阻尼器耗能与结构总滞回耗能之间的比例关系柱状图。对于各强度等级的 Tianjin 波作用下，采用 Passive off 控制的结构，MR 阻尼器耗能与结构系统总滞回耗能的比例分别为 8.59%、9.58%、7.68%和 6.76%，Passive on 控制下阻尼器耗能比例分别为 19.78%、15.61%、17.31%和 15.12%，半主动控制下阻尼器耗能比例分别为 14.93%、16.57%、16.47%和 16.69%。由此可见，Passive on 和半主动控制下阻尼器耗能能力比 Passive off 控制状态强很多，因此，具有更高的控制效果。

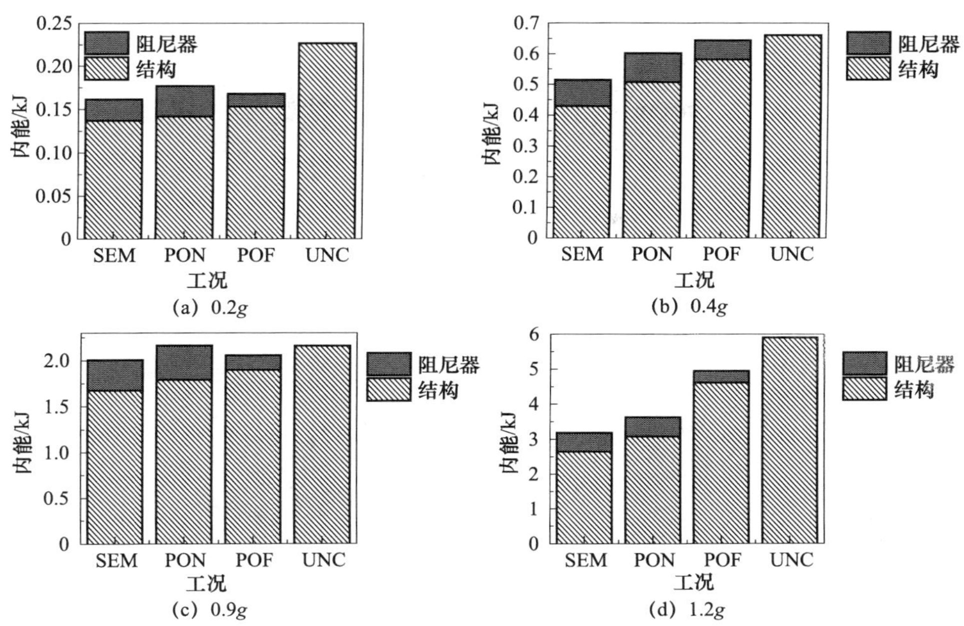

图 9.16　不同 PGA 的 Tianjin 波作用下阻尼器耗能和结构总滞回耗能比例关系

9.3.4　损伤控制效果

模型结构振动台试验往往采集大量的应变数据，这些应变数据通过有效的转化手段可以更深入地反映材料应力发展过程和材料性能退化过程，试验应变测点布置如图 9.4 所示。为了分析所有工况下试验测得应变的综合影响，将除白噪声扫频外各工况同一位置应变连成一列数据，并采用应变反演的方法(应变反演的方法将在 9.4 节中详细介绍)分析测试点处材料的应力和损伤发展过程。为了得到贴片处材料损伤的发展过程，采用 5.1 节提出的修正 Bonora 模型反演钢框架材料应力和损伤发展过程，采用 Faria-Oliver 模型反演剪力墙墙肢表面应力和损伤发展过程。采用上述方法反演得到首层钢柱柱脚、钢梁梁端、剪力墙墙肢纵筋和第 3 层剪力墙墙肢混凝土的应力时程曲线如图 9.17 所示，相应的损伤发展过程如图 9.18 所示。

从图 9.17 可以看出，钢柱柱脚在 PGA＝0.9g 的 EL-Centro 波作用时开始出现屈服，同时钢框架梁端具有与钢柱柱脚相似的应力发展过程，但屈服时刻比钢柱柱脚稍晚，大约对应 0.9g 的 Tianjin 波作用时刻；剪力墙墙肢纵筋与钢柱柱脚屈服时刻相同，钢筋屈服后进入塑性流动阶段，加剧了混凝土的开裂，因此从图 9.17(d)所示混凝土的应力时程可以发现，混凝土抗拉强度在 0.9g 的地震波作用伊始就几乎完全丧失了抗拉承载能力；从图 9.17(d)还可以看出，混凝土在 0.2g 的 Tianjin 波作用下已经发生开裂，开裂后混凝土的抗拉强度将逐渐下降至 0。

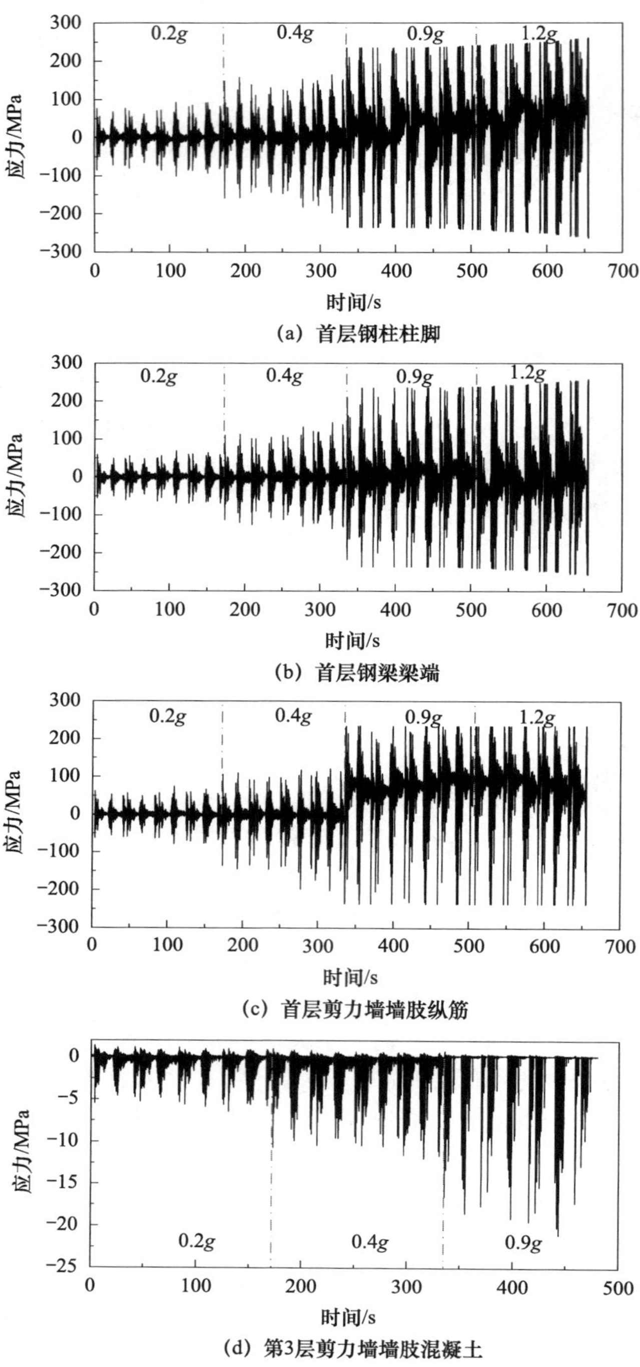

(a) 首层钢柱柱脚

(b) 首层钢梁梁端

(c) 首层剪力墙墙肢纵筋

(d) 第3层剪力墙墙肢混凝土

图 9.17　应力时程曲线

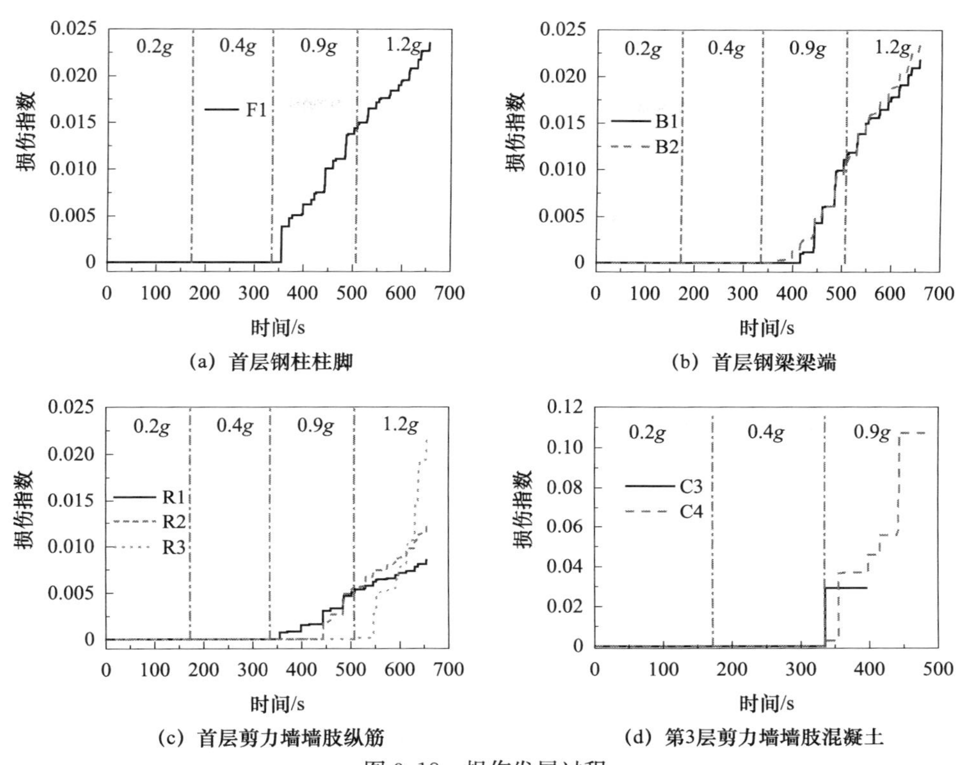

(a) 首层钢柱柱脚　(b) 首层钢梁梁端
(c) 首层剪力墙墙肢纵筋　(d) 第3层剪力墙墙肢混凝土

图 9.18　损伤发展过程

由图 9.18(仅画出损伤非零部位测点)可以看出,钢柱柱脚、钢梁梁端和墙肢纵筋具有相似的损伤发展过程。对于钢框架柱,除模型结构底层出现损伤以外,结构上部两层钢柱尚处于弹性阶段,而对于钢框架梁,各层梁梁端均产生了相近的损伤(第 3 层梁端因应变片失效未采集到应变数据),墙肢纵筋的损伤发展过程比较复杂,并且没有规律可循,单纯从图中损伤发展过程来看,模型结构底层纵筋最早产生损伤,但试验结束时底层纵筋具有最小的损伤指数,分析其主要原因是:地震作用下,混凝土墙肢由钢筋和混凝土共同承担地震荷载,混凝土对构件抗震能力贡献的多少会影响到钢筋受力状态;当混凝土产生裂纹后,钢筋与混凝土之间的受力状态将更加复杂,如果混凝土微裂纹刚好穿过钢筋应变片,则裂纹的开合以及钢筋与混凝土之间的黏结滑移都会对应变测试结果产生很大的影响;对于不同强度和不同特性的地震动,剪力墙墙肢不同部位的受力随着结构刚度等特性的变化没有简单的规律可循,因此出现图示的损伤发展过程。图 9.18(d)为混凝土受压损伤发展过程,由于试验过程中裂缝贯通穿过混凝土表面应变片,因此,大多混凝土应变片在试验结束前就已经破坏,从图 9.18(d)可以看出,混凝土受压损伤很小,主要是因为应变片贴片位置距柱脚还有 5cm 左右的距离,并且所测得的应变是应变片长度范围内的平均应变(应变片有效长度为 10cm),因此损伤比试验现场的破坏现象对应损伤要小很多[8]。

如前所述,结构整体损伤指数可以通过构件等局部损伤指数的加权组合得到,也可以通过结构动力特性的变化得到,由于当前试验数据测试水平有限,很多结构动力响应还不能精确测得,因此,本节采用结构刚度比初始结构刚度下降的相对值定义损伤指数[9]

$$D=1-\frac{f_i}{f_0} \tag{9.4}$$

式中,f_i 为结构第 i 个工况后结构振动频率;f_0 为初始结构振动频率。

图 9.19 为结构白噪声扫频得到的结构振动基频随工况发展过程,相应的结构损伤发展过程如图 9.20 所示。从图 9.19 和图 9.20 可以看出,在工况 12(对应 0.2g 的 Tianjin 波作用下结构无控状态)后结构基频从 4.94Hz 降到 4.64Hz,此时结构剪力墙墙肢混凝土开始产生微裂缝;PGA=0.4g 的地震波作用后,结构基频进一步降低为 4.58Hz,对应损伤指数为 0.073,此时,结构裂缝进一步开展;PGA=0.9g 的地震波作用以后,结构基频迅速降低到 4.272Hz,结合前述结构关键部位应变反演结果可以知道,此时结构钢框架、钢梁和钢筋等均进入屈服阶段,因此结构基频降低很大;此后,结构进入非线性响应阶段,结构层间位移增大,结构耗能能力以及阻尼器耗能能力都得到很大提高;随着地震动峰值加速度的进一步增大,在工况 56(对应 1.2g 的 Passive off 控制)下结构首层钢框架钢梁梁端在梁柱节点处产生裂缝,结构频率进一步下降;在随后的工况 57~64(对应 1.2g 的无控)中,结构基频进一步下降到 3.632Hz,观察发现梁端焊缝已经完全拉开(见图 9.21),模型结构破坏,试验停止。分析图 9.19 和图 9.20 还可以发现,结构基频下降发生在工况 16、28、40、60 和 64,分别对应 0.2g 的无控、0.4g 的 Passive off、0.9g 的 Passive off、0.9g 的无控、1.2g 的 Passive off 和 1.2g 的无控,即模型结构基频下降都发生在无控状态或 Passive off 控制状态,这表明模型结构半主动控制和 Passive on 控制能有效地减小结构损伤,应用 MR 阻尼器控制钢-混凝土结构的损伤是可行的。

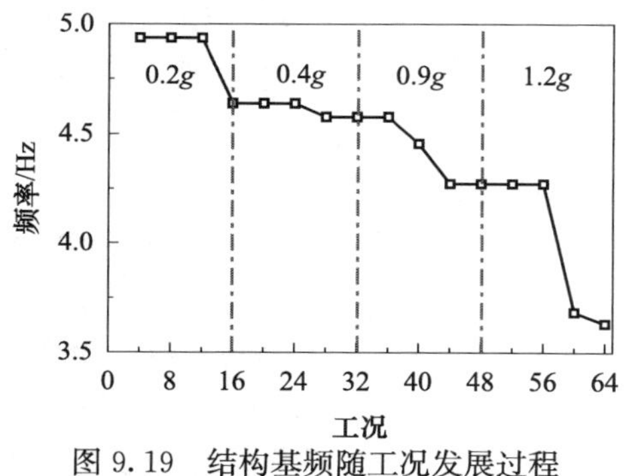

图 9.19 结构基频随工况发展过程

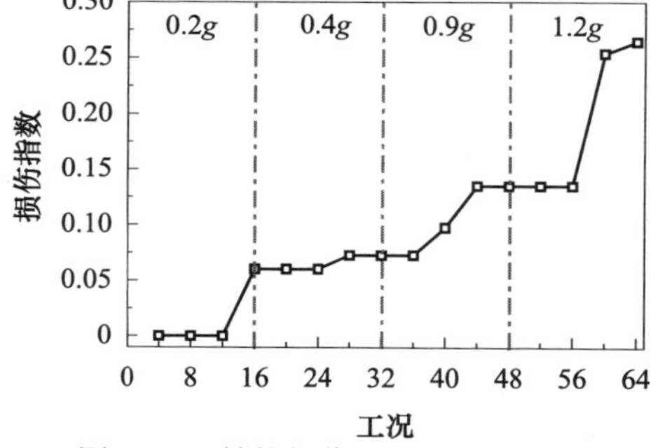

图 9.20 结构损伤随工况发展过程

图 9.21　钢梁梁端断裂现象

9.4　试验模型结构损伤演化数值模拟

9.4.1　混凝土损伤本构模型

Faria-Oliver 模型是一个简单而有效的多轴混凝土损伤模型[10]。李正和李忠献[11]将其进行了修正，并基于修正的多轴 Faria-Oliver 混凝土损伤模型提出了单轴损伤模型，本节将修正后的单轴 Faria-Oliver 混凝土损伤模型通过二次开发植入到 LS-DYNA 有限元程序中[12]，模型详见 4.3.5 节。

图 9.22 为二次开发的混凝土修正 Faria-Oliver 单轴损伤本构模型的循环应力-应变曲线示意图。

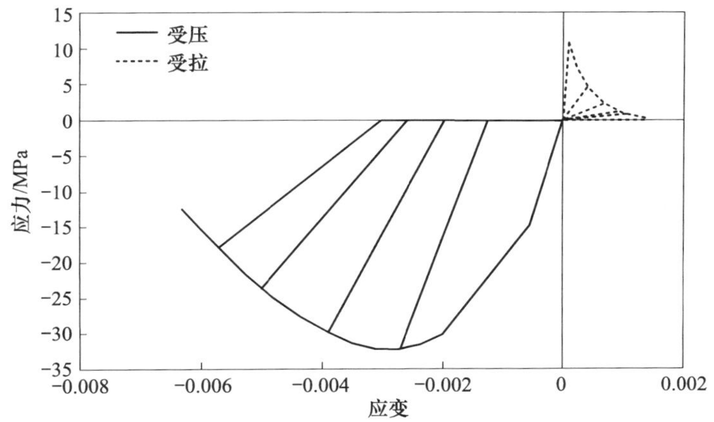

图 9.22　修正 Faria-Oliver 单轴损伤本构模型应力-应变曲线

9.4.2　应变反演

结构构件局部的损伤过程可以通过粘贴在构件表面的应变片进行评估，但传统的方法往往只简单地判断材料是否发生屈服或者开裂，很多重要的材料信息如应力发展过程、材料性能退化过程却没有得到。采用开发的本构模型提出一种新的应用所测得的应变反演结构构件材料性能变化的方法。图 9.23(a)为试验中需要测量应变的某一个构件，在有限元模型中，构件离散成纤维模型，将贴片处的纤维分离出来，如图 9.23(b)所示，通过有限元程序可以将测量得到的应变时程施加到应变片所在纤维两端，基于如图 9.23(c)的损伤模型，通过所分析纤维的应力时程和损伤发展过程反演贴片处构件材料性能的变化过程。

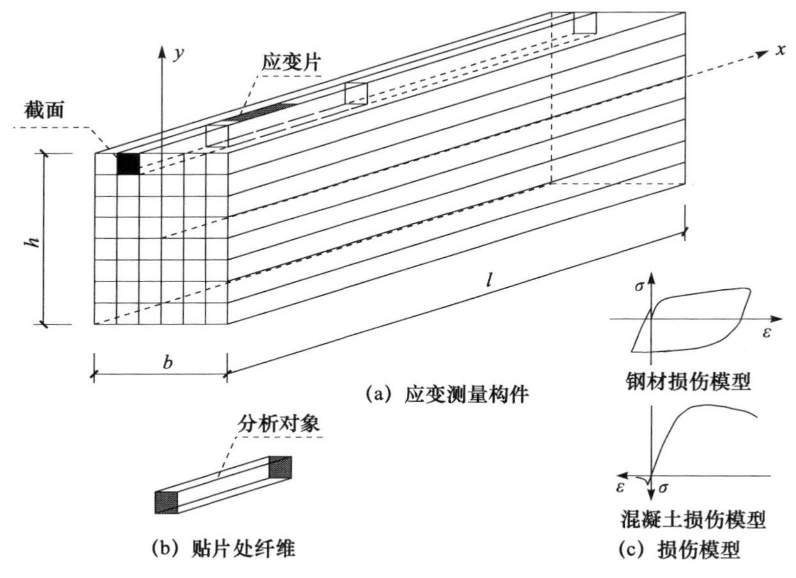

图 9.23　应变反演示意图

图 9.24 是采用上述方法反演整个试验所有工况得到的剪力墙底部混凝土和钢柱柱脚应力时程曲线，材料参数如表 9.4 和表 9.5 所示。从图 9.24(a)可以看出，混凝土最大拉应力逐渐减小，说明混凝土在试验过程中发生了开裂破坏，而混凝土压应力最大不超过 10MPa，即混凝土未发生压溃破坏，这与试验中剪力墙底部已经压溃不符，主要原因是混凝土应变片的贴片位置距剪力墙基底还有 5cm 左右的距离，试验时只有几条微小的裂缝穿过应变片，并且所测得的应变为应变片长度范围内(10cm 规格)的平均应变，因此与混凝土实际破坏情况有差异。从图 9.24(b)可以看出，钢柱柱脚在 200s 时刻(对应试验工况为 0.7g 的 Tianjin 波)开始发生屈服；400～900s 输入的地震波加速度幅值为 0.3g～0.5g，因此应力相对

较小，结合图 9.25 所示第 1 层钢梁损伤状态可以看出，此时钢材损伤没有进一步发展；900s 以后地震波加速度幅值逐渐增大，钢材应力也不断增大，损伤也加大，由于振动台可施加的最大加速度有限，在 1.8g 的 EL-Centro 波和 Taft 波工况（此时基底输入的实际加速度幅值只有 1.3g 左右）之后钢柱并没有完全断裂[13]。

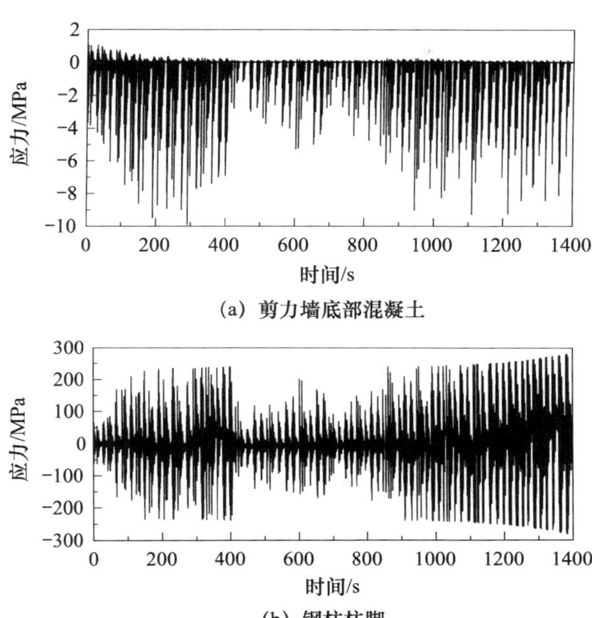

(a) 剪力墙底部混凝土

(b) 钢柱柱脚

图 9.24　剪力墙底部混凝土和钢柱柱脚应力时程曲线

表 9.4　钢材材料参数

损伤参数					塑性参数			
ε_{th}	ε_{cr}	d_{cr}	d_0	α	E_h/MPa	α_∞/MPa	c/MPa	β
0.001	1.0	0.1	0	0.198	200	300	800	0.5

表 9.5　混凝土材料参数

f_t/MPa	f_{c0}/MPa	ζ	A	B	k	s
1.52	9.15	0.54	4.594	0.692	1.16	0.5

图 9.25 为采用应变反演得到的钢柱柱脚和钢梁损伤发展过程（其他部位无损伤产生）。可以看出，第 1 层和第 2 层的钢梁首先发生屈服并产生损伤，随后钢柱也发生屈服。分析钢柱损伤发展过程可以看出，试验前期钢柱柱脚损伤发展比钢梁晚，试验后期损伤发展比钢梁快，其原因是试验前期剪力墙承担了一部分地震剪力，延缓了钢柱的损伤发展，但随着振动台输入峰值加速度的不断增大，剪力墙逐渐开裂破坏，更大比例的地震剪力由钢柱承担，因此损伤发展加快。试验结束时第

1 层钢梁损伤状态如图 9.26 所示，可以看出，钢梁的实际损伤状态比应变反演得到的损伤状态要严重，因为应变片贴片位置距钢梁端部还有一定距离，贴片处的钢梁损伤相对较小。

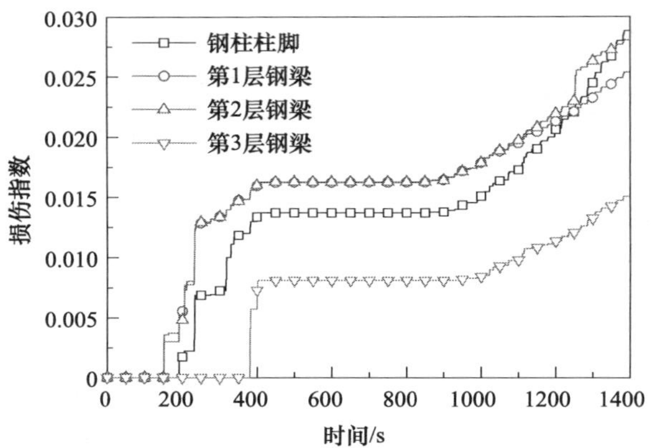

图 9.25　钢柱柱脚和钢梁损伤发展过程

图 9.26　第 1 层钢梁损伤状态

9.4.3　等效纤维单元模型

采用纤维单元模型分析试验结构动力弹塑性响应过程，其中底层钢柱和剪力墙墙肢划分成 30 个单元，第 2 层和第 3 层钢柱和剪力墙墙肢划分成 25 个单元，钢柱单元截面离散成 27 根纤维，混凝土墙肢离散成 64 根纤维模拟材料单轴应力-应变关系，钢材和混凝土单轴损伤本构模型参数如表 9.4 和表 9.5 所示。为了考虑剪力墙中钢筋对结构整体抗震性能的贡献，采用叠层梁单元的方法模拟剪力墙各墙肢[14]。以剪力墙一个墙肢为例，将墙肢等效成无约束混凝土截面、约束混凝土截面和等效钢筋截面这三个梁单元的叠加，并根据求解精度要求将各梁单元离散成数根纤维，等效叠层纤维单元模型分解过程如图 9.27 所示。模型结构附加质量采用集中质量单元添加在钢连梁上,剪力墙与钢梁通过释放节点转动自由度来模拟铰接连接。此外,通过平移钢连梁单元中心线来考虑钢连梁与钢框架梁的偏心效应。约束结构基底所有自由度,沿剪力墙平面内依次输入 Tianjin 波、EL-Centro 波和 Taft 波,PGA 分别为 0.2g、0.3g、0.4g、0.5g、0.6g 和 0.7g 共 18 个数值模拟工况,总持时为 241s,各工况对应数值模拟的时间如表 9.6 所示。

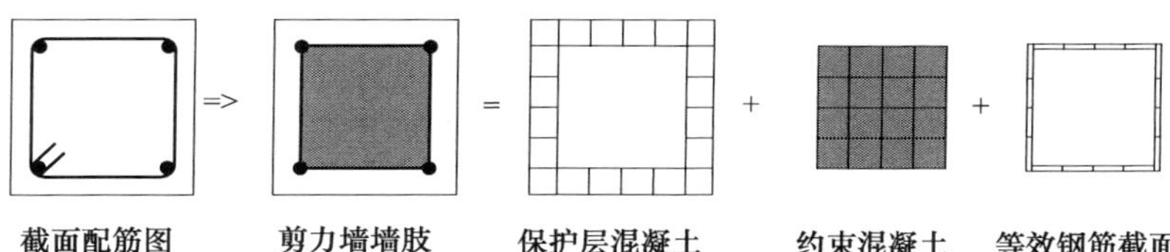

图 9.27　等效叠层纤维单元模型分解过程

表 9.6　数值模拟振动台试验工况表

工况	PGA/g	地震波	时间/s
1		Tianjin 波	0～9
2	0.2	EL-Centro 波	9～26
3		Taft 波	26～41
4		Tianjin 波	41～47
5	0.3	EL-Centro 波	47～62
6		Taft 波	62～81
7		Tianjin 波	81～87
8	0.4	EL-Centro 波	87～103
9		Taft 波	103～120
10		Tianjin 波	120～126
11	0.5	EL-Centro 波	126～142
12		Taft 波	142～158
13		Tianjin 波	158～164
14	0.6	EL-Centro 波	164～182
15		Taft 波	182～200
16		Tianjin 波	200～206
17	0.7	EL-Centro 波	206～224
18		Taft 波	224～241

9.4.4 数值模拟结果

上述模型在 0.4g 和 0.7g 的 Taft 地震波作用下结构层间位移时程曲线如图 9.28 与图 9.29 所示。可以看出，数值模拟结果具有较高的精度，基本能追踪试验中位移的发展过程。图 9.30(a)为数值模拟得到的钢柱柱脚贴片处纤维损伤发展过程，对比图 9.25 中通过应变反演的 0～241s 钢柱柱脚损伤发展曲线可以证明数值模拟的钢柱柱脚损伤发展过程相近，但数值模拟中钢梁端部损伤指数为 0；数值模拟得到墙肢底部贴片处混凝土受压损伤发展过程如图 9.30(b)所示，数值模拟过程除墙肢 1 底部出现受压损伤外，其他地方没有损伤发生，但混凝土受拉承载力基本退化为 0。图 9.31 为模拟得到的剪力墙两个墙肢第 1 层和第 2 层纵向钢筋损伤发展过程，可以看出，剪力墙底部钢筋在 0.4g 的 Tianjin 波作用下开始屈服，随后损伤逐渐累积，墙肢 1 底部的损伤比墙肢 2 大，但第 2 层墙肢 2 前期损伤大于墙肢 1，后期小于墙肢 1，可见结构进入塑性状态后的动力响应变得很复杂。墙肢 1 底部钢筋的应力时程曲线如图 9.32 所示，从图中可以看出钢筋屈服与损伤是统一的[15～17]。

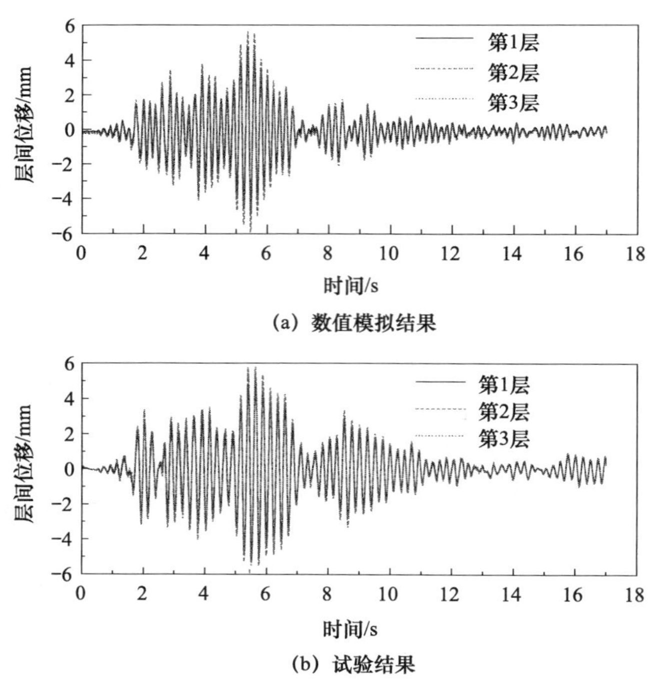

图 9.28　在 0.4g 的 Taft 波作用下层间位移时程曲线

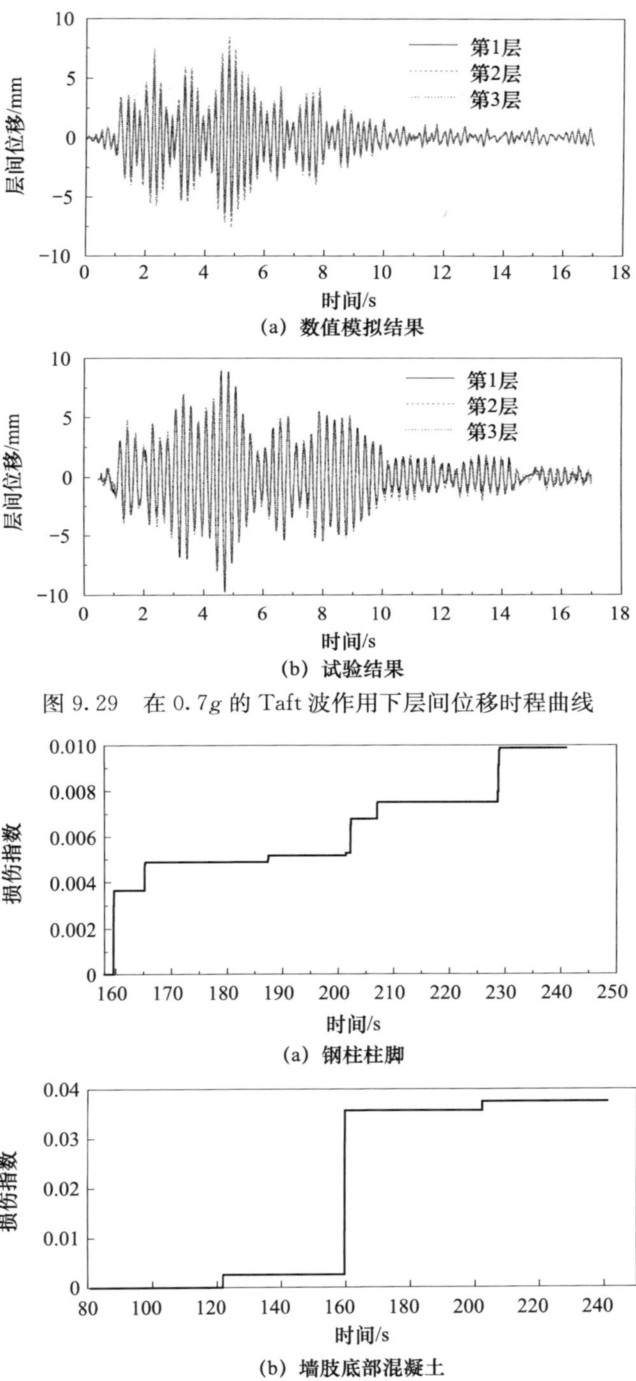

(a) 数值模拟结果

(b) 试验结果

图 9.29 在 0.7g 的 Taft 波作用下层间位移时程曲线

(a) 钢柱柱脚

(b) 墙肢底部混凝土

图 9.30 结构关键部位损伤发展曲线模拟结果

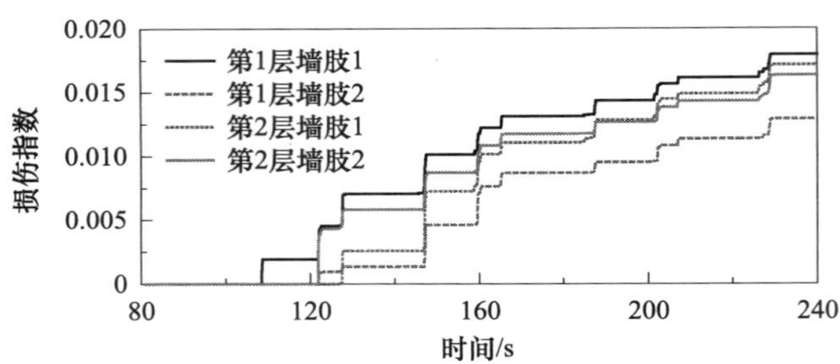

图 9.31 剪力墙纵向钢筋损伤发展过程

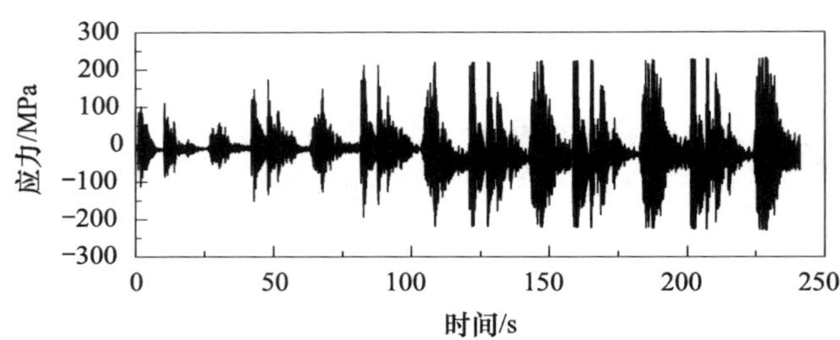

图 9.32 剪力墙墙肢 1 底部钢筋应力时程曲线

通过 0.2g、0.4g、0.9g、1.2g(分别对应小震、中震、大震和破坏地震)四个等级的 EL-Centro 波、Taft 波和 Tianjin 波作用下一缩尺的 3 层钢-混凝土结构模型振动台试验，对 MR 阻尼器控制钢-混凝土结构地震损伤的可行性进行了试验研究，并验证了等效纤维单元模型的数值求解精度和应变反演方法的实用性。通过半主动控制、Passive on 控制、Passive off 控制和无控结构的动力响应对比分析，证明采用简单开关控制的半主动控制算法即使在很强的非线性状态下也具有很强的鲁棒性，并且采用 Passive on 控制和半主动控制的结构比采用 Passive off 控制和无控的结构优越。对于所采用的 3 条地震波激励，Taft 地震波具有最好的控制效果，而 Tianjin 波激励下，半主动控制的结构具有最好的控制效果；对不同 PGA 下同一条地震波控制效果分析表明，结构动力响应的控制效果随地震动峰值加速度的增大而提高。各工况下，MR 阻尼器都表现出很好的耗能能力，Passive on 控制和半主动控制下 MR 阻尼器耗能能力为 Passive off 控制的 2～3 倍。对结构各工况频率和整体损伤指数分析表明，结构频率下降都发生在无控或者 Passive off 控制对应的工况，这表明半主动控制和 Passive on 控制算法能较好地控制结构损伤的产生和发展[18,19]。采用二次开发的钢材和混凝土的单轴弹塑性损伤本构模型，结合 LS-DYNA 程序中的纤维单元模型建立的等效纤维单元模型能很好地模拟结构动力和损伤响应，并且数值模拟得到结构损伤发展过程为：剪力墙墙肢混凝土率先开裂，继而剪力墙纵向钢筋在 0.4g 的 Taft 波作用下发生屈服，剪力墙墙肢底部在

0.5g 的 Tianjin 波作用下开始出现轻微的受压破坏，随后在 0.6g 的 Tianjin 波作用下钢柱柱脚也发生屈服，此后，随着地震动加速度幅值的增大，结构损伤进一步发展。提出的应用试验测得应变反演相应部位应力和损伤的方法能更充分地利用应变测试数据，获得工程人员所熟知的材料应力和损伤发展过程，便于对结构的性能退化过程做出更准确的判断。

参考文献

[1] 李忠献. 工程结构试验理论与技术. 天津：天津大学出版社，2004：41—48.

[2] 吕杨，徐龙河，李忠献，等. 磁流变阻尼器优化设计及结构地震损伤控制. 工程力学，2012，29(8)：94—100.

[3] Xu L H, Li Z X, Lv Y. Numerical study on nonlinear semiactive control of steel-concrete hybrid structures using MR dampers. Mathematical Problems in Engineering, 2013, 2013: 1—9.

[4] Xu L H, Li Z X. Semi-active predictive control strategy for seismically excited structures using MRF-04K dampers. Journal of Central South University, 2012, 19(9): 2496—2501.

[5] Xu L H, Lv Y, Li Z X, et al. Seismic damage control of hybrid structures using MR dampers//Proceedings of the 12th International Symposium on Structural Engineering, Wuhan, 2012: 342—347.

[6] Li Z X, Lv Y, Xu L H, et al. Experimental studies on nonlinear seismic control of a steel-concrete hybrid structure using MR dampers. Engineering Structures, 2013, 49(2): 248—263.

[7] Xu L H, Lv Y, Li Z X, et al. Seismic failure control of buildings using MR dampers//Proceedings of the 11th International Symposium on Structural Engineering, Guangzhou, 2010: 1815—1820.

[8] 李忠献，吕杨，徐龙河，等. 应用 MR 阻尼器的混合结构非线性地震损伤控制. 土木工程学报，2013，46(9)：38—45.

[9] Williams M S, Sexsmith R G. Seismic damage indices for concrete structures: a state-of-the-art review. Earthquake Spectra, 1995, 11(2): 319—349.

[10] Faria R, Oliver J, Cervera M. Modeling material failure in concrete structures under cyclic actions. Journal of Structural Engineering, 2004, 130(12): 1997—2005.

[11] 李正，李忠献. 基于修正弹塑性损伤模型的钢筋混凝土高桥墩地震损伤分析. 土木工程学报，2011，44(7)：71—76.

[12] LS-DYNA. Keyword User's Manual. Livermore: Livermore Software Technology Corporation, 2006: 1—20.

[13] 吕杨. 高层建筑结构地震失效模式优化及损伤控制研究[博士学位论文]. 天津：天津大学，2012.

[14] Susantha K A S, Ge H B, Usami T. Cyclic analysis and capacity prediction of concrete-

filled steel box columns. Earthquake Engineering and Structural Dynamics，2002，31(2)：195－216.

[15] 吕杨，徐龙河，李忠献，等. 基于纤维模型的钢筋混凝土结构动力弹塑性分析. 震灾防御技术，2010，5(2)：257－262.

[16] 徐龙河，王苏. 钢-混凝土试验模型结构地震损伤演化分析. 天津大学学报，2016，49(1)：80－85.

[17] Xu L H，Li Z X，Qian J R. Test analysis of damage detection to a complicated spatial model structure. Acta Mechanica Sinica，2011，27(3)：399－405.

[18] Xu L H，Li Z X. Model predictive control strategies for protection of structures during earthquakes. Structural Engineering and Mechanics，2011，40(2)：233－243.

[19] 王苏. 地震作用下钢-混凝土试验模型结构损伤演化分析与性能评估[硕士学位论文]. 北京：北京交通大学，2014.

索　引